LES CAHIERS

DE L'HUMANISME

LES CAHIERS DE L'HUMANISME

*Revue consacrée à la littérature de langue latine
dans l'Europe de la Renaissance (XII*-XVIII* siècles)*

Périodique paraissant une fois l'an
publié avec le concours du Centre National du Livre

Comité de parrainage

Giuseppe Billanovich, Marc Fumaroli, Josef Ijsewijn †, Walter Ludwig,
Nicholas Mann, Jean-Claude Margolin, Alain Michel, Salvatore Settis,
Gilbert Tournoy, Cesare Vasoli

Comité de rédaction

Emmanuel Bury, Roberto Cardini, Jean-Louis Charlet, Marc Deramaix,
François Dolbeau, Michele Feo, Vincenzo Fera, Jean-Louis Ferrary,
Perrine Galand-Hallyn, Pierre Laurens, Roberto Guerrini,
Pierre Petitmengin, Silvia Rizzo, Alain Segonds,
Ginette Vagenheim, Florence Vuilleumier Laurens

Directeur : Pierre Laurens
Secrétaire de rédaction : Florence Vuilleumier Laurens

Administration

Société d'édition　　　　　　*et*　　　　　　*Editions*
« Les Belles Lettres »　　　　　　　　　　　　*Klincksieck*

Conditions de vente

*Revue : abonnement France : 180 F. ; étranger : 200 F.
Série : abonnement France : 160 F. ; étranger : 180 F.
Les deux (Revue + Série) : abonnement France : 300 F. ; étranger : 350 F.
S'adresser à*

Société d'édition « Les Belles Lettres »　　　　*Editions Klincksieck*
95, boulevard Raspail　　　　　　　　　　　*8, rue de la Sorbonne*
75006 Paris　　　　　　　　　　　　　　　*F-75005 Paris*
Tel. + 33 (0)1 44 39 84 20　　　　　　　*Tel. +33 (0)1 43 54 59 53*
Fax +33 (0)1 45 44 92 88　　　　　　　*Fax +33 (0)1 43 25 25 53*

Directeurs de la publication

Alain Baudry　　　　　Michel Desgranges

☛ Les articles, notes et comptes rendus et toute la correspondance concernant la revue
doivent être adressés uniquement à
F. Vuilleumier Laurens, 3 rue Castex F-75004 Paris (France)

Les manuscrits sont à envoyer en double exemplaire, accompagnés d'une copie sur disquette HD (3,5 p.) Mac ou PC.

Les documents ne sont pas rendus à leur expéditeur et leur envoi implique l'accord sans réserve d'aucune sorte pour leur libre publication. La rédaction n'est pas responsable des textes publiés qui engagent la seule responsabilité de leurs auteurs.

(Ce numéro a été entièrement réalisé par F. Vuilleumier Laurens)

LES CAHIERS
DE L'HUMANISME

Revue consacrée à la littérature de langue latine

dans l'Europe de la Renaissance

(XIIᵉ - XVIIIᵉ siècles)

TOME I
(2000)

Publié avec le concours du Centre National du Livre

LES BELLES LETTRES / KLINCKSIECK

Normes de présentation des articles

– titre de l'article : corps 14, interligne 15 ; suivi du
– nom de l'auteur : corps 11, interligne 12 à 4 mm. (= 12pt.) du titre
– corps du texte : corps 11 interligne 12, alinéa 5 mm.
– citation longue (détachée) : corps 10, interligne 11, marge gauche 2 cm., alinéa 3 mm., pas de guillemets
– vers en citation détachée : corps 10, interligne 11, marge gauche 2 cm., taquets de tabulation 3, 2 cm., italiques, chaque vers commençant par une majuscule
– appel de notes : corps 7, exposant 3
– notes de bas de page : corps 9, interligne 10, alinéa 3 mm.

Usage général

– police : *Garamond* sinon Times
– texte justifié
– bannir absolument l'usage du caractère gras (préférer l'italique)
– deux-points, points-virgules, points d'interrogation, d'exclamation à séparer du mot qui précède par un espace insécable et à faire suivre par un espace normal
– guillemets à la française (chevrons) : « [espace insécable] texte [espace insécable] » ; à l'interieur d'une citation entre guillemets, utiliser des guillemets dits typographiques simples : (‘) ou (’) et non dactylographiques (')
– usage dans les notes : voir exemple ci-dessous

[1] G. FARULLI, *Istoria cronologica del nobile ed antico Monasterio degli Angioli di Firenze*, Luca 1710, 26-68 ; S.F. CAMPBELL S.J., «Nicolas Caussin's *Spirituality of Communication* : a Meeting of Divine and Human Speech », *Renaissance Quarterly* 46, 1 (1993), 44-70. J. CÉARD, «Erasme censuré : l'édition tridentine des *Adages* », *Actes du Colloque international Erasme (Tours 1986)* : Travaux d'Humanisme et Renaissance CCXXXIX, edd. J. Chomarat, A. Godin, J.-C. Margolin, Genève 1990, 337-350.

– auteur : prénom réduit à l'initiale, nom en petite capitale (sauf pour l'initiale en majuscule) ; à la deuxième etc. mention de l'auteur se contenter du nom sans prénom
– titre de l'ouvrage (livre) et/ou de périodique en italique
– titre d'article, de tout texte tiré d'un volume (y compris poème, etc.) en guillemets en chevrons («...») en romains, suivis du titre du périodique (italiques), n°, fascicule, année entre parenthèses, n° de pages
– titre de collection, s'il y a lieu, suit le titre de l'ouvrage, précédé par deux points
– références aux pages d'un livre ou d'un article, etc. : s'abstenir de p. ou pp., exemple : 90-136 ; 56
– à la deuxième etc. mention de l'ouvrage, se contenter de l'abréger, suivi de la mention : *op. cit.*

I.S.B.N. : 2-251-44160-3

EDITORIAL

par PIERRE LAURENS

Le vrai miroir de l'activité de recherche, en tout domaine, à mi-distance entre les livres qui patiemment au long des années se construisent et les colloques qui fleurissent comme l'écume des jours, c'est le périodique. Ce support manquait cruellement à notre pays dans le domaine des études néo-latines. Malgré le rapide développement de ce secteur en France, nos chercheurs n'avaient pas jusqu'à ce jour la possibilité de communiquer leurs résultats dans leur propre pays, à plus forte raison, la France était-elle incapable d'offrir à nos collègues étrangers, à titre d'échange, la commodité d'un forum, lieu de dialogue international.

Conçus pour remédier à cette situation, les « Cahiers de l'Humanisme » couvriront un large spectre, chronologique et géographique : s'ouvrant à toute contribution mettant en jeu d'une façon ou d'une autre les productions en langue latine depuis les premières Renaissances jusqu'à l'âge classique, le foyer de l'ellipse se situant aux XVe et XVIe siècles, dépassant aussi les clivages nationaux au profit d'une perspective délibérément européenne.

De cette « Europe latine » on a voulu enfin que fussent représentées, unies par le dénominateur commun de la langue et de la tradition qui lui est indissolublement liée, toutes les dimensions qui ont fait la richesse de l'activité humanistique pendant trois siècles : depuis les recherches les plus spécialisées et les plus érudites, jusqu'aux matières philosophiques et aux créations littéraires et poétiques. Cette diversité, qui apparaîtra dans les grandes divisions de chacun de nos numéros, nous est apparu comme le meilleur moyen de célébrer la vitalité de l'Humanisme latin, premier légataire des deux Antiquités et dans cette mesure véritable accoucheur de la pensée moderne.

GENERALIA

POINT DE VUE SUR LES METHODES ET LES PERSPECTIVES DES ETUDES NÉO-LATINES [*]

par HEINZ HOFMANN

Depuis longtemps les études de littérature néo-latine [1] sont essentiellement menées par des latinistes spécialistes de la littérature latine de l'Antiquité et de la littérature médiévale, ces latinistes ayant vocation à considérer ce domaine comme partie intégrante de la littérature latine, depuis ses
débuts attestés au IIIe siècle avant Jésus-Christ jusqu'aux poèmes latins de
Léopold Senghor, ancien président de la République de Sénégal, à la dernière encyclique du pape et aux autres textes latins contemporains. Cette
thèse a trouvé son expression la plus claire lors de la violente controverse
sur les tâches et la légitimé des études classiques soulevée en Allemagne il y
a trente ans, quand Manfred Fuhrmann, professeur à l'université de
Constance, prétendit que tout écrit en latin relevait du domaine du latinis-
te — qui ne serait plus philologue classique dans le sens traditionnel avec une
compétence dans les deux langues classiques, le latin et le grec — et que

[*] Ce texte transcrit la conférence qui a été
donnée dans le cadre de la *Prælectio* de Perrine Hallyn-Galand à l'occasion de l'ouverture
de la Direction d'études «Langue et littérature néo-latines», à l'Ecole Pratique des Hau-
tes-Etudes, IVe section, à Paris le 13 mars
1998. La traduction française est due à
Danielle Dahan-Feucht.
Conformément à l'esprit «européen» que
nous souhaitons donner à cette publication,
le «point de vue» présenté ici nous a paru
constituer une contribution irremplaçable à
la connaissance des études actuelles sur l'Humanisme latin en Allemagne et dans les pays
anglo-saxons. Les numéros suivants accueille-
ront d'autres thèses mettant en lumière de

façon plus spécifique le travail accompli dans
les pays latins (N.d.l.R.).
[1] Pour l'histoire des recherches sur les littératures byzantine, médio-latine et néo-latine en Europe au XXe siècle, on trouvera une
vue d'ensemble très utile dans *La filologia
medievale e umanistica greca e latina nel secolo
XX* : Atti del Congresso Internazionale Roma, Università La Sapienza (11-15 dicembre
1989), 2 vol., Roma 1993. Voir aussi *Deutsche
Forschungsgemeinschaft, Humanismusforschung seit 1945. Ein Bericht aus interdiszipli-
närer Sicht* : D.F.G. Kommission für Humanismusforschung, Mitteilung II, Bonn-Bad
Godesberg 1975.

celui-ci devait s'occuper particulièrement des périodes tardives de la latinité, notamment de l'Antiquité tardive et du néo-latin[2]. Fuhrmann considérait la littérature néo-latine avant tout comme une «littérature de réception», c'est-à-dire qu'elle devait être étudiée en rapport avec la littérature
latine de l'Antiquité classique et tardive, pour ainsi dire en tant que paradigme de cette immense tradition (*Rezeptions- und Wirkungsgeschichte*), cette histoire allant de l'Antiquité à la Modernité européenne — aujourd'hui,
nous ajouterions l'époque post-moderne!

Depuis, cependant, preuve a été faite que si l'on entend la littérature néo-
latine uniquement comme prolongement de la littérature latine de l'Antiquité classique et tardive, sa compréhension reste partielle. Car même si
l'Antiquité classique a servi de modèle aux auteurs néo-latins qui constituent de ce fait une médiation irremplaçable entre la pensée antique et la
pensée moderne, ceux-ci sont politiquement, socialement et culturellement
redevables à leur époque et ne peuvent échapper à ses influences, en particulier à la littérature écrite dans la langue vernaculaire[3]. Nous savons que,
jusqu'au XVIIIᵉ siècle, nombre d'auteurs écrivaient aussi bien en latin que
dans leur langue maternelle. Tantôt, comme chez Pétrarque, Sannazar ou
Guillaume Budé, c'est l'œuvre en latin qui prédomine, tantôt, comme c'est
le cas pour l'Arioste, Joachim du Bellay ou John Milton, l'œuvre est essentiellement rédigée dans la langue maternelle.

En outre, la littérature néo-latine ne se limite pas à une tentative d'imitation ou d'émulation à l'égard de l'Antiquité classique en tant que modèle.
Elle aspire plutôt à transposer celle-ci dans sa propre époque afin de la préserver en tant que telle (tout en soulignant sa continuité) et à lui attribuer
une fonction dans le présent actuel. De fait, les auteurs néo-latins fondent
personnages et événements contemporains sur ceux de l'Antiquité classique
et font appel à des formes littéraires antiques pour les décrire : rois et papes,
princes et condottieri deviennent des héros épiques tel Enée; les guerres
modernes sont mises sur le même plan que les combats de Troie ou du
Latium; la découverte du nouveau monde par Christophe Colomb et sa
conquête par les Espagnols sont assimilées à l'odyssée d'Enée et à la création
d'un empire à venir; dans les élégies, on fait la cour à la femme désirée comme Properce la faisait à Cynthie; on invective ses ennemis dans des épigrammes et hendécasyllabes suivant le modèle de Catulle ou de Martial; on
se plaint de l'amertume de l'exil à la manière d'Ovide; on rédige des œuvres
historiques sur le modèle de Tite Live et on peint les généraux sous les traits
des Scipion et des Hannibal; on écrit des lettres dans le style et à la manière

[2] M. FUHRMANN, *Die Antike und ihre Vermittler*, Konstanz 1969; M. FUHRMANN, H. TRÄNKLE, *Wie klassisch ist die klassische Antike?* Zürich-Stuttgart 1970. Voir aussi P.L. SCHMIDT, «Die Studien in Deutschland zur humanistischen und neulateinischen Literatur seit dem ausgehenden 19. Jahrhundert», *La Filologia, op. cit.*, 2, 831-910, part. 864.

[3] SCHMIDT, «Die Studien», art. cit., 891 suiv.

de Cicéron et Pline le Jeune — bref, on a recours à l'ensemble des genres antiques pour mesurer le présent au passé et donner ainsi au présent une nouvelle signification et légitimité. Aussi les auteurs néo-latins ne se différencient-ils pas de ces peintres, de ces sculpteurs et de ces architectes qui, eux aussi, voyant dans le présent une renaissance du passé, représentent les souverains sous les traits d'Enée et d'Achille, de Scipion et d'Auguste, peuplent châteaux et jardins de statues de la mythologie, de la littérature et de l'histoire antiques, représentent sur les fresques et les tableaux princes et rois en compagnie d'Apollon et des Muses, de Mars et de Minerve, peignent leurs épouses et leurs maîtresses sous les traits de Vénus et des nymphes, enfin érigent dans les villes et les résidences temples et arcs de triomphe, théâtres et bâtiments issus du manuel d'architecture de Vitruve ou imitant les monuments de l'Antiquité encore existants. Je n'ai pas besoin ici d'expliquer le détail des incidences de l'Antiquité en France, par exemple lors de la Révolution de 1789, d'autant que le professeur Claude Mossé, dans son livre *L'Antiquité dans la Révolution française,* a consacré une étude fort instructive à ce sujet. Un fait révélateur de cet engouement pour l'Antiquité à l'époque fut cette pétition organisée par la Société populaire du petit village de Saint-Maximin, datée du 25 brumaire an II (16 nov. 1793) et qui exigeait que le nom du village fût changé en celui de Marathon : non seulement parce que «ce nom sacré nous rappelle la plaine athénienne qui devint le tombeau de cent mille satellites», mais aussi parce qu'«il nous rappelle avec encore plus de douceur la mémoire de l'ami du peuple», c'est-à-dire de Jean-Paul Marat «tombé victime des fédéralistes et des intrigants»[4].

Les hommes des Temps modernes, du XVe au XVIIIe siècle et parfois au-delà, percevaient donc l'Antiquité avec une évidence qu'aujourd'hui, nous n'arrivons plus vraiment à comprendre. C'est cette évidence qui poussait Pétrarque à écrire des lettres à Cicéron, Salluste, Tite Live, Sénèque ainsi qu'à d'autres hommes illustres de l'Antiquité avec lesquels il mena un dialogue à travers plus d'un millénaire. La langue dans laquelle s'exprimaient les premiers humanistes était le latin. Car des siècles durant, la connaissance du grec resta l'apanage de l'empire byzantin. Même lorsqu'à partir de la moitié du XIVe siècle de plus en plus de savants grecs de l'Est vinrent s'installer en Italie et y enseignèrent le grec, celui-ci ne connut pas de rôle comparable à celui du latin en tant qu'instrument de communication ou de création littéraire[5]. En revanche, on usait du latin depuis la fin de l'Antiquité, à l'oral

[4] C. MOSSÉ, *L'Antiquité dans la Révolution française,* Paris 1989, 134 suiv.

[5] Sur la connaissance du grec en Occident au Moyen Age, voir W. BERSCHIN, *Griechisch-lateinisches Mittelalter. Von Hieronymus zu Nikolaus von Kues,* Bern-München 1980, *passim,* part. 290 suiv. (trad. angl. J.C. FOAKES, *Greek Letters and the Latin Middle Ages. From Jerome to Nicholas of Cues,* Washington 1988). Toujours R. SABBADINI, *Le Scoperte dei codici latini e greci ne' secoli XIV e XV,* Firenze 1905, 43 suiv. (repr. augm. E. Garin, Firenze 1967); H. RÜDIGER, «Die Wiederentdeckung der antiken Literatur im Zeitalter der Renaissance», *Geschichte der Textüberlieferung der antiken und mittelalterlichen Literatur,* t. 1 : *Antikes und mittelalterliches Buch- und Schriftwesen. Überlieferungs-*

comme à l'écrit; la langue latine était écrite et parlée par et pour les lettrés.
Depuis que, dans l'Antiquité tardive, l'enseignement était passé des institutions laïques à celles de l'Eglise, celle-ci resta en Occident jusqu'au Moyen
Age tardif l'instance décisive où l'on pouvait apprendre la langue et la littérature latines[6]. Il est vrai qu'avec la disparition des derniers locuteurs natifs
au VIIe siècle, le latin devint une langue artificielle parlée non plus par des
« native speakers », mais bien par des « educated speakers ». C'est avec peine
que bien souvent ceux-ci devaient apprendre le latin dans des cloîtres, plus
tard dans d'autres écoles. Et pourtant ils firent preuve de tant de persévé-
rance qu'ils finirent par l'écrire, le parler et le penser presque couramment[7].

Durant cette période, entre 650 et 1350, le latin en tant que langue vivante avait bien évidemment subi des modifications. A l'instar du latin de l'Antiquité tardive il avait, d'une part, perdu beaucoup de règles syntaxiques et
morphologiques du Ier siècle av. J.-C., d'autre part il s'était enrichi de beaucoup de néologismes répondant aux besoins langagiers issus des boulverse-
ments du quotidien, de la politique, de la théologie et de la philosophie;
enfin il avait subi la contamination de certains phénomènes grammaticaux
des langues vernaculaires, si bien qu'entre-temps il se différenciait fortement
du latin « classique » de Cicéron et de César, de Virgile et d'Ovide[8].

---

geschichte der antiken Literatur, Zürich 1961,
511-580, part. 559 suiv.; L.D. REYNOLDS,
N.G. WILSON, Scribes and Scholars : A Guide
to the Transmission of Greek and Latin Literature, Oxford 1974[2], 130 suiv. (D'Homère à
Erasme. La transmission des classiques grecs et
latins, trad. C. Bertrand, m. à j. P. Petitmengin, Paris 1988); R. WEISS, The Renaissance
Discovery of Classical Antiquity, Oxford
1969, 1988[2], 131 suiv.; ID., Medieval and
Humanist Greek. Collected Essays, Padova
1977; BERSCHIN, op. cit., 306 suiv.; N.G.
WILSON, From Byzantium to Italy : Greek Studies in the Italian Renaissance, London 1992.

6 P. RICHÉ, Education et culture dans l'occident barbare, VIe-VIIIe siècles, Paris 1962[3]; ID.,
Les écoles et l'enseignement dans l'Occident
chrétien de la fin du Ve siècle au milieu du XIe
siècle, Paris 1979; H.-I. MARROU, Histoire de
l'éducation dans l'Antiquité, Paris 1948, 1965[6],
472 suiv.; La Scuola nell'Occidente latino
dell'Alto Medioevo : Settimane di Studio del
Centro Italiano di Studi sull'Alto Medioevo
XIX, 2 vol., Spoleto 1972.

7 F. LOT, « A quelle époque a-t-on cessé
de parler latin? », Archivum Latinitatis Medii
Ævi (Bulletin du Cange) 6 (1931), 97-159;
D. NORBERG, « A quelle époque a- t-on cessé
de parler latin en Gaule? », Annales E.S.C. 21

(1966), 346-356; C. MOHRMANN, « Le problème de la continuité de la langue littéraire », Il
passaggio dall'Antichità al Medioevo in Occidente : Settimane di studio del Centro Italiano di Studi sull'Alto Medioevo IX, Spoleto
1962, 329-349; EAD., « Latin tardif et latin
médiéval », EAD., Etudes sur le latin des chrétiens, t. IV : Latin chrétien et latin médiéval,
Roma 1977, 29-47; V. VÄÄNÄNEN, Introduction au latin vulgaire, Paris 1967[2].

8 K. STRECKER, Einführung in das Mittel-
latein, Berlin 1929[2] (Introduction à l'étude du
latin médiéval, trad. P. van de Woestijne,
Genève 1948[3]); E. LÖFSTEDT, Late Latin,
Oslo 1959; D. NORBERG, Manuel pratique de
latin médiéval, Paris 1968; K. LANGOSCH,
Lateinisches Mittelalter. Einleitung in Sprache
und Literatur, Darmstadt 1963, 34 suiv.; ID.,
Europas Latein des Mittelalters. Wesen und
Wirkung. Essays und Quellen, Darmstadt
1990; Mittellateinische Philologie : Wege der
Forschung, 292, ed. A. ÖNNERFORS, Darmstadt 1975; K. SIDWELL, Reading Medieval
Latin, Cambridge 1995; P. STOTZ, « Was
lebt, will wachsen : Veränderlichkeit von
Sprache zwischen Praxis und Reflexion im
lateinischen Mittelalter », Archivum Latinitatis Medii Ævi (Bulletin du Cange) 53 (1995),
87-118.

Durant les siècles suivants le latin demeura une langue artificielle : cependant les premiers Humanistes (Pétrarque, Lorenzo Valla, Coluccio Salutati, Poggio Bracciolini et bien d'autres) après les premières découvertes de manuscrits d'auteurs latins inconnus [9] s'adonnèrent avec un nouvel intérêt au latin antique, qui pour eux représentait la langue d'une Rome alors encore à l'apogée de son pouvoir et maîtresse du monde. A présent l'Italie se voyait fractionnée, déchirée par de nombreux combats qui opposaient entre eux de petits Etats. Rome elle-même était ébranlée par les démêlés de groupuscules nobles rivaux alors que le pape résidait à Avignon depuis 1309. Aussi le retour aux normes du latin antique représentait-il un retour « à la gloire qui était Rome », selon le mot de Joseph Ijsewijn [10]. Les premiers humanistes pensaient que c'était la seule façon de retrouver la supériorité morale et culturelle de l'Italie, estimant aussi que jamais un « barbare » du Nord des Alpes ne serait capable d'atteindre leur parfaite maîtrise du latin [11].

La naissance de ce que l'on désigne par l'expression moderne de « néo-latin » fut donc en premier lieu liée à une utopie politique, qui visait à la reconstitution de l'empire romain de l'Antiquité sur la base de sa langue et sa littérature. Toutefois pour les humanistes il ne s'agissait pas de « néo-latin ». C'était le latin classique qui, langue commune des lettrés, allait être la condition culturelle de la renaissance politique fortement souhaitée. Que ceci impliquât une purification du latin pratiqué au Moyen Age allait de soi. Cependant ce sont surtout les excès des concepts scolastiques et théologiques et l'abandon progressif de la grammaire latine « classique » qui furent amendés [12], car la littérature médiévale ne fit pas l'objet d'une dévalorisation globale. Preuve en est la haute considération dont jouissaient des œuvres telles que l'*Alexandreis* de Gaultier de Châtillon, les drames de Hortsvith de Gandersheim ou la chronique de Otto de Freising [13]. C'est pourquoi les

---

[9] L'étude de SABBADINI, *Le scoperte, op. cit.* reste fondamentale ; voir aussi les autres études citées *supra* note 5 et M.D. REEVE, « The Rediscovery of Classical Texts in the Renaissance », *Itinerari dei Testi antichi*, ed. O. Pecere, Roma 1991, 115-157.

[10] IJSEWIJN, *Companion to Neo-Latin Studies*, t. 1, Louvain 1990, 27 [désormais : IJSE-WIJN, *Companion* 1990].

[11] Th. E. MOMMSEN, « Petrarch's Conception of the *Dark Ages* », *Speculum* 17 (1942), 226-242 ; A. BUCK, *Die Rezeption der Antike in den romanischen Literaturen der Renaissance*, Berlin 1976, 19 suiv. ; K. JENSEN, « The Humanist Reform of Latin and Latin Teaching », *The Cambridge Companion to Renaissance Humanism*, ed. J. Kraye, Cambridge 1996, 63-81, part. 64 suiv.

[12] J. IJSEWIJN, « Mittelalterliches Latein und Humanistenlatein », *Die Rezeption der Antike*, ed. A. Buck, Hamburg-Wolfenbüttel 1987, 71-83 ; F. RÄDLE, « Kampf der Grammatik. Zur Bewertung mittelalterlicher Latinität im 16. Jahrhundert », *Festschrift für Paul Klopsch*, edd. U. Kindermann, W. Maaz, F. Wagner, Göppingen 1988, 424-444 ; JENSEN, « The Humanist Reform », art. cit. Voir les communications de H.-B. Gerl, E. Kessler (dir.), W. Kühlmann et R. Pfister pour le séminaire : « The Role of Latin in Renaissance Education », *Acta Conventus Neo-Latini Bononiensis. Proceedings of the Fourth International Congress of Neo-Latin Studies*, ed. R.J. Schœck, Binghamton-New York 1985, 325-389.

[13] IJSEWIJN, *Companion* 1990, 27 suiv. ;

humanistes avaient pris l'habitude de parler de *lingua Latina* ou *litteræ Latinæ,* pour désigner l'ensemble de la latinité depuis le IIIe siècle av. J.-C. Occasionnellement, ils caractérisaient la littérature latine contemporaine de *rediuiua poesis* (J.-C. Scaliger) ou de *renatæ litteræ* et s'attribuaient, à eux-mêmes et à leurs contemporains, le titre de *poetæ recentiores* ou *poetæ nostrorum temporum,* ainsi que le révèle le titre de l'ouvrage (sous forme de dialogue) de Lilio Gregorio Giraldi (1497-1552), première histoire de la littérature latine [14]. J. Ijsewijn a pu montrer que le concept de « neolatinus » apparut pour la première dans une œuvre de Johannes Dominicus Fuss (1782-1860), originaire de Düren et professeur à Liège, qui publia à Cologne, en 1822, une *Dissertatio de linguæ Latinæ... usu deque poesi et poetis neolatinis,* et à Liège, en 1828, une autre *Dissertatio... uersuum homoeoteleutorum siue consonantiæ in poesi neolatina usum commendans* [15]. Mais dès 1795 E. Klose avait utilisé le concept allemand de « neulateinisch », dans son recueil de poèmes néo-latins intitulé *Neulateinische Chrestomathie* [16]. Il est vrai qu'un an plus tard, August Wilhelm Schlegel, quant à lui, parle de « neulateinische Sprachen » (langues néo-latines), au pluriel, qu'il comprend dans le sens de langues « romanes », c'est-à-dire de langues issues du latin [17] et c'est aussi dans ce sens que l'on utilise l'adjectif « néolatin(e) » en France, dans les années 1830, alors que Chateaubriand, dans les *Mémoires d'Outretombe* (1848) emploie le terme pour désigner la littérature des Temps modernes écrite en latin [18].

K.O. CONRADY, *Lateinische Dichtungstradition und deutsche Lyrik des 17. Jahrhunderts,* Bonn 1962, 27 suiv. Concernant l'idée préconçue du soi-disant « ténébreux » Moyen Age voir K. ARNOLD, « Das *finstere* Mittelalter : Zur Genese und Phänomenologie eines Fehlurteils », *Sæculum* 32 (1981), 292-296.

[14] L.G. GIRALDI, *De Poetis nostrorum temporum (Ferrara 1548),* ed K. Wottke, Berlin 1894.

[15] IJSEWIJN, *Companion* 1990, 24 et 27 suiv.

[16] E. KLOSE, *Neulateinische Chrestomathie, enthaltend Anecdoten, Erzählungen, Briefe, Biographien, und andere lateinische Aufsätze aus neueren Lateinern. Mit Anmerkungen und einer literarischen Einleitung,* Leipzig 1795; IJSEWIJN, *Companion* 1990, 28.

[17] A.W. SCHLEGEL, « Homers Werke von Voß », *Jenær Literaturzeitung* 262 (1796), cité GRIMM, *Deutsches Wörterbuch,* t. 7, Leipzig 1889, *s.v.,* repr. *Kritische Schriften von August Wilhelm Schlegel,* erster Theil, Berlin 1828, 75.

[18] CHATEAUBRIAND, *Mémoires d'Outretombe,* éd. du centenaire, M. Levaillant, t. 4, Paris 1848^2, 249 : « Littératures slave et néolatine ». On trouve déjà le concept de « néolatin », entendu dans ce sens, en 1836 dans le *Lexique roman ou Dictionnaire de la langue des troubadours, comparée avec les autres langues de l'Europe latine,* ed. M. Raynouard, t. 2, Paris 1836, 1. Voir aussi *Dictionnaire universel de langue française* de P.C.V. BOISTE, Paris 1841, *s.v.* « Néo-latine » : « Adj. f. (langue, littérature) qui s'est formée à l'imitation des Latins (hybride) » ; dans l'édition de Paris 1860, on lit : « Il se dit des langues modernes dérivées du latin : le français, l'italien, l'espagnol, le portugais, le valaque, etc., sont des langues néo-latines ». Voir *Grand Larousse de la langue française,* t. 4, Paris 1975 ; *Le Trésor de la langue française,* t. 12, Paris 1986 ; *Le grand Robert de la langue française,* t. 6, Paris 1985. Aussi D. BRIESEMEISTER, « Neulatein », *Lexikon der romanischen Linguistik,* t. II-1, Tübingen 1996, 113-120, part. 113 suiv.

Dans le domaine des chercheurs qui se penchent sur la langue et la littérature latines des Temps modernes, le terme « néo-latin » n'est ancré terminologiquement que depuis à peu près cent ans. Il en va de même pour la désignation « médio-latin » (latin médiéval) caractérisant une nouvelle discipline scientifique, la philologie latine du Moyen Age, qui prit racine dans la deuxième moitié du XIXᵉ siècle. Toutefois, alors qu'en Allemagne la philologie latine médiévale réussit à s'imposer en tant que discipline universitaire, que de facto une première chaire de langue et littérature latines du Moyen Age fut créée pour Wilhelm Meyer (1845-1917) à Göttingen, en 1894 [19] et que bientôt d'autres chaires suivirent en Allemagne [20], presque trois générations se sont écoulées, avant de voir la création du « Seminarium Philologiæ Humanisticæ » à Louvain en 1966, le premier institut des études néo-latines dans une université européenne [21]. La France compte actuellement quatre chaires universitaires de néo-latin, à la Sorbonne, dans les universités d'Aix-en-Provence et de Lille et à l'Ecole Pratique des Hautes

[19] Le domaine de sa chaire de Lettres classiques fut étendu à celui des Langue et littérature latines du Moyen Age. Depuis, Meyer a exclusivement enseigné la Philologie latine médiévale. Néanmoins, cet élargissement fut supprimé après son passage à l'émeritat. Ce n'est qu'en 1981 que fut créée une chaire de Philologie latine médiévale et néo-latine à Göttingen. Voir F. RÄDLE, « Wilhelm Meyer », Die Klassische Altertumswissenschaft an der Georg-August-Universität Göttingen. Eine Ringvorlesung zu ihrer Geschichte, ed. C.J. Classen, Göttingen 1989, 128-148, part. 144 suiv.; K. LANGOSCH, Wilhelm Meyer aus Speyer und Paul von Winterfeld, Begründer der mittellateinischen Wissenschaft, Berlin 1936.

[20] Paul von Winterfeld (1872-1905) fut nommé professeur sans chaire (außerordentlicher Professor) de Philologie latine médiévale à l'université de Berlin en 1904; son successeur, Karl Strecker (1861-1945), fut nommé professeur titulaire en 1923, mais après sa retraite en 1929, sa chaire fut suspendue en 1931 de sorte que son successeur, Karl Langosch, n'avait plus que la position d'un chargé de cours à l'Institut d'Histoire (1936-1945). Voir LANGOSCH, Wilhelm Meyer, op. cit.); W. MAAZ, « Paul von Winterfeld. Ein Beitrag zur Wissenschaftsgeschichte », Mittellateinisches Jahrbuch 12 (1977), 143-163. – Ludwig Traube (1861-1907), qui fit une thèse d'Habilitation en Philologie classique et médiévale à Munich en 1888, y enseignait depuis 1889 la Philologie latine médiévale

quand, à cette fin, on lui confia un poste de professeur extraordinaire en 1899. En 1902, on lui alloua tout d'abord un poste de professeur régulier non rémunéré : il n'obtint de rémunération qu'en 1904. Voir F. BOLL, « Ludwig Traube », intr. à L. TRAUBE, Vorlesungen und Abhandlungen, ed. F. Boll, t. 1 : Zur Paläographie und Handschriftenkunde, München 1909, XI-XLVII, part. XX suiv., XXVI suiv.; L. TRAUBE, Rückblick auf mein Leben, ed. G. Silagi, München 1988, 3 suiv., 30 suiv.; en général P.G. SCHMIDT, « Gli studi mediolatini nell'università tedesca (1900-1940) », A cinquant'anni dalla prima cattedra di Storia della Letteratura latina medievale, Firenze 1990, 23-30; W. BERSCHIN, « Mittellateinische Philologie in Deutschland im XX. Jahrhundert, I : Das frühe Mittelalter. Probleme der Edition mittellateinischer Texte », La Filologia, op. cit., t. 1, 77-88; P.C. JACOBSEN, « Mittellateinische Philologie in Deutschland im XX. Jahrhundert, II : Arbeiten zum hohen und späteren Mittelalter », Ibid, 89-127. En Italie, à l'Université Catholique du Sacré-Cœur à Milan, Ezio Franceschini (1906-1983) obtint la première chaire de Philologie médiévale en 1938 : voir C. LEONARDI, « Gli studi mediolatini e l'università italiana (1900-1940) », A cinquant'anni, op. cit., 31-40.

[21] IJSEWIJN, « La filologia umanistica nei Paesi Bassi », La Filologia, op. cit., t. 2, 821-830.

Etudes, mais en Allemagne et dans les autres pays européens les études néo-latines font encore partie du *cursus* de latin médiéval, de la philologie classique ou d'une des philologies modernes[22].

Quelle est donc la raison pour laquelle la langue et littérature néo-latines furent acceptées si tardivement en tant que discipline scientifique et académique? L'on pourrait en citer une kyrielle, pour lesquelles cependant une analyse détaillée serait nécessaire, qui ne prendrait pas seulement en considération les changements esthétiques et poétologiques, mais aussi les mutations historiques et politiques vers 1800 et leurs conséquences sur la politique scolaire dans les écoles et les universités. Néanmoins, en ce qui concerne l'Allemagne, l'on peut retenir que l'esthétique de l'époque de Goethe ainsi que la poétique issue de cette période et valable aussi pour la période post-goethéenne, ont mis l'accent sur l'originalité de l'œuvre littéraire, sur l'expression de sentiments véritables, du *moi* du poète dans l'œuvre littéraire. A l'époque romantique, cette insistance sur les critères individuels et personnels finit par engendrer une sorte d'absolu du concept poétique de l'originalité, de l'expérience et du génie, face auquel les liens avec les traditions littéraires ainsi que le jeu avec ces traditions furent esthétiquement dévalorisés[23]. Aussi était-il évident qu'on devait refuser, dans une telle optique, toute valeur esthétique à la littérature néo-latine en tant que littérature particulièrement liée à la tradition, cherchant son profil littéraire et esthétique dans la confrontation avec les œuvres antiques, et définie avant tout —comme on dirait aujourd'hui— sur un plan inter-textuel. Au demeurant, ce verdict ne toucha pas seulement la littérature néo-latine mais aussi la littérature latine antique dont on n'oublia pas de souligner le manque d'originalité et la propension à l'imitation du modèle grec : Homère apparaissait comme le génie original, Virgile comme le simple imitateur, l'*Iliade* était envisagée comme une poésie « naïve », l'*Enéide* comme une poésie « sentimentale »[24]. On peut trouver des jugements de cette sorte dans nombre d'études de la littérature latine rédigées au XIXᵉ siècle et dans la première moitié du XXᵉ siècle. Ce point de vue culmine dans les fameuses

---

[22] En Italie, Giuseppe Billanovich fut nommé professeur de Philologie médiévale et humaniste à l'Université Catholique de Milan en 1954 : voir V. FERA, « La Filologia umanistica in Italia nel secolo XX », *La filologia, op. cit.*, 239-273, part. 270 suiv.

[23] K.-O. CONRADY, « Die Erforschung der neulateinischen Literatur : Probleme und Aufgaben », *Euphorion* 49 (1955), 413-445, part. 415 suiv.; ID., *Lateinische Dichtungstradition, op. cit.*, 17 suiv. L'analyse de W. REHM, *Griechentum und Gœthezeit. Geschichte eines Glaubens*, Leipzig 1936, Bern-München 1968⁴, est encore indispensable.

[24] A l'origine de cette bipartition : F. SCHILLER, *Über naive und sentimentalische Dichtung* (1795-6), *Sämtliche Werke*, edd. G. Fricke, H.G. Göpfert, t. 5, München 1959 (1993⁹), 694-780. Pour l'élaboration de son concept de « naïveté », Schiller s'est appuyé sur Moses Mendelssohn l'introducteur du concept dans le débat esthétique en Allemagne, mais aussi sur l'article « Über das Naive » de J.-G. Sulzer (*Allgemeine Theorie der schönen Künste* 1771-74) et sur l'article « Naïveté » de Diderot (*Encyclopédie*, t. 11, 1768); voir aussi le § 54 de la *Kritik der Urteilskraft* de Kant (Berlin 1790, 1793²).

« caractéristiques » de l'*Histoire de la littérature romaine* de Schanz-Hosius qui, néanmoins, demeure un ouvrage de référence pour notre discipline [25] !

Des raisons politiques firent que ce retournement du paradigme esthétique, notable depuis la seconde moitié du XVIIIᵉ siècle, prit forme dans un classicisme dont les origines remontaient aux réformes prussiennes de Stein-Hardenberg, qui étaient elles-mêmes une conséquence des défaites infligées par les armées napoléoniennes. Ici aussi, il faut chercher les maîtres à penser dans les rangs de l'idéalisme allemand ; toutefois, ces idées trouvèrent une concrétisation dans les plans ébauchés par Wilhelm von Humboldt (1767-1835) pour l'université de Berlin, ouverte en 1810 [26]. Ces plans se résument à un retour à l'étude des Grecs, ces Grecs qui personnifiaient l'idéal du vrai, du bon et du beau auquel l'homme du présent devait se mesurer. Le fait qu'en Allemagne l'on se détournait de Rome et de l'Antiquité romaine, était lié à une opposition radicale à la France et à une haine à l'encontre de l'ensemble de la culture française, opposition et haine nées des guerres napoléoniennes. Aussi rejetait-on l'ensemble de la tradition romano-latine que l'on identifiait à la France. L'intérêt que les Allemands portaient aux Grecs était donc aussi une réaction éminemment politique dans ce débat sur la formation d'une identité nationale. Cette réaction allait déterminer non seulement les assises de l'identité nationale des cent années à venir, mais aussi la distance croissante de l'Allemagne envers ses partenaires les plus importants en Europe. Dans son ouvrage intitulé *Über das Studium des Altertums, und des griechischen insbesondere* (1793) [27], Wilhelm von Humboldt dévelop-

---

[25] Dans ce contexte, les jugements de Schanz-Hosius sur Ovide sont particulièrement significatifs : « Ovide ne brille pas la profondeur de ses pensées ; il n'a pas développé de grands problèmes : il lui manque une certaine intériorité. Il ne résout pas d'énigmes psychologiques, il ne tire pas de conclusions éthiques. Il n'a ni idéaux moraux, ni grandes idées. Il n'a pas plus de point de vue politique, que de conception religieuse ; même son amour n'est pas la voix de son cœur, car il est lié à des schémas ; toute grande passion fait défaut » (M. SCHANZ, C. HOSIUS, *Geschichte der römischen Literatur bis zum Gesetzgebungswerk des Kaisers Justinian*, 2. Teil : *Die römische Literatur in der Zeit der Monarchie bis auf Hadrian*, München 1935⁴, repr. 1980, 257 suiv. ; *ibid.*, 213 : « Seules quelques-unes (*sc.* des élégies d'amour) sont enveloppées du voile doré des sensations pures ; la majorité a le goût de ces tours de main et artifices de l'école des rhéteurs ». *Ibid.*, 224 suiv. : « Nous ne pouvons nous défaire de cette impression (*sc.* en lisant les

Heroidum Epistulæ) qu'il ne fait pas briller les sensations dans leur pureté, mais qu'il joue avec elles, afin de faire montre de son talent de rhéteur. Il ne connaît pas le simple langage du cœur, leur manque de naturel (*sc.* les épîtres) ne peut nous réchauffer le cœur ».

[26] Notamment « Über die innere und äußere Organisation der höheren wissenschaftlichen Anstalten in Berlin » dans HUMBOLDT, *Gesammelte Schriften*, t. 10, Berlin 1903, 250-60 (= *Werke in fünf Bänden*, edd. A. Flitner, K. Giel, t. 4 : *Schriften zur Politik und zum Bildungswesen*, Darmstadt 1964, 1996⁵), 255-66. Voir R. HAYM, *W. von Humboldt : Lebensbild und Charakteristik*, Berlin 1856, 72 suiv. ; M. FUHRMANN, « Friedrich August Wolf », *Deutsche Vierteljahrsschrift für Literaturwissenschaft und Geistesgeschichte* 33 (1959), 187-236, part. 194 suiv., 204 suiv. ; M. LANDFESTER, *Humanismus und Gesellschaft im 19. Jahrhundert*, Darmstadt 1988, 30 suiv.

[27] Repr. dans HUMBOLDT, *Gesammelte Schriften*, op. cit., t. 1, 255-281 (= *Werke in*

pa l'idée suivant laquelle les Allemands seraient les successeurs naturels des
Grecs. Ainsi Friedrich August Wolf (1759-1824), en introduisant le concept
de « Science de l'Antiquité » (*Altertumswissenschaft*), n'eut plus qu'à réaliser
un programme didactique concentré presque exclusivement sur l'Antiquité
grecque et romaine, qui détermina durant presque cent cinquante ans le
profil positiviste et historiciste des études classiques [28]. La littérature néo-
latine, qui n'était pas une littérature « nationale » au sens où l'entendait le
nationalisme nouvellement répandu, mais qui projetait rétroactivement cette idée de « littératures nationales » sur l'Antiquité, resta de ce fait exclue du
concept de Wolf et disparut presque totalement du domaine de la philologie latine universitaire.

C'est dans ce contexte que prirent fin l'unité originelle de la littérature
latine et cette tradition continue entre l'Antiquité tardive (en passant par le
Moyen Age) et le XVIIIᵉ siècle [29]. Au XIIᵉ siècle l'*Ars poetica* d'Horace était au
programme scolaire au même titre que le *Liber Catonis*, les *Disticha Catonis*
et les *Fables* d'Avianus [30]; au XIIIᵉ siècle on lisait et commentait l'*Enéide* au
même titre que l'*Achilléide* de Stace, l'*Enlèvement de Proserpine* de Claudien,
les *Elégies* de Maximien, l'*Eglogue* de Théodule ou l'*Alexandréide* de Gaultier de Châtillon [31]. Aux XVIᵉ et XVIIᵉ siècles, les épopées bibliques de l'Antiquité tardive faisaient évidemment partie du programme de lecture des

fünf Bänden, op. cit., t. 2 : *Schriften zur Alter-
tumskunde und Ästhetik. Die Vasken*, 1-24).

[28] FUHRMANN, *Die Antike und ihre Vermittler, op. cit.*, 16 suiv.; ID., « Friedrich
August Wolf », art. cit.; H. HOFMANN, « Het
Pruisisch-Duitse Gymnasium en de over-
dracht van de antieke cultuur in de negen-
tiende eeuw », *Van Parthenon tot Maagden-
huis : Mœt het gymnasium blijven ?* ed.
M.A. Wes, Amsterdam 1985, 60-93, part. 64
suiv.; LANDFESTER, *Humanismus und Gesellschaft, op. cit., passim*; SCHMIDT, « Die Studien », art. cit., 836 suiv.; toujours utile :
F. PAULSEN, *Geschichte des gelehrten Unter-
richts auf den deutschen Schulen und Uni-
versitäten vom Ausgang des Mittelalters bis zur
Gegenwart*, 2 vol., Leipzig 1919-21³ (repr.
1965); ici : t. 2, 191 suiv.

[29] O. SCHUMANN, « Die lateinische Literatur als geschichtliche Gesamterscheinung »,
Romanische Forschungen 60 (1947), 605-616.
Sur la rupture des néo-humanistes avec l'Antiquité chrétienne et tardive et le caractère
fermement anti-chrétien et néo-païen de l'enthousiasme allemand pour les Grecs, à qui
Gœthe ouvrit les portes de la société, voir
LANDFESTER, *Humanismus und Gesellschaft,
op. cit.*, 43 suiv., 88 suiv.; FUHRMANN, *Die*

Antike, op. cit, 21 suiv. Sur le changement des
lectures au lycée néo-humaniste voir PAUL-
SEN, *Geschichte, op. cit.*, t. 2, 288 suiv., 327
suiv.; F.A. ECKSTEIN, *Lateinischer und grie-
chischer Unterricht*, ed. H. Heyden, Leipzig
1887, 123 suiv.

[30] Sur la combinaison des textes dans les
manuscrits : voir surtout B. MUNK-OLSEN,
*L'étude des auteurs classiques latins aux XIᵉ et
XIIᵉ siècles*, t. I-III, 2, Paris 1982-89. Voir aussi
M.-B. QUINT, *Untersuchungen zur mittelalter-
lichen Horaz-Rezeption*, Frankfurt am M.
1988, 4 suiv.; M. BOAS, « De librorum Cato-
nianorum historia atque compositione »,
Mnemosyne 42 (1914), 17-46; AVIANUS,
Fables, ed. F. Gaide, Paris 1980, 52 suiv.

[31] G. GLAUCHE, *Schullektüre im Mittelalter. Entstehung und Wandlungen des Lektüre-
kanons bis 1200 nach den Quellen dargestellt*,
München 1970; H. BUTTENWIESER, « Popular
Authors of the Middle Ages : the Testimony
of the Manuscripts », *Speculum* 17 (1942), 50-
55; MUNK-OLSEN, « L'étude des textes littéraires classiques dans les écoles pendant le
haut Moyen Age », *Itinerari, op. cit.*, 105-114;
ID., « La popularité des textes classiques entre
le IXᵉ et XIIᵉ siècle », *Revue d'Histoire des textes*
14-15 (1984-85), 169-181.

écoles de latin et des universités dans lesquelles on enseignait aussi bien la *Christiade* de Vida (ca. 1485-1566) et son *Art poétique*, que les *Elegantiæ* de Lorenzo Valla (1406-1457), des poèmes de Baptista Spagnoli (le Mantouan, 1477-1516), de Konrad Celtis (1459-1508) ou de Eoban Hesse (1488-1540) — surtout ses traductions en vers des *Psaumes*—, les *Colloques familiers* et d'autres œuvres d'Erasme, le *De inventione dialectica* de Rodolphe Agricola (1444-1485) de Groningue, les *Præcepta morum et uitæ* de Joachim Camerarius (1500-1574)[32] ou, dans les pays protestants, le poème didactique *Le Zodiaque de la Vie* de Palingène (ca. 1500-ca. 1538-47)[33]. En 1730, les Jésuites d'Augsbourg firent publier les douze livres de l'épopée sur Christophe Colomb (*Columbus Carmen epicum*) par leur confrère romain Ubertino Carrara afin de l'utiliser comme ouvrage scolaire. Ce n'est qu'au XVIIIe siècle que cesse cette tradition : dans sa *Declamatio qua poetas epopoeiæ auctores recensuit* (Schulpforta 1745), Klopstock ne se réfère plus qu'à Homère, Virgile, Le Tasse et Milton et aux auteurs épiques (surtout français) presque contemporains qu'il cite à titre de modèles pour son épopée biblique, *Der Messias*. A ce propos, Reinhart Herzog note pertinemment que « l'horizon classique a remplacé la tradition baroque de l'Antiquité tardive »[34].

Ainsi l'unicité de la tradition se voit-elle brisée, les fondements de la périodisation historique et littéraire répartis en trois grandes époques (Antiquité, Moyen Age, et Histoire Moderne) correspondant à la répartition de l'histoire politique qui s'était dessinée depuis la deuxième moitié du XVIIe siècle[35] et qui, par le biais des Lumières, réussit à s'imposer au cours de

32 Sur la lecture scolaire des humanistes : PAULSEN, *Geschichte, op. cit.*, t. 1, 345 suiv., 357 suiv., 409 suiv. ; JENSEN, *op. cit.* et FUHRMANN, « Cäsar oder Erasmus ? Überlegungen zur lateinischen Anfangslektüre », *Gymnasium* 81 (1974), 394-407, part. 401 suiv. (repr. *Alte Sprachen in der Krise ?* Stuttgart 1976, 83-94) ; Fuhrmann attire justement notre attention sur le fait que les humanistes éditaient une grande partie de leurs œuvres pour l'école. Voir *Humanismus im Bildungswesen des 15. und 16. Jahrhunderts* : D.F.G. Mitteilung XII der Kommission für Humanismusforschung, ed. W. Reinhard, Weinheim 1984.
33 W. LUDWIG, « Julius Cæsar Scaligers Kanon neulateinischer Dichter », *Antike und Abendland* 25 (1979), 20-40, part. 28 (repr. ID., *Litteræ Neolatinæ, op. cit.*).
34 R. HERZOG, *Die Bibelepik der lateinischen Spätantike. Formgeschichte einer erbaulichen Gattung*, t. 1, München 1975, XVIII.
35 La forme absolue que l'on a attribuée à la répartition de l'Histoire politique de Christian Cellarius (*Historia universalis bre-*

viter ac perspicue exposita, in antiquam et medii ævi ac novam divisa, cum notis perpetuis, 1696) dans les trois époques de l'Antiquité, du Moyen Age et des Temps modernes est incorrecte. En fait, Cellarius s'était seulement proposé de procéder à une répartition quantitative de la matière pour ordonner le cours de l'histoire universelle à travers les siècles, mais il n'avait jamais eu l'intention d'établir une nouvelle systématisation ou périodisation de l'histoire du monde. Voir H. GÜNTER, « Neuzeit, Mittelalter, Altertum », *Historisches Wörterbuch der Philosophie*, 6 (1984), 782-798, part. 788 suiv. Aussi J.H.J. VAN DER POST, *De Periodisering der geschiedenis. Een overzicht der theorieën*, La Haye 1951 ; *Epochenschwelle und Epochenbewußtsein* : Poetik & Hermeneutik 12, edd. R. Herzog, R. Koselleck, München 1987 : en part. W. BARNER, « Über das Negieren von Tradition. Zur Typologie literaturpragmatischer Epochenwenden in Deutschland », *Ibid.*, 3-51 ; *Der Diskurs der Literatur- und Sprachgeschichte. Wissenschaftsgeschichte als*

la sécularisation de la pensée historique[36]. Ainsi s'ouvrait la voie à une conceptualisation de ces époques et de ces phénomènes caractérisés par les disciplines et les sciences historico-positivistes du XIXᵉ siècle, qui mettaient ces époques nouvellement définies au service d'intérêts politiques et nationaux. Que l'on pense à l'usurpation que l'on fit de Vercingétorix et des Gaulois en France, d'Arminius et des Germains en Allemagne, pour établir une identité nationale, et au rôle fatal que les *Commentarii de bello Gallico* de César et la *Germania* de Tacite jouèrent dans ce procès[37], mais que l'on pense aussi à la fonction importante du Moyen Age dans la recherche d'un élément d'identification nationale[38]. Alors que les humanistes des XVᵉ et XVIᵉ siècles se réclamaient de l'Antiquité, qu'ils évoquaient aussi comme passé glorieux en leur époque de « décadence politique » — H. Günter avance même la thèse que la prétendue « Antiquité » est une création de l'Humanisme italien[39] —, les savants du XIXᵉ siècle, quant à eux, se référaient au Moyen Age. A l'instar de leurs prédécesseurs humanistes ils voulaient, en ces temps de morcellement politique dû à l'anéantissement de l'ancien

Innovationsvorgabe, edd. B. Cerquiglini, H.U. Gumbrecht, Frankfurt am M. 1983; *Epochenschwellen und Epochenstrukturen im Diskurs der Literatur- und Sprachhistorie*, edd. H.U. Gumbrecht, U. Link-Heer, Frankfurt am M. 1985.

[36] A. KLEMPT, *Die Säkularisierung der universalhistorischen Auffassung im 16. und 17. Jahrhundert*, Göttingen 1960; GÜNTER, *op. cit.*, 793 suiv.

[37] F. GRAUS, *Lebendige Vergangenheit. Überlieferung im Mittelalter und in den Vorstellungen vom Mittelalter*, Köln-Wien 1975; 240 suiv.; E. MENSCHING, *Cæsar und die Germanen im 20. Jahrhundert. Bemerkungen zum Nachleben des Bellum Gallicum in deutschsprachigen Texten*: Hypomnemata 65, Göttingen 1980; ID., « Über Cæsar und Vercingetorix im 20. Jahrhundert », *Lateinische Literatur, heute wirkend*, ed. H.-J. Glücklich, Göttingen 1987, 110-125; R. HERZOG, « Antike-Usurpationen in der deutschen Belletristik seit 1866 », *Antike und Abendland* 23 (1977), 10-27; H. RIIKONEN, *Die Antike im historischen Roman des 19. Jahrhunderts*, Helsinki-Helsingfors 1978. Sur Tacite voir K.C. SCHELLHASE, *Tacitus in Renaissance Political Thought*, Chicago-London 1976; L. KRAPF, *Germanenmythus und Reichsideologie. Frühhumanistische Rezeptionsweisen der taciteischen « Germania »*, Tübingen 1979; L. CANFORA, *La « Germania » di Tacito, da Engels al Nazismo*, Napoli 1979; M. FUHRMANN, « Die

Germania des Tacitus und das deutsche Nationalbewußtsein », ID., *Brechungen. Wirkungsgeschichtliche Studien zur antik-europäischen Bildungstradition*, Stuttgart 1982, 113-128; ID., « Die *Germania* in der Forschung der klassischen Philologie und im gymnasialen Unterricht », *Beiträge zum Verständnis der « Germania » des Tacitus*, t. 1, edd. H. Jankuhn, D. Timpe, Göttingen 1989, 180-197, part. 189 suiv.; U. MUHLACK, « Die *Germania* im deutschen Nationalbewußtsein vor dem 19. Jahrhundert », *ibid.*, 128-154.

[38] J. VOSS, *Das Mittelalter im historischen Denken Frankreichs: Untersuchungen zur Geschichte des Mittelalterbegriffes und der Mittelalterbewertung von der 2. Hälfte des 16. bis zur Mitte des 19. Jahrhunderts*, München 1972; GRAUS, *Lebendige Vergangenheit*, *op. cit.*, 145 suiv., 206 suiv., 290 suiv.; A. BORST, « Barbarossas Erwachen. Zur Geschichte der deutschen Identität », *Identität*: Poetik & Hermeneutik 8, edd. O. Marquardt, K. Stierle, München 1979, 17-60.

[39] GÜNTER, *op. cit.*, 790 suiv., indique justement que cette *Antiquité* « fut le départ d'une norme et d'une idéalisation esthétiques » auxquelles s'associaient ces conceptions de mémoire et de renaissance. Néanmoins, il ne manque pas de souligner que les différents courants du XVᵉ au XVIIᵉ siècle, présents dans des pays différents et à époques différentes, ont fondé leur propre « Antiquité ».

empire et aux guerres napoléoniennes, évoquer l'idéal d'un empire allemand unifié et fort et, afin de compenser cette unité politique inexistante,
prouver, pour ainsi dire, scientifiquement, l'unité spirituelle et culturelle de
l'Allemagne [40]. L'heure des grandes entreprises nationales dans le domaine
éditorial avait sonné : des textes médiévaux, rédigés aussi bien en latin qu'en
langue vernaculaire, mais surtout les sources médiévales de l'histoire allemande, française ou italienne furent publiés dans les grandes collections des
Monumenta Germaniæ Historica [41], du *Recueil des Historiens des Gaules et de
la France* [42], et des *Rerum Italicarum Scriptores* [43], et on pouvait trouver des
entreprises comparables dans les autres pays européens [44]. Le XIXe siècle est
donc l'époque de l'«invention» du Moyen Age, de sa «construction» ou
«conceptualisation» [45], allant de pair avec son usurpation à des fins méta-

[40] GÜNTER, *op. cit.*, 791 : «Mettre l'accent sur le caractère autonome du Moyen Age dans le *Gothic revival* pré-romantique et dans l'Allemagne de l'après-guerre de libération de 1813-14 reflète une réaction contre le Classicisme et le style empire de l'ère napoléonienne, en revanche, à la fin du XIXe siècle et dans la première moitié du XXe, il est le fait d'une réaction confessionnelle, de nationalistes et petits bourgeois contre cette préférence cosmopolite pour la culture de la Renaissance».

[41] Voir le *synopsis* dans R.C. VAN CAENEGEM, *Guide to the Sources of Medieval History*, Amsterdam-New York-Oxford 1979² (Gand 1962), 220 suiv. Pour l'histoire des *Monumenta* : VAN CAENEGEM, *op. cit.*, 188 suiv.; H. BRESSLAU, *Geschichte der Monumenta Germaniæ Historica*, Hannover 1921 (1976); H. GRUNDMANN, *Monumenta Germaniæ Historica* (1819-1969) München 1969 (1979).

[42] La première collection des sources médiévales de la France fut rédigée, au XVIIIe siècle, par Dom M. Bouquet, éminent savant bénédictin de la Congrégation de Saint-Maur : *Recueil des historiens des Gaules et de la France*, t. I-XIII, Paris 1738-86. Les travaux furent interrompus par la Révolution française et repris sous les auspices de l'Académie des Inscriptions et Belles-Lettres au début du XIXe siècle : *Recueil des historiens des Gaules et de la France*, t. XIV-XXIV, Paris 1806-1904. Voir M. LAURAIN, «Les travaux d'érudition des Mauristes. Origine et évolution», *Revue d'histoire de l'Eglise de France* 43 (1957), 231-271 (éd. sép. Paris 1957); VAN CAENEGEM, *op. cit.*, 165 suiv., part. 175, 192 suiv.

[43] *Rerum Italicarum Scriptores*, ed. L.A. Muratori, t. I-XXV, Milano 1723-38; *Antiquitates Italicæ Medii Ævi*, ibid., t. I-VI, Milano 1738-42, 2e éd. en 17 vol., 1777-80. Depuis : éditions critiques du «Nouveau Muratori» : *Rerum Italicarum Scriptores*, 2e éd., Città di Castello 1900, Bologna 1917; voir VAN CAENEGEM, *op. cit.*, 234 suiv. (tableau synoptique) et 176 suiv., 203 suiv. (quelques remarques historiques). Sur l'inspiration nationale de Muratori voir P. VON MOOS, «Muratori und die Anfänge der italienischen Mediävistik», *Mittellateinisches Jahrbuch* 31 (1996), 21-37.

[44] VAN CAENEGEM, *op. cit*, 174 suiv.; J. HEERS, *Le Moyen Age, une imposture*, Paris 1992.

[45] En Allemagne, le concept historique de Moyen Age (*Mittelalter*) n'apparaît pas avant A-L. von Schlözer (1772) de Göttingen et sa diffusion ne se généralise qu'au tournant du XIXe siècle : GÜNTER, *op. cit.*, 791. Concernant le concept historique de «Temps modernes», dont on ne trouve la trace que tardivement (après 1838), voir R. KOSELLECK, «*Neuzeit*. Zur Semantik moderner Bewegungsbegriffe», dans ID., *Vergangene Zukunft. Zur Semantik geschichtlicher Zeiten*, Frankfurt am M. 1984³, 300-348. Dans les pays de langue allemande, ce n'est qu'au début du XXe siècle que le concept historique d'«Antiquité» (*Antike*) apparaît : W. MÜRI, «Die Antike», *Antike und Abendland* 7 (1958), 7-45; W. RÜEGG, «*Antike* als Epochenbegriff», *Museum Helveticum* 16 (1959), 309-318; ID., «Antike», *Historisches Wörterbuch der Philosophie*, t. 1, 1971, 385 suiv.

scientifiques : il s'agit d'un processus idéologique dont les implications furent essentiellement analysées par les membres de l'Ecole des Annales [46].

Quant à l'époque durant laquelle l'on se remit à pratiquer le latin des modèles antiques, elle fut « inventée » relativement tard [47] : en 1860 Jakob Burckhardt définit « pour la première fois la nature de la Renaissance comme un phénomène culturel correspondant à l'apogée italienne entre 1400 et 1525 » [48]. Cependant, il fallut attendre encore plus d'une génération avant de voir la littérature latine de cette époque présentée sous une forme scientifique moderne et avant qu'elle ne fût reconnue comme période à part entière de l'histoire de la langue et de la littérature. Et pour cause ! Ce n'est qu'en 1900 que le jésuite Alexander Baumgartner publia le tome IV de sa vaste *Histoire de la Littérature mondiale* consacré à la littérature latine et grecque des peuples chrétiens [49]. Dans les trois premiers tomes de son ouvrage, Baumgartner traite la littérature byzantine, sur laquelle nous ne nous attarderons pas ici, la littérature chrétienne occidentale et la littérature latine du Moyen Age. Pour Baumgartner le Moyen Age latin commence avec Benoît de Nurcie, Fulgence de Ruspe, Corippe et Grégoire le Grand — c'est-à-dire des auteurs des Ve et VIe siècles qu'aujourd'hui l'on compte parmi les auteurs de l'Antiquité tardive — et se termine à la fin du XVe siècle, c'est-à-dire après Poggio Bracciolini (1380-1459), Francesco Filelfo (1398-1481), Enea Silvio Piccolomini (1405-1464) et Lorenzo Valla (1407-1457) — auteurs que l'on range aujourd'hui parmi la première génération des humanistes. Dans le quatrième tome (p. 563-681), il analyse la littérature latine de l'histoire moderne qu'il fait débuter en Allemagne avec Johannes Reuchlin (1455-1522), Konrad Celtis (1459-1508) et Willibald Pirckheimer (1470-1530), en France avec Guillaume Budé (1467-1540) et Germain de Brie († 1538), en Italie avec Pietro Bembo (1470-1547), Marco Girolamo Vida (ca. 1485-1566)

[46] *Faire de l'histoire*, edd. J. Le Goff, P. Nora, t. 1-3, Paris 1974 ; LE GOFF, *Pour un autre Moyen Age*, Paris 1977 ; GRAUS, *Lebendige Vergangenheit*, op. cit. ; N.F. CANTOR, *Inventing the Middle Ages. The Lives, Works and Ideas of the Great Medievalists of the Twentieth Century*, New York 1991 ; HEERS, *Le Moyen Age, op. cit.* ; P. VON MOOS, « Gefahren des Mittelalterbegriffs », *Modernes Mittelalter*, ed. J. Heinzle, Frankfurt am M-Leipzig 1994, 33-66. Sur Curtius : *Ernst Robert Curtius Werk, Wirkung, Zukunftsperspektiven*, edd. W. Berschin, A. Rothe, Heidelberg 1989 ; P. GODMAN, « The Ideas of Ernst Robert Curtius and the Genesis of *E.L.L.M.A.* », dans CURTIUS, *European Literature and the Latin Middle Ages*, trad. W.R. Trask (New York-London 1953), Repr. Princeton 1990, 599-653 ; aussi le c.r. de H.J. WESTRA, *Revue Canadienne de Littérature Comparée* 19 (1992), 642-5 ; J.M.

ZIOLKOWSKI, « E.R. Curtius (1886-1956) and Medieval Latin Studies », *The Journal of Medieval Latin* 7 (1997), 147-167 ; sur Auerbach, un autre des « inventeurs » du Moyen Age, voir J.M. ZIOLKOWSKI, « Foreword », à E. AUERBACH, *Literary Language & its Public in Late Antiquity and in the Middle Ages*, trad. R. Manheim, Princeton 1993, IX-XXXIX.

[47] K. STIERLE, « Renaissance : Die Entstehung eines Epochenbegriffs aus dem Geist des 19. Jahrhunderts », *Epochenschwelle*, op. cit., 453-492 ; *Zu Begriff und Problem der Renaissance*, ed. A. Buck, Darmstadt 1969.

[48] E. PITZ, « Mittelalter », *Lexikon des Mittelalters*, t. 6, 1993, 686.

[49] A. BAUMGARTNER S.J., *Geschichte der Weltliteratur*, t. 4 : *Die lateinische und griechische Literatur der christlichen Völker*, Freiburg in Br. 1900.

et Jacopo Sannazaro (ca. 1456-1530). Il poursuit sa présentation jusqu'au XIX⁰ siècle qu'il clôt avec les poèmes latins du pape Léon XIII (1878-1903).

L'« invention » et l'établissement tardifs de la littérature néo-latine en tant qu'objet de recherches scientifiques ont ainsi révélé les déficits qui la différencient en tant que discipline scientifique de ses disciplines-sœurs nettement antérieures. Mais le processus a aussi contribué à souligner les tâches les plus importantes qu'elle avait à remplir au sein de la recherche scientifique.

Ces déficits sont essentiellement dus à la faible mise en valeur de la littérature néo-latine : d'une part, saisie complète et catalogage des textes font défaut, d'autre part, les éditions critiques et commentées sont encore peu nombreuses[50]. En résumé, les récentes publications laissent son immense volume textuel, du reste bien supérieur à celui de la littérature latine antique, à peine accessible ; car dans beaucoup des cas l'on doit encore se référer aux éditions du XV⁰ au XVIII⁰ siècles[51]. Même un texte aussi fondamental pour la poétique et la théorie littéraire humanistes que la *Poétique* de J.-C. Scaliger ne fut rendu accessible qu'en 1964 par une reproduction de la première édition lyonnaise de 1561. Depuis quelques années seulement paraît sous la direction de Manfred Fuhrmann une édition critique accompagnée d'une traduction et de commentaires[52]. Certes les ouvrages des humanistes les plus importants ont déjà été édités à l'occasion des grands projets d'édition du XIX⁰ siècle ; pour la plupart, ils étaient accompagnés de leurs écrits rédigés dans la langue vernaculaire — en ce qui concerne l'Allemagne, on songe à Philippe Melanchthon, Johannes Reuchlin et Ulrich von Hutten, aux poèmes de Konrad Celtis, Euricius Cordus, Paul Fleming ou aux œuvres philosophiques, historiques et de sciences naturelles rédigées en latin, par exemple celles de Johannes Aventinus, Johannes Kepler, Gottfried Wilhelm Leibniz, Christian Wolff ou Alexander Gottlieb Baumgarten. Le latin était — ne l'oublions pas — la langue de la science internationale jusqu'au XVIII⁰ siècle et nous savons que les grands représentants des sciences naturelles et les philosophes tels que Nicolas Copernic, Tycho Brahe, Isaac Newton, Edmund Halley, Thomas Hobbes, John Locke et Baruch de Spinoza, les médecins William Harvey, André Vésale, Herman Bœrhave, Johannes C.T. Ackermann et beaucoup d'autres, même le mathématicien Carl Friedrich Gauss (1777-1825) ont rédigé leurs œuvres, qui sont d'une importance capitale encore pour la science d'aujourd'hui, en latin.

---

[50] J. IJSEWIJN, D. SACRÉ, *Companion to Neo-Latin Studies. Part II : Literary, Linguistic, Philological and Editorial Questions. Second entirely rewritten edition* : Supplementa Humanistica Lovaniensia XIV, Leuven 1998, 442 suiv. (désormais : IJSEWIJN, *Companion* 1998).

[51] La série « Texte der Frühen Neuzeit », dans laquelle les ouvrages rédigés en latin de Jacob Balde, Georg Philipp Harsdörffer et Heinrich Mühlpfort ont été réimprimés, constitue une telle entreprise. Voir IJSEWIJN, *Companion* 1998, 457 suiv.

[52] I.C. SCALIGER, *Poetices libri septem. Sieben Bücher über die Dichtkunst. Lateinisch-deutsch*, edd. M. Fuhrmann, L. Deitz, G. Vogt-Spira, vol. 1 suiv., Stuttgart 1994 suiv.

Jusqu'au XVIIIe siècle, et parfois au XXe siècle, le latin n'était pas uniquement la langue d'usage des universitaires ou des auteurs d'écrits savants. Au
contraire, quiconque voulait être lu au-delà des frontières de son pays,
devait écrire en latin. C'est ainsi qu'au XVIIe et au XVIIIe siècle apparut un
nombre non négligeable de traductions en latin, aujourd'hui presque ou-
bliées, de textes rédigés en langues modernes, en latin [53] : par exemple, les
écrits de Francis Bacon, *The Advancement of Learning* (*De augmentis scientiarum* 1623), *The History of Henry VII* (*Historia regni Henrici septimi* 1642),
New Atlantis (*Nova Atlantis* 1648) et ses *Essays* (*Sermones fideles* 1638) [54]
furent traduits, de même que *La Città del Sole* (*Civitas solis* 1613) de Tommaso Campanella et beaucoup d'autres œuvres scientifiques. En 1777,
quatre-vingts ans après sa parution, Johann Daniel van Lennep, professeur
à l'université de Groningue, traduisit la *Dissertation upon the Epistles of Pha-
laris* de Richard Bentley (1697-1699), car seul un petit nombre de savants sur
le continent étaient capables de lire l'original anglais. Et en 1797 un certain
Friedrich Gottlob Born traduisit même en latin l'ensemble de l'œuvre philosophique de Immanuel Kant (1724-1804) [55]! Des œuvres littéraires rédigées en langue vulgaire furent également à plusieurs reprises traduites en
latin. Ce qui fut le cas pour les quatre premiers livres de la *Gerusalemme
liberata* (1584) du Tasse [56], le *Lazarillo de Tormes* (*Vitæ humanæ proscenium*,
Cologne 1623), *La Septmaine ou Création du Monde* (1578-79) de Salluste Du
Bartas, les *Fables* de la Fontaine, le *Télémaque* (1699-1717) de Fénelon, en
prose et en hexamètres, la *Henriade* (1723) de Voltaire, le roman *Bélisaire*
(1767) de Marmontel [57], le *Shepherdes Calender* (1579) de Spenser [58], le *Para-
dise Lost* et autres poèmes de Milton [59], l'épopée nationale portugaise *Os
Lusíadas* de Luis Camões [60], les chants de l'*Edda*, le poème national finlan-
dais *Kalevaala* et même un roman contemporain comme *Bonjour Tristesse*
de Françoise Sagan! Goethe lui-même, exprima son vif enthousiasme à
l'égard de la traduction latine de son *Hermann und Dorothea* qu'avait réali-
sée Joseph, Graf von Berlichingen.

[53] Sur les traductions latines des ouvrages
écrits dans les langues vernaculaires voir
W.L. GRANT, « European Vernacular Works
in Latin Translation », *Studies in the Renaissance* 1 (1954), 120-156 ; J.W. BINNS, *Intellectual Culture in Elizabethan and Jacobean
England. The Latin Writings of the Age*, Leeds
1990, 241-269 ; IJSEWIJN, *Companion* 1998,
491 suiv.

[54] BINNS, *Intellectual Cultur, op. cit*, 252
suiv. ; GRANT, « European Vernacular » art.
cit., 125.

[55] IJSEWIJN, *Companion* 1990, 191.

[56] Voir BINNS, *Intellectual Culture, op. cit.*,
265 suiv. ; GRANT, « European Vernacular »,

art. cit., 124.

[57] Voir BRIESEMEISTER, « La difusión euro-
pea de la literatura española en el siglo XVII a
través de traducciones neolatinas », *Iberoro-
manica*, N.F., 7 (1978), 3-17. ID., « Franzö-
sische Literatur in neulateinischen Übersetzungen », *Acta Conventus Neo-Latini
Bononiensis, op. cit.*, 205-215. IJSEWIJN, *Companion* 1990, 146.

[58] IJSEWIJN, *Companion* 1990, 176 ;
GRANT, *op. cit.*, 125.

[59] Voir BINNS, *Intellectual Culture, op. cit.*,
241 suiv., part. 269 ; GRANT, *op. cit.*, 125 suiv.

[60] GRANT, *op. cit*, 127 ; IJSEWIJN, *Companion* 1990, 120 et 125 (biblio.).

Alors que ces traductions latines d'œuvres littéraires ressemblent parfois à un jeu stylistique ou purement académique et ne constituent pas une des tâches les plus urgentes des études néo-latines, d'autres auteurs néo-latins de grande qualité doivent encore être lus dans des éditions du XVIe au XVIIIe siècle, qui sont pour la plupart d'une qualité insuffisante. Ainsi en va-t-il pour Jacob Balde tout comme pour Paulus Melissus, Joachim Camerarius, Euricius Cordus, Georgius Fabricius, Petrus Lotichius Secundus ou Eobane Hesse; chez les prosateurs, Rodolphe Agricola de Groningue, Hadrianus Junius (Adriaan de Jongh), Athanase Kircher S.J. ou Agrippa von Nettesheim, sont victimes de cette carence, ainsi que beaucoup d'auteurs d'œuvres philosophiques, historico-rhétoriques et d'histoire de la littérature, dont une étude de meilleure qualité nous apporterait des connaissances essentielles sur les normes, les schémas de pensée scientifique et les mentalités de leur époque.

En revanche, sans parler des Anthologies qui, trente ans après la première synthèse de Paul van Tieghem, mettaient en lumière une partie significative de la poésie et de la prose latine de la Renaissance [61], toute une série de projets d'envergure (en partie sous forme de collaboration internationale) a été mise en œuvre, parmi lesquels les éditions critiques d'auteurs néo-latins importants représentent une base sûre pour de plus amples études. Parallèlement à l'édition de la *Poétique* de Scaliger déjà citée, nous pouvons mentionner les *Opera omnia* d'Erasme, en cours de publication depuis 1969, ainsi que les *Lettres* de Juste Lipse publiées depuis 1978 par un groupe de chercheurs belgo-hollandais, les *Opera Omnia* de l'humaniste espagnol Juan Lluis Vivés publiés depuis 1992 par un groupe de chercheurs internationaux sous l'égide de l'université de Valence, son lieu de naissance, les *Complete Works* de Thomas More, publiés à Harvard, l'édition critique du *Cornu Copiæ* de Niccolò Perotti procurée par un groupe de chercheurs international en collaboration avec l'Istituto Internazionale di Studi Piceni à Sassoferrato, et l'édition des œuvres d'humanistes allemands, parue entre autres dans les séries « Ausgaben deutscher Literatur des 15. bis 18. Jahrhunderts » [62] et « Bibliotheca Neolatina » [63]. L'édition critique du théâtre des jésuites et d'autres ordres religieux par Fidel Rädle [64] se voit complétée par

[61] P. VAN TIEGHEM, *La littérature latine de la Renaissance. Etude d'histoire littéraire européenne* : Bibliothèque de l'Humanisme et de la Renaissance. Travaux et Documents 4, Paris 1944, 177-418 (Genève 1966²). Voir par exemple *Poeti Latini del Quattrocento*, edd. F. Arnaldi, L. Gualdo-Rosa, L. Monti Sabia, Milano-Napoli 1964; *Lateinische Gedichte deutscher Humanisten*, ed. H.C. Schnur, Stuttgart 1966; *Musæ reduces. Anthologie de la poésie latine de la Renaissance*, Textes choisis, présentés et trad. P. Laurens, collab. C. Balavoine, 2 vol., Leiden 1974; *Renaissance Latin Verse. An Anthology*, edd. A. Perosa, J. Sparrow, Londres 1979; *Les Prosateurs latins en France au XVIe siècle*, Paris 1987 (N.d.l.R.).

[62] *Ausgaben deutscher Literatur des 15. bis 18. Jahrhunderts*, ed. H.-G. Roloff, Berlin 1968 suiv.

[63] *Bibliotheca Neolatina*, edd. W. Kühlmann, H.-G. Roloff, H. Vredeveld, Bern 1988 suiv.

[64] *Lateinische Ordensdramen des XVI. Jahrhunderts mit deutschen Übersetzungen* : Ausgaben deutscher Literatur des 15. bis 18. Jahrhunderts, t. 82, ed. F. Rädle, Berlin 1979 .

les trente-deux volumes « Renaissance Latin Drama in England » [65]. En outre, Jean-Marie Valentin avec la publication de son *Répertoire* [66] et Elida M. Szarota avec celle des *Periochæ* des drames jésuites [67] ont montré ce que peut être l'inventaire d'un vaste genre néo-latin. Par là même, ils ont créé un outil de travail indispensable auquel s'ajoutent de nombreux autres recueils et inventaires du théâtre néo-latin des ordres religieux, particulièrement dans les pays de l'Est [68]. Outre la *Correspondance* de Juste Lipse, ont paru dans des éditions critiques les *Lettres* de Jakob Wimpfeling, Andreas Osiander l'Ancien (1496-1552), Julius Pflug, Hugo Grotius, Constantijn Huygens, Coluccio Salutati, Guarino da Verona et Poggio Bracciolini ; on a entrepris l'édition d'autres collections de lettres comme celles de Philippe Melanchthon (1497-1560), Johannes Reuchlin (1455-1522), Pietro Bembo et Marsile Ficin ; en outre on compte nombre d'éditions particulières et projets d'éditions d'ouvrages d'auteurs néo-latins dans des collections diverses qu'il serait trop long d'énumérer [69].

S'ajoute que nombre de textes néo-latins inconnus furent découverts au cours de ces dernières décennies et continuent de l'être : ainsi l'épopée *Borsias* dans laquelle Tito Vespasiano Strozzi (1425-1505) chantait la gloire de la maison Este à Ferrare, publiée pour la première fois par Walther Ludwig en 1977, ou la *Theresias,* une épopée en neuf livres sur les guerres de succession autrichiennes (1741-1745), dédiée à l'impératrice Marie-Thérèse (1740-1780), que Heinz Martin Werhahn découvrit et publia pour la première fois en 1995. Une autre découverte spectaculaire fut la trouvaille d'un recueil de cent dix-sept lettres adressées à l'humaniste flamand Frans Cranevelt, entre en 1520-1528, par des humanistes fameux comme Erasme, Juan Lluis Vivés, Thomas More, Gerhard Geldenhouwer et d'autres. Mises en vente par un antiquaire en 1989, elles furent achetées aux enchères pour la bibliothèque universitaire de Leuven. Enfin, nous ne devons pas perdre de vue que de nombreux autres textes néo-latins en prose et en vers ne sont encore ni édités, ni même inventoriés bien que l'ouvrage *Iter Italicum* en six volumes de Paul-Oskar Kristeller rassemble une masse incroyable de manuscrits d'hu-

---

[65] *Renaissance Latin Drama in England,* edd. M. Spevack, J.W. Binns, H.-J. Weckermann, Hildesheim 1981 suiv. *First Series :* « Plays associated with Oxford University » (13 vol.), *Second Series :* « Plays associated with the University of Cambridge » (19 vol.).
[66] J.-M. VALENTIN, *Le Théâtre des Jésuites dans les pays de langue allemande. Répertoire chronologique des pièces représentées et des documents conservés (1555-1773),* 2 vol., Stuttgart 1983-4. Voir ID., *Le théâtre des Jésuites dans les pays de langue Allemande (1554-1680). Salut des âmes et ordre des cités,* 3 vol., Bern 1978.
[67] E.M. SZAROTA, *Das Jesuitendrama im*

deutschen Sprachgebiet. Eine Periochenedition. Texte und Kommentare,* München 1979.
[68] IJSEWIJN, *Companion* 1990, 145 suiv., 200 suiv., 221 suiv., 251 suiv. ; ID., *Companion* 1998, 139 suiv., 149 suiv. (bibliographie).
[69] Telles sont les éditions procurées en Italie dans le cadre de l'Istituto Nazionale di Studi sul Rinascimento ou publiées en France dans la collection des « Classiques de l'Humanisme » : Marsile Ficin, Guillaume Budé etc. (N.d.l.R.). Résumé des projets d'édition en Allemagne : SCHMIDT, « Die Studien », art. cit., 866 suiv. ; IJSEWIJN, *Companion* 1998, 220 suiv.

manistes découverts dans toutes les bibliothèques européennes. Nombre d'entre-eux attendent toujours d'être édités et étudiés en profondeur par des chercheurs[70].

La seconde grande lacune concerne les études de la langue, de l'histoire de la littérature, des genres et des époques de la littérature néo-latine et dans ses rapports avec les langues et les littératures vernaculaires. L'état des recherches grammaticales, stylistiques et lexicales est indigent : il n'existe ni grammaire ni dictionnaire néo-latins, abstraction faite de lexiques relatifs à des époques, des genres particuliers et des auteurs individuels comme le *Lexique de la prose latine de la Renaissance* par René Hoven (Leyde 1994) et le projet des *Indices zur Lateinischen Literatur der Renaissance* inauguré sous les auspices de l'Akademie der Wissenschaften und Literatur à Mayence[71].

Les études des phénomènes grammaticaux, lexicaux et stylistiques du néo-latin sont également peu nombreuses. Si l'on excepte l'esquisse sur le style de la prose néo-latine à l'époque de l'Humanisme qui vient terminer l'ouvrage d'Eduard Norden sur la prose antique[72], il n'existe qu'une seule étude de grande envergure, celle d'Otto Kluge, rédigée en 1935[73]. La nécessité de travaux sur la langue et le style des auteurs et des genres, comme il en existe déjà pour quelques auteurs néo-latins (Pétrarque, Budé, Erasme, Descartes) se fait d'autant plus pressante. Je renvoie également à l'étude sur le latin de la correspondance entre Rodolphe Agricola et Antonius Liber que A. van der Laan de Groningue, un élève de F. Akkerman et de moi-même, vient de soutenir[74]. Peut-être sera-t-il un jour possible de concevoir un manuel de langue néo-latine à un niveau de collaboration internationale et même de s'attaquer à la réalisation du projet d'un dictionnaire de néo-latin, maintes fois envisagé.

En revanche, les recherches littéraires sont mieux loties : Certes, on ne peut plus utiliser l'*Histoire de la poésie lyrique néo-latine dans l'Allemagne du XVI* siècle de Georg Ellinger qu'en tant que documentation sur les auteurs et leurs ouvrages, ses catégories esthétiques et scientifiques étant complètement dépassées[75]. Pourtant il existe toute une série de nouvelles analyses d'excellent niveau sur les différents genres de la littérature néo-latine : le

[70] P.-O. KRISTELLER, *Iter Italicum A Finding List of Uncatalogued or Incompletely Catalogued Humanistic Manuscripts of the Renaissance in Italian and Other Libraries*, vol. I-VI, London-Leiden 1965-92.

[71] Déjà paru, vol. 1 : *Coluccio Salutati-Index*, edd. C. Zintzen, U. Ecker, P. Riemer, Tübingen 1992; vol. 2 à paraître (1998) : *Cristoforo Landino-Index*; vol. 3 : *Marsilius Ficinus-Index*.

[72] E. NORDEN, *Die antike Kunstprosa vom VI. Jahrhundert v. Chr. bis in die Zeit der Renaissance*, Leipzig 1915³, t. 2, 763-807.

[73] O. KLUGE, « Die neulateinische Kunstprosa », *Glotta* 23 (1935), 18-80; autres études : IJSEWIJN, *Companion* 1977, 248 suiv.; ID., *Companion* 1990, 51 suiv. et SCHMIDT, « Die Studien », art. cit., 849 suiv.

[74] A. VAN DER LAAN, *Anatomie van een taal. Rodolphus Agricola en Antoninus Liber aan de wieg van het humanistische Latijn in de Lage Landen (1469-1485)*, Diss. Groningue 1998.

[75] CONRADY, *Lateinische Dichtungstradition, op. cit.*, 415 suiv., et SCHMIDT, « Die Studien », art. cit., 856 suiv.

drame, le lyrisme, la rhétorique, l'historiographie, les genres poétiques comme l'éloge des villes, le poème didactique, l'ode horacienne, la bucolique, la satire, l'élégie, la lettre héroïque, l'épigramme, le récit de voyage, la fable ou l'épithalame. Pour ce qui concerne la prose scientifique, les analyses portent sur la médecine et les autres sciences, notamment l'alchimie, la géographie et l'ethnographie qui à l'époque des découvertes connurent un succès particulièrement important. Seul un genre aussi important que la poésie épique néo-latine, représenté par un vaste nombre de poèmes, n'a pas fait l'objet récemment d'études approfondies.

Toutefois, nous ne possédons pas encore d'histoire de la littérature néolatine qui puisse satisfaire nos exigences de chercheurs modernes. Ni la présentation de Baumgartner, ni l'abrégé de Paul van Tieghem, qui ne traite que de la littérature latine de la Renaissance, ne peuvent satisfaire ces exigences[76]. La vaste étude de J.W. Binns sur la culture intellectuelle en Angleterre aux XVIᵉ et XVIIᵉ siècles[77] peut servir d'exemple en tant qu'étude profonde d'une période limitée géographiquement et historiquement. De fait, elle analyse les écrits latins en regard de l'évolution culturelle, historique et politique et, dépassant largement la simple histoire littéraire, ne fait pas moins que rédiger l'histoire intellectuelle de cette époque entre 1530 et 1640, à partir de la littérature néo-latine.

L'*History of Nordic Neo-Latin Literature* edité par Minna Skafte Jensen[78] offre une présentation de la littérature néo-latine dans les pays scandinaves, à laquelle sont ajoutés des chapitres concernant certains domaines scientifiques, genres et auteurs de renom. Cet ouvrage est complétée par une banque de données, *Database of Nordic Neo-Latin Literature*, accessible sur Internet[79], qui fournit des informations sur des milliers de textes néo-latins rédigés entre 1500 et 1800 dans les pays nordiques. Il s'agit, à mon sens, d'une entreprise fort réussie et qui devrait inciter à de semblables présentations dans les autres pays.

Etant donné le caractère international du latin du VIIᵉ au XIXᵉ siècle, le succès de tels projets ne peut être assuré que si les recherches dépassent le cadre régional. Au Moyen Age et à l'époque de l'histoire moderne, le latin unissait les intellectuels européens : les moines d'Irlande à ceux de l'Italie méridionale, les moines de la péninsule ibérique à ceux de l'Europe orientale. Jusqu'au XVIIIᵉ siècle, il unit aussi les humanistes errants aux étudiants et aux savants pour qui les universités d'Oxford et de Cambridge, de Paris et d'Orléans, de Louvain et de Leyde, de Coïmbra et de Saragosse, de Salerne et de Bologne, de Prague et de Cracovie, de Rockstock et d'Erfurt, de Vienne et de Cologne, de Heidelberg ou de Tübingen étaient un véritable foyer. Des universités furent aussi fondées dans le Nouveau monde : à Lima et à Mexico par les Espagnols en 1551 et 1553, à Santa Fé de Bogotà par les

[76] IJSEWIJN, *Companion* 1990, 50.
[77] BINNS, *Intellectual Culture, op. cit.*
[78] *History of Nordic Neo-Latin Literature,*
ed. M. Skafte Jensen, Odense 1995.
[79] < http://www.uib.no/neol.html >.

dominicains en 1563, à Quito d'Equateur par les jésuites en 1622, ou à La Havane à Cuba qui devint ville universitaire en 1728. Dans toutes ces universités, on parlait, on enseignait, on écrivait le latin, on pensait, on débattait, on publiait en latin. Plus tard, les étudiants diplômés mettaient ces connaissances au service de leur activité de scientifique ou de pédagogue, de philosophe ou de théologien, de juriste ou de politique, de diplomate ou de militaire et continuaient à user d'un instrument linguistique, qui, précisément parce qu'il n'était pas leur langue maternelle, avait l'inestimable avantage d'être à la fois neutre et partout répandu. Aussi, jusqu'au XVIIIe siècle, tous les contrats internationaux furent-ils conclus en latin, comme par exemple le contrat de Nertschinsk, signé entre la Chine et la Russie en 1689, qui fixait les limites territoriales entre ces deux pays : du côté chinois il fut négocié par deux jésuites portugais et français, et du côté russe par un diplomate polonais[80]. Ce n'est qu'en 1714, lors de la paix de Rastatt, qui mit fin à la guerre de succession espagnole entre la France et l'Autriche, que pour la première fois un contrat international fut rédigé, non en latin, mais dans une langue moderne (le français), résultat des efforts de Louis XIV pour allouer au français une place tout au moins égale par rapport au latin dans les relations internationales.

Bien sûr, le caractère artificiel du latin en tant que langue internationale recelait certains dangers qui ne manquèrent pas de se manifester et furent cause de sa disparition. L'expansion de la France, attestée depuis le XVIIe siècle, fit d'elle l'une des puissances européennes les plus importantes et imposa de plus en plus le français en tant que langue diplomatique. Ainsi le français devint-il au XVIIIe siècle, et aux dépens du latin, cette *lingua franca* dans tous les domaines de la politique, de la science et de la culture ; ce n'est par hasard que les philosophes du siècle des Lumières, surtout d'Alembert[81], prirent position contre l'utilisation du latin. Que le Code Napoléon qui allait remplacer définitivement le droit romain en France et chassait par là même le latin du domaine de la jurisprudence, fût traduit en latin par un Français relève de l'ironie[82]! Dans le nouveau monde, l'espagnol remplaça de plus en plus le latin qui, en tant que langue artificielle des savants et, à

[80] IJSEWIJN, *Companion* 1990, 42 suiv. et 322.

[81] *Sur l'harmonie des langues et sur la latinité des Modernes*, Paris 1753 ; ID., *Discours préliminaire de l'Encyclopédie*, Paris 1751 (ed. E. Köhler, Hamburg 1955). Réponse de Girolamo Ferri (Ferrius) de Ferrare : *Pro linguæ Latinæ usu Epistolæ adversus Alambertium*, Faenza 1771. IJSEWIJN, *Companion* 1990, 47 ; A. BUCK, «Der Renaissance-Humanismus aus der Sicht von D'Alemberts *Discours préliminaire de l'Encyclopédie*», *Sudhoffs Archiv* 58 (1974), 1-12 (repr. *Studia humanitatis.*

Gesammelte Aufsätze 1973-1980, Wiesbaden 1981, 124-132) qui signale que l'objection formulée par d'Alembert à l'encontre des études des langues mortes et notamment du latin en tant que langue véhiculaire internationle, se manifestait déjà au sein de l'humanisme vulgaire dès la première moitié du XVIe siècle : exemple Sperone SPERONI, *Dialogo delle lingue* (1530).

[82] H.G. GHIBAULT, *Codex Gallicorum civilis sive Napoleonteus Latine*, Poitiers 1808. IJSEWIJN, *Companion* 1990, 48.

défaut de locuteurs natifs, avait de plus en plus de mal à s'imposer. Au XIXᵉ siècle le latin ne releva plus que du domaine universitaire, avant de perdre définitivement, au XXᵉ siècle, son rôle de langue véhiculaire.

La nécessité de la sauvegarde et de l'exploitation du legs des auteurs néo-latins par des néo-latinistes formés dans cette optique s'avère d'autant plus urgente. Car l'étude de la littérature néo-latine ne doit plus être laissée aux mains des philologues classiques et modernes, dont la compétence en cette matière n'est que partielle — en ce qui concerne soit la langue soit l'époque historique — et dont les études dans le domaine linguistique et littéraire relatives à des époques précises ne peuvent forcément être que celles de dilettantes. Cette tâche doit être confiée à des spécialistes réunissant compétences en matière de langue (c'est-à-dire du latin) et d'époque historique (c'est-à-dire des Temps modernes) [83]. La fonction inter- et supranationale du néo-latin exigerait la présence d'un néo-latiniste (m. / f.) spécialisé dans chaque Institut ou Faculté de Langues et de Lettres. Ce spécialiste devrait être en mesure d'établir une relation entre la littérature néo-latine et les traditions antiques et médiévales, d'autre part il devrait faire prendre conscience de l'importance du secteur néo-latin pour l'étude des littératures nationales modernes en le rendant public par ses travaux de recherche et d'enseignement. Cette fonction diachronique et synchronique du néo-latiniste lui octroie une position centrale et fait de lui le représentant d'une mémoire collective de la tradition latine, qui est à la fois la première et la plus importante des traditions européennes. C'est sur cette tradition latine que repose l'ensemble des traditions culturelles ultérieures.

Si, après la perte de l'unité culturelle européenne, le latin, au titre de lien culturel commun, a également disparu, aujourd'hui, sous l'égide de la communauté européenne, le besoin d'une nouvelle unification spirituelle et culturelle est plus fort que jamais. Enfin si, au niveau européen — je cite le mot fameux de Willy Brandt après la chute du mur de Berlin — « zusammenwächst, was zusammengehört », cette nouvelle identité européenne ne doit pas seulement se faire par la disparition des frontières et l'introduction de l'Euro. Il faut y ajouter une nouvelle renaissance : celle d'un passé commun, l'évolution d'une nouvelle sensibilité pour notre histoire et notre littérature communes, qui fera prendre conscience à tous les Européens que vivre le présent n'est pas uniquement préparer un avenir commun mais, ce qui est encore plus important, préserver un passé commun. Si nous pouvons planifier et développer le futur, c'est parce que le passé nous a développé et formé. Nous devons nous considérer comme le produit du passé et l'accepter, que nous le voulions ou non. Histoire et mémoire s'appartiennent [84], et l'histoire vécue détermine l'histoire vivante. Le XXᵉ siècle, qui selon Jacques Le Goff, se tient « entre la hantise du passé, l'histoire au pré-

---

[83] FUHRMANN, *Die Antike, op. cit.,* 30 suiv. ; SCHMIDT, « Die Studien », art. cit., 889 suiv., part. 892, où il parle aussi d'une double compétence « verticale » et « horizontale ».

[84] J. LE GOFF, *Histoire et mémoire,* Paris 1988 (1977).

sent et la fascination de l'avenir » [85], exige, pour le XXIe siècle, une nouvelle histoire, « une véritable histoire contemporaine, une histoire du présent » [86] qui, suivant une exigence de Gaston Berger, « aide à prévoir et à préparer l'avenir » [87]. C'est au sein de cette histoire du présent qui recèle en elle le passé et qui s'oriente vers l'avenir, que les études néo-latines vont pouvoir remplir, pour notre époque, leur nouvelle fonction.

[85] *Ibid.*, 52.
[86] *Ibid.*, 58.
[87] G. BERGER, *Phénoménologie du temps et prospective*, Paris 1964, 277, cité LE GOFF, *Histoire et mémoire, op. cit.*, 58.

PHILOLOGICA

PETRARCH AND CICERO'S PHILOSOPHICAL WORKS

par LEIGHTON D. REYNOLDS

A few years ago, when I was working on a critical edition of Cicero's *De finibus*, I came across an interesting manuscript of Cicero's philosophical works in the Biblioteca Nacional in Madrid[1]. This manuscript contained seven of the *philosophica* : *De Natura deorum, Timæus, De Divinatione, Tusculanæ Disputationes, Paradoxa, De finibus, Academica posteriora*. In addition to having a reasonably good text of *De finibus*, which I have been able to use for my edition[2], its margins were equipped with a large number of extremely interesting notes. Although these were obviously not in Petrarch's hand, they reflected to an extraordinary degree his interests and personality. I first drew attention to this manuscript and its marginalia in an article in *Italia medioevale e umanistica* published in 1992[3]. There I briefly suggested that the whole corpus in the Madrid manuscript had been copied at Padua, shortly after Petrarch's death, from books that had formed part of his library[4]. In a second article, which originated in a paper delivered to a conference at Erice in 1993 and which was published in 1995, I set out some of the evidence for this view[5]. The present paper contains some further reflections on Ma-

---

[1] Ms 9116, s. XIV², N. Italy (Padua).

[2] *M. Tulli Ciceronis De finibus bonorum et malorum libri quinque* : Oxford Classical Texts, Oxford 1998.

[3] « The Transmission of the *De finibus* », *Italia medioevale e umanistica* 35 (1992), 1-30.

[4] There are at least three other manuscripts copied from books owned by Petrarch which transmit his annotations : Vatican Pal. lat. 1820 (Cicero), Oxford, Bodleian Library, Auct. F. 5. 7 (Vitruvius), and Milan, Ambros. H. 14 inf. (Pomponius Mela, Vibius Sequester, etc.) On the Cicero manuscript see G. BILLANOVICH, *Petrarca e Cicerone* : Studi e testi 124, Vatican City 1946, 88-106 ; S. RIZ-

ZO, « Apparati ciceroniani e congetture del Petrarca », *Rivista di filologia classica* 103 (1975), 5-15, and *La tradizione manoscritta della* Pro Cluentio *di Cicerone*, Genova 1979, 125-131. For Vitruvius, L. CIAPPONI, « Il *De Architectura* di Vitruvio nel primo Umanesimo (dal ms. Bodl. Auct. F. 5. 7) », *Italia medioevale e umanistica* 3 (1960), 59-88. For Ambros. H 14 inf., BILLANOVICH, « Dall'antica Ravenna alle biblioteche umanistiche », *Ævum* 30 (1956), 99 ff.

[5] « Petrarch and a Renaissance Corpus of Cicero's *philosophica* », *Formative Stages of Classical Traditions : Latin Texts from Antiquity to the Renaissance, Proceedings of a con-*

drid 9116 and some preliminary results of a collaborative project which, it
is hoped, will lead to the publication of all its *marginalia*. I shall henceforth
call this manuscript the Matritensis or simply M.

By a happy and very remarkable coincidence, in the summer of 1994,
Professor Silvia Rizzo was able to examine a manuscript of the *Tusculan Disputations* which had just arrived in the Biblioteca Nazionale in Rome[6]. This
manuscript had been acquired, along with the famous Hersfeld Tacitus[7],
from the library of the counts Baldeschi Balleani of Jesi. Its new shelfmark
is Biblioteca Nazionale, Vitt. Eman. 1632. It had been annnotated, as Professor Rizzo immediately saw, by Petrarch himself. To have one of his favourite works, annotated by the poet himself, is remarkable enough; but it
gains an added interest from the discovery just a few years earlier of the Matritensis, which contains, among Cicero's other philosophical works, a heavily annotated copy of the same dialogue. We know from the extant
evidence and from his own words that Petrarch had multiple copies of Cicero[8], but until recently only two of his copies of the *Tusculans* have been
known and they contained disappointingly little annotation, given that this
is the philosophical work which he most frequently cites[9]. One is part of the
large corpus of Cicero that belonged to him and is now in the municipal library at Troyes[10], the other comes at the end of a miscellaneous manuscript
in Paris, Bibliothèque Nationale, lat. 5802[11]. But now we have what is in ef-
fect no less than four of his copies of the *Tusculans*. Although we have just
begun to examine the combined evidence of these manuscripts and their in-
terrelationship, it is already possible to throw some new light on Petrarch
and his methods of work. For my knowledge of the Rome manuscript I am
entirely dependent on Silvia Rizzo, who has been engaged in the arduous
task of deciphering the marginalia. For it was deposited by the Count for
safe keeping in a Florentine bank, with the ironic consequence that it was
badly damaged by the flooding of the river Arno in 1966; even in modern
times manuscripts remain to some degree the playthings of fate. Much else I
owe to another expert on Petrarch and humanist philology, Professor Vincenzo Fera, who has collaborated with me from the beginning on the transcription and editing of the marginalia in M.

First, a brief account of the Madrid manuscript itself. M is written in a
Gothic hand of the late fourteenth century and has decorated initials whi-

ference held at Erice, 16-22 oct. 1993, edd. O.
Pecere, M.D. Reeve, Spoleto 1995, 409-433,
tav. I-II.

  [6] S. RIZZO, « Un nuovo codice delle *Tus-
culane* dalla biblioteca del Petrarca», *Cice-
roniana*, n.s., vol. IX : *Atti del IX Colloquium
Tullianum, Courmayeur, 29 apr.-1 mag. 1995*,
Roma 1996, 75-104, tav. 1-8.

  [7] Æsinas lat. 8.

  [8] *Sen.* 16, 1 : *Multa undique parva volumina recollegi, sed sæpe multiplicata.* The word

parva cannot be right, as Silvia Rizzo has
pointed out : she would emend to *parta*.

  [9] P. DE NOLHAC, *Pétrarque et l'Humanisme*, Paris 1907[2], I, 247.

  [10] Troyes, Bibl. mun. 552 (s. XIV[2]). N. Italy (Verona).

  [11] Written in the twelfth century and
mainly historical in content, containing Suetonius, Florus, Frontinus (*Strategemata*), Eu-
tropius, Cicero (*Phil.* 1-4, *Tusc.*).

ch, in the opinion of Giordana Mariani Canova, are typical of the style obtaining in Padua under Francesco da Carrara. He ruled Padua for many years (1350-1393), was a friend of Petrarch, and inherited the lion's share of his library. So M was indeed written in Padua, and not long after Petrarch's death : he died in 1374. It is a large book (325 x 235 mm) and in its present form it consists of 257 folia, or 514 pages. It still preserves what appears to be its original foliation, and this begins with f° 75 : so the manuscript has lost its first 74 leaves. And at least three folia have been lost at the end. Thus the original manuscript, if we assume that it ended with the *Academica*, would have had 334 folia or 668 pages. In its present form it is a homogeneous collection of *philosophica*, thus following the fashion set by Petrarch, and common later, of distinguishing Cicero's works by genre; but we cannot put much faith in this aspect of the manuscript because the contents of its first 74 leaves are unknown. Dare we hope that a late fourteenth-century manuscript of Paduan provenance, with 74 folia and margins full of notes, still exists unnoticed and unsung?

I tried to prove in my article that at least the bulk of the notes in M went back to Petrarch, basing my conclusions on the content, nature, and style of the notes rather than on any incontrovertible evidence. But now it is possible to clinch the matter with a further piece of evidence which at first sight seemed too good to be true. Against a passage in *De finibus* which would have particularly impressed Petrarch since it emphasizes the ephemeral nature of the pleasures of the body [12], the annotator has written the customary word *Nota*, but followed in this one instance by what is clearly an ornate capital F [13]. It looks very much as if *il divino Francesco* is addressing himself : «take note of this, Francesco». He normally signs himself with such an F when writing to his friends [14], so that we have what is more or less a copy of his signature. And the identical note (*Nota F.*) has been written in Petrarch's own hand in his copy of Augustine's *De vera religione*, now in Paris [15].

The corpus of works in M must have been built up at some stage from three components which had originally had their own separate and distinct manuscript traditions : 1. the *De natura deorum*, *De divinatione*, *Timæus*, and *Paradoxa*, which are part of what is known as the Leiden corpus; 2. the *De finibus* and *Academica posteriora*, which frequently travelled together; and 3. the *Tusculan Disputations*. Since we know that Petrarch's copy of *De finibus* and *Academica* was a small book [16], the corpus in M has probably

---

[12] *Fin.* 2, 106 (f° 207r°).

[13] See plate a.

[14] Francesco PETRARCA, *Epistole autografe*, ed. A. Petrucci, Padova 1968, plates, passim.

[15] Bibliothèque Nationale, lat. 2201. Cf. F. RICO, «Petrarca y el *De vera religione*», *Italia medioevale e umanistica* 17 (1974), 325; see plate b.

[16] *Sen.* 16, 1 : *Barbatus meus Sulmonensis... parvum Ciceronis librum michi donavit, cuius in fine principium solum libri Achademicorum.* This must have been the *De finibus* and *Academica posteriora*. It was given to him by Barbato da Sulmona on his visit to Naples in 1343.

been put together from two or three separate books. The same scribe has
copied both the text of his exemplars and, apart from a few additions by later hands, the marginalia they contained. He has worked with great care
and attention, doing his best to put the notes at the correct point in the
margin, to tie them to the text, to reproduce Petrarch's characteristic sym-
bols and *nota* signs, to sideline the passages Petrarch had marked as being
of special interest to him — in short, to produce a remarkably faithful re-
plica of what he had before him. He must have been working under precise instructions, aware of the importance of the annotations, if not of the
identity of the annotator.

I have given a sample page from early in the *Tusculans*, 1, 3-6 [17]. The
main theme that has caught Petrarch's attention is one dear to his heart, *Honos alit artes*. These words, underlined in line 7 and picked up by a *signe de
renvoi* in the right margin, are repeated at the top of the page, followed by
a supporting quotation from Valerius Maximus : *Valerius in primo Memorabilium : virtutis uberrimum alimentum est honor* [18]. In the left-hand margin
are parallel passages from Cicero, Aristotle, Horace, Ovid and Seneca [19], carefully tied into the text with *signes de renvoi*. In the right margin we have
a list of *notabilia* and other comments, with two examples of Petrarch's
characteristic and ubiquitous symbol, three dots with an undulating tail [20].
Among the other marginalia, one might also note, at the bottom of the
right margin, the references to *eloquentia* and *otium* [21], topics of particular
concern to Petrarch, and at the top of the left margin the interest in Ennius [22], to which I shall return later.

The richness of the annotation in the *De finibus* and *Tusculans* in particular led me to suggest that M preserves what must have been Petrarch's
main working copies of these two dialogues. In general the notes contain
well over a hundred references to other writers, mainly but not exclusive-
ly to classical authors, and they draw on almost fifty different works in
all [23]. The references are often quite precise, *e.g.* : *Idem in quarto De oratore*

---

[17] Plate c.

[18] 2, 6, 5.

[19] *Honor et gloria incitant ad studium ; honor enim facit laborem leviorem, ut dicit Tu-
lius in 2° huius libri* (= *Tusc.* 2, 62). *Idem
Aristotiles in Ethicis* (= *Ethica Nicomachia*,
Book II, *passim*). *Seneca in tra* (scil. intro
‹ductione›, *4. n.q.* (= *Nat.* 4a, *praef.* 13). *Ora-
cius in Arte poetica : « Graiis ingenium, Graiis
dedit ore potando* (scil. rotundo) *musa loqui,
preter laudem nullius avaris »* (= *Ars* 323-4).
Item Ovidius in Remedio : « Non (scil. nam)
iuvat et studium fatue (scil. famæ) *michi crescit
amore »* (= *Rem.* 393). *Seneca dicit : « Non ma-
net diu qui non sustinetur maiori nutrimen-
to »*, *et ideo quedam artes deficiunt quia honore*

carent (= *Nat.* 7, 9, 1).

[20] Also prefacing the last note in the left
margin.

[21] *Contra eloquenciam, Nota quid sit
ocium.*

[22] *Marcus Nobilis duxit Ennium poetam in
Ætoliam.*

[23] To those I have listed in « Petrarch and
a Renaissance Corpus », art. cit., 416–20,
should be added : CICERO, *De legibus* 1, 2 (f°
233r°) ; OVID, *Met.* 3, 208 (f° 119v°), *Met.* 7,
274 (f° 142v°), *Her.* 1, 65 (f° 119v°) ; and, in
their Latin versions, PLATO, *Tim.* 47b
(f° 158v°), ARISTOTLE, *Pol.* 1253a 3 (f° 218v°),
ALEXANDER OF APHRODISIAS on Aristotle,
De Sensu 442b 23-26 (f° 234v°).

non longe a principio[24]. Indeed, when referring to a book which he is reading or has to hand, he will give the page number and even the precise section of the page, as in *Huic respondet in libro proximo car. 7 col. 2 ad finem*[25]. This is impressive testimony to Petrarch's very close acquaintance with the Classics and to the resources of his library, remarkable — and I would think unique — for the middle of the fourteenth century. Even someone with such a well-stocked mind as Petrarch must have built up this body of material over a period of years, and this hypothesis is supported by a couple of notes that have clearly been corrected or modified by Petrarch himself as his knowledge advanced. A good example is found on f° 200r°. At *Fin.* 2, 57, against the words *Deque his rebus satis multa in nostris de re publica libris sunt dicta a Lælio*, he has written :

> *In libro de re publica loquitur Lelius, ut hic et in Sompnio Scipionis patet, licet contra videatur in epistola Quod queris etc.* [= *Q. f.* 3, 5].
> *videatur*] *In alia tamen post ‹ea ad› Atthicum epistola in hoc proposito perstat, ut inducte persone loquantur etc.* [= *Att.* 13, 19].

Petrarch, who had discovered Cicero's letters to Atticus and Quintus in the Chapter Library of Verona in 1345, is here putting them to use to unravel Cicero's various plans for the dramatic date and setting of the *De republica*, of which the only part available to him was of course the *Somnium Scipionis*. Cicero had havered between setting the dialogue in the past and introducing historical figures as speakers, or setting it in his own time, with himself and his contemporaries taking part. From *Q. f.* 3, 5, 1 (which begins *Quod quæris*) he had learned that Cicero had at one time been persuaded to change the dramatic date of the *De republica* so as to give himself the leading part. But then he subsequently discovered from *Att.* 13, 19, 4, where Cicero numbers the *De republica* among his historical or « Heraclidean » dialogues, that he had returned to his original plan. Accordingly he picks the word *videatur* out of his original note to serve as a lemma for the correction.

It was his acquisition of the *Academica posteriora* in 1343 and the *Ad Atticum* in 1345 that eventually led him, after years of agonizing, to the conclusion that the surviving part of the first edition of Cicero's *Academica*, known to us as the *Academica priora* or *Lucullus*, could not be, as he and others had assumed, the lost *Hortensius*, but was instead part of the *Academica*[26]. Hence the significance of the marginal note on L. Lucullus at *Fin.* 3, 8 :

---

[24] Folio 193v°. The *Orator* appears as the fourth book of *De oratore* in Petrarch's copy, Troyes 552, and the passage in question (113–4) would appear to be *non longe a principio* in a manuscript of the *mutilus* class.

[25] Folio 216v°. He is looking forward from *Fin.* 3. 48, the well-known Stoic analogy of the drowning man, to 4. 64, where Cicero returns to argue against it. There is an interesting cross-reference to his own manuscript of *De fi-*

nibus in another of his books (Vat. Pal. lat. 1820) : *Tria dicit de finibus card.* (= carta) *7ª pag. 1ª post principium.* See « Petrarch and a Renaissance Corpus », art. cit., 411 n. 6, and BILLANOVICH, *Petrarca e Cicerone, op. cit.*, 96 n. 35.

[26] The only person to have anticipated him, as far as I know, is William of Malmesbury. See « Petrarch and a Renaissance Corpus », art. cit., 432 and n. 106. Both however

> *De hoc in* Hortensio, *ymmo* Achademicorum *tercio,*

where *ymmo* Achademicorum *tercio* must be a later addition [27].

The philosophical works had a special appeal for Petrarch, being intimately associated with his own spiritual development. Just as the *Secretum* is a dialogue between himself and Augustine, so it may not be too fanciful to see in the notes to the *philosophica* the elements of a continuing dialogue between Petrarch and Cicero, two figures whose personality and thoughts are still remarkably accessible to us. Many passages in the text have been urgently marked or sidelined even where there is no explicit marginal note. These are as important as the notes themselves : they are places where Cicero is saying something of significance to Petrarch.

Since the style and nature of Petrarch's marginalia are well known, and as we have already seen some typical samples, I have chosen four notes on less common topics to indicate the wide range of the comments in M, all from *De finibus* :

> *Fin.* 3, 35   *At illi dicunt pathos*]
> *Nota de pathetica materia que apud poetas peculiaris est.*

Cicero is giving the Greek word for passion, which he translates as *perturbationes animi.* Although Petrarch was as keen to suppress passions as any Hellenistic or Roman philosopher, here he is commenting on the literary use of pathos, and by poets in particular. This is interesting because of a passage in one of his letters (*Fam.* 18, 7, 3) [28], where he refers in the same words (*pathetica materia*) to his own use of pathos in his poetry :

> *... Sepe magni cultus loco fuit habitus neglectior... talem fuisse Sophonisbam reor, dum Masinissam cepit victa victorem, quod in Africa olim gestum* (Livy 30, 12-15) *nunc in* Africe *nostre libris pathetice materie fundamentum est.*

He is thinking of the portrait of Sophonisba in the *Africa,* though in the romantic and pathetic scene in Book V, when Sophonisba throws herself at the feet of the victorious Massinissa, her dress appears to be anything but *neglectior.*

> *Fin.* 3, 48   *Qui demersi sunt in aqua nihilo magis respirare possunt si non longe absunt a summo... quam si etiam tum essent in profundo*]
> *Nota pro eo quod dicere soleo, non magis de eloquencie dignitate gramaticum simplicem iudicare quam prorsus eius artis exsortem, licet vicinior sit potencie huic.*

had come to the conclusion that the *Lucullus,* which in manuscripts of the Leiden corpus appears to have an internal division, constituted books III and IV of the original four-book version.

[27] This can be paralleled, for example, in Petrarch's copy of Quintus Curtius (Paris.

lat. 5720, f° 30v°), where he has written : *Stulta excusatio fedi facti, immo accusatio.* Here the difference in the ink reveals that *immo accusatio* is a later addition.

[28] For which reference I am grateful to Vincenzo Fera.

Cicero is repeating the depressing Stoic doctrine that those who have not achieved *sapientia* are as far from it as men with their heads a few inches under water are from being able to breathe. This produces an acid comment on grammarians, *grammatici* : they have no more idea of real eloquence than those who know nothing of the art, even if they are closer to it.

> *Fin.* 2, 66 *Lucretia*] *Transfer hoc ad martires nostros* [29].

Cicero's exalting of Roman heroes and heroines produces a nice example of the attempt to harmonize pagan and Christian traditions that had begun with the Latin Fathers and which was of course one of Petrarch's main preoccupations.

> *Fin.* 3, 23   *Sæpe fit ut is qui commendatus sit alicui pluris eum faciat quam illum a quo*]
> *Valde sepe fit hoc.*

Cicero remarks that it often happens that one introduces someone to a friend only to find that the friend then values him more than oneself. Petrarch's heartfelt endorsement reveals an awareness of the ways of the world and may even reflect bitter personal experience.

Even before the Roman manuscript came to light, I had long been puzzled by the way in which Petrarch, a careful and methodical annotator, committed his thoughts and observations now to this manuscript, now to that, apparently without rhyme or reason. The unique circumstance that we suddenly have at our disposal four copies of the *Tusculans* annotated by Petrarch gives us the opportunity to examine this phenomenon and see if it would shed some light on his methods and practice.

My first step was to try and define the period of his life to which the notes in M relate. We know that Petrarch did not acquire a copy of *De finibus* until late in 1343, so that notes transcribed in that section of the corpus must postdate that year ; and indeed the references to Cicero's *Letters to Atticus and Quintus,* which Petrarch discovered in 1345, occur in a note to *De finibus.* In a note to the *Tusculans* he refers to Quintilian [30], an author he did not acquire until 1350. There is no reference anywhere in the notes that clearly postdates 1350, but the reference to Quintilian cannot have been entered in the parent of M before that date, and of course there is no reason to suppose that he promptly stopped annotating these books in that

---

[29] Reading *Transfer* for the *lrans fer* of M. This note raises a problem that naturally occurs when *marginalia* have gone through at least one stage of copying, however careful the copyist may have been. The comment is written opposite the passage which deals with Lucretia, but it may have been slightly misplaced; for, as Professor Rizzo has pointed out, it would more appropriately refer to Regulus, whom Cicero has just placed among those who *sæpe etiam tristes firmitate et constantia sunt beati.* Although Cicero's acount of Regulus has already been sidelined and noted (*De M. Regulo earum* (*scil.* voluptatum) *contemptore*), it is his serenity in suffering that is more likely to have reminded Petrarch of the Christian martyrs than the example of Lucretia, who committed suicide.

[30] *Inst.* 1, 6, 2 (f° 107v°).

year. On the other hand, several references to such unsophisticated school reading as the *Disticha Catonis* and the medieval *Facetus,* if indeed they be by Petrarch [31], might well go back to an early period of his life. Similarly, the notable absence of references to any other classical works in the margins of *De natura deorum* suggests that the notes to this work too belong to an early stratum, when Petrarch was in his thirties perhaps and still in Provence. Finally, although one cannot attach too much importance to the routine indexing of proper names, the constant picking out in the margin of such names as Ennius and Scipio Africanus [32], who feature prominently in the *Africa,* make it highly probable, as Silvia Rizzo has pointed out [33], that the notes in M span the middle period of his life, perhaps from the late thirties to the early fifties of the fourteenth century, when he was working on his epic poem [34].

In the Matritensis, as elsewhere, there is naturally a close and often fascinating correlation between the notes which Petrarch has made in his books and comments and quotations in his own writings, each providing a useful commentary on the other. But I noticed that in the *Tusculans* in particular there are a number of places where there is a divergence between the text of the words he quotes and that of the passages marked or annotated in M. When quoting from these passages he was clearly not using the ancestor of M. Here are a couple of examples. T stans for the Troyes manuscript, the Trecensis, P for the Parisinus, R for the newly discovered manuscript in Rome :

> 5, 8   Ponticus Heracleides
>   Ponticus *MRP* : Pontius *T, Petrarca (Rer. Mem. 1, 24, 3)*
> 1, 84 lecto Platonis libro
>   Platonis *MRP* : Catonis *T* : Hecatonis *Petrarca (Rer. Mem. 2, 29).*

The first example explains itself. The second points in the same direction, but is more interesting. Cicero is referring to Cleombrotus of Ambracia, who, according to an epigram of Callimachus, was so impressed by Plato's arguments for the immortality of the soul that he promptly flung himself into the sea — he committed suicide *lecto Platonis libro, i.e.* having read the *Phædo.* In the Trecensis *Platonis* has been corrupted to *Catonis.* Then someone had the wit to see that Callimachus could not possibly refer to a Roman who lived years later than he did, even if Cato had written such a book. So he made a learned, but incorrect and still anachronistic, emendation by conjuring up a lesser known Greek philosopher, Hecaton. Since Petrarch was familiar with Hecaton from his reading of Seneca and Cice-

---

[31] It cannot be assumed that all the notes in M go back to Petrarch. For, unless he had commissioned himself all the manuscripts that constitute the corpus, those that he acquired may have contained notes already made by previous readers.

[32] For some examples, see plates a, c.

[33] «Un nuovo codice», art. cit., 87. The reference to *pathetica materia,* discussed above, should also be noted in this context.

[34] *ca* 1338-1350.

ro's *De officiis,* and indeed mentions him in this very work[35], I do not see why this ingenious if unsuccessful corrector could not have been Petrarch himself. At all events, it is clear from this and other evidence that when he was writing the *Res memorandæ,* between 1343 and 1345, Petrarch was still reading the *Tusculans* in the Trecensis and not in P, R, or the parent of M.

Although the Trecensis has long been famous as Petrarch's Cicero *par excellence,* it is not heavily annotated and it is known that he stopped using it as his working copy at a comparatively early date. In fact, it has less notes than M for the *De natura deorum,* many less for the *De divinatione,* and almost negligible annotation in the *Tusculans.* I suspect that it was quite simply too big a book to be a constant companion, especially for one so frequently on the move; but he may also have thought that a manuscript that contained such an obvious anachronism — and more generally he may well have realized that the *Trecensis* was in any case very corrupt — was not to be trusted. At all events, he transferred his attention sometime in the forties from the Trecensis to the ancestor of M, which contains, as we have seen, a large volume of notes on the *Tusculans.* These must represent a second stage in his study of that dialogue.

Since there are scant notes in the Parisinus too, which Petrarch acquired rather late in life and probably more for the sake of the works of historical interest that it offered, it can be disregarded for this purpose. So we come to the Romanus, and to its *marginalia,* which have been published and annotated by Silvia Rizzo. Two are of particular relevance.

Against a passage on the themes of consolation literature at *Tusc.* 3, 81 : *Sunt enim certa (remedia) quæ de paupertate, certa quæ de vita inhonorata et ingloria dici soleant,* Petrarch has written

Pro libro de remediis,

i.e. useful material for my book, *De remediis utriusque fortune.* He must at the time have been working, or about to work, on his *De remediis,* which was written in Milan about the year 1354. There is no such note at this point in M. So, in the mid fifties, Petrarch seems to have abandoned the ancestor of M and transferred his attention to R, changing horses for the second time and ushering in a third phase of activity on the *Tusculans.*

A second note supports such a date. At *Tusc.* 1, 90 Cicero asks : *Et ego doleam si ad decem milia annorum gentem aliquam urbe nostra potituram putem ?* Petrarch comments :

Heu, qui nunc illa pociuntur ipsamque fastidiunt!

As Silvia Rizzo has acutely pointed out, with ample supporting documentation[36], this tallies with a bitter complaint in a letter written in 1355 to the Emperor Charles IV, upbraiding him for leaving Rome, the seat of the empire, and returning to Bohemia.

---

[35] *Rer. Mem.* 3, 85.   [36] 82-85.

The third note, about the Decii, is interesting for a different reason. In the second book of *De finibus* Cicero cites as examples of *devotio* no less than three members of the same family, Publius Decius Mus, the father, son, and grandson. The third episode is probably spurious, and Petrarch was much exercised during this period by the question of whether it was three Decii who had dared and died for their country, as in some of his sources, or just two, as in others [37]. Hence the related comments in the margins of M and R :

> M (*Fin.* 2, 61) :   *Tres Decii. Duos habent historie communes et Cicero idem, primo* De divinatione *ante medium* (= 1, 51). *Tres vero itidem habet primo* Tusculanorum (= 1, 89).
>
> R (*Tusc.* 1, 89) :   *Tres Decii. Totidem .2.* De finibus *in medio.*

In an earlier stratum of notes, to *Div.* 1, 51, and also to *Tusc.* 1, 89, when he was still reading these works in the ancestor of M, Petrarch had been content to do no more than note the name « Decius » in the margin. But when he came to the *De finibus*, sometime after 1343, he took the trouble to survey all the evidence known to him, from Cicero and the *historiæ communes*, presumably Livy, Florus, Valerius Maximus and others (not a negligible piece of research). The brief note in the Romanus, written in the mid fifties, may simply be a cross-reference to a familiar passage in the *De finibus*; but one might also consider whether Petrarch is referring, not so much to the passage itself, as to his own note on the text, where he had collected all the evidence.

Thus the dateable notes in the Romanus reflect a later period of Petrarch's activity than that observable in M, and there are other differences too. Professor Rizzo has detected in the notes a rather more mature tone, more emphasis on Christian values, and, significantly, a much greater preoccupation with textual problems. For there is a striking absence of such notes in M, especially as its text, for the bulk of the works it contains, is extremely corrupt. So it is, I think, quite clear that Petrarch transferred his affection and attention in the mid fifties from one working copy of the *Tusculans*, the parent of M, to another, the Romanus. Again, one wonders why. Did he want a more attractive book, or one easier to handle, or a better text?

In 1996 Vincenzo Fera, Silvia Rizzo and myself took part in a seminar at Messina, together with graduates and post-doctoral students from Rome and Messina. Since we had copies of all four manuscripts of the *Tusculans*, brought together perhaps for the first time since they had been in Petrarch's library, we asked members of the seminar to collate sample passages of the four manuscripts. This yielded, literally overnight, a rather startling result, which none of us had expected. Despite the haste of this

---

[37] Loc. cit, 94 ff.

operation, the results of which have been confirmed by more extensive collation, there was no doubt that the Matritensis and Romanus descend from the same common parent, thus :

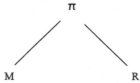

$$\pi$$

M   R

Since M was copied from a manuscript annotated by Petrarch, and since R descends from the same manuscript and has notes by Petrarch written in his own hand, the fountainhead of this little tradition (π) can only be Petrarch himself. R is a copy of π, made in Petrarch's own workshop, as it were, and under his direction. So, what was his purpose in making a copy of a manuscript which he already possessed and had moreover taken the trouble to adorn over a period of years with such a wealth of annotation?

It would appear that he wished to have a new copy of a dialogue which he constantly read and re-read, a new copy with a better text and with fresh margins to which he could commit his latest and more mature thoughts. There has been some debate in recent years about the extent to which Petrarch was a philologist. While some have put considerable emphasis on his scholarly treatment of texts, others think that one should not be too eager to see in Petrarch the precursor of a Lorenzo Valla or an Angelo Poliziano. The textual variants in R, which are largely and notably absent from the margins of M, make it clear that the desire for a better text, or at least one more to his taste, was one of his main objectives in commissioning the Romanus. When the text of R diverges from M, the reading of M is often noted as a variant in the margin, so that we can actually see Petrarch at work. This is a difficult and complex problem, but further examination of R, which Professor Rizzo is undertaking, and a better knowledge than is available at present of the later tradition of the *Tusculans,* may in time tell us something more about this side of Petrarch's scholarship.

Whatever new light the continued examination of the two manuscripts and the editing of the marginalia might throw on Petrarch, it is already clear that they illustrate once again the breadth of his reading in the Classics, the devotion and intensity with which he read and re-read his favourite works, now in this copy, now in that, and in general add significantly to what we already knew of the close and remarkable bond that existed between these two great humanists, Petrarch and Cicero.

Since Petrarch is also famed for his decisive intervention in the tradition of so many classical texts, it is relevant to ask whether his activity on these philosophical works contributed in any way to their transmission. Since M is a very late and poor witness to the text of both the Leiden corpus and the *Tusculans,* it has not attracted the interest of editors and consequently we are not at present in a position to fit M into the manuscript tradition of any of these works[38]. Consequently I have to rely for the present on the one tradition that I have studied, that of *De finibus,* and on the associated *Academica,* on which Terence Hunt has just published a full-length study[39].

The following stemma of the *De finibus* represents my view of the tradition[40] :

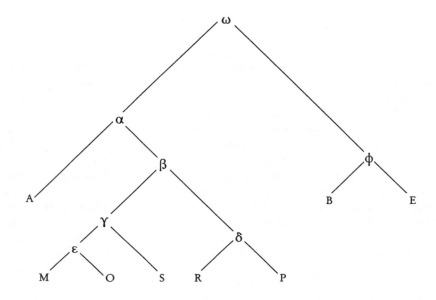

A : Vatican Pal. lat. 1513, s. XI, W. Germany,
B : Vatican Pal. lat. 1525, a. 1467, Heidelberg,
E : Erlangen 618, a. 1466, Heidelberg,
M : Madrid 9116, s. XIV², Padua,
O : Modena lat. 213, s. XIV², N.-E. Italy,
S : Florence, Carte Strozz. 3. 46, s. XIV², Italy,
R : Leiden, Gronovius 21, s. XII^ex, France,
P : Paris lat. 6331, s. XII², Pontigny.

The dialogue appears to have emerged after the Dark Ages somewhere in western Germany and to have remained dormant until the appearance of the first extant manuscript (A). Since A has no descendants and φ, likewise of German origin, did not emerge until the fifteenth century, the only active branch of the tradition and the only one to concern us is β. It came into being in the twelfth century and in France and it is in fact the archetype of the *Academica.* While it is clear that the δ text originated in France, the ori-

[38] Unfortunately M does not contain the *De legibus,* a tradition that has been extensively studied by P.L. SCHMIDT, *Die Überlieferung von Ciceros Schrift «De legibus» in Mittelalter und Renaissance,* München 1974.

[39] T.J. HUNT, *A Textual History of Cicero's «Academici Libri»,* Leiden 1998.

[40] See nn. 2 and 3.

gin of the γ family of manuscripts, which is where Petrarch belongs, remains something of a mystery. It must ultimately be of north-European and probably of French origin, but none of its surviving members are earlier than the second half of the fourteenth century and they are all Italian. Apart from the two Heidelberg manuscripts, all the *recentiores* are products of the Italian Renaissance. More than 90 % of these are descended from P. I have found only eight γ manuscripts, of which M is the earliest.

The first evidence that the text had arrived in Italy is provided, rather dramatically, by Dante. Both the *De finibus* and the *Academica posteriora* are cited in his *Convivio*, written at Bologna between 1304 and 1307, and a long quotation in his Latin treatise, the *De monarchia*, written *ca* 1311, suggests that his manuscript was of the γ group[41]. Petrarch likewise had a γ text of both the *De finibus* and *Academica posteriora*, as is clear both from quotations in his own writings and of course from M itself, which has a pure γ text.

Petrarch's copy of *De finibus* and *Academica* must be the book given to him in Naples in 1343 by his friend Barbato da Sulmona. Barbato was a prominent figure at Naples, in the court of Robert of Anjou and his successor Joanna I. Unfortunately we know nothing about the source of his books. Although there is some degree of corruption in the notes, M appears to be on the whole an extremely careful and accurate copy of Petrarch's manuscript and it was made not long after his death. Consequently I would hesitate to posit more than one intermediary copy between M and Petrarch. If M is a direct copy of the manuscript used by Petrarch, as is possible, then it would have been ε or a manuscript very close to it.

At this point another prominent figure enters the story, no less a person than Coluccio Salutati, Chancellor of Florence and leader of the humanist movement in later fourteenth and early fifteenth century. We know that Salutati had an incomplete copy of the *De finibus*, for in 1379 he wrote to a friend asking him to send him a complete text[42]. Salutati's incomplete copy has been lost; but we do have a complete *De finibus* that belonged to him. This is the manuscript in my stemma which I have called S, after Salutati. It was probably written for him and has *marginalia* in his hand. It is of course tempting to identify Petrarch's manuscript with γ itself, since a number of his manuscripts are known to have passed into the hands of Salutati. But just as there is at least one intermediary between M and γ, in the same way manuscripts close to S not represented in my stemma[43] suggest that there

---

[41] « The Transmission of the *De finibus* », art. cit., 20-21.

[42] F. NOVATI, *Epistolario di Coluccio Salutati*, I, Roma 1891, 133.

[43] For example, Naples IV. G. 43. This manuscript was written in the second quarter of the fifteenth century, once again in N.-E. Italy, possibly in Padua or Venice. It has a lot of marginalia, written by an unidentified humanist in a style of annotation reminiscent of Petrarch's.

was also a stage of copying between γ and Salutati. It looks at present as if Petrarch was more on the fringe of the γ tradition than at its source.

M does not appear to have ever been copied in its entirety. This is curious, given its illustrious pedigree. But copies of the *Academica*, and only the *Academica*, taken from M, are found in two manuscripts, one at Cesena [S. XII. 6 (s. $xv^{1/4}$)], one in Naples [G. IV. 46 (s. $xv^{1/4}$)][44]. Both were written in N.-E. Italy, presumably while M was still in Padua or thereabouts.

So we can see that an extremely interesting series of scholars and poets were involved in this area of the transmission, Dante, Barbato, Petrarch, and Salutati ; and these are later joined by Poggio and others known and unknown. But it is interesting to note that, although it was the text that was in the hands of some of the most illustrious figures of the Renaissance, γ manuscripts account for well under 10 % of the hundred and fifty we possess. Since it was known that the *De finibus* was one of Petrarch's favourite works, I naturally hoped from the beginning to find traces of him in the tradition, and there he is, preserved in Madrid 9116. But he did not acquire a text until 1343, he did not discover it himself, and neither his manuscript of *De finibus* nor the corpus of his work so carefully assembled in M was, as far as we know, ever copied. The prominent humanists of the time appear to have had less influence on the tradition of *De finibus* than one might have expected. Although it eventually reached Naples in the case of Barbato, and Florence in the case of Salutati, the epicentre of the text appears to have remained in the Veneto, and it was the P text, which had the good fortune to become firmly established in Florence, that went on to dominate the market.

Au moment de mettre ce numéro sous presse nous apprenions avec tristesse la disparition en décembre 1999 du Professeur Leighton D. Reynolds. Hommage soit rendu à la science parée de kindness *de notre regretté collègue et ami.*

[44] As demonstrated by HUNT, *op. cit.*, 76 ff. These manuscripts have actually incorporated into their text two marginal notes that I believe to be by Petrarch.

Plate a : Madrid, Biblioteca nacional, ms. 9116, f° 207r° : CICERO, *De finibus* II, 106

Plate b : Paris, Bibliothèque nationale, fonds latin 2201 : f° 28r°, AUGUSTINUS, *De vera religione* VIII, 14-15

Plate c : Madrid, Biblioteca nacional, ms. 9116, f° 101v° : CICERO, *Tusc.* I, 3-6

AUTOUR DE FLAVIO BIONDO : DEUX LETTRES INÉDITES D'ERMOLAO BARBARO ET DOMENICO DOMENICI

par ANNE RAFFARIN DUPUIS

Les deux lettres que nous publions prennent place dans le cadre d'un échange épistolaire entre trois personnages : Flavio Biondo, employé à la Curie Pontificale, Ermolao Barbaro, évêque de Vérone, et Domenico Domenici, évêque de Torcello. La première, datée du 31 décembre 1461, est adressée par Ermolao Barbaro à Flavio Biondo depuis Pérouse ; la seconde, qui lui fait largement écho, est adressée à Ermolao Barbaro par Domenico Domenici, de Rome, le 1ᵉʳ février 1462.

La lettre de Barbaro constitue très certainement une réponse à un courrier de Biondo, dans lequel l'historien devait déclarer ses intentions de décrire l'Italie contemporaine depuis 1441, comme prolongement aux premiers livres de ses *Decades ab inclinatione imperii Romani.* C'est du moins la conclusion à laquelle nous amène la lecture des premiers mots de Barbaro (*lectis litteris tuis*), ainsi que les allusions à l'intervention de Domenico Domenici auprès de Biondo pour l'inciter à entreprendre cette histoire du temps présent. Cette lettre de Biondo ne nous est pas parvenue.

Domenico Domenici fut informé de cet échange de courrier entre Barbaro et Biondo, puisqu'il écrit deux mois plus tard à Barbaro que les encouragements adressés à leur ami commun sont tout à fait bien venus, et qu'il souhaite lui-même ardemment la réalisation de cette entreprise. Domenici, qui séjournait à Rome à cette époque, s'est certainement entretenu de ce projet avec Biondo puisqu'il est informé de l'avancement du projet [1]. Ce dernier lui a également soumis la lettre de Barbaro puisque Domenici, dans sa propre missive, remercie Barbaro des éloges qu'il lui a adressés.

Deux maillons nous manquent dans cette correspondance : le témoignage des encouragements adressés par Domenici à Biondo, à moins que ceux-

---

[1] Lettre de Domenici : *Jam enim descrip-   nominis noni.*
sit Bonifatii pontificis maximi tempora ejus

ci n'aient été formulés oralement ou indirectement, par l'entremise d'Ermolao Barbaro, et la lettre par laquelle Biondo explicite son projet de rédiger une histoire contemporaine[2].

Les correspondants épistolaires

Cet échange se situe à la fin de la carrière et de la vie de Flavio Biondo, lorsqu'après une période d'éloignement sous le pontificat de Nicolas V (1447-1455), il réintègre la Curie Pontificale, sans assumer, toutefois, les mêmes responsabilités qu'auparavant. Lorsqu'Ermolao Barbaro et Domenico Domenici l'incitent à poursuivre ses *Décades*, il a déjà composé les ouvrages qui font de lui un humaniste de renom[3], et consacre la fin de sa vie à des publications de moindre importance[4].

L'ouvrage qui est à la source de cette correspondance entre les humanistes, les *Decades ab inclinatione imperii Romani*, occupa une large part de l'activité littéraire de l'auteur : il entreprit leur rédaction en 1438 et les acheva, ou crut les avoir achevées en 1453, pour finalement envisager la poursuite de son travail dès le début des années 1460. D'ailleurs, outre Ermolao Barbaro et Domenico Domenici, Louis XI[5], le roi de France et bon nombre de personnages illustres de l'époque le prièrent de poursuivre les *Décades*, ouvrage d'histoire destiné à relier l'Antiquité à la fin du Moyen Age, afin de combler l'immense lacune que comporte l'historiographie médiévale[6].

La première *Décade* couvre les années 412 à 754. Biondo situe en effet le début de la décadence de l'empire à l'époque d'Honorius et Arcadius[7]. La

---

[2] Nous disposons simplement d'une lettre adressée de Rome par Biondo à Barbaro, datée de l'année 1446, dans laquelle l'historien demande à son ami, alors évêque de Trévise, d'intervenir pour que son cousin, Zaccaria Barbaro, lui expédie à Rome les neufs livres des *Décades* qu'il lui avait confiés. Voir B. NOGARA, *Scritti inediti e rari di Flavio Biondo*, 1927, 160-161 (voir *infra*).

[3] En 1435, il rédige le *De verbis Romanæ locutionis*, de 1438 à 1453 les *Décades*, de 1443 à 1446 la *Roma instaurata*, de 1448 à 1453 l'*Italia illustrata*, et en 1458-1459 la *Roma Triumphans*.

[4] En 1458, il rédige deux petits traités d'éducation adressés au jeune Galeazzo Sforza, fils de Francesco, duc de Milan et en 1460, le *Borsus sive de militia* dédicacé à Borso d'Este.

[5] Dans sa lettre du 28 janvier 1463 à Francesco Sforza, Biondo souligne le succès rencontré par ses *Décades* à travers toute

l'Europe et rappelle au duc de Milan le souhait exprimé, entre autres, par le roi de France et par Alphonse d'Aragon de voir cette entreprise se poursuivre (voir NOGARA, *Scritti inediti, op. cit.*, 212).

[6] *Romanorum imperii originem incrementaque cognoscere facillimum facit scriptorum copia, quam illius ad summum usque culmen evecti tempora maximam habuerunt. Videmus namque felicitatis romanæ urbis cumulo accessisse ut qui ipsa adolescente coeperunt, poetæ, historici, oratores, et ceteri scriptores, simul cum ipsa crescente floruerint [...] At nostra hæc quibus in lucem adducendis manum apposuimus, nullos habent bonos scriptores neque annales libros vetere instituto, unde sumeremus paratos* (Préface des *Décades*, Bâle 1559, 3-4).

[7] *Culmen vero ipsum, et tanquam verticem, Theodosii superioris quadragesimi tertii, ac decem annis postea Archadii et Honorii illius filiorum temporibus fuisse dicimus, quia licet multas clades, multa incommoda sæpe an-*

deuxième *Décade* traite des années 754 à 1402. La troisième couvre la période 1402-1439. La quatrième, à peine ébauchée, concerne les années 1440-1441.

Au début des années 1460, Biondo est déjà âgé et éprouve des difficultés à entretenir sa famille, souci auquel fait d'ailleurs allusion Domenici. Sa dernière lettre, adressée six mois avant sa mort[8] à Francesco Sforza, est une demande de moyens financiers[9].

Les relations de Biondo avec les humanistes tels que Guarino Guarini, Francesco Barbaro et son neveu Ermolao, datent de son séjour à Venise en 1420. Cette année-là, Andrea Giuliano, noble Vénitien, présente le jeune Biondo à Guarino de Vérone, immédiatement conquis par les qualités du jeune homme[10]. Puis, en 1425, Biondo est au service de Francesco Barbaro à Vicenza, et il repasse à son service de 1430 à 1431 à Bergame[11].

Ermolao Barbaro[12], né aux environs de l'année 1410, fut élève de Guarino de Vérone avant de suivre les enseignements d'Ambrogio Traversari à Florence, où il fit la connaissance de Niccolò Niccoli[13]. Il obtint en 1443 l'évêché de Trévise, puis, dix ans plus tard, celui de Vérone. Ses fonctions de protonotaire apostolique sous le pontificat d'Eugène IV lui permirent d'entrer en relation avec les humanistes de la Curie.

Celui qu'Ermolao Barbaro nomme *Torcellanus noster*, est Domenico Domenici qui devint protonotaire apostolique en 1447 et fut nommé un an plus tard évêque de Torcello par Nicolas V[14]. S'engageant toujours davantage auprès de la Curie, il reçoit de nombreuses charges de la part de Pie II : en 1458, il est désigné avec Nicolas de Cues pour préparer la réforme de la Curie. A partir de 1460, Pie II lui confie des charges diplomatiques. En 1464, il fut promu par Paul II évêque de Brescia[15].

---

tea passa esset romana, brevi tamen restaurata et in pristinam autoritatem majestatemque redacta est. Archadii vero et Honorii anno X post deletum cum exercitu apud Fesulas Radagasum, magnam inclinationem imperii dignitas jam tum ad ruinam vergens, in Halarici et deinde in plurimis barbarorum colluvionibus facere coepit (Ibid., 3).

[8] Au terme d'une vie partagée entre son activité au service des papes et ses recherches d'« antiquaire » et d'historien, Flavio Biondo meurt à Rome le 4 juin 1463.

[9] NOGARA, *scritti inediti, op. cit.*, 210, lettre du 28 sjanvier 1463.

[10] *Dii boni, qualem virum Flavium nostrum quem Blondum vocant! Quanta morum suavitas, quanta in homine modestia, quantis litterarum ardor, quantum ingenium... (L'epistolario di Guarino Veronese, ed. R. Sabbadini, III, 123.)*

[11] NOGARA, *scritti inediti, op. cit.*, LIII.

[12] Il importe de distinguer Ermolao Barbaro il Vecchio dont il est question ici de l'auteur des *Castigationes Plinianæ*, petit-fils de Francesco Barbaro, auquel est consacré le dernier ouvrage de Vittore Branca.

[13] R. FUBINI, *Dizionario degli italiani*, I, *s.v.*, 95.

[14] Né le 15 juillet 1416 à Venise, instruit à Bologne par le cardinal humaniste et réformateur Antonio Correr, il fit l'apprentissage de la rhétorique avec le médecin et prosateur Pietro Tomasi, pour se rendre ensuite à l'université de Padoue où il commença à enseigner très jeune. Voir FUBINI, *Dizionario, op. cit.*, II, *s.v.*, 691-695.

[15] H. JEDIN, *Studien über Domenico de' Domenichi (1416-1478)* : Akademie der Wissenchaften und der Literatur 5, 1957, 214.

D'après une lettre adressée à Domenici le 10 décembre 1474 par Gaspar
Biondo, fils de Flavio, qui a diffusé quelques exemplaires de l'*editio princeps*
de l'*Italia Illustrata*, il apparaît que Domenici a confié la mise à l'impression
de ce célèbre ouvrage au fils de l'humaniste [16] :

> *Coegerunt me tandem assiduæ tuæ voces... ut Italiam illustratam
> Blondi Flavii Foroliviensis genitoris mei, amici quondam tui, tuarum
> laudum et gloriæ studiosissimi, opus per librorum impressores in multa
> volumina scribi curarem* [17].

D'ailleurs, cet ouvrage comporte une mention des humanistes dont nous
examinons la correspondance [18].

La bibliothèque Marciana de Venise possède un manuscrit du *compendium* que réalisa Pie II des *Décades* de Biondo ; Domenici le fit copier et relier en 1476 pour six ducats [19]. Domenico Domenici meurt le 17 février
1478.

Présentation des manuscrits

– 1. Ottobonianus Latinus 1035 = O

Manuscrit, parchemin, XVᵉ siècle, quatre-vingt-huit folios, reliure du
XVIIIᵉ siècle, têtes de chapitre abondamment décorées, feuille d'or.

Sur la première page : *Hic liber est mei Dominici episcopi Brixiensis, quem
scribi feci Romæ 1464. Postea alia in eo fuerunt.*

En-dessous, un *ex libris* : un cercle divisé en deux parties qui comportent
chacune une grosse lettre D. Au-dessus, une croix à double branche.

Sous l'*ex libris* : *Mei Johannes Justi Aprianserensis ejusdem episcopi nepotis.*

– f° 34r°-36r° : *Hermolaus appellatus episcopus Veronensis doctissimo
Blondo.*

– f° 36v°-42v° : *Ejusdem Reverentissimi Domini Dominici Episcopi Tor-*

---

[16] Le texte de la lettre est en partie édité
par M. PELLECHET, *Catalogue général des incunables des bibliothèques publiques de France*,
Paris 1905, II, 16 (n° 2422 A).

[17] Voir aussi NOGARA, *Scritti inediti*, op.
cit., CLXXX f, au sujet de l'incunable Inc. II.
23 de la Vaticane. Il en existe un autre exemplaire : Inc. Rossi 274.

[18] *Italia illustrata*, Regio octava Venetiæ,
Bâle 1559, 374 : *Sunt ex Venetis [...] Hermolaus Barbarus, Francisci nepos, Tarvisinus [...],
Dominicus Torcellanus episcopi, non modo jurium civilis et pontificii ac theologiæ doctrina
sicut eorum decet professionem abunde pleni,
sed eloquentia quoque ornatissimi sunt, ut ei
mancipatorum studio peritiorum multos ætatis
nostræ scribendo dicendoque æquent. Ibid., Re-*

gio nona : Italia transpadana sive Marchia Tarvisina, Ibid., 383 : *Ornataque nunc est ea civitas altero præstante episcopo Hermolao Barbaro qui sicut decet episcopum populo magis
prodesse adnititur quam præesse.*

[19] J. VALENTINELLI, *Biblioteca manuscripta
ad Sancti Marci Venetiarum*, VI, 103
(cod. LXIV. 274). W. WATTENBACH, *Die
Handschriften der Hamiltonschen Sammlung* :
Neues Archiv 8, 1883, 336, cod.198, contient
l'enregistrement de ce recueil : *Hunc librum
scribi feci ego Dominicus ep. Torcellanus Romæ
a. 1464 et exposui fere duc. 6, scilicet pro miniatura prima carl. 6, pro ligatura carl. 6, pro aliis
paraphis et litteris bol. 23, reliquum est pro
scriptura.*

cellani Epistula ad Ermolaum Barbarum Episcopum Veronensem feliciter incipit.

– f° 52v°-53r° : lettre d'Ammanati à Dominici du 20 juin 1468, dans laquelle la date est indiquée de la propre main du destinataire.

– f° 53r-61v : *Epistula de fugienda pestilentia.*

– f° 62r°-71r° : *Epistola de non exigendis decimis sine licentia apostolicæ sedis ad venetos pro papa.*

– f° 71r°-82v° : huit des neuf « Discours à des destinataires illustres ».

– f° 83r°-87v° : neuvième discours, ajouté tardivement.

– f° 88v° : une épigramme de Domenici ; incipit : *Quem legis, O lector.*

Sur le dernier folio non-numéroté, l'indication suivante : *Ex codicibus Johannis Angeli ducis ab Altæmps. Dominici ep. Torcellani epistulæ et orationes aliquot.*

– Vaticanus Latinus 4589 = V

Manuscrit sur papier, fin du XVIᵉ siècle, cent neuf pages cotées, suivies de pages blanches non cotées ; écriture cursive à l'encre noire ; mauvaise copie du manuscrit Ottob. lat. 1035, avec beaucoup d'omissions et d'erreurs.

– f° 90-95 : *Hermolaus appellatus episcopus Veronensis doctissimo Blondo...*

– f° 96-109 : *Ejusdem Reverentissimi Domini Dominici Episcopi Torcellani epistula ad Ermolaum Barbarum...*

Ces deux lettres ont fait l'objet d'une publication partielle dans un ouvrage d'A.M. Quirini[20], qui en extrait quelques passages dans un petit traité où il s'adresse au chanoine Trombelli[21], et décrit les circonstances dans lesquelles il a découvert ces textes[22] :

> *Schedas quasdam evolvere institui, quas ex veteribus manuscriptis codicibus, prout studiorum meorum occasio tulit, depromptas servabam. Occurrerunt vero inter ipsas binæ admodum opportunæ, quæ tibi munusculi loco transmitterentur. Catalogum dico operum quorundam Dominici de Dominicis, Torcellani primum, deinde Brixiani episcopi, eorum scilicet, quorum nullam mihi notitiam suppeditavit bibliotheca ista vestra, licet in eandam confluxerit magna pars præstantissimorum codicum... Debeo catalogum illum Vaticano codici manuscripti in quo ea opera contineri recens tantum deprehendi nimirum postquam et diatribam illam et opusculum illud evulgassem, ex quo factum est, in utraque illa mea lucubratione eorumdem mentionem desiderari inter illos ingenii Domenici fœtus, quos alii codices Vaticani, seu bibliothecæ vestræ compertos mihi reddiderant...*

---

[20] *Decas epistolarum quas desumptis plerumque earum argumentis ex Vaticanæ bibliothecæ manuscriptis ad eam lustrandam de more quotannis Brixia accedens Solivagas antea emiserat ejusdem præfectus S.R.E. cardinalis bibliothecarius, Romæ XI Kal. Mart. 1743.*

[21] *Reverendissimo patri D. Jo. Chrysostomo Trombelli Canonico regulari Congregationis Rhenanæ, et sanctissimi Salvatoris Bononiæ Abbati.*

[22] III et IV.

Cependant, les brefs passages que se contente de citer Quirini, ne permettent pas de saisir tous les aspects de ces lettres où chemine, dans toute sa richesse et sa complexité, la pensée de chacun des humanistes.

Commentaire des lettres

Si Ermolao Barbaro se réjouit de l'annonce faite par Biondo de son projet de rédiger une histoire contemporaine, il reconnaît pourtant les difficultés que ne manquera pas de comporter cette entreprise : la diversité et la complexité du matériau, l'indifférence, voire le désintérêt des contemporains à l'égard des événements du temps présent, et l'épuisement qui risque d'assaillir le rédacteur qui n'est déjà plus dans la fleur de sa jeunesse. Cependant, loin de douter de l'issue de ce travail, il se fait le héraut d'un succès assuré grâce au génie créateur de l'auteur et à son endurance face au travail intellectuel auquel il n'a eu de cesse de s'exercer depuis son plus jeune âge. Ultime encouragement enfin, cette entreprise agrée à leur ami commun, « Torcellanus noster », qui tient Biondo en très haute estime.

Domenico Domenici, dans sa lettre, informe l'évêque de Vérone de l'avancement du projet : en effet, leur ami s'est engagé à entreprendre cet ouvrage qu'il envisage d'ailleurs de dédicacer à Ermolao Barbaro. Suit un vibrant éloge de Biondo, à la fois talentueux historien et homme vertueux, doté de qualités morales exemplaires.

Il est indispensable de revenir sur la chronologie précise des diverses phases de composition des *Décades* pour comprendre la lettre de Domenici. En effet, on peut s'étonner qu'en 1462, Domenici présente comme l'une des dernières étapes du travail de l'historien la composition du livre consacré au pontificat de Boniface IX, le Xe livre de la IIe *Décade*, alors qu'il a déjà pris connaissance des passages comportant les éloges de la famille Barbaro, formulés essentiellement au livre IX de la IIIe *Décade*[23]. Il faut préciser que la rédaction des *Décades* n'a pas suivi une chronologie linéaire ; on en peut distinguer trois phases successives : tout d'abord, la rédaction des dix livres de la IIIe *Décade* (1402-39) et des deux livres de la IVe (1440-41)[24] ; peu de temps après,

---

[23] *Franciscus Barbarus, vir ante id tempus sola ingenii et doctrinæ gloria, vel solis, ut ita dixerim, pacis artibus clarus, obstitit, ostendens si portæ melioribus quorum fides erga rem publicam nota erat, committerentur, eo facto pro hostibus judicatos, omnia clam palamque molituros, ut proderent hostibus civitatem sin vero illis demandaretur custodia, qui fidæ suspectæ essent, de republica actum esse* (Bâle 1559, 528).

[24] Le 5 fév. 1443, Biondo écrit au marquis Leonello d'Este à Ferrare pour l'informer qu'il a réuni en douze livres l'histoire de l'Italie depuis la mort de Gian Galeazzo Visconti (1402) et qu'il lui en enverra une copie dès qu'il aura recueilli l'avis de ses amis Francesco Barbaro, Guarnerio da Castiglione, Pier Candido Decembrio et Leonardo Bruni Aretino. Voir NOGARA, *Scritti inediti, op. cit.*, 145. Les éditions du XVIe siècle ne comportent que le premier livre de la IVe *Décade*.

la composition de la Ire et des premiers livres de la II[e 25] ; enfin, les derniers livres de la II[e 26].

Ce que ses correspondants incitent Biondo à entreprendre, c'est l'histoire de l'Italie entre 1441 et 1462. Cependant, ce projet n'a dû faire l'objet que d'une réalisation très partielle : en effet, si l'on examine la dernière lettre de Biondo, adressée en janvier 1463 à Francesco Sforza, duc de Milan, on ne peut envisager que l'humaniste ait mené à bien son entreprise. Il demande à son correspondant de lui fournir les moyens financiers de poursuivre la quatrième décade dans laquelle il pourrait immortaliser le duc de Milan. Dans le cas contraire, il préférerait se consacrer à d'autres types de travaux, plus lucratifs veut-il sans doute suggérer. Peut-être les premières pages rédigées par l'historien demeurent-elles enfouies dans quelque bibliothèque, mais elles nous restent inaccessibles. Le seul texte inédit qui nous soit parvenu est le deuxième livre de cette *Décade* inachevée[27], qui couvre l'année 1441.

Ces deux lettres, replacées dans le cadre de la naissance de l'historiographie au XVe siècle, revêtent une importance particulière. Elles mettent en effet en lumière les conceptions de deux humanistes célèbres au sujet de l'Histoire et du rôle de l'historien, mais permettent également d'appréhender le contexte dans lequel s'élaborent ces théories novatrices et de mesurer l'étendue de la culture que possédaient ces hommes qui ont œuvré pour la constitution de nouvelles disciplines.

Si ces deux lettres prennent place dans le cadre d'un débat autour de l'œuvre de Flavio Biondo, c'est que lui-même, dans sa correspondance et dans ses ouvrages, apporte une contribution de première importance à la réflexion qui occupe les milieux cultivés de l'époque sur le rôle de l'Histoire. Sa correspondance témoigne de cet effort pour proposer une définition du rôle de l'historien. Il faut citer notamment la lettre à Alphonse d'Aragon, roi de Naples, datée du 13 juin 1443[28], où il explique que l'historien se doit avant tout d'extraire de l'oubli les personnages et les événements qui méritent de passer à la postérité. Selon lui, une civilisation privée d'historien est destinée à périr et il déplore l'indigence de son époque en matière d'historiographie. Il se réfère aux historiens antiques tels que Suétone ou les écri-

---

[25] Au début de l'année 1446, Biondo écrit à Barbaro pour lui réclamer neuf livres des *Décades* qui sont entre les mains de son cousin Zaccaria et auxquels il souhaite en ajouter deux autres. (NOGARA, *Scritti inediti, op. cit.,* 160). Le 13 sept. 1446, Biondo écrit à Domenico Capranica pour lui expliquer que l'ouvrage est divisé en trente livres et le remercie de l'accueil qu'il a réservé aux onze premiers livres. (NOGARA, *op. cit.,* 161).

[26] Dans la lettre de Biondo à Capranica, l'historien s'engage à envoyer au prélat, une

fois la *Roma instaurata* terminée, les douze livres d'histoire récente. Il ne mentionne à aucun moment la suite de la deuxième *décade,* qui a donc été rédigée après septembre 1446 (date d'achèvement de la *Roma instaurata*), peut-être même beaucoup plus tard, puisqu'en 1448, Biondo commence l'*Italia illustrata.*

[27] NOGARA, *Scritti inediti, op. cit.,* 3-28.

[28] NOGARA, *Scritti inediti, op. cit.,* 147-153.

vains de l'*Histoire Auguste* pour justifier le point de vue selon lequel, sans l'historien, il ne peut y avoir d'hommes illustres ; d'ailleurs, les princes lettrés de l'Antiquité protégeaient et encourageaient les historiens qui célébraient leur grandeur.

En outre, vers la fin de sa vie, en 1458, Biondo s'inscrit dans la lignée des humanistes pédagogues en rédigeant deux petits traités d'éducation destinés au jeune Galeazzo Sforza[29], dans lesquels il présente la connaissance des arts et des lettres comme un adjuvant essentiel dans la quête du pouvoir et de la gloire. Il se fait le chantre d'une culture fondée sur la connaissance des grands événements de l'histoire et des personnages illustres de l'Antiquité.

Cette conception de l'histoire qui immortalise aussi bien l'homme que l'événement fait la part belle à la gloire, thème récurrent dans la correspondance et les œuvres de notre auteur comme dans les deux lettres qui nous occupent. D'innombrables références aux héros de l'histoire antique parsèment la *Roma instaurata* ou la *Roma triumphans*, les deux textes de Biondo consacrés à la Rome antique.

A cet égard, il convient de souligner la bonne connaissance que possédaient les trois humanistes des œuvres de Cicéron proposant une définition de la gloire et mentionnant les hommes illustres. Si la *Roma triumphans* et les deux traités d'éducation adressés à Galeazzo Sforza mentionnent le *Pro Plancio*, le *Pro Archia*, et le *Pro Milone*, on relève aussi dans les lettres de Barbaro et Domenici, des allusions ou des références explicites aux œuvres de Cicéron.

En effet, Barbaro ne tarde pas à se référer à cet auteur[30] pour évoquer les héros des temps modernes qui méritent de figurer dans une histoire contemporaine. Reste à savoir quels sont les hommes qui méritent véritablement de jouir de la renommée. Domenici, en répondant à cette interrogation, semble prolonger la réflexion en s'interrogeant sur la notion d'éloge, sur la vertu et la dignité. C'est dans ce passage qu'apparaît le plus manifestement la bonne connaissance que possède ce cénacle d'humanistes des œuvres de Cicéron : cette analyse laisse percevoir en arrière-plan les conceptions cicéroniennes, qui sont développées notamment dans le *Pro Archia* ; on y trouve en effet l'idée de vertu et de modération[31], mais aussi l'anecdote au sujet d'Alexandre se recueillant sur le tombeau d'Achille[32]. Il convient également de se référer au *Pro Milone* pour trouver une idée chère à ces humanistes : « Les grands cœurs et les gens sages recherchent moins les récompenses de la vertu que la vertu elle-même »[33].

La référence finale au *De oratore* sonne comme un vibrant éloge de l'historien en général et de Biondo en l'occurrence, puisque son œuvre apparaît à la fois comme *testem temporum, lumen veritatis, vitam memoriæ, magistram vitæ ac nuntiam vetustatis.*

---

[29] *Ibid.*, 170-189.
[30] *Pro lege Manilia de imperio Cnei Pompei oratio*, 17 et *Philipp.* 5, 5.
[31] VII, 15.
[32] X, 24.
[33] XXXV, 96.

Par ailleurs, ces deux lettres semblent se faire l'écho de certaines idées de Pétrarque sur les héros de l'Antiquité, dont la commémoration introduit le thème de la gloire. En effet, ces humanistes qui, comme le poète, se passionnaient pour les récits de l'*Histoire Auguste*, ne pouvaient pas ignorer les ouvrages[34] de Pétrarque sur les hommes illustres[35]. Aussi, l'idée que l'exemple de ces héros permet d'édifier les contemporains est-elle présente dans la lettre de Domenici aussi bien que dans la correspondance de Biondo. On retrouve également en bonne place, la vertu, qui, seule, autorise l'accomplissement d'actions glorieuses. En revanche, la perspective s'inverse lorsqu'il s'agit de définir la place des contemporains dans l'histoire : au pessimisme de Pétrarque, qui s'afflige de la médiocrité des princes de l'époque, se substitue une perception moins sévère des temps présents. Loin de susciter le mépris des trois humanistes, les hommes du Quattrocento leur semblent tout à fait dignes de passer à la postérité ; c'est précisément l'objet de l'entreprise qu'il s'agit de lancer et de mener à bien dans la suite des *Décades*.

Complétées par des citations de la Bible, ces références aux textes antiques participent d'une définition humaniste de la vertu et de la gloire et légitiment l'éloge de Biondo qui sait allier la modestie à l'érudition et la vertu à la science.

Dès le début de sa lettre, Ermolao Barbaro souligne la force du message délivré par l'ouvrage historique entrepris par Biondo et en fait l'égal des historiens les plus illustres de l'Antiquité auxquels Domenico Domenici le comparera également. Nous retrouvons également dans les deux lettres, l'idée selon laquelle celui qui écrit l'histoire immortalise les personnages (tels que Francesco Barbaro) et gagne, à son tour, l'éternité. Pour Barbaro comme pour Domenici, celui qui aura rédigé cette histoire contemporaine qui fait tant défaut à leur époque, méritera la reconnaissance de la postérité. D'ailleurs, dès le siècle suivant et jusqu'au XVIIe siècle, Biondo est célébré pour l'ampleur et la qualité de la tâche accomplie[36].

---

[34] *Africa, De viris illustribus, Rerum memorabilium libri.*

[35] P. LAURENS, « L'épigramme latine et le thème des hommes illustres au XVIe siècle : *icones* et *imagines* », *Influence de la Grèce et de Rome sur l'Occident moderne* : Cæsarodunum II, ed. R. Chevallier, Paris 1977, 120-132.

[36] Vespasiano da BISTICCI, *Vite degli uomini illustri*, éd. crit., intro., com. A. Greco, Firenze, 1970-1976, vol. II, 79 : « Compose quattro deche comminciano innanzi ai Gotti e seguitando tutte le cose degne di memoria infino ai tempi suoi, delle quale cose merito grandissima commendatione, avendo durata tanta fatica per investigare queste cose e per lume ai secoli suoi, ch'erano in grandissima oscurità, sendo istata Roma quella che aveva dominato il mondo... » Et pour le XVIIe siècle, VOSSIUS, *De Historicis latinis*, Amsterdam 1699, III, 182 : *Dictione est non admodum culta, ut etiam Volaterranus adgnoscit, sed de antiquitate tamen, utcumque interdum aliquid humani patiatur, sane pro ætate qua vixit, optime meretur.* On trouve toutefois une atténuation à cette critique : *Ad honorem Blondi non parum pertinet, quod scripta illius in epitomen contrahere dignatus sit Pius pontifex.*

Bien loin de manifester l'ironie qui caractérise les critiques de Pie II[37] au
sujet des *Décades,* les deux humanistes se plaisent à souligner la *dicendi facilitas* de Biondo et son souci de recueillir des témoignages véridiques, au plus
près de leur source, sans se satisfaire des rumeurs ou des légendes qui ont
cours.

L'éloge qu'entreprend Ermolao Barbaro des écrits de Biondo est sûrement le plus beau qu'on puisse rencontrer ; en effet, quelques critiques ont
pu s'élever, outre celles de Pie II, sur le style de l'auteur[38]. Cependant pour
Barbaro, l'élégance du propos alliée au génie de l'auteur ne peut que char-
mer les lecteurs au même titre que le chant des sirènes. L'emphase ne
manque pas mais son jugement n'est pas démenti par Domenici et trouve
même un écho dans l'appréciation que formule Lapo da Castiglionchio dans
son *Dialogus de commodis Curiæ Romanæ*[39].

Enfin, ce qu'il importe de constater, c'est la connaissance approfondie
que possède Domenici des œuvres de Biondo et de la démarche qu'il a mise
en œuvre : il brosse le portrait d'un humaniste soucieux de recueillir l'information à la source, d'observer par lui-même, d'analyser et de critiquer les
documents dont il dispose. Cette attitude est emblématique de la démarche
adoptée par Flavio Biondo, et introduit une nouvelle conception de l'analyse historique qui ne suit plus aveuglément les apports des *auctoritates*. Il
trouve en outre la force de fédérer ses recherches autour d'une vision historique globale des origines du monde contemporain depuis la chute de
l'empire, grâce à une nouvelle appréhension du Moyen Age qui prend sens
à travers la découverte de l'Antiquité. La notion même de Moyen Age trouve son origine dans l'effort produit, au milieu du Quattrocento pour rendre
compte de l'évolution qui, après la chute de l'Empire Romain, a permis, au
terme d'une longue période d'ombre, la naissance d'une société et d'une culture qui tendent à redonner vie à l'ancienne civilisation classique dans toute sa vigueur. C'est sur ce long intervalle d'un millénaire et sur les boule-
versements de la situation générale de l'Italie et de l'Europe après la chute
de l'Empire que se fixe l'attention de l'historien[40].

L'ouvrage de Biondo, qui se détache de toute interprétation explicitement chrétienne de l'histoire antique, introduit une perception différente

[37] *Commentarii,* 711 : *Ab Honorio Arca-
dioque Cæsaribus, quo tempore inclinasse Ro-
manum imperium memorant usque ad ætatem
suam universalem scripsit historiam, opus certe
laboriosum et utile, verum expolitore emenda-
toreque dignum. Procul Biondo ab eloquentia
prisca fuit neque satis diligenter quæ scripsit
examinavit : non quam vera, sed quam multa
scriberet curam habuit.*

[38] VOSSIUS, *op. cit.*

[39] E. GARIN, *Prosatori latini del Quattrocento :* La letteratura italiana. Storia e testi,
Milano-Napoli 1952, 206-208 : *Flavium Foro-*

*liviensem, virum non prudentem modo et gra-
vem, verum etiam* [...], *sui ordinis doctum et in
scribenda historia exercitatum, cui non nihil
nostri homines debere videntur, quod majorum
consuetudinem referre ac renovare agressus est
et horum temporum res gestas historiæ monumentis persequi ac posteritati commendare.*

[40] C. DIONISOTTI, « Medio Evo barbarico
e Cinquecento italiano », *Concetto, storia,
miti e immagini del Medio Evo :* Civiltà euro-
pea e civiltà veneziana. Aspetti e problemi 7,
ed. V. Branca, Firenze 1973, 25-36.

de l'histoire traditionnelle, motivée par une conscience aiguë des changements produits par le temps. L'attention passionnée qu'il porte aux textes lui révèle pleinement cette frontière entre l'Antiquité et son époque, frontière que l'historiographie médiévale avait tendance à effacer par le biais de transpositions ou d'omissions.

La contribution de Flavio Biondo à la constitution des nouvelles disciplines est l'œuvre de toute une vie. Ces deux lettres font apparaître la réflexion que mène l'humaniste sur sa propre activité d'historien. Bien qu'il ne tende pas à l'élaboration d'une théorie, sa démarche, qui se caractérise par le recul critique et une certaine hauteur de vue, revêt une importance capitale pour la naissance de l'historiographie [41]. Mais si l'on examine les autres ouvrages de Flavio Biondo, on ne peut que le considérer comme un précurseur dans bien des domaines. Outre son apport essentiel à la constitution de la science historique, il faut souligner le caractère novateur de la *Roma instaurata*, ouvrage consacré à la rénovation de la Rome antique dans lequel se complètent les cadres fondamentaux de la topographie et où apparaissent les fondements de l'archéologie. Ces deux lettres mettent donc en lumière la part, souvent méconnue qu'a prise Flavio Biondo à ce bouillonnement intellectuel dont sortiront les ébauches, parfois presque achevées d'ailleurs, des disciplines que la Renaissance nous a léguées.

[41] Concernant les débuts de l'historiographie, on pourra lire : R. FUBINI, « Papato e storiografia nel Quattrocento. Storia, biografia e propaganda in un recente studio », *Studi Medievali*, ser. III, XVIII (1977), 321-351; F. GILBERT, « Biondo, Sabellico and the Beginnings of Venetian Official Historiography », *Florilegium historiale. Essays presented to W.K. Ferguson*, Toronto 1971, 275-293; G. IANZITI, « From Flavio Biondo to Lodrisio Crivelli : the Beginnings of Humanistic Historiography in Sforza Milan », *Rinascimento*, 2ᵉ s., 20 (1980), 3-39; M. MIGLIO, « La storiografia pontificia del Quattrocento », *Acta Conventus Neo Latini Lovaniensis. Proceedings of the first International Congress of Neo Latin Studies* (Louvain 23-28 aug. 1971), edd. J. Isjewin, E. Kessler; A. PERTUSI, « Gli inizi della storiografia umanistica nel Quattrocento », *La storiografia Veneziana fino al secolo XVI. Aspetti e problemi*, Firenze 1970, 269-332. N. RUBINSTEIN, « Il medioevo nella storiografia italiana del Rinascimento », *Concetto, storia, miti e immagini*, op. cit.; *La Storiografia Umanistica I** : Convegno internazionale di Studi (Messina 22-25 ott. 1987), Messina 1992; B.L. ULLMANN, « Leonardo Bruni and Humanistic Historiography », *Studies in the Italian Renaissance* 20 (1973).

PREMIÈRE LETTRE : TEXTE

Hermolaus appellatus episcopus Veronensis doctissimo Blondo Forliviensi pontificis secretario felicitatem ac pacem.

Lectis litteris tuis, Blonde mi suavissime, quas nuperrime ad me Perusiam misisti cepi non mediocrem animi voluptatem quod intellegerem tuam in nos humanitatem post nostram a Roma profectionem non diminutam esse sed potius, ut virum hujusce modi decet, studio et caritate adauctam. Gaudeo si quidem ac plurimum lætor, te tandem in eam sententiam concessisse ut nostræ ætatis homines et eorum res gestas scribere statuisses. Quarum [a] magnitudinem et gloriam etsi non existimem cum illis superioribus nostris prorsus conferendam esse, ejusmodi tamen fuisse constat ut neque contemnenda sit neque prætermittenda, sed potius digna ut tua quoque memoria prodeant in lucem, cum certissimum sit complures excellentissimos ac illustres viros in hac quoque ætatula nostra floruisse qui et magnitudine animi et rerum gestarum copia tum etiam ingenio et doctrina adeo mihi [b] præstitisse visi sunt illam facultatem ac illud roboris atque virium quas Cicero nervos rei publicæ appellavit. Scio te non parvam provinciam suscepisse cum variæ sint hominum voluntates et plures existant qui vetustate [c] magis quam nostris hominibus afficiantur. Sed non dubito cum tua legerint et nostrorum hominum facta emergere tua oratione et elegantia in lucem coeperint fore ut facile ad nos convertantur et tuum extollant ingenium copiamque illam ac facilitatem admirentur, et ad ipsius suavitatem et dulcedinem qua maxime polles quasi ad syrenarum voces et cantum convertantur [d], atque ita paulatim veteres illos Sallustios et Livios omittant et tua cupiditate et studio prosequantur. Nec me fugit te laboriosum ac difficile opus assumpsisse ob tuam potissimum jam vergentem [e] ad extremam senectutem ætatem, quam non amplius hujusmodi [f] labore opprimi oporteret, sed potius leniamentis leniri ac confoveri vitæ deliciis ut reliquum quod superest vivendi cursus soli contemplationi sanctisque voluminibus perscrutandis dedicaretur. Sed me consolatur illa tua incredibilis animi excellentia et vigentes [g] adhuc in te vires atque hujusmodi laboribus ab adolescentia usque ut scribis assuetum corpus, tum etiam et ea [h] quam dixi dicendi facilitas et gratia et elegantia quibus efficitur ut nihil esse existimem tam arduum neque tam difficile quod timeam non posse modica et [i]

[a] statuisses. Hujusmodi tamen fuisse constat eorum magnitudinem et gloriam et si non existimem cum illis superioribus nostris prorsus conferendam esse ut neque contemnenda sit... *v.*
[b] adeo præstitisse *v.*
[c] vetustati *o.*

[d] voces convertantur *v.*
[e] potissimum vergentem *v.*
[f] quam hujusmodi amplius *v.*
[g] ingentes *v.*
[h] eam *v.*
[i] etiam *v.*

PREMIÈRE LETTRE : ERMOLAO BARBARO A FLAVIO BIONDO

Ermolao Barbaro, évêque de Vérone, souhaite bonheur et sérénité au très savant Biondo de Forlì, secrétaire pontifical.

Après avoir lu la lettre que tu m'as tout récemment adressée à Pérouse, mon très cher Biondo, j'ai éprouvé un vif plaisir en comprenant que ta bienveillance à mon égard, loin de s'être étiolée depuis que j'ai quitté Rome, s'est accrue, au contraire, en sollicitude et en attachement, ce qui sied à un homme comme toi. Je me réjouis, et me délecte au plus haut point, à l'idée que tu te sois finalement résolu à écrire l'histoire de nos contemporains et de leurs actions. Même si je considère que leur grandeur et leur gloire ne peuvent, en aucun cas, être comparées à celles de nos fameux ancêtres, il apparaît cependant qu'elles ne méritent ni le mépris ni l'oubli, mais sont plutôt dignes d'être mises en lumière, même de ton temps, puisqu'il est tout à fait indéniable qu'un certain nombre d'hommes, admirables et célèbres, se sont illustrés également à notre modeste époque, semblant vraiment, par leur magnanimité et le nombre de leurs exploits, ainsi que par leur intelligence et leur savoir, avoir fait preuve de cette capacité, de cette combativité et de cette vigueur que Cicéron a nommée « le nerf de l'Etat »[1]. Je suis conscient que tu ne te charges pas d'une mission aisée car les intérêts des hommes sont variés et ils sont plus nombreux à être séduits par l'Antiquité plutôt que par notre époque. Mais je ne doute pas que dès qu'ils t'auront lu et auront commencé à voir surgir à la lumière, grâce à ton récit et à ton talent, les actions de nos contemporains, ils ne soient aisément gagnés à notre cause, ne portent aux nues ton génie et n'admirent sa fécondité et son abondance ; je ne doute pas qu'ils ne soient attirés par le charme et la douceur dont tu regorges, comme par la voix et le chant des sirènes, et qu'ils n'en oublient ainsi peu à peu les anciens Salluste ou Tite Live, pour s'attacher à tes récits avec autant de passion que de zèle. Il ne m'échappe pas non plus que tu as entrepris une lourde et laborieuse tâche étant donné ton âge déjà très avancé, proche désormais de l'extrême vieillesse, qu'il ne conviendrait pas d'accabler davantage par un travail de cette ampleur, mais au contraire, d'adoucir par des soulagements et de revivifier par les plaisirs de l'existence, afin de consacrer ce qui te reste de temps à vivre à la seule contemplation et à l'étude des ouvrages sacrés. Mais je suis rassuré par l'exceptionnelle qualité de ton esprit, par ta verdeur encore vigoureuse, par l'habitude qu'a prise ton corps de ce type de travail depuis ton adolescence et sans répit, comme tu l'écris toi-même, ainsi que par ton aisance dans l'expression, que j'ai déjà mentionnée, et par une élégance et une distinction telles que rien, à mes yeux, n'est suffisamment ardu et difficile pour me faire redouter que tu ne parviennes à franchir aisément cet obstacle par un tant soit peu d'effort et

---

[1]   *Pro lege Manilia de imperio Cnei Pompei oratio*, 17 et *Philip.*, 5, 5.

tui diligentia et studio facile superari. Vegetum enim senis ingenium [a] summaque jam pridem eloquentiæ exercitatione ac doctrina elaboratum. Quid
poterit tantum de se polliceri quod non longe nobis amplius ab eo non sit
bene sperandum. Age igitur, mi Blonde, quod coepisti magno prosequaris
animo. Fac me ut instituisti [b] participem hujus tuæ laudis. Canam ego prius
res tuas, et combucinet mecum domicilium meum, quam alieni invidiorum
oculi de tuo ingenio industriaque ac labore diiudicent. Sim potior jure qui
prior extiti tempore, faciam profecto et ipse ut neque tuæ depereant laudes
neque de earum opinione quicquam subtrahatur [c] sed potius accumulentur
gratia et dignitate atque cum nostris continue hospitentur et cum futuris
sospites perpetuo victitent. Tuum erit igitur ut in hac re persolvenda pro viribus invigiles et tuæ consules laudi et dignitati. Sic enim morem geres non
modo mihi qui gloriæ tuæ faveo, ac tuum deobsculor ingenium, sed etiam
summo illi ac excellentissimo viro Torcellano nostro, quem ego pro sua ad-
mirabili virtute colo et observo. Non enim hujusmodi viri consilium et auc-
toritatem postponendam esse arbitror, qui longa jam rerum experientia
ac multitudine varietateque scientiarum adeo mihi præstare videtur ut plerumque in admirationem illius viri conciderim. Quid enim illo viro est
quod ei natura mirabile non effecerit? Validi enim et vigeti et satis succu-
lenti corporis est, animi vero ut mihi videtur augustioris [d] humano. Ejus autem ingenii virtutem et vim, quis satis verbis explicare posset? Cum in qua-
vis rerum cognitione et scientia, nihil defuisse videatur, præter illud quod
mortalis sit et aliquando [e] etiam interiturus. Miræ enim est ad intelligendum
celeritatis, ut nosti, tantæque facilitatis ad eloquendum, ut quæ dicturus sit
non concepta animo sed visa antea et versari [f] præ oculis continue videan-
tur. Atque memoriæ [g] adeo tenacissimæ ut illa mihi de illo [h] sæpenumero ve-
nerit in mentem quæ Symonidi a Themystocle responsum fuerunt. Nam
cum ille polliceretur se memoriæ ei, ut nosti, artem traditurum, et quæren-
ti quidnam ars illa efficere posset, diceret, ut omnia meminisset; respondis-
se Themistoclem, inquiunt, gratius illum facturum sibi si se oblivisci quæ
vellet, quam si meminisse docuisset. Erat enim et ipse acerrimæ memoriæ
et tanta in eo vis ingenii, ut unumquemque eorum qui secum ad hostes mi-
litarent suo nomine appellaret. At is noster quidnam est dictum aut a philosophia aut a theologicis [i] voluminibus quod non antea fere memoria com-
prehenderit [j] quam legerit aut audierit, quæ sententia tam diversa aut tam
varia quæ in illius non insideat [k] animo et quasi detineatur morsibus non videatur potius interire quam deleri neque posse sine ipsius totius ingenii
evulsione [l] divelli? Itaque si mihi in hac re morem gesseris, si nostrorum ho-

---

[a] ingeniumque summaque *v.*
[b] coepisti *v.*
[c] detrahatur *v.*
[d] angustioris *v.*
[e] aliquando interiturus *v.*
[f] versata *v.*

[g] memoriæque *o* : memoriæ *ed. Quirini.*
[h] eo *o.*
[i] theologis *v.*
[j] comprehenderint *v.*
[k] insedeant *v*
[l] convulsione *ed. Quirini.*

d'étude. En effet, ton esprit de vieillard est alerte et s'est façonné par l'exercice et l'étude les plus poussés de l'éloquence. Que saurait-il promettre de grand que nous ne puissions espérer, de sa part, plus élevé encore ? Allons, mon cher Biondo, poursuis avec courage ce que tu as entrepris. Continue, comme tu l'as commencé, à m'associer à ta gloire. Je m'emploierai à chanter tes louanges et mon entourage sonnera du cor avec moi avant que les regards hostiles des jaloux ne calomnient ton génie, ton zèle et ton labeur. Puissé-je l'emporter sur eux en droit comme je les devance en temps. Je ferai sûrement en sorte pour ma part que tes mérites ne s'effacent point et que ne diminue pas l'opinion qu'on s'en fait, mais qu'ils s'enrichissent au contraire, en notoriété et en dignité, toujours bien accueillis par nos contemporains et éternellement vivants, préservés auprès des générations futures. Il t'appartiendra donc de travailler de toutes tes forces à l'achèvement de ce projet et de pourvoir à ta célébrité et à ton prestige. En effet, tu feras plaisir non seulement à moi, qui suis attaché à ta gloire et admire ton génie, mais aussi à notre éminent et remarquable ami de Torcello que je vénère et respecte pour son admirable vertu. Car je considère que l'on ne doit en aucun cas négliger l'avis et l'autorité d'un homme de cette qualité qui, par sa longue expérience des affaires et par le nombre et la variété de ses connaissances, me semble à ce point supérieur qu'il m'a bien souvent frappé d'admiration. En effet, est-il quelque chose en lui que la nature n'ait pas disposé admirablement ? Il est d'une complexion vigoureuse, puissante et débordant de sève. Son esprit me semble plus élevé qu'un esprit humain. Mais qui pourrait trouver des termes pour décrire la profondeur et l'acuité de son intelligence puisque, dans aucun domaine de la connaissance et de la science, on ne peut déceler de faille, si ce n'est le fait qu'il est mortel et donc destiné à périr un jour ? Il est doté d'une telle vivacité d'esprit, comme tu le sais, et d'une telle aisance dans l'expression, que les paroles qu'il va prononcer ne semblent pas avoir été conçues dans son esprit mais vues au préalable et continuellement présentes à ses yeux. Il bénéficie d'une mémoire si infaillible qu'il me revient très souvent à l'esprit à son sujet la réponse que fit Thémistocle à Simonide ; comme ce dernier promettait à Thémistocle de lui enseigner l'art de la mémoire et que celui-ci demandait à quoi cela pouvait bien servir, Simonide lui répartit : « à tout mémoriser ». Thémistocle, raconte-t-on, lui rétorqua qu'il lui serait plus reconnaissant si, au lieu de lui apprendre à tout retenir, il lui apprenait plutôt à oublier ce qu'il souhaitait oublier. Car lui aussi était doté d'une mémoire infaillible et d'une telle force intellectuelle qu'il appelait par leur nom tous ceux qui combattaient l'ennemi avec lui. Mais, notre ami, quel précepte des philosophes ou des livres des théologiens n'a-t-il pas déjà fixé dans sa mémoire avant même de l'avoir lu ou entendu ? Quelles pensées, si diverses et variées soient-elles, ne s'ancrent dans son esprit au point que, comme retenues par des crocs, elles semblent plutôt devoir périr qu'en être effacées, ni s'en voir extraire sans l'arrachement de son propre esprit ? C'est pourquoi, si tu suis mon avis, si tu

minum historiam scripseris, facies profecto rem perpulchram et gloriosam
nec inutilem futuræ ætati et quæ maxime a tanto et tam excellenti viro[a]
comprobatur. Quod autem Franciscum Barbarum patruum meum, immo
patrem, virum sane clarissimum, dignum tuis monumentis et laudibus judi-
caris, gaudeo vehementer et gratias habeo. Fuit enim vir, ut nosti, integer-
rimæ vitæ et consuetudinis gravissimæ jucundissimæque. Qui quantum ingenio et doctrina valuerit, malo[b] ut aliorum quam mecum sit judicium.
Vellem tamen, ut de me illud recte[c] dici posset, quod a Torcellano nostro
dici solitum erat, ut illius viri eloquentia mihi hæreditate contigisset. Nescio enim si fallar[d], sane neminem mihi videtur adhuc vidisse qui gravius et
elegantius loqueretur. Sed fuerunt in eo viro aliæ virtutes complures[e] longe
præstantiores quarum[f] orbitatem facere non possum quin sæpius deplorem
et sæpius ingenium illud collacrimer, quod dignum erat immortalitate. Sed
emigravit ipse etiam cum suis virtutibus neque nobis nisi signum reliquit
quasi vestigium quodam ipsius dignissimi ac excellentissimi animi, quo nos
illum sequi ac imitari possemus et ad quod nostrorum actuum oculi tanquam ad firmissimum et pulcherrimum vitæ et[g] doctrinæ speculum dirige-
rentur.

Vale, Blonde suavissime et amantissime compater, et ignosce occupatio-
nibus provinciæ mihi commissæ, si antea tibi responsum non feci, meque
Torcellano nostro commenda assidue.

                                        Ex Perusia, pridie Kal. Januarias 1462

---

[a] a tanto viro et excellenti comprobatur
v.
[b] volo *ed. Quirini.*
[c] de me illud dici posset *v.*

[d] si falla *v.*
[e] quamplures *v.*
[f] quæque *o.*
[g] atque *v.*

écris l'histoire de nos contemporains, tu accompliras sans doute une action admirable et glorieuse qui ne manquera pas d'être utile à la postérité et qui, de la part d'un homme jouissant d'une telle renommée et d'un tel talent, sera accueillie très favorablement.

Que tu aies jugé Francesco Barbaro, mon oncle, et bien plus, un père pour moi, homme de grande notoriété, digne de tes écrits et de tes louanges, je m'en réjouis profondément et t'en remercie. Cet homme, comme tu le sais, menait une vie irréprochable, il était d'un commerce à la fois très sérieux et très plaisant ; mais son intelligence et sa culture, je préfère les laisser évaluer à d'autres que moi. Je souhaiterais cependant que de moi, l'on puisse dire à juste titre ce que rapportait communément notre ami de Torcello : que l'éloquence de ce grand homme m'est échue par héritage. Je ne sais si je m'égare mais je n'ai pas le souvenir d'avoir un jour rencontré un homme s'exprimant avec davantage de profondeur et d'élégance. Il était en outre doté de nombreuses vertus tout à fait exceptionnelles dont je ne puis m'empêcher de déplorer souvent la perte en versant des larmes sur ce génie digne de l'immortalité. Mais il nous a quittés en emportant ses talents, ne nous laissant qu'un témoignage, et pour ainsi dire, un indice de son esprit si noble et admirable, afin que nous puissions le suivre et l'imiter, et fixer sur lui les yeux de nos actions comme vers le miroir inébranlable et admirable de la vie et du savoir.

Porte-toi bien mon très cher Biondo, compagnon si doux, et mets sur le compte des occupations qui m'incombent dans ma fonction le retard avec lequel je t'ai répondu ; recommande-moi souvent à notre ami de Torcello.

Pérouse, le 31 décembre 1462.

DEUXIÈME LETTRE : TEXTE

Ejusdem Reverentissimi Dominici Dominici Episcopi Torcellani epistula ad Hermolaum Barbarum episcopum Veronensem feliciter incipit.

Reverendissimo in Christo patri et domino suo colendissimo Hermolao Veronensi Episcopo Domenicus Torcellanus Episcopus se plurimum commendat.

Cum Paulus tuus, homo meo judicio prudens et tibi fidelissimus, salutem ex te mihi nuntiasset, agnovi te mei non immemorem esse. At vero cum epistolæ tuæ particulam ad Blondum apostolicum secretarium utriusque nostrum studiosissimum amicissimumque missæ legissem, maximam animo voluptatem cepi[a] quod non solum consilium meum approbares, verum etiam in maximas de me laudes te effunderes. Et quamquam ad id proveharis nimia benivolentia ut suis meas laudes cumulares si modo aliquæ sunt veræ laudes meæ, hæc tamen prædicatio[b] tua non potuit mihi non gratissima esse, quod ex abundantia quadam amoris eam proficisci intelligerem. Progrederis certe, Pater Reverentissime, ultra quam par sit, sed hæc magnitudo amoris effecit qui et litteris et sermonibus et officiis pridem omnibusque ex partibus se ostendit. Non ille quidem mihi, sed forte aliis ignotus mihi certe exoptatissimus et gratissimus. Nihil est profecto quod ab homine homini majus aut dignius tribui possit quam laus et gloria. Itaque laudari semper magnum[c] et optatum fuit sed excelsum profecto, ut Nevianus ille Hector adjecit, a laudato viro ; proinde Alexander ille magnus, cum ad Achillis tumulum venisset, felicem ipsum adolescentem appellavit, qui suæ virtutis talem preconem habuisset. Ego vero etsi semper laudibus me dignum præstare quam laudari maluerim, tale tamen tantique viri[d] officium veluti magni amoris inditium gratissimum habui ; non enim humanis laudibus præsertim longe a vero abhorrentibus sed benivolentia et caritate et gratia hominum præcipue clarissimorum et in primis approbatorum delectamur. Exemplar nobis perfectionis magister fuit : « Ego, inquit, gloriam meam non quæro ». Et rursus in phariseos : « Gloriam quæ ab hominibus

[a] peperci *v*
[b] hæc prejudicatio *v*.

[c] dignum *o*.
[d] tale tamen virique viri *v*.

DEUXIEME LETTRE : DOMENICO DOMENICI A ERMOLAO BARBARO

La lettre du même[1] et très vénérable Domenico Domenici, évêque de Torcello, à Ermolao Barbaro, évêque de Vérone, commence ainsi.

Domenici, évêque de Torcello, se recommande vivement à son père révérendissime dans le Christ et à son très honoré maître, Ermolao Barbaro, évêque de Vérone.

Lorsque ton ami Paul, homme selon moi avisé et entièrement dévoué à toi, m'a transmis tes salutations, j'ai compris que tu ne m'avais pas oublié. A dire vrai, lorsque j'ai lu le passage de la lettre que tu as envoyée à Biondo, le secrétaire apostolique, très dévoué et très cher à chacun de nous, j'ai éprouvé un vif plaisir, non seulement parce que tu approuvais ma résolution mais aussi parce que tu te répandais en éloges dithyrambiques à mon propos. Et bien que ton excessive bienveillance te conduise à ajouter à ses éloges les miens, à supposer toutefois, que quelques-unes des louanges que tu m'adresses soient fondées, ton panégyrique ne peut que me combler puisque j'ai bien compris qu'il était le fruit d'un immense attachement. Tu dépasses, à coup sûr, Très Révérend Père, ce qu'il serait équitable de dire, mais ce qui en est la cause, c'est l'intensité de cet attachement, qui se manifeste dans les lettres, les entretiens, les services rendus depuis longtemps ainsi que dans tous les domaines. Cet attachement que je n'ignore pas mais qui est peut-être inconnu des autres, m'est assurément fort précieux et fort agréable. Il n'est assurément rien qu'un homme puisse accorder de plus noble ou de plus digne à un autre homme que la louange et la gloire. C'est pourquoi il a toujours été noble et souhaitable d'être loué, mais ce qu'il y a de véritablement remarquable, c'est, comme le grand Hector de Nevius[2] l'a précisé, d'être loué par un homme estimé. De même, Alexandre le Grand, se rendant devant le tombeau d'Achille, le qualifia d'heureux jeune homme, parce qu'il avait bénéficié d'un tel héraut pour sa vertu. Pour ma part, même si j'ai toujours préféré me montrer digne d'éloges que d'être loué, j'ai perçu avec beaucoup de plaisir un tel témoignage de la part d'un si grand homme, comme la preuve d'une grande affection. En effet, nous n'apprécions pas les éloges, surtout quand ils s'éloignent trop du vrai, mais goûtons la bienveillance, l'affection, la faveur des hommes, surtout des plus illustres et au premier rang de ceux que l'on considère.

Le modèle de toute perfection nous l'a enseigné : « Moi, dit-il, je n'ai pas en vue ma propre gloire »[3]. Et de nouveau, contre les Pharisiens : « Ils cher-

---

[1] La lettre de Barbaro à Biondo s'achève sur une mention de Domenici sous la forme « Torcellano nostro ».

[2] NÆVIUS, *Hector proficiscens*, fragments : *Lætus sum laudari me abs te, pater, a laudato viro*. Cet extrait est fréquemment cité par Ci-céron (*Tuscul.* IV, 31, 67 ; *Ad familiares*, V, 12 et XV, 6) mais aussi par Sénèque, *Ad Lucil.* 102, 16. Les humanistes devaient donc le connaître par le biais de ces réemplois. Voir ERNOUT, *Textes latins archaïques*, 1973, 141.

[3] *Jean* 8, 50.

non quæ a Deo est quærunt». Nusquam vero diligere et diligi prohibuit,
nusquam in hoc delectari. At præcipit plurimum si quidem fructus sunt spiritus et charitas, gaudium idem emanans, ut apostolus Galathas in calce epistolæ docuit. Quid enim dulcius quam amare et amari? Vera autem est illa
Christi caritas et [a] glutino copulata, ut Hieronimi tui immo nostri dicto
utar; quam non utilitas rei familiaris, non præsentia tantum corporis sed
Christi amor connectit, hanc arbitror inter nos esse, hanc invicem consuetudinem [b] habemus. Tu quidem, motus opinione virtutis quam in me esse
existimas, ego autem, certa scientia quod te et intus et in cute norim et ex-
ploratum habeam quanti sis [c] quamquam ab omnibus diligendus propter
summam humanitatem tuam, propter facilitatem [d], propter mirabilem tui
ingenii suavitatem. Taceo loquendi dulcedinem ac jocundissimam consuetudinem tuam quibus adjunctæ [e] litterarum eruditio ac vitæ sanctimonia ef-
fecerunt, ut ad te universos homines qui te norunt attraheres. Quid justitia
in subditos? Pietas in tuos? Liberalitas in pauperes? Quid caritas in omnes
et compassio multa erga afflictos et miseros? Et, si quid ad rem attinet, in
construendis episcopalibus ædibus magnificentia? Quæ omnia admiratus
sum semperque mirum in modum laudanda censui. Mirifica vero illa singu-
laris ac mirabilis virtus qua te demisisse semper existimasti atque humilitas
qua effectum est virtutis edicto, quo nihil est certius, videlicet qui se humi-
liat exaltabitur, ut amplissima omnia ultro ad te delecta sint quæ multis pos-
centibus denegata fuere. Plurimi quidem ambitione et avaritia ducti, dolis,
insidiis, adulationibus, ne pecunia dixerim, dignitates et magistratus quæri-
tant. Tu vero ita multos ac magnos honoris et dignitatis gradus [f], legationes,
magistratus, provincias consecutus es pro summis ac pæne divinis virtutibus
tuis ut invitatus, quæsitus, rogatus, ac quasi precibus fatigatus, vix tandem
ea admiseris. Quas egregias virtutes tuas etsi splendidæ semper et illustres
fuerint, hæc tamen provinciæ administratio clariores efficit earumque fa-
mam celebriorem reddidit; nec mirum cum lumen in excelso et eminenti

---

[a] illa caritas et Christi glutino *o*.
[b] necessitudinem *v*.
[c] sit *v*.
[d] felicitatem *v*.
[e] adjuncta *v*.
[f] multos ac magnos dignitatis gradus *v*.

chent la gloire qui vient des hommes et non celle qui vient de Dieu »[4]. Mais
nulle part il n'a interdit d'aimer ou d'être aimé, nulle part il n'a interdit de
s'en réjouir. Mais il le prescrit même avec insistance, vu que les fruits en
sont l'esprit et l'amour, puisque la joie en dérive de la même façon, comme
l'apôtre l'a enseigné aux Galathes au terme de sa lettre[5]. En effet, quoi de
plus doux que d'aimer et d'être aimé ? Mais le véritable amour christique,
amour scellé à la glu, pour utiliser en effet les paroles de ton Jérôme ou plutôt de notre Jérôme[6], c'est celui que ne forment pas seulement le profit de
l'intimité ou la présence physique mais l'amour du Christ. Je pense qu'il est
présent entre nous, nous le possédons, cet attachement réciproque. Toi,
poussé par l'opinion de la vertu que tu me prêtes, moi, de science sûre, parce que je connais pour l'avoir éprouvé au-dedans et au-dehors ton éminen-
te valeur, quoique tu sois cher à tous pour tes grandes qualités humaines,
pour ton affabilité et pour l'extraordinaire aménité de ton esprit. Et je
n'évoque pas la douceur de ton expression, ni l'agrément de ta compagnie,
auxquels viennent s'ajouter ta culture et la sainteté de tes mœurs, si bien que
tu as séduit tous ceux qui te connaissent. Que dire de ton équité envers tes
sujets ? De ton dévouement envers les tiens ? De ta générosité envers les
pauvres ? De ton amour offert à tous et de ta vive compassion envers les
malheureux et les défavorisés ? Et si cela a quelque chose à voir, de ton sens
de la magnificence pour la construction des édifices épiscopaux ? J'ai admiré toutes ces qualités et les ai toujours jugées tout à fait dignes d'éloges. Mais
elle est véritablement merveilleuse cette vertu singulière et admirable par laquelle tu as toujours jugé bon de te rabaisser, et cette modestie, par laquelle il s'est produit que, grâce au décret de la vertu, à coup sûr le mieux fondé, à savoir que celui qui s'abaisse s'élèvera, tout ce qu'il y a de plus noble
t'a été attribué à toi qui ne réclamais rien, alors que cela avait été refusé à la
foule de ceux qui en étaient avides. Ils sont très nombreux à être stimulés
par l'ambition et l'avidité, à chercher à obtenir les dignités et les charges par
les ruses, les stratagèmes, les flatteries, pour ne pas dire la corruption. Toi,
tes nombreuses et éminentes distinctions de l'honneur et de la dignité, les
ambassades, les charges et les mandats tu les obtenues grâce à tes qualités exceptionnelles pour ne pas dire divines, d'une façon telle que prié, supplié,
sollicité, et presque harcelé par les prières, tu les as acceptées du bout des
lèvres. Ces qualités exceptionnelles, même si elles ont toujours été remarquables et brillantes, l'administration de ta charge les a tout de même rendues plus éclatantes et en a répandu la célébrité. Rien d'étonnant à cela,
puisque la lumière se diffuse plus loin et plus généreusement dans un en-

---

[4] *Jean*, 5, 44 : « Comment pouvez-vous croire, vous qui recevez votre gloire les uns des autres et ne cherchez pas la gloire qui vient du Dieu unique ? »

[5] PAUL, *Ad Galat.* 5, 22 : « Mais voici le fruit de l'Esprit ; amour, joie, paix, patience, bonté, bienveillance... »

[6] JÉRÔME, *Epistulæ*, I, 3, 3 : [...] *Post-quam glutino caritatis hærentem impia distraxit avulsio...*

loco se longius ac latius diffundat, et vetus sit Biantis indeque ab Aristotele usurpata sententia, quod principatus virum ostendit. Neminem enim alloquor ex his qui Perusia veniunt, alloquor autem plurimos[a] tui cupidissimos, qui non te ad cælum magnis laudibus tollat, qui te et sanctissimum episcopum et æquissimum judicem et prudentissimum gubernatorem et omnibus veluti parentem indulgentissimum præbeas. Propter itaque tot tantasque virtutes tuas, ut te diligam observemque mihi facere necesse est, si is esse volo quem tu me semper esse credidisti. Si quidem nihil magis virtute ad se diligendum allicit efficitque plerumque ut non solum a nobis visos et quibuscum consuetudinem habuimus sed etiam quos numquam vidimus, diligamus[b] quo magis tibi devinctus esse debeo cum quo tanta et tam jocunda consuetudo intercessit, quo magis te observare et colere qui tibi dignus visus sum[c] quem in secreta consilia, in fidem, in amicitiam solidam reciperes. Dispeream si quemque ex nostris magis quam te diligo — immo ceteros diligo, te amo — si quisquam nostratum episcoporum mihi unquam carior aut jucundior fuit, si quisquam alicui venerabilior quam tu mihi, aut si cui umquam amplissimos honores et dignitates potius quam tibi optaverim. Eoque magis quod te modestum et a cupiditate remotissimum cognovi atque ab omni ambitionis genere abhorrentem. Sed parcius scribam ne videar vices laudando rependere. Lata est hæc provincia et opportuno tempore ac loco servanda. Hoc satis fuerit[d] ut solum intelligas nos non verbis sed studio, benivolentia et caritate certare.

Ad Blondum venio. In epistula itaque tua plenissima suavitatis perspexi tibi probari consilium meum quo Blondum nostrum ad scribendam nostrorum temporum historiam cohortatus sum nostræque ætatis doctissimos homines[e] ac præstantes suis scriptis immortalitati commendandos. Ad quod quidem etsi magna et multa[f] eum inducerent, tua tamen epistola mirum in modum quosdam quasi stimulos admovit, ut huic operi incumberet quod ei, ut arbitror, summam afferet gloriam. Opus ipsum tuæ, Reverentissime Pater, inscribere statuit. Hoc sibi gloriosum et tibi gratissimum fore putavit, quod etiam summopere a me probatum iri intellexit, ut inscriptione amici amantissimi et sua collaudantis rationem haberet. Erit profecto res digna et studio et dignitate tua quemadmodum ex prima ipsius operis parte perspicere potui. Jam enim descripsit Bonifatii Pontificis Maximi tempora ejus nominis noni[g] in quo longe opinionem meam vicit. Reliquum est ut ab

---

[a] plurimo *v.*
[b] diligimus *v.*
[c] qui tibi visus sum *v.*
[d] est *v.*

[e] doctissimos illos homines *v.*
[f] et si multa *o.*
[g] nominis in quo *v.*

droit élevé et supérieur, et que cette phrase de Bias reprise par Aristote est bien ancienne, qui dit que l'exercice du pouvoir révèle l'homme.

Je ne trouve personne parmi ceux qui arrivent de Pérouse[7], et j'en rencontre beaucoup qui sont très épris de toi, qui ne te porte aux nues par ses éloges, toi qui te montres à la fois très saint évêque et juge très équitable, gouverneur très avisé et bienveillant comme un père à l'égard de tous. C'est pourquoi, pour tes si nombreuses et si grandes qualités, il me faut te célébrer et t'entourer d'égards si je veux être celui que tu as toujours considéré que j'étais.

Puisque rien, plus que la vertu, n'attire l'affection, et qu'elle a pour effet la plupart du temps, que nous nous attachons non seulement à ceux que nous connaissons et que nous avons l'habitude de côtoyer, mais aussi à ceux que nous n'avons jamais vus, je dois d'autant plus t'être attaché qu'une si profonde et si plaisante intimité nous lie, je dois d'autant plus t'entourer d'égards et d'attentions que je t'ai semblé digne de pénétrer dans le secret de tes pensées, ta confiance et ton amitié indéfectible. Que je meure si je suis attaché à l'un des nôtres plus qu'à toi ; ou plutôt, je suis attaché aux autres, toi, je t'aime. Que je meure si l'un des évêques de notre pays m'a été plus cher ou plus agréable que toi, si j'ai respecté quelqu'un davantage que toi, ou si j'ai jamais souhaité à quelqu'un plus qu'à toi davantage d'estime et de considération. Et cela d'autant plus que je te sais modeste, étranger à l'avidité et hostile à toute forme d'ambition. Mais il me faut être plus concis si je ne veux pas, à mon tour, sembler me répandre en éloges. Cette entreprise est vaste et je dois la réserver pour un moment et un endroit opportuns. Il suffit amplement que tu comprennes que nous ne rivalisons pas seulement de formules mais de zèle, de tendresse et d'attachement.

J'en viens à Biondo. Ainsi, dans ta lettre pleine d'aménité, j'ai compris que tu approuvais mon projet d'encourager notre ami Biondo à rédiger l'histoire de notre époque et à confier à l'éternité par ses écrits, les hommes les plus savants et remarquables de notre siècle. Même si de bonnes et nombreuses raisons l'incitaient à cela, ta lettre a cependant produit le remarquable effet d'aiguillons pour qu'il se plonge dans ce travail qui, à mon avis, lui procurera la plus grande renommée. Il a décidé, Très Révérend Père, de te dédicacer cet ouvrage. Il a jugé que ce serait un honneur pour lui et un plaisir pour toi, et il a compris que moi aussi, j'approuverais vivement que, par la dédicace il marquât des égards à un ami très dévoué et grand admirateur de son talent. Ce sera assurément une entreprise digne de ton zèle et de ton rang, comme j'ai pu le comprendre d'après la première partie de cet ouvrage. En effet, il a déjà décrit l'époque du souverain pontife Boniface, neuvième du nom, et grâce à cela, il a largement conquis mon adhésion. Il reste que nous attendons de lui ce que l'on peut attendre de sa très pénétrante

[7] Ermolao Barbaro se trouve à cette époque à Pérouse, d'où est expédiée la lettre précédente. Durant deux années, tout en gardant son titre d'évêque de Vérone, Barbaro est nommé gouverneur pontifical de Pérouse.

eo expectemus quæ a summa hujusce rerum cognitione et scribendi exercitatione expectanda sunt. Est enim peritissimus, ut nosti, rerum gestarum exemplorum [a] et omnis vetustatis ac novitatis, ut in historiis peritiorem viderim [b] neminem. Apertissime autem ac sapienter admodum actum ab eo putaveris cum libri titulum legeris ; ita enim appellavit opus suum : « Nosce te ipsum » [c]. Vetus illud olim apud gentiles Apollinis oraculum quo præcipit ut se quisque nosceret. Et apud nos Sanctissimus Bernardus meditationes suas ab hoc ipso inchoavit : « Multi, inquit, multa sciunt et se ipsos nesciunt ». Et aptus doctor noster ait : « dicentes [d] se esse sapientes stulti facti sunt, et qui stat videat ne cadat ». Et similia admonet enim doctissimus Blondus noster, tumentes ipsos nostri temporis homines ex arisione quadam fortunæ inflatos, elatos, insolentes, suæ originis ac conditionis immemores ut ex rerum eventibus non quas audivit aut legit sed quibus ipse interfuit quas propriis oculis conspexit [e] se ipsos cognoscere velint, fortunæ varietates ac commutationes, temporumque vicissitudines meminerint, procellas, tempestates, naufragia, ruinasque formident. Hæc omnia eo pertinent, ut res humanas magno et excelso animo despicere doceat, non ambitione cruciari, non honoribus inservire sed veram [f] dignitatem et gloriam in virtute, in doctrina, in morum honestate, in bene gestis rebus, non in his fugacibus, brevibus, et caducis positam esse existimare, omnemque rationem ac institutionem vitæ nostræ ad firmitudinem stabilitatemque virtutis splendoremque ipsius ac pulchritudinem intendere, cum sententia a Cicerone ad Herenium exempli loco posita sit præclara illa quidem ac probatissima : « Ei non multum potest obesse fortuna qui sibi firmius in virtute quam in casu præsidium collocavit ». Et ne vanus esset ad virtutem suasor hunc ipse Blondus cursum ad veram gloriam [g] tenuit, qui in hac iniqua temporum conditione nusquam præmiis propositis, at demptis potius quod reliquum ocii sibi a publicis officiis fuit, id totum querendo ac colligendo vetera quæ deperdita et obliterata erant ac in [h] scribendo consumpsit. Historias ab imperii Romani inclinatione ad ætatem usque suam, Livium emulatus, tribus decadibus complexus est. Italiam totam præclaris monumentis gestarum in

[a]	temporum *v.*	[e]	vidit *v.*
[b]	vidi *v.*	[f]	veram autem *v.*
[c]	et ipsum *v.*	[g]	ad gloriam *v.*
[d]	et quod aptus noster ait dicentes *v.*	[h]	erant in *v.*

connaissance des faits et de son expérience de l'écriture. Il est assurément très au fait, tu le sais, des exemples de l'histoire et de l'époque passée comme du temps présent, de sorte que je n'ai jamais rencontré personne de plus compétent dans le domaine de l'histoire. Lorsque tu auras lu le titre du livre, tu considéreras qu'il en a décidé avec clairvoyance et sagesse. Il a ainsi appelé son ouvrage : « Connais-toi toi-même »[8]. Il est ancien, chez les païens, cet oracle d'Apollon qui, jadis, recommandait à chacun de se connaître lui-même.

Et parmi les nôtres, le très-saint Bernard a entamé ses méditations par cela[9] : « Nombreux, dit-il, sont ceux qui connaissent beaucoup de choses, mais qui ne se connaissent pas eux-mêmes. » Et notre savant docteur affirme : « Que ceux qui se prétendaient sages se sont révélés fous » et « Que celui qui se tient debout prenne garde à ne pas chuter ». Et ainsi, notre très savant Biondo dispense les mêmes avertissements aux orgueilleux de notre époque qui se rengorgent lorsque la fortune leur sourit, prennent des airs supérieurs, se montrent insolents, oublieux de leurs origines et de leur condition, afin que, par le cours des événements, dont il n'a pas simplement entendu parler, qu'il n'a pas simplement lus, mais auxquels il a assisté lui-même et qu'il a observés de ses propres yeux, ils aient la volonté de se connaître eux-mêmes, se rappellent l'inconstance et les caprices de la Fortune, les aléas des époques, et prennent garde aux ouragans, aux bourrasques, aux naufrages et aux catastrophes. Tout cela vise à nous apprendre à regarder de haut les affaires humaines, grâce à un esprit élevé et supérieur, à ne pas être dévoré par l'ambition, à ne pas être esclave des honneurs mais à juger que la véritable dignité et la véritable gloire résident dans la vertu, le savoir, l'honnêteté des mœurs, les actions bien accomplies et non dans les choses d'ici-bas évanescentes, éphémères et caduques, à consacrer toute notre raison et toute notre éducation à la consolidation et à la pérennité de la vertu, à son éclat et à sa splendeur, puisque la phrase de Cicéron à Hérennius[10] est citée à titre d'exemple, cette phrase fameuse et tout à fait appropriée : « La Fortune ne peut pas grand chose contre celui qui a placé plus solidement son salut dans la vertu que dans le hasard ». Et pour éviter que son incitation à la vertu ne reste vaine, Biondo a parcouru ce chemin vers la véritable gloire, lui qui, en ces temps d'adversité, sans se voir offrir de récompense, ou plutôt s'en voyant privé, épuisa tout le temps que ses charges publiques lui laissaient de repos, à rechercher et à collationner les choses du passé qui avaient été enfouies et oubliées, et à écrire. Emule de Tite Live, il a embrassé en trois décades les histoires depuis la chute de l'empire romain

---

[8] *Roma triumphans*, Bâle 1559 : *Si eos quid ad clauum sedent reipublicæ christianæ principes se ipsos nosse et quam susceperint curam mente et animo considerare meliori solito Dei munere contingeret.*

[9] *Des degrés de l'humilité et de l'orgueil*, IV, 14-15 : « Le premier degré de la vérité consiste d'abord à se connaître soi-même et à voir sa propre misère ». Voir aussi AUGUSTIN, *In Johan. Evangelicum*, Tract. XXV, 16 : « Toute ton humilité consiste à te connaître ».

[10] *Ad Heren.*, IV, 27.

quovis loco ejus rerum descripsit. Urbem Romam vetustate collapsam et
quæ ruinarum[a] nullum fere prioris Romæ vestigium retinet, alio libro ins-
tauravit. Postremo triumphantem ipsam civitatem Romanam quam inter
desideratissima ab divo Augustino catholico doctore fuisse legisti[b], quasi ab
interitu exsuscitat[c] probatissimi cujusque auctoris[d] dictis ac testimoniis.
Nunc suorum temporum adorsus est scribere proprie historiam si quidem
historia græce significat rerum cognitionem præsentium, ut Aulus Gellius
ex Verrii Flacci sententia refert. Age nunc, optabiliusne fuerit ex regibus
illis aut pontificibus maximis fuisse quorum periit memoria cum sonitu aut
inter præclarissimos scriptores connumerari[e] Phericidem[f], Ellanicum, An-
typatrum, Herodotum, Thucydidem, Theopompum, Ephorum, Xeno-
phontem, Calystenem, Timeum, Plutarchum, sive ex nostris : Catonem,
Cæsarem, Livium, Salustium, Curtium, Trogum, Justinum, Eusebium,
Orosium, Eutropium, Suetonium, Flavium, Julium, Amianum, et utrosque
Cornelios, et his similes qui, dum aliorum gesta conscribunt, se ipsos sem-
piternæ memoriæ commendarunt, ut nullo unquam tempore laboris et in-
dustriæ ipsorum laus et commendatio ex ore hominum recessura sit. Jure
igitur optimo hic noster historicus laudandus est qui nos et litteris et sui
exemplo admonuit qualis debeat esse vitæ nostræ institutio, quis cursus ad
gloriam. Non hæc dico quod in illum incidam errorem ut[g] Ciceroni cre-
dam Archiam defendenti quod nulla virtus aliam mercedem periculorum

---

[a] ruinarum autem vis (?) *v.*   [e] commemorari *v.*
[b] legistis *v.*   [f] felicidem *v.*
[c] suscitat *v.*   [g] ut in illum... quod *v.*
[d] doctoris *v.*

jusqu'à son époque. Il a décrit toute l'Italie avec les souvenirs illustres des événements survenus en chacune de ses parties. Il a restauré, dans un autre livre, la ville de Rome détruite par le grand âge et qui ne conserve presqu'aucun vestige des ruines de l'ancienne Rome. Enfin, il ressuscite et arrache pour ainsi dire au trépas la triomphante ville de Rome elle-même, dont tu as lu qu'elle comptait parmi ce qu'il y avait de plus cher au cœur du divin Augustin, docteur de l'église, et cela grâce aux récits et aux témoignages de tous les auteurs les plus compétents. Maintenant, il a entrepris d'écrire l'histoire, à proprement parler, de son époque, puisque « histoire » signifie en grec « connaissance des événements présents », comme le rapporte Aulu Gelle d'après Verrius Flaccus [11]. Allons, est-il préférable de compter parmi ces rois ou ces souverains pontifes dont le souvenir s'est évanoui en même temps que le nom ou de figurer au nombre des historiens les plus célèbres ? Pherecydes [12], Hellanique [13], Antipater [14], Hérodote, Thucydide, Théopompe [15], Ephore [16], Xénophon, Callisthènes [17], Timée [18], Plutarque, ou parmi les nôtres, Caton, César, Tite Live, Salluste, Quinte Curce, Trogue [19], Justin [20], Eusèbe [21], Orose [22], Eutrope [23], Suétone, Flavius [24], Julius [25], Ammien et chacun des deux Cornelius [26], et leurs semblables qui, tandis qu'ils consignent les exploits des autres, gagnent une renommée éternelle, de sorte que jamais, à aucune époque, l'éloge de leur effort et de leur labeur, non plus que leur notoriété ne quittera la bouche des hommes.

C'est donc tout à fait légitimement que notre historien doit être loué, lui qui nous enseigne à la fois par ses écrits et par son propre exemple, comment conduire notre vie et quel chemin emprunter vers la gloire. Je ne dis pas cela parce que je tombe dans l'erreur qui consisterait à croire Cicéron

---

[11] Grammairien de l'époque d'Auguste, auteur d'un *De verborum significatione*, cité dans les *Noct. Att.*, V, 18, 2 : *Quod Græce significet rerum cognitionem præsentium*.

[12] Athénien du Ve siècle av. J.-C., auteur d'*Historiæ* dont il subsiste des fragments.

[13] Auteur du Ve siècle av. J.-C. originaire de Lesbos. Il ne reste que des fragments de son œuvre ; *Ægyptiaca, Æolica, Argolica, De gentium et urbium originibus, De gentium nominibus*.

[14] Ier siècle av. J.-C., auteur d'*Epigrammata*.

[15] Théopompe de Chios, IVe siècle av. J.-C., auteur de *Characteres*.

[16] 405-330 av. J.-C. De son œuvre, il reste des fragments : *De dictione, Historiæ, liber de inventis, liber de rebus potiis*.

[17] 370-327 av. J.-C., auteur de l'*Historia Alexandri Magni*.

[18] Timée de Tauromenium, IVe-IIIe siècle av. J.-C., dont on connaît des fragments : *De Pyrrho, De rebus Agathoclis, Ellenica et Sicula, Italica et Sicula, Olympionica*.

[19] Trogus Pompeius, Ier siècle av. J.-C., auteur d'un *Testimonium*.

[20] Justinus Augustus, Ve siècle ap. J.-C. : *Rescriptum Justini et Justiniani de possessionibus oratorii S. Johannis apostoli in Pamphylia*.

[21] Eusèbe de Césarée, IVe siècle ap. J.-C., *De vita beatissimi imperatoris Constantini*.

[22] Orose, IVe siècle ap. J.-C., écrivit entre autres les *Historiarum adversus paganos libri VII ab origine usque ad annum 416*.

[23] IVe siècle ap. J.-C. auteur d'un *Breviarum ab urbe condita (libri I-X) imperatori Valenti dicatum (ab urbe condita usque ad annum 364)*.

[24] Flavius Vopiscus de Syracuse, un des auteurs de l'*Histoire Auguste*.

[25] Julius Capitolinus (*Histoire Auguste*).

[26] Cornelius Tacite et Cornelius Nepos (99-24 av. J.-C.).

suorum laborumque desiderat præter humanam laudem et gloriam, qui
etiam cum in Catilinam ageret, nullum præter hanc, suorum operum pre-
mium, postulavit, innuente nobis apostolo nostro a quo laus et gloria expe-
tenda sit, cum inquit : « Tunc laus erit unicuique a Deo » ; sed honor quod
ab Aristotele fere civilis vitæ finis dicitur, si querendus est non imperiis et
magistratibus [a] et hujusmodi tantum virtutis insignibus quæ multi etiam
sine virtute consecuntur, sed in vera ipsa virtute et præclaris operibus non
assentatorum sed bonorum hominum sermonibus [b] atque judicio. Non gloriam popularem querendam sed solidam atque expressam quæ virtutes [c] velut umbra corpus sequi solet ut fugiendo quis gloriam ipsam gloriam [d] me-
reatur. Sed parumper e via se deflectere epistula coepit.

Itaque redeo ad amicum nostrum : hic nulla mercede conductus, nullo
ab hominibus premio proposito, tantos subiit labores, præmium a Deo qui
nihil inremuneratum relinquit expectavit. Si quid tamen in hac vita fructus
habendum esset, hoc ipsa virtus esset, ejusque operatio quam philosophi di-
cunt sese fore contentam. Sic fructus officii, ut Ciceroni placet, sit ipsum officium, hunc laborum suorum fructum, hac in vita capit, quod gaudet se
plurimum mortalibus profuisse, de his benemeritum esse, quodque collec-
tis multorum temporum exemplis plurimos erudivit quo meliores et uti-
liores rebus suis [e] et publicis et familiaribus esse possent. Verum is licet for-
titer et sapienter injuriam horum temporum ferat leniatque dolorem ex
domesticis angustiis susceptum, conscientia hujuscemodi meritorum et cursu ætatis suæ bene et innocenter confecto delectetur ac gaudeat recordatio-
ne suorum studiorum, visione ac lectione suorum operum et librorum, ego
tamen hominum ac principum maxime nostri temporis ingratitudinem non
accusare non possum qui huic homini ampla fortuna dignissimo et quem ob
tot tantosque labores ac merita opibus honoribusque quam ornatissimum
facere debuissent gratiam minime retulerunt. Laudatur hic et alget, agnos-
cunt multi, succurrit nemo. Et tanto domestico oneri quod ex re familiari
et multitudine liberorum substinet, nemo humeros apponit. Mihi voluntas
adest, non facultas. Nosti enim exiguam esse rem meam, neque tantæ sum
apud pontificem auctoritatis ut sibi usui esse possim. Si mihi facultas ades-
set, per Deum immortalem, subministrarem. Si auctoritas ea quæ mihi for-

---

[a] non magistratibus *v.*
[b] assentatoribus verbis *v.*
[c] virtus *v.*

[d] gloria *v.*
[e] rebus suis, publicis, familiaribus *v.*

qui, défendant Archias, explique qu'aucune vertu n'aspire à d'autre récompense pour les risques encourus et les efforts produits que l'éloge et la reconnaissance des hommes, Cicéron qui, en plaidant contre Catilina, ne cherchait que la gloire en récompense de ses ouvrages, mais c'est notre apôtre qui nous fait entendre à qui demader éloges et gloire, lorsqu'il dit [27] : « Et alors chacun recevra de Dieu la louange qui lui revient », mais l'honneur, qui est presque pour Aristote, le but de la vie sociale, s'il doit être recherché, ce n'est pas dans les charges, les magistratures ou seulement les marques de cette vertu-là, que beaucoup obtiennent, même dénués de vertu, mais c'est dans la vraie vertu et les actions éclatantes au témoignage et au jugement, non des flatteurs, mais des hommes de bien. Il ne faut pas prétendre à une gloire mondaine mais à une gloire solide et spécifique, qui, toujours, s'attache aux vertus comme l'ombre au corps, de sorte que celui qui fuit la fausse gloire gagne la véritable gloire. Mais ma lettre commence à se détourner de son sujet.

C'est pourquoi je reviens à notre ami qui, sans être stimulé par aucune récompense, par aucune promesse de faveurs de la part des hommes, a affronté les plus grandes difficultés, attendant la reconnaissance de Dieu qui ne laisse rien sans rémunération. S'il y avait cependant quelque chose en cette vie qui méritât récompense, ce serait la vertu et l'exercice de celle-ci dont les philosophes affirment qu'elle doit se satisfaire d'elle-même. Si la récompense du devoir, comme le veut Cicéron [28], est le devoir lui-même, le fruit de ses efforts, il le recueille dès cette vie : il se réjouit d'avoir été utile aux mortels, de leur avoir rendu service et de ce qu'en prenant des exemples tirés de nombreuses époques, il a instruit de nombreux hommes pour qu'ils soient meilleurs et plus utiles dans leurs affaires aussi bien publiques que privées. Mais bien que notre ami supporte avec courage et sagesse l'injustice de notre époque et s'accommode de son manque de ressources personnelles, bien qu'il trouve satisfaction dans la conscience de ses mérites et jouisse d'une existence conduite dans le bien et la vertu, qu'il prenne plaisir au souvenir de ses études, à l'examen et à la lecture de ses travaux et de ses livres, pour ma part, cependant, je ne peux pas ne pas dénoncer l'ingratitude des hommes et des princes, surtout de notre époque, qui n'ont accordé qu'une très faible reconnaissance à cet homme si digne d'une ample fortune et qu'ils auraient dû combler de richesses et d'honneur en raison de ses si nombreux et si considérables efforts et mérites. Il est loué et il grelotte [29], beaucoup le reconnaissent mais personne ne l'aide. Personne ne soulage ses épaules de la charge de son foyer qu'il supporte en raison de l'entretien de sa famille et du nombre de ses enfants. Pour ma part, j'en ai la volonté, pas les moyens. Tu sais que j'ai peu de ressources et que je ne jouis pas d'un crédit suffisant auprès du pontife pour lui être utile. Si j'en avais la capacité, je jure devant notre Dieu immortel que j'intercéderais en sa faveur. Si je jouis-

---

[27] Paul, I *Corinth.* 4, 5.
[28] *Pro Milone*, XXXV, 96.

[29] JUVÉNAL, *Sat.* I, 74 : *Probitas laudatur et alget.*

te hominum opinione esse deberet, nullum prætermitterem juvandi[a] aut le-
vandi locum. Sed nescio quo pacto[b] in hanc tempestatem immo fæcem
temporum nostra ætas incidit ut plus illi possint qui minus valere debuissent. Hoc autem est amoris mei in eum et officii, ut postquam hæc mihi
scribendi occasio data est, ipsum tibi quam commendissimum faciam, ho-
minem tibi deditissimum esse cognovi, tantaque tibi ultra omnes charitate[c]
affectum, ut nullus sit tam altæ dignitatis gradus, quem non tibi maxime op-
taverit, amplificatorem præterea laudis tuæ ac totius Barbaræ familiæ qui
Barbaros pluris quam omnes latinos facit. Et cum omnes gentiles tuos[d] ve-
neratus sit, tum maxime Franciscum Barbarum memoriæ clarissimæ patruum[e] tuum, olim civitatis nostræ decus perofficiose et peramanter obser-
vavit, eum qui familiæ vestræ splendorem et ætati nostræ maximum
ornamentum scriptis suis et moribus attulit. Itaque et mutuus amor et ve-
tustas amicitiæ et longa consuetudo et studia magna ex parte coniuncta ex-
poscunt ut tantum eum ames quantum is homo rectissimi judicii se abs te
amandum esse persuasum habet. Accedit quod in hoc novissimo opere suo
et nomen tuum et inscriptione libri et commemoratione non vulgari, sed
decora et honestissima illustravit et in primis etiam Francisci patrui quod
quamquam splendidissimum esset non nihil tamen ornamenti allatum est,
cum hic locupletissimus suarum virtutum[f] testis accesserit. Plinius secundus
Martialem secedentem viatico prosecutus est, eo modo gratiam retulit pro
versibus quos ille ad sui laudem ediderat. Quintilianum ab onere dotandæ
filiæ ex parte adleviat, ad quem ut nosti hoc modo scribit : « Debet filia tua
secundum conditiones mariti veste et comitatu ornari, te porro beatissi-
mum animo sed modicum facultatibus scio. Itaque partem oneris mihi vin-
dico et tanquam parens alter puellæ nostræ confero quinquaginta nummum
milia ». Ita igitur ages ut hic te quam gratissimum possit agnoscere tuique si-
millimum qui antehac sæpe alias hujusmodi liberalitatis genus exercuisti.
Ego autem quoad potero si tamen quicquam potero nusquam ei deero. Si
non opibus at saltem studio et commendatione, cum nemo sit bonarum litterarum studiis affectus qui non magnam cogitationum[g] suarum partem ad-
hibere deberet et studium, curam, operam, laborem, ac diligentiam impen-
dere, ut aliquando hic ex suis difficultatibus in optimum statum et suis
virtutibus ac operibus dignum emergeret ? Nobis autem Venetis præsertim
qui litterarum studiis devincti sumus ea maxime cura esse deberet, ut am-

---

[a] aut vivandi aut *v.*	[e] patrem *v.*
[b] quo modo *v.*	[f] et suarum virtutum *v.*
[c] ultra charitate *v.*	[g] cognitionum *v.*
[d] omnes latiles veneratus sit *v.*	

sais de l'autorité qui devrait peut-être être la mienne, d'après l'opinion générale, je ne négligerais aucun moyen de faciliter son existence ou de la sou-
lager. Mais j'ignore pourquoi notre siècle a été entraîné dans un tel tour-
billon ou plutôt dans un tel raz de marée que les plus influents sont ceux
qui auraient dû l'être le moins. Ce que peuvent mon affection et mon sens
du devoir envers lui, c'est, comme l'occasion m'est fournie de l'écrire, de te
le recommander au plus haut point. Je sais que c'est un homme entièrement
dévoué à toi, lié à toi davantage qu'à tous les autres, par une telle affection
qu'il n'existe pas de degré dans l'échelle des honneurs qu'il n'ait souhaité
pour toi de tous ses vœux, se faisant en outre le héraut de ta gloire et de celle de toute la famille Barbaro, lui qui place les Barbares au-dessus de toute
la latinité. Et comme il a rendu hommage à tous tes proches, il a notamment
honoré avec dévouement et affection Francesco Barbaro, ton oncle, d'illustre mémoire, jadis gloire de notre ville, lui qui, par ses écrits et son mode de
vie, a conféré à votre famille son éclat et à notre époque une très grande
gloire. C'est pourquoi une amitié réciproque, l'ancienneté de votre attachement, un commerce prolongé et des études en grande partie liées, exigent
que tu le chérisses autant que lui, cet homme au jugement si droit, est convaincu qu'il mérite d'être chéri par toi. A cela s'ajoute le fait que, dans ce
tout récent ouvrage, il a illustré ton nom à la fois par la dédicace et par un
hommage qui n'a rien de plat, mais au contraire, somptueux et très hono-
rifique, et au premier chef, celui de ton oncle Francesco, auquel, bien qu'il
fût très illustre, a été conférée une immense gloire, puisqu'est intervenu un
témoignage très éclatant de ses vertus.

Pline le Jeune a accordé un viatique à Martial qui partait en voyage : c'est
ainsi qu'il le remercia pour les vers qu'il avait composés à sa louange. En
outre, il soulage Quintilien[30] d'une partie du souci de devoir doter sa fille
en lui écrivant ainsi, comme tu le sais : « Ta seconde fille doit se parer selon
la condition de son époux d'une robe et d'un cortège de mariée ; je te sais
par ailleurs bien doté pour ce qui est de l'esprit, mais dépourvu de ressources. C'est pourquoi je revendique pour moi une partie de la charge et
comme un second père de la jeune fille, j'offre cinquante mille sesterces ».
Tu agiras ainsi de sorte qu'il puisse constater que tu es aussi reconnaissant
que possible et semblable à toi même qui, souvent, en d'autres occasions, as
déjà exercé ta générosité.

Pour ma part, autant que je le pourrai, si toutefois j'en ai le pouvoir, je
ne l'abandonnerai jamais. Si ce n'est par des subsides, au moins par mon
zèle et mes recommandations puisqu'il n'est personne d'attaché à l'étude
des Belles lettres qui ne dût consacrer une grande part de ses réflexions et de
son application, de son attention, de ses soins, de ses efforts et de sa dili-
gence, à obtenir que celui-ci, un jour, sorte de ses difficultés pour atteindre
à un statut confortable et digne de ses mérites et de ses efforts. Pour nous

---

[30] PLIN., *Epist.* VI, 32.

plissima et omni memoratu digna antiquorum nostrorum gesta conscribe-
ret quæ jam hic compendio quodam perstrinxit. Quot enim jacent quasi
oblivione sepulta non solum exteris[a] sed nostris incognita quæ tamen sunt
cognitione dignissima, ut mirum sit tantam in nostris civibus esse segnitiem
atque secordiam qui memoriam tantarum rerum neglegant quibus civitas
nostra toto orbe gloriosissima facta, est quasi altera Roma cui hæc nostra
proxime accedit. Si in patria adessem, non dubitarem in conventu populi ad
hæc et principis[b] et patrum conscriptorum et civium reliquorum animos
accendere. Eos maxime ingratitudinis[c] in progenitores nostros objurgarem,
quorum gloriam et præclara facinora[d] litteris ac monumentis mandari ne-
gligerent. Blondi peritiam et scribendi promptitudinem[e] ac facilitatem in
medium ducerem. Utilitatem aperirem historiæ quam non ab re Cicero De
Oratore scribens, ‹eam› testem temporum, lumen veritatis, vitam memoriæ, magistram vitæ ac nuntiam vetustatis appellavit. Sed abierunt
contiones illæ meæ populares et siluerunt doctrinæ illæ sacræ, ad alia me
nunc studia exercitiaque converti. Ignoro si et quando id nobis amplius li-
cebit, animus tamen mihi promptissimus est ut quicquid consilio, favore,
studio et auctoritate unquam valuero; id totum in Blondi salutem et com-
moda conferam.

Vale mihi pater Reverentissime, nec mihi prolixitatem hanc epistulæ vi-
tio tribuas. Cum enim hæc scriberem tecum loqui mihi videbatur, damna
etiam præteriti silentii resarcire volui, et tibi ac Blondo non ingratus vide-
ri. Si apud te est doctissimus ille Antonius Becharia, ipsum meo nomine
jube valere, meque ei ex corde commenda.

Etiam vale, Romæ, Kal. Februarii 1462[f].

---

[a]   externis *v.*
[b]   principum *v.*
[c]   ingratitudines *v.*

[d]   facta *v.*
[e]   in promptitudinem *v.*
[f]   *post* 1462 *add.* laus deo *v.*

particulièrement, Vénitiens qui sommes particulièrement attachés à l'étude des lettres, nous devrions tout spécialement veiller à ce qu'il écrive l'histoire de nos ancêtres, si vaste et digne de demeurer dans toutes les mémoires, et qu'il a déjà ramassée dans un petit traité[31]. Combien d'événements gisent, en effet, comme enfouis dans l'oubli, inconnus non seulement des étrangers mais aussi de nous, et pourtant tout à fait dignes d'être mis au grand jour, de sorte qu'il est surprenant que règnent, chez nos concitoyens, une telle paresse et un tel désintérêt qu'ils délaissent le souvenir de si hauts faits grâce auxquels notre ville est devenue la plus éclatante de toute la terre, comme une autre Rome dont elle se rapproche. Si j'étais dans ma patrie, je n'hésiterais pas, devant le peuple réuni, à enflammer pour cette entreprise les esprits du prince, des sénateurs et des citoyens, je leur reprocherais vivement leur ingratitude envers leurs ancêtres dont ils négligent de consigner la gloire et les exploits dans des monuments écrits. Je mettrais en lumière la compétence de Biondo, sa rapidité et sa facilité d'écriture. Je soulignerais l'utilité de l'histoire que Cicéron, dans l'*Orateur*[32], a qualifiée, non sans raison, de témoin des siècles, flambeau de la vérité, âme de la mémoire, école de vie et messagère du passé. Mais elles sont bien loin mes harangues publiques et je ne donne plus voix à ces disciplines sacrées. Aujourd'hui, je me suis tourné vers d'autres études et d'autres occupations. J'ignore si et quand cela sera possible plus à loisir, mais toute l'influence que je puis avoir par mon conseil, mon ardeur, mon application et mon autorité, je suis fort impatient de la consacrer au salut et au confort de Biondo.

Salut, Très Révérend Père, et ne condamne pas la longueur de cette lettre. En effet, en écrivant cela, j'avais l'impression de m'entretenir avec toi ; j'ai voulu réparer les dommages du long silence passé et ne pas te paraître ingrat, pas plus qu'à Biondo. Si le très savant Antonio Beccaria[33] est auprès de toi, salue-le de ma part, et recommande-moi à lui de tout cœur.

Allons, porte-toi bien, Rome, le 1er février 1462.

---

[31] Il peut s'agir du *De origine et gestis Venetorum* (1454), d'un petit traité interrompu, demeuré longtemps inconnu et publié en 1927 par NOGARA, *Scritti inediti, op. cit.*, 77-89, dans lequel l'auteur, à la demande du Sénat de Venise, retrace les premières étapes de l'histoire vénitienne, ou de la première décade où sont évoqués les événements survenus à Venise à partir du Ve siècle.

[32] *De orat.* II, 36 : *Historia [...] testis temporum, lux veritatis, vita memoriæ, magistra vitæ ac nuntia vetustatis.*

[33] Né à Vérone vers 1400, Antonio Beccaria se destina à la carrière ecclésiastique dès son adolescence et se consacra aux *studia humanitatis*. Après un long séjour en Angleterre, il entra, en 1447, au service d'Ermolao Barbaro. Il avait pour amis entre autres, Pier Candido Decembrio et Francesco Filelfo. Excellent helléniste, il traduisit de nombreux ouvrages grecs, mais composa aussi des élégies latines. Il mourut en 1474.

EPIGRAPHICA

L'EPIGRAPHIE : UN ASPECT MECONNU DE L'HISTOIRE DE LA PHILOLOGIE CLASSIQUE AU XVIIe SIECLE

par GINETTE VAGENHEIM

> *Non ignoras quidem veterum temporum Romanam eruditionem Romæ ex lapidibus maiorem, quam ex Quiritibus parari* [...] *Credidi semper nihil ex tota antiquariorum supellectile maiorem Romanis scriptoribus lucem inferre (p. 9)...* [1].
>
> Marquard Gude à Nicolas Heinsius, 16 déc. 1662

Il est un aspect méconnu de la culture classique au XVIIe siècle : c'est l'attention portée par les savants de la *Res Publica litterarum* aux témoignages de l'archéologie, et en particulier aux inscriptions, comme source d'*emendatio* des manuscrits d'auteurs anciens, mais aussi comme source de connaissance du monde antique. La preuve la plus manifeste d'un tel intérêt est l'incroyable émulation qui naquit entre les érudits romains, florentins, hollandais, allemands et ceux qui étaient entrés à la cour de Christine de Suède autour du projet de publication d'un recueil d'inscriptions latines destiné à remplacer celui que Janus Grüter (Gruterus 1560-1627) venait de faire paraître à Heidelberg en 1601 les *Inscriptiones antiquæ totius orbis romani in corpus absolutissimum redactæ. Ingenio ac cura Iani Gruteri auspiciis Iosephi Scaligeri ac Marci Velseri,* ex officina Commeliniana.

L'œuvre de Grüter s'inscrivait dans la tradition transalpine d'éditions de corpus d'inscriptions représentée par Pierre Apianus [2] et Martin Smet (Sme-

---

[1] Je remercie vivement Jean-Louis Ferrary, Pierre Laurens et Florence Vuilleumier, dont les corrections ont beaucoup amélioré cet article. Le passage supprimé se trouve aux p. 11-12.

[2] P. APIANUS, B. AMANTIUS, *Inscriptiones sacrosanctæ vetustatis*, Ingolstadii 1534.

tius). A la mort de ce dernier, Juste Lipse publia son recueil d'inscriptions auquel il ajouta un supplément, l'*Inscriptionum antiquarum quæ passim per Europam, liber. Accessit auctarium a Iusto Lipsio* (Lugduni Batavorum 1588). Mais cette édition se révéla très vite insuffisante et Jules César Scaliger encouragea dès lors Grüter, qui s'était installé à Leyde depuis 1592, à entreprendre l'édition d'un nouveau corpus. Il lui fournit à cet effet ses propres copies d'inscriptions et passa dix mois à rédiger les index du volume. Aux fiches de Scaliger vinrent s'ajouter celles de Jacques Sirmond, celles du recueil berlinois (Ms. lat. f° 61 h) de Stephanus Pighius[3], ainsi que les copies exécutées spécialement par Fulvio Orsini à partir du manuscrit napolitain de Smet[4] et de fiches provenant de manuscrits ligoriens, désignées sous le terme de *schedæ Ursini*[5]. Il s'agit donc d'une œuvre, celle de Grüter, qui, malgré sa date de publication, appartient par ses sources au XVIᵉ siècle.

L'œuvre de Grüter constituait désormais un instrument indispensable pour les savants qui s'occupaient de culture classique. C'est pourquoi l'exigence d'une édition plus correcte des textes épigraphiques se doubla chez eux du désir d'avoir à leur disposition un recueil encore plus vaste que celui de Grüter. C'est ainsi que l'allemand Georg Walther (Gualtherus) déclare avoir rassemblé dans ce but près de vingt mille inscriptions :

> *Quod vidit* [i.e. utilitatem inscriptionum] *Jan.‹us› Gruterus, cum totius orbis inscriptiones ex schedis summatum hominum in unum congessit. Præclarius profecto de literis actum esset, ni immensum opus tot nævis et maculis inquinatum ad ipsos lapides proderetur. Proinde pretium duxi universos universæ Italiæ excerpere, quod doctis Italis fomenta addentibus et e vestigio manuducentibus sic egi, ut XX ferme millium copias congregaverim, extra Romanos, Venetos, Patavinos, Foro-Iulenses ac Genuenses.*

Cependant, sa mort prématurée (1625) limita la publication aux seules inscriptions de la Sicile[6]. De nombreux érudits prirent le relais de Gualtherus dans ce projet devenu encore plus urgent depuis l'heureuse découverte de centaines d'inscriptions inédites de Pirro Ligorio que renfermaient ses *Antichità romane*. Et bien avant les éditeurs du *Corpus Inscriptionum Latinarum*, les érudits du XVIIᵉ siècle décidèrent de se rendre en Italie pour

---

[3] *Jani Gruteri ex dono auctoris, cui antidorum misi aureos quatuordecim cum volumine mearum inscriptionum.* Sur Grüter, voir I. CALABI LIMENTANI, « Note su classificazione ed indici epigrafici dallo Smezio al Morcelli : antichità, retorica, critica », *Epigrafica* 49 (1987), 177-202.

[4] Napoli, Biblioteca Nazionale, Neap. V.E. 4 : *Voluminis Smetiani manu scripti servati in interiore bibliotheca cardinalis Farnesii.*

[5] Le manuscrit de Smet et ceux de Ligorio se trouvaient alors dans la bibliothèque du cardinal Alexandre Farnèse. A propos de

l'origine ligorienne des *schedæ Ursini*, nous renvoyons à Henzen qui écrit notamment à propos de l'inscription 535, 2 de Grüter : *Titulus* […] *quem ex Ursinianis descripsit Gutenstenius, venit a Ligorio (ms. neap. lib. 39)* : dans « Gutensteniana et Metelliana », *Ephemeris Epigraphica* 3 (1877), 56.

[6] C'est ce que dit l'auteur dans la préface de son édition. A propos de son œuvre et des falsifications nombreuses de cette seconde édition par rapport à celle de Palerme de 1624 : *C.I.L.* IX p. 138 ; *C.I.L.* X, 1 p. 43 ; X, 2, p. 8, 714-716.

contrôler dans les bibliothèques, les musées et les autres lieux de conservation des inscriptions les textes publiés dans le recueil de Grüter et pour en augmenter le nombre.

Cette entreprise, abondamment commentée dans les lettres qui circulèrent entre Stockholm, Upsala, Leyde, Leipzig, Paris, Rome et Florence, n'échoua qu'en apparence. En effet, c'est de l'ensemble des travaux de tous ces savants, réalisés le plus souvent en étroite collaboration les uns avec les autres, que naîtra la seconde édition de Grüter (1707) qui ne sera remplacé que par le *C.I.L.*

Pour tenter d'illustrer cet épisode significatif de l'histoire de la philologie au XVIIᵉ siècle, nous allons parcourir les étapes les plus importantes de ce projet d'édition d'un nouveau corpus comprenant les inscriptions ligoriennes inédites. Ensuite, nous suivrons le destin d'un groupe d'inscriptions ligoriennes à travers les travaux des érudits de l'époque.

Le projet d'édition d'un recueil d'inscriptions au XVIIᵉ siècle

Lucas Holstein

A Rome, le cardinal Francesco Barberini confiait à Lucas Holstein (Holstenius 1596-1661) le projet de publier un complément au recueil d'inscriptions de Grüter. La source principale de ce nouveau corpus devait être l'œuvre de Ligorio et tout d'abord certains des manuscrits que Ligorio avait rédigés à Rome et qu'il avait vendus au cardinal Alexandre Farnèse en 1567, avant son départ pour Ferrare (cités dorénavant comme manuscrits romains). Les dix volumes conservés aujourd'hui à Naples (Neap. XIII. B. 1-10) étaient alors jalousement conservés dans la bibliothèque Farnèse, comme nous l'apprend Holstein dans une lettre à Sirmond :

> *Deprompsi eos (Perperenorum nummos) et quam potui fidelissime delineavi ex magno opere Pyrrhi Ligorii de nummis græcorum, quod manuscriptum pictumque accurate in Farnesiana bibliotheca ante paucos dies* δαιμονίᾳ τύχῃ *inspicere licuit.*

(15 mai 1650)

Dès 1647, Isaac Vossius (1618-1689) parle à Daniel Heinsius (1580-1655) du projet d'Holstein :

> *Cl.‹arissimus› Holstenius magnam iam copiam collegerat meliorum inscriptionum, cum Romæ versarer, nec dubito quin interea temporis plurimum creverint.*

(d'Amsterdam à Naples, le 25 juillet 1647)

Vossius, qui jugeait le témoignage des inscriptions supérieur à celui des monnaies pour la connaissance de l'Antiquité, appelait de tous ses vœux l'édition d'un nouveau recueil. C'est pourquoi il se réjouit, dans la même lettre, de voir Heinsius, alors à Naples, se consacrer lui aussi à la copie d'inscriptions [7] :

> *Multum quoque te amo, quod inscriptionum copiam congesseris. Earum ego usum potiorem duco, quam nummorum.*

L'année suivante, Vossius parle à Heinsius des fameuses *schedæ Holstenii*, c'est-à-dire des copies d'inscriptions qu'Holstein a exécutées à partir des manuscrits romains de Ligorio :

> *Pyrrhi Ligorii nomen mihi notissimum est, scriptaque eius nonnulla habeo. Tomos illos inscriptionum qui in bibliotheca Farnesiana extant, sæpius apud Holstenium vidi, et ipsum maximam longe partem inscriptionum suarum iis debere et ego olim animadverti.*

> (12 mars 1648)

Holstein eut également entre les mains une copie des inscriptions conservées dans les volumes des *Antichità romane* que Ligorio avait rédigés à Ferrare entre 1569 et 1583 (cités dorénavant comme manuscrits ferrarais) [8]. Ils se trouvaient alors dans la bibliothèque ducale de Turin où ils faisaient l'objet d'un soin encore plus jaloux que celui consacré aux manuscrits romains. C'est Cassiano dal Pozzo, ami d'Holstein et secrétaire du cardinal Barberini, qui s'était chargé de lui procurer cette copie comme l'écrit Heinsius dans une lettre à Johan Frederic Gronovius (1611-1671) :

> *Autographum in Taurinensi extat, et quidem integrum, triginta circiter voluminum opus. Ex eo Cassianus Puteus vir nobilissimus et ad promovendas litteras natus [...] curavit [...] ex eo opere excerpi inscriptiones omnes hactenus ineditas, quæ nunc penes Holstenium sunt ut eius cura prodeant, certe corrigantur.*

> (15 mai 1651)

Peut-être tenait-il cette information de son père (Daniel Heinsius, 1620-1681) à qui Cassiano avait procuré la copie du commentaire ligorien sur les navires antiques que le strasbourgeois Jean Scheffer, professeur à Upsala, devait faire paraître en 1654 sous le titre *De militia navali veterum* [9].

---

[7] Vossius parlera encore à deux reprises de Ligorio à Heinsius d'une manière qui semble révéler que l'œuvre de Ligorio se trouvait à Paris, entre les mains d'érudits français, et s'apprêtait à passer en Belgique : *Si Parisiis videris Thevenotum, agas cum eo de libris Pyrrhi Ligorii vel describendis vel comparandis. Transmisit ad me eorum fragmentum de antiquitatibus Tiburtinis* (d'Aquas Spatanas à Leyde, le 1er juillet 1661). *Pyrrhi Ligorii opus iamdiu Lutetiam advectum est, intra paucos, ut spero, dies hunc mitteretur, nempe simul atque Parisios reversus erit Bidalius, qui hoc ipso die paracta negotiatione sua satis bene contentus hinc discessit* (de Bruxelles à Stockholm, 11 janvier 1665).

[8] C'est ce que nous révèle la référence qu'il fait au volume XI de cette partie de l'œuvre, à propos de la monnaie du peuple des « NAPEITINEI » sur laquelle nous reviendrons plus loin. Les manuscrits ferrarais se trouvaient à Turin depuis leur acquisition par Charles Emmanuel Ier de Savoie (1580-1630). Trente et un volumes sont aujourd'hui conservés dans les Archives d'Etat de Turin : a.II. 6. J. 19-a.II. 14. J. 27 et a.III. 3. J. 1-a.III. 15. J. 13 et a.II. 1. J. 14-a.II. 5. J. 18.

[9] *Describi nuper mihi dissertationem curavit* (i.e. Cassianus) *de re veterum navali cum Scheffero Upsaliensi professore communicandam, qui eius argumenti commentarium molitur.*

Il semble que les originaux ferrarais arrivèrent à leur tour pour un temps à Rome avec la reine Christine de Suède. Holstein se chargea alors de recopier personnellement les inscriptions et monnaies qu'ils renfermaient. L'entreprise fut très ardue comme nous l'apprend une lettre de Giovan Pietro Bellori à Carlo Strozzi où le peintre manifeste son inquiétude pour l'état de santé de l'érudit d'Hambourg :

> Per haver troppo faticato in copiare le migliori iscrizioni e medaglie da'libri di Pirro Ligorio portati a Roma dalla Regina di Svezia.
>
> (27 septembre 1658)

Trois ans plus tard, Holstein s'éteint et Bellori reparle des précieux manuscrits dans une lettre à Camillo Massimo :

> Il già signor Luca Holstenio mi disse che la Regina di Svezia haveva molti libri di Pirro Ligorio pregiatissimi. Io terrò il secreto, ma Vostra Signoria procuri d'ispiarli distesamente, perché non è facile ad haver questa fortuna[10].
>
> (4 avril 1661)

Le crédit accordé à Ligorio par un érudit comme Holstein contribua sans aucun doute au grand succès des *Antichità romane* dans les siècles suivants. Nous le verrons mieux en suivant le destin de *C.I.L.* X, 1008*, notamment à travers ses copies (les *schedæ Holstenii*)[11].

Giovanni Battista Doni

A la même époque, à Florence, Giovanni Battista Doni (1594-1647) forme un projet identique à celui d'Holstein, projet dont Vossius parle à Heinsius dans la lettre citée plus haut :

> *Innumeras quoque in unum congessit Donius. Illas mallem potius publico daret, quam vel Pandecten suum, vel Musicam veterum, vel observationes de penula.*
>
> (d'Amsterdam à Rome, 1647)

[10] Je remercie Tomaso Montanari pour m'avoir fourni ces deux références inédites de Bellori ; elles seront publiées dans son article intitulé « Giovan Pietro Bellori e Cristina di Svezia », *History of Art in the Age of Bellori* : Atti del convegno internazionale di studi (Roma, 20-22 nov. 1996), en cours de publication.

[11] Un passage de la lettre à Sirmond citée plus haut illustre l'estime d'Holstein pour Ligorio, malgré les erreurs qu'il note dans ses commentaires : ... *Tuam vero sententiam ita confirmant, ut qui contra hiscere audeat futurum putem neminem. Maiorem nummum M. Aur. Antonini Imperatoris ab Achille Maffeo ad Cæsarem Gonzagam principem Mantuanum pervenisse testatur Ligorius ; duos minores Commodi Cæsaris a nescio quo Tavera habuit, quem sæpius eodem opere laudat : nec forte memoria eius, cum tu Romæ commorareris, interciderat. Ligorii autographum reliogiose secutum sum : puto tamen in Antonini nummo non IEPOC, sed IEPEΩC scriptum scalptumve fuisse : quod, ut oculos Ligorio fallere potuit, mentem certe non fefellit, dum Glauconem illum flaminem Augustalem Perpetuum interpretatur. Addit enim explicationem claram tunc liberamque civitatem fuisse ; hasce enim solas ius cudendæ monetæ habuisse a Romanis ; Bacchum ut regionem suam vini feracissimam esse ostendarent ; meminisse eorundem Strabonem et Plinium : hæc Ligorius.* (BOISSONADE, *op. cit.*, 404 ; MANDOWSKY, « Some Observations », art. cit. *infra* 336.

L'érudit florentin déclarait lui-même avoir préparé un recueil d'inscriptions capable de rivaliser avec celui de Grüter :

> *Antiquarum inscriptionum post Gruterum magnum opus ad hanc diem sex millia collegi* [12].

Mais la même année, Doni meurt laissant à son tour son projet inachevé. Carlo Dati s'affaire alors pour tenter de faire publier son corpus et c'est dans ce but que, le 12 mars 1648, Vossius prie Heinsius de lui procurer les *schedæ Holstenii* :

> *Bene vero actum, quod Datio auctor fuerit, ut inscriptiones Donii quamprimum in lucem protruderet. Quod si possis efficere ut auctaria illa Holsteniana una excudantur, multum sane effeceris.*

L'année suivante, de retour d'Italie, Heinsius fait part à Gronovius du projet florentin :

> *Plurimas* [i.e. inscriptiones] *collegerat Joh. Bapt. Donius noster, ut nosti. Eas apud illum, dum viveret, non semel vidi. Nunc apud heredes servantur Florentiæ.*

> (d'Amsterdam à Deventer, le 15 mai 1651)

Mais malgré tous ces efforts, le recueil de Doni ne verra le jour qu'en 1731 lorsqu'Anton Francesco Gori le fera paraître à Florence sous le titre *d'Inscriptiones antiquæ nunc primum editæ.*

Les *schedæ Holstenii*

Les *schedæ Holstenii* furent abondamment exploitées par les savants transalpins de passage à Rome et notamment par les érudits de la cour de Christine. Vossius eut l'occasion de les copier lors de son voyage en 1642. Les fiches de Vossius seront recherchées par Heinsius qui, lors de son passage à Amsterdam après son retour d'Italie (1649), écrit à Gronovius pour les obtenir. Il voulait les communiquer à Thomas Reinesius (1587-1667) qui lui aussi préparait un supplément à l'édition de Grüter :

> *Inscriptionibus istis quod accessionem a Vossio sperat se impetraturum Langermanni opera Reinesius utinam frustra non sit. Tam enim familiares Vossium ac Langermannum non puto. Vos videritis. Quas habet amicus ille noster, ex schedis Holstenianis, quibus et ego usus, potissimum, nisi fallor, collectæ sunt inscriptiones. Excerpserat istas maximam partem ex tribus quatuorve tomis operis immensi Holstenii, quo Pyrrhi Ligorii omnem antiquitatem ex marmoribus antiquis illustrare aggressus erat. Tomi isti in Farnesiana Romæ bibliotheca servantur.*

> (d'Amsterdam à Deventer, le 15 mai 1651)

Le mois suivant, Heinsius renouvelle sa demande depuis Leyde, mais cette fois directement à Vossius qui est à Stockholm :

---

[12] Paris, Bibliothèque nationale, Fonds Dupuy 461, f° 5. Voir aussi *C.I.L.* VI *sub nomine.*

> *Reinesius inscriptiones ineditas luci parat, notis suis illustrandas. Sperat per Langermannum impetrari a te posse, quas collegisti.*
>
> (de Leyde à Stockholm, le 17 juin 1651)

Lui-même était entré au service de la reine l'année qui avait suivi son retour d'Italie (1650). Cinq ans plus tard, le voilà reparti pour un voyage officiel en Italie en compagnie de Lucas Langermann, le neveu d'Holstein [13]. L'expédition avait pour but d'acheter des livres et des manuscrits rares pour la bibliothèque royale [14], mais Heinsius avait également pour mission d'obtenir une copie de l'œuvre ligorienne conservée à Turin :

> *Quinquennio post missus denuo in Italiam a Suecorum Regina quod ea cognovisset opus omne Ligorii in Taurinensi Ducis bibliotheca adservari, eius describendi copiam a matre ducis in usus regios flagitavi, responsumque tuli se donaturam ipso autographo Reginam ; ad quam liber ipse postea, ni fallor, est perlatus* [15].
>
> (de La Haye à Benoît Carpzov à Leipzig, le 14 mai 1676)

A cette occasion, les deux savants eurent l'opportunité de consulter les *schedæ Holstenii* dans la bibliothèque Barberini. Plus tard, Heinsius conseillera à Reinesius, qui dix ans après persistait dans son désir de se procurer les fameuses *schedæ*, de s'adresser plutôt à Langermann [16]. En effet, ce dernier avait lui aussi caressé un moment le projet de publier un recueil d'inscriptions :

> *Reliqua, quæ magno numero descripsi, præsertim ex libro XXXIV antiquitatum Romanarum Pyrrhi Ligorii, a Langermanno fortassis acceperis, cui itineris huius tum socio mea patebant omnia. Opus istud Ligorii, quod in triginta fere distinctum volumina, marmoribus ac nummis gemmisque creberrimis ornatum nec hactenus editum Christina Borbonia Henrici Magni Galliarum regis filia, Sabaudorum ducis mater, cum in ducali Taurinensium servaretur bibliotheca, me conciliante, munus ad reginam Christinam misit ; ex quo opere aliquot millia marmorum ineditorum depromi possent ; quæ collegit ipse ex parte operis trigesimi quarti, et quæ ad rem divinam ac religionem potissimum sunt referenda, numero haud pauca, ex Barberina, si recordor satis, bibliotheca, in qua apographum eius libri servabatur, depromsi beneficio Lucæ Holstenii.*
>
> (de Stockholm à Leipzig, le 14 juillet 1666)

---

[13] Ces renseignements nous viennent de la lettre qu'Heinsius adresse de la Haye à Benoît Carpzov (Carpzovius) qui est à Leipzig, le 14 mai 1676 : *Parabat [i.e.* Pyrrhus Ligorius] *immensum opus de iisdem antiquitatibus in volumine circiter XXX dinstinctum, cuius tomos duos aut tres emi.‹nentissi›mus princeps Franciscus Barberinus curavit describendis ac suæ bibliothecæ vindicavit ? E quibus inscriptiones antiquas manu suas Lucæ Holstenius excerpsit mecum communicatas ante annos 28.*

[14] Notamment ceux de la bibliothèque de Mazarin : *Causa hæc est, quod universam Cardinalis Mazarini librariam supellectilem comparare sibi in animo habeat* (de Stockholm à Leyde, le 26 avril 1651).

[15] Il s'agit de la suite de 19.

[16] L'œuvre de Reinesius ne verra le jour que quinze ans après sa mort sous le titre : *Syntagma inscriptionum antiquarum cum primis Romæ veteris, quarum omissa est recensio in vasto Iani Gruteri opere*, Leipzig et Francfort, 1682.

Heinsius rappelle cependant à Reinesius que le cardinal Barberini n'a pas renoncé à publier le corpus des inscriptions ligoriennes préparé par Holstein :

> *Complures inscriptiones collegi ex libro XXXIV antiquitatum Pyrrhi Ligorii inedito, quem cardinalis Franciscus Barberinus possidebat ; sed illæ haud dubie iam sint insertæ illi operi, quod cardinalis ipse publico iam pridem parat.*

Cette tâche incombait désormais à Carlo Moroni qui en avait hérité en même temps que des fonctions de bibliothécaire à la mort d'Holstein (1661). De Stockholm, Heinsius demande à Ezechiel Spanheim (1629-1710), qui s'apprête à partir pour l'Italie, de le renseigner sur les progrès du *corpus* Barberini :

> *Romam ubi perveneris, fac, quæso, ex te discam, quando novum veterum inscriptionum volumen visuri sumus, quod Carolus Moronus iussu emin ‹entissimi› Barberini iam pridem luci parat.*

(28 août 1661)

Trois mois plus tard (10 novembre 1661), il pose la même question à Ottavio Falconieri (1636-1675) qui lui répond que Moroni travaille à cette tâche ardue qui consiste à éditer un corpus qui dépasse en ampleur celui de Grüter (de Rome, le 24 février 1662). Et Heinsius de reconnaître, avec une pointe d'ironie, la difficulté d'une telle entreprise :

> *Carolus Moronus duram provinciam suscepit de edendis inscriptionibus post Gruterum.*

(29 avril 1662)

Deux ans s'écoulent et l'indignation succède à l'ironie, lorsqu'Heinsius voit s'évanouir les espoirs qu'il avait placés dans ce projet :

> *Sin cessare et cunctari pergit, ut hactenus, ingens neglecti officii invidia apud posteros illum manet qui præsentissimam oportunitatem in commune consulendi insuper habuerit, ac perire passus sit.*

(20 juin 1664)

Il commentera avec sarcasme l'échec des travaux de cet Hercule romain qui avait voulu se mesurer aux Atlas transalpins :

> *Carolo autem Morono, ne quid dissimulor, irascor, qui marmorum romanorum in lucem proferendorum laudem solidam hominibus transalpinis Apiano, Smetio, Grutero, relictam cupit, dum ipse oneri suscepto post hos Atlantes externos successor Hercules Romanus succumbit.*

(18 août 1664)

C'est peut-être à ce moment-là que Falconieri forma à son tour le projet, sans lendemain, de publier un corpus d'inscriptions :

> *Mitto... inscriptiones nonnullas ineditas, et Noviomagi repertas, quarum corpus novum Falconierum adornavit dixerat.*
>
> (Gispertus Cupertus à Heinsius, de Deventer à la Haye, le 2 mars 1672)

Après son retour définitif dans sa patrie, Heinsius semble avoir définitivement oublié Ligorio. C'est ainsi qu'il conseillera à Scheffer de s'adresser directement à la cour de Turin pour obtenir des informations sur les navires antiques :

> *Ceterum cum Pyrrhi Ligorii antiquitates ineditæ XXX voluminum opus in bibliotheca Reginæ dicantur extare, facile puto impetrabis uti triremium figuræ ex antiquis marmoribus expressæ, quæ operi isti complures inseruntur, et quas eques Puteanus olim tuos in usus describi curarat, quæque postea inter manus reginæ, ut nosti, periere, denuo excerpantur inde commodis tuis inservituræ.*

(de la Haye à Upsala, le 30 octobre 1671)

Marquard Gude

Marquard Gude de Rendsbourg (Gudius 1635-1698) allait donner une nouvelle impulsion à la diffusion des inscriptions ligoriennes. Gronovius, qui avait rencontré à Francfort ce jeune érudit brillant, lui avait procuré un poste de précepteur auprès de Samuel Schass, un jeune hollandais issu de la noblesse calviniste. Gude accompagna le jeune homme dans un Grand Tour en France et en Italie (nov. 1659-nov. 1663) [17] et plus tard encore en Angleterre. Gronovius espérait que Gude rapporterait à cette occasion des manuscrits d'auteurs anciens qui faisaient défaut dans les pays du Nord. Son vœu fut exaucé au-delà de toute espérance, car durant ce voyage les deux jeunes gens achetèrent et copièrent un grand nombre des manuscrits grecs et latins qui forment aujourd'hui le précieux fonds des *Gudiani* de la Herzog-August-Bibliothek à Wolfenbüttel (cent quatorze *codices græci* dont vingt-trois arabes, trois cent cinquante-quatre *codices latini* dont dix-huit imprimés avec des notes manuscrites). La nouvelle de cette *messis uberrima* se répandit comme une poudre parmi les érudits du Nord qui exultaient à l'idée de découvrir ces trésors. M. Meibomius (1630-1710) remercie Gude depuis Helsinki :

> *De felici tuo ex Italia reditu docti viri, qui antiquæ eruditionis monumenta æstimare norunt ; merito tibi gratulantur.*

(19 avril 1667)

Il lui rapporte également les paroles enthousiastes de Heinsius :

> *Te et eruditionis nomine clarum esse, et allato ex Italia ingenti scriptorum librorum thesauro eruditos viros tibi devinxisse.*

Durant son voyage en Italie, Gude avait également consacré beaucoup de temps à corriger les inscriptions publiées par Grüter et à recueillir de nouveaux textes. Son intérêt pour l'épigraphie apparaît déjà dans une lettre à Heinsius de 1655 (23 novembre), où il est question d'interpréter des inscriptions difficiles :

> *In lapide Augustano sive DVILLIVS, sive BELLIVS recipiatur, habendum est in promiscuo. Est enim eiusdem gentis nomen utrumque ; tertium si-*

---

[17] Lettre à Johann Georg Grævius du 14 octobre 1659.

*militer VILLIVS; et fortasse quartum quoque BELLIVS; et quintum PELLIVS
(nisi hic est OPELLIVS) sic enim variant lapides.*

Comme Vossius, Gude considérait que les inscriptions représentaient la source la plus précieuse pour éclairer les textes anciens et connaître l'antiquité : une conviction qu'il confie à Heinsius dans une lettre envoyée de Florence, le 16 décembre 1662 :

> *Non ignoras quidem veterum temporum Romanam eruditionem Romæ ex lapidibus maiorem quam ex Quiritibus parari. Mihi quidem rudera et ruinas æternæ Urbis curiosis oculis pervaganti hoc saxum imprimis voluere, vetustos literatorum lapidum titulos omni cura circumspicere placuit. Credidi semper nihil ex tota antiquariorum supellectile maiorem Romanis scriptoribus lucem inferre. Neque hactenus sententiæ neque operæ meæ pænitet, quod toto itinere in similium monumentorum curam paulo diligentius incubuerim. Scilicet ἐν παρόδῳ veterum inscriptionum ἀνεκδότων aliquot millia non absque delectu congessi, eodemque tempore Gruteri volumen infinitis locis aut mutilis, aut foedissime corruptis αὐτόπλης emendabam.*

De nombreux érudits italiens allaient aider Gude à recueillir des inscriptions durant son séjour dans leurs villes. De Pise, Francesco Maria Cessino lui envoie à Florence des copies d'inscriptions qu'il a essayé de compléter lui-même :

> *Earum vice mitto ad te inscriptiones, quas cupiebas, mutilas quidem, et obscuratas, at qua potui maiori diligentia pluribus in locis a me expletas. meum est, quod purpureis caracteribus est inscriptum.*

(1er février 1662)

Camillo Pellegrino lui fait parvenir les copies des inscriptions recueillies dans sa villa de Capoue :

> Riceverà con questa mia lettera in un altro foglio la copia della maggior parte delle antiche iscrittioni, che io ho in una mia villa raccolte mentre dai fondamenti l'edificai.

(2 avril 1662)

Mais la récolte la plus impressionnante est celle que Gude réalisa lors de sa halte à Turin. Il recopia dans deux volumes (Gud. lat. 197-198) presque toutes les inscriptions ligoriennes des manuscrits ferrarais. Son enthousiasme pour Ligorio transparaît également dans la joie qu'il manifeste au lendemain de la publication par Scheffer d'un second manuscrit ligorien portant cette fois sur les moyens de locomotion dans l'Antiquité [18] :

> *Cl. Gudii benignum de meo re vehiculari iudicium amo et exosculor.*
> (Scheffer à Samuel Rachel, d'Upsala le 5 septembre 1672)

Le retour de Gude en Allemagne fait renaître l'espoir d'une nouvelle édition d'un corpus et des amis comme J.A. Bosius l'y encourageaient avec

---

[18] *De re vehiculari veterum libri duo. Accedit Pyrrhi Ligorii de vehiculis antiquis fragmentum,* Francfort 1671 : [...] *Ex eius libro de familis Romanis, nunc primum editum italice, cum latina versione et notis.*

d'autant plus d'insistance qu'en France Jacques Spon nourrissait le même projet :

> *Sponius Lugduni in Galliis, cuius itinerarium pulcherrimum credo te vidisse dudum, magnum quoque inscriptionum volumen proeliis commisit, ut nuper ex Huetii litteris intellexi. Tuarum desiderio quam diu torquebimus ? Vide ne multas tibi præripiat Sponius.*

(d'Amsterdam à Utrecht le 7 mai 1680)

Mais comme tous ses prédécesseurs qui avaient tenté de se mesurer à Grüter, Gude disparaîtra avant d'avoir vu la publication de son corpus. Ses deux manuscrits (Gud. lat. 197-198), presque exclusivement composés d'inscriptions ligoriennes, ne verront le jour qu'en 1731 suivant un projet qui remontait à Grævius. Mais son rôle le plus important dans l'aventure épigraphique de ce siècle est constitué par sa contribution fondamentale à la seconde édition de Grüter (Amsterdam 1707), née elle aussi sur l'initiative de Grævius (1632-1703) : en effet, cette nouvelle édition a comme fondement l'exemplaire de la première édition de Grüter corrigé de la main de Gude (Gud. lat. 9).

B. *L'invention de* C.I.L. X, 1008*

Le 15 janvier 1582, Pirro Ligorio (1512-1583), antiquaire à la cour du duc Alphonse II d'Este, envoie de Ferrare à son vieil ami Gianvincenzo Pinelli de Padoue les informations désirées sur le golfe de Santa Eufemia en Calabre, dans l'antiquité. Il lui apprend ainsi qu'au fil des siècles le golfe tira son nom des villes et des fleuves qui l'environnaient et prend soin d'énumérer à ce propos toutes les sources littéraires qui y font allusion :

> ...Quanto al suggetto del golfo di Santa Euphemia in Calabria, della regione Brutia, verso il mare Tyrrheno Ausonio Syrenuso, lo quale è stato detto in varij tempi variamente dalle città che gli sono attorno, et dalli populi che habitano al Laon fiume e alla città Laos, come si legge presso di Strabone nel sesto libro, che da Hippon o Hipponia lo dice ΗΙΠΠΟΝΙΛΤΗΣ [*sic*], che già Antiocho lo chiamò Napetino, pure dalli populi d'esso seno, come insino ad hora l'havemo per la diligenza usata nelle antiche inscrittioni raccolte, come sono nominati nel squarcio d'una intitulazione de più populi, che furono dal gran Ulpio Traiano imperatore muniti nelle vie Traiane, che egli per tutta Italia lastregò, con somma diligenza, come dicono Dione Cassio, Galeno Pergameno medico, et come mostrano le medaglie d'esso principe. Plinio nel libro terzo, al capo quinto, lo dice TERINÆVS, dalla città Terina Legeia, sepultura di Terina Legeia Syrena, di cui parla Lycophrone, posta nell'intima parte dell'Hipponiate, la quale sendo guastata come l'altre città d'Italia in luogo suo è posta Nocera di Calabria, fondata incontro al scopulo d'Alcynoo, che hora è rimasto in secco adentro terra per lo squarcio del mare del limo portato dalli fiumi. Così dunque, quantunque sia stato detto Terinæo, et Napetino e Hipponiate, Ptolemæo lo dice del medesimo nome dalla città Hipponia o Hippona.

Ma, avegna che Aristotele nel libro settimo al capo decimo lo nominò
Lametico; egli è per errore di testo perturbato d'uno solo carattire, di
una «o» privato, perché ha da dire Laometico, et non Lametico, come
chiamato dalli populi della città Laos et dal fiume Laon, che per essi
Brutij corre et mette l'acqua nel istesso seno da un lato, donde fù
Tempsa città, che Stephano, del fiume et della città parla in questa sen-
tenza, chiamando la città di Lucania, come disse Apollodoro, per che
è nel sito ove i Lucani et Brutij si confinano. Et perciò dice ΛΑ῾ΟΣ
Π῾ΟΛΙΣ ΛΕ῾ΥΚΙΑΝΙΑΣ. ΑΠΟΛΛ῾ΟΔΩΡΟΣ ῾ΕΝ ΤΩ ΠΕΡ῾ ΓΗΣ
ΔΕ῾ΥΤΕΡΩ ῾ΑΠΟ ΛΑΟΥ ΠΟΤΑΜΓ. Τ῾Ο ῾ΕΕΘΝΙΚΟΝ῾ ΛΑΟΙΝΟΣ, ῾ΩΣ
ΡΗΦΙΝΟΣ [sic] così dice il testo corretto. Poscia nella denominatione di
Terina città ci mostra essere stata col fiume del medesimo nome verso
i Crotoniati populi per essere più adentro al golfo, poste/ quantunque
sia anchora città et fiume delli Brutij stinti da Romani per che si die-
dero ad'Hannibale. Et fù colonia essa Terina da Crotoniati distrutta
quando hebbero superati i Sybariti, et i vicini suoi emuli. Et per cio
Stephano dice ΤΕΡ῾ΙΝΑ ΠΟΛΙΣ ῾ΙΤΑΛΙΑΣ ΚΑΙ ΠΟΤΑΜ῾ΟΣ ῞Ο
ΜΟΝΥΜΟΣ, ΚΤ῾ΙΣΜΑ ΚΡΟΤΩΝΙΑΤΩΝ ῾ΩΣ ΦΛΕΓΩΝ. Et questo è
quanto havemo potuto sapere del detto seno, più chiaramente dall'antica memoria, che havemo havuta fragmentata, trovata nella via che da
Capua andava a Rhegio oltre nelli Lucani, havuta dal Signor Lucio
Serleti, et si come è, così ve la offero [19]...

Ainsi, le golfe est appelé Napetinos chez Antiochos de Syracuse, Hippo-
niatos [20] chez Strabon et Ptolémée, Tempsaneos [21] chez Ovide et Strabon,
Terinaos chez Stéphane de Byzance (617, 7-10) et ensuite chez Lycophron et
Pline [22], et finalement Lameticos chez Aristote; mais, avertit Ligorio, avec
une faute dans les manuscrits. En effet, la forme LAMETICOS doit être corri-
gée en «Laometicos» qui est l'adjectif dérivé du nom de la ville Laos et du
fleuve Laon situés dans le Bruttium. Pour appuyer sa correction, Ligorio
joint à sa lettre le texte d'une inscription de l'époque de Trajan qui atteste
l'existence du peuple des «Laometicoi» à côté des autres peuples de Calabre
qui ont donné leur nom au golfe de Santa Eufemia: on y trouve ainsi les *Napetinei, Hipponiatei, Laometicei, Terinæi, Temsanei*, mais aussi les *Bruttiei, Salentinei, Mamertinei, Rheginei*, auxquels s'ajoutent les *Scyllacei, Cauloniatei*,
et les noms mutilés des *Locren* (...) et des *Thuriat* (...):

```
      EX · AVTORITATE · [sic]
  IMP · CAESARIS · DIVI · NERVAE · FIL ·
    NERVAE · TRAIANI · AVG · GERMA
  NICI · DACICI · PARTHICI · PONTIFI
  CI · [sic] MAXIMI · TRIBVNIC · POTEST · V̅ ·
```

[19] La lettre est publiée entièrement en appendice de l'article à paraître: VAGENHEIM,
«Pirro Ligorio et la falsification. A propos
du golfe de Santa Eufemia dans la Calabre
antique et de *C.I.L.* X, 1008* ».
[30] STRABON, *Géographie*, t. III (V-VI), ed.

F. Lasserre, Paris 1967, livre VI, *s.v.* «Italie».
PTOL. *Geogr.* lib. III, cap. I, ed. C. Müller, Paris 1833.
[31] Ov., *Med.* XV, 707; STRABON, VI, 255.
[22] PLIN., *N. H.* III, 72; LYC., *Alex.* 1008.

```
        C O S ·  V̄ ·  P ·  P ·  C V R A T ·  V I A R V M ·
   L ·  L I C I N I V S ·  C ·  F ·  S V R A ·  |I̅I̅| ·  V I R ·  I T ·
     M ·  I V L I V S ·  M ·  F ·  F R O N T O ·  |I̅I̅| ·  V I R ·
  T ·  L A E L I V S ·  Q ·  F ·  C O C C E I A N V S ·  |I̅I̅| ·  V I R ·
   S E X ·  F L A V I V S ·  L ·  F ·  F A L T O ·  |I̅I̅| ·  V I R ·  I I I ·
           C I P P ·  T E R M · · · · · · · · · · · · · · · ·
      V I A M ·  T R A I A N · · · · · · · · · · · · B R V T T
         S A L E N T I N · · · · · · P V B L · · · · · · · · ·
   B R V T T I E I ·  S A L E N T I N E I ·  O P P E D A N
        *N A P E T I N A E I ·  H I P P O N I A T E I* · ·
      R H E G I N E I ·  S C Y L L A C · · · · · · · · · · ·
        *L A O M E T I C E I* ·  T E R I N A E I ·  T E M S A
   N A E I ·  L O C R E N · · · · · · · · · · · T H V R I A T · · ·
      C V R · · · · · · · · M I L L ·  P · · · · · · · · · · · · ·
· · · · · · · · · · · · · · · · · · · · · · · · · · · · · · · · · · 23
```

Il est toutefois une chose que Ligorio ignorait —ou plus exactement que les érudits qui lui avaient procuré le commentaire sur le golfe de Santa Eufemia ignoraient—, c'est que, d'une part, le texte d'Aristote est correct et, d'autre part, que la leçon «Napetinei» transmise par Strabon et de Denys d'Halicarnasse est une erreur survenue dans la tradition manuscrite des deux historiens d'époque augustéenne. Et c'est donc en toute bonne foi, si l'on peut dire, que Ligorio introduit dans son inscription les «Napetinei» à côté des «Laometicei» et des autres peuples de la Calabre cités plus haut (*C.I.L.* X, 1008*). L'inscription apparaît une seconde fois sous la plume de Ligorio, au moment où il rédige à Ferrare son dictionnaire des *Antichità Romane* (Turin, Archives d'Etat, Cod. a. III. 11. J. 9.). L'inscription y est précédée d'un commentaire sur HIPPONIATE identique à celui que Ligorio envoya à Pinelli[24] mais son contenu est beaucoup moins mutilé : la liste des peuples de la Calabre y est également plus longue et l'auteur précise en outre que l'inscription est gravée sur une borne milliaire, « un termine » (Pl. 1) :

```
        E X ·  A V C T O R I T A T E ·
   I M P ·  C A E S ·  D I̅v̅I ·  N E R V A E ·  F I L ·
     N E R V A E ·  T R A I A N I ·  A V G ·  G E R M A
   N I C I ·  D A C I C I ·  P A R T H I C I ·  P O N T I F I
   C I S ·  M A X I M I ·  T R I B V N I C ·  P O T E S T ·  V ·
```

---

[23] J'ai corrigé le texte de l'inscription publié dans *C.I.L.* et par Pitimada (359) en me fondant sur la version de la lettre originale. J'ai mis en italique et caractères gras les trois noms qui nous intéressent.

[24] «*Hipponiate* [...] è nome di golfo o seno d'Italia nelli Brutij, chiamato da varij nomi, dalle città e dalli fiumi et habitatori [...] Strabone [...] chiama questo istesso golfo nel sesto libro *Napitino*, come lo disse Antiocho, et drittamente nominandolo dalli populi Brutij Salentini. Et Aristotele nel libro settimo lo chiama nel capo decimo della Politica *Lametico* per errore del testo, perché vuole dire *Laometico* dal Laon fiume e dalli habitanti : dei quali popoli si trova menzione in uno squarcio d'una inscrittione antica trovata, di un termine che fu nella via Traiana trali Brutij da diversi populi curata, conli suoi quattro huomini delle vie curatori, con la autorità di Traiano che conciò e lastrigò tutte le vie d'Italia, come havemo detto al suo luogo... »

```
        COS · V · P · P · CVRAT · VIARVM ·
   L · LICINIVS · C · F · SVRA · |II| · VIR · IT ·
     M · IVLIVS · M · F · FRONTO · |II| · VIR ·
   T · LAELIVS͞ · Q · F · COCCEIANVS · |II| · VIR ·
    SEX · FLAVIVS · L · F · FALTO · |II| · VIR ·
       CIPP · TERMINAVERVNT ·
   VIAM · TRAIANAM · APP · PER BRVTTIOS ·
   SALENTINOS PVBLICA PEC · CONTVLERE ·
   BRVTTIEI · SALENTINEI · OPPIDATIM ·
   NAPETINEI · HIPPONIATEI · MAMERTINEI ·
   RHEGINEI · SCYLLACEI · CAVLONIATIEI ·
     LAOMETICEI · TERINAEI · TEMSA
   NAEI · LOCREN · · · · · · · · · · · · · THVRIAT · · · · · ·
     CVR · · · · · · · · · MILL · P · · · · · · · · · · · · ·
   · · · · · · · · · · · · · · · · · · · · · · · · · C · C · · · · · · · · ·
```

La fortune de C.I.L. X, 1008* au XVIIe siècle

L'inscription *C.I.L.* X, 1008* fut publiée pour la première fois par Grüter dans la première édition de son recueil d'inscriptions latines où il indique comme source de ce texte les *schedæ Ursini* (p. 199, 1) : *Ex schedis Ursini*.

Les *schedæ Ursini*, sur lesquelles nous reviendrons plus loin, sont des copies d'inscriptions ligoriennes qui furent rassemblées par Fulvio Orsini dans un recueil qui ne nous est transmis que de manière indirecte. Certaines de ces copies apparaissent également dans le Vat. lat. 3439, un album de dessins ayant appartenu à Orsini (olim *Codex Ursinianus*)[25]. Ce sont pour la plupart des inscriptions sur monuments figurés copiés par Onofrio Panvinio à partir de matériel provenant des manuscrits romains de Ligorio[26].

Un exemple nous est fourni par *C.I.L.* VI, 352 (INVICTÆ· DEANÆ· VICTRICI· PRO/CVRATORES· LIB· COMM· LVDI· MATVTINI·/ CÆSARIS·) représentant une statue de Diane chasseresse accompagnée du commentaire suivant :

> Nella vigna del cardinal di Carpi è questa dedicatione a Diana fatta nei giuochi matutini, da liberti di Comodo Cesare i quali furono procuratori dei detti giuochi ; sopra di essa dedicatione era la statua di quella dea, de la quale solo si vedeva poche reliquie giù verso i piedi ; non di meno io l'ho disegnata prendendo da quel poco che se ne vede, et anchora per altre statue di Diana, che fanno l'action medesima.

---

[25] *Volumen Ligorii quod fuit Ursini, nunc in bibl. Vat. n. 3439, dudum notum allegari apud Gruterum sub titulo Ursinianorum* [Th. MOMMSEN, «De fide Leonhardi Gutenstenii», *Ephemeris Epigraphica* 1 (1872), 67].

[26] Elles furent également appelées *schedæ Ursini* par les auteurs modernes et notamment par De Rossi qui identifia le premier la main de Panvinio dans le Vat. lat. 3439 : « Ed anco il gran codice Orsiniano è assai più da lui (*i.e.* Panvinio) che da Pirro Ligorio annotato » [«Delle sillogi epigrafiche dello Smezio e del Panvinio», *Annali dell'Instituto di corrispondenza archeologica* 34 (1862), 230].

Le même dessin et la même inscription apparaissent dans le Vat. lat. 3439, accompagnés d'une note rédigée de la main de Panvinio qui révèle explicitement la source ligorienne :

> *In vinea carpensi fracta usq. ad pedes quod superest suppletu* ‹m› *a P.*‹yrrho›.

Les autres *schedæ Ursini,* qui ne proviennent pas toujours des manuscrits romains de Ligorio, nous sont conservés çà et là dans les recueils imprimés contemporains : c'est le cas de *C.I.L.* X, 1008* dans le recueil de Grüter.

Grüter entra en possession des *schedæ Ursini* à travers Langermann qui lui envoyait de Rome des copies d'inscriptions[27]. Le texte de *C.I.L.* X, 1008* de la *scheda Ursini* éditée par Grüter est identique à celui de la lettre à Pinelli. Si l'on admet qu'Orsini eut entre les mains le matériel ligorien qui compose les *schedæ Ursini* avant le départ du Napolitain pour Ferrare, on peut dater d'avant 1569 à la fois la version ligorienne de *C.I.L.* X, 1008* transmise par la *scheda Ursini* et celle de la lettre à Pinelli de 1582, et conclure, avec les éditeurs du *C.I.L.,* que cette version plus brève de l'inscription est antérieure à celle des *Antichità Romane*[28].

Le texte de *C.I.L.* X, 1008* édité par Grüter sera ensuite copié par Gualtherus dans ses inscriptions de Sicile et les deux recueils serviront de source à Holstein (voir le stemma)[29]. Ce dernier, dans ses notes aux ouvrages géographiques de Philippus Cluverius et d'Abraham Ortelius[30] cite d'abord Gualtherus à propos du golfe napitinos :

> –Ναπιτῖνος] *atque hæc verissima et optima lectio est. Fuit enim* Ναπιτία *oppidum ad hunc sinum, quod docti viri recte* lo Pizzo *explicant. Hinc* Ναπιτία *sinus rectissime a Dionysio vocatur; et sic apud Strabonem quoque rescribendum. Hinc cives* Napetinei *in veteri inscriptione apud* Gualterum *p. 74*[31].

Il mentionne ensuite Grüter à propos du golfe Lameticos dans la même œuvre et à propos de NAPITIA dans ses *Annotationes* à Ortelli :

> –Λαμητικὸς] *in veteri inscriptione apud* Gruterum *p. 199* LAOMETICEI. *Oppidani vocantur eadem formatione : itaque haud temere damnaverit : differt enim* ἐθνικῶ καὶ κτιτικῶ *formatio.*

> –NAPITIAM] *Napetinei v. vocantur oppidani in antiqu.*‹a› *inscript.* ‹ione› *apud* Gruterum.

---

[27] *C.I.L.* VI, *sub nomine.*

[28] Il ne s'agit là toutefois que d'une hypothèse car Ligorio aurait pu faire parvenir à Orsini la version de la *scheda Ursini* après son départ de Rome en 1569. Sur la correspondance entre les deux érudits voir VAGENHEIM, *op. cit.,* 257 suiv.

[29] Holstein préparait un ouvrage sur les voies publiques de l'Italie antique : E. MANDOWSKY, « Some Observations on Pyrrho Ligorio's Drawings of Roman Monuments in cod. B. XIII 7 at Naples », *Rendiconti della Pontificia Accademia Romana di Archeologia* 27 (1952-54), 335-336.

[30] Cette œuvre d'Holstein est posthume : *Lucæ Holstenii annotationes in geographiam sacram Caroli a S. Paolo ; Italiam antiquam Cluverii et thesaurum geographicum Ortelii,* Romæ 1666.

[31] *Annotationes in Italiam antiquam Philippi Cluverii,* 295.

Le texte de *C.I.L.* X, 1008* sera repris à Holstein par Giuseppe Morisa-ni, qui cite par ce truchement la version de la première édition de Grüter, dans ses *Inscriptiones Reginæ dissertationibus inlustratæ* (Naples en 1770) :

>   – *NAPETINI*] *Refert et* Holstenius in Ortel.‹io› *p. 127* [32].

L'érudit de Reggio citera l'inscription une seconde fois mais en faisant référence dans ce cas à la fois à Gualtherus et à la seconde édition de Grüter (voir stemma) :

>   – *NAPETINOS*] In lapide apud Gruter.‹um› *p . 199 n. 1* et Gual-ther.‹um› *fol. 78 inter populos sub Trajano viæ Appiæ per Bruttios res-tituendæ symbolam contulerunt* NAPETINEI *et* LAOMETICEI *inter ceteros Bruttiorum populos divisim occurrunt.*

La seconde édition de Grüter (1707) est liée, comme nous l'avons souli-gné, au nom de Gude. Celui-ci copia le texte de *C.I.L.* X, 1008*, en même temps qu'un grand nombre d'autres inscriptions tirées des manuscrits fer-rarais de Ligorio (voir stemma). Gude avait eu l'occasion de consulter cette partie de l'œuvre ligorienne dans la bibliothèque royale de Turin, au cours de son voyage en Italie (1660-1662). Dans son recueil manuscrit conservé au-jourd'hui à Wolfenbüttel (Gud. lat. 198, f° 1431, 2) [33], Gude transcrit le tex-te de *C.I.L.* X, 1008* tel qu'il apparaît dans les *Antichità Romane*, ainsi que le lieu de découverte tel qu'il est indiqué par Ligorio (Pl. 2) :

>   In un termine trovato guastato nella Via Traiana tra li Bruttii, pos-ta da diversi populi con li suoi quattro huomini delle vie curatori.

Sur la base de cette seconde version ligorienne de *C.I.L.* X, 1008* plus complète, Gude entreprend de corriger la version de l'inscription dans son exemplaire personnel de la première édition de Grüter (Gud. lat. 9). Cet exemplaire de Gude, abondamment annoté et corrigé, servira de base, com-me nous l'avons dit plus haut, à la seconde édition du recueil de Grüter (1707) préparée par Grævius [34]. Le texte de *C.I.L.* X, 1008* y est publié avec les corrections de Gude (voir stemma) :

---

[32] Le cinquième commentaire de l'œuvre de Morisani est tout entier consacré à la dis-cussion détaillée de *C.I.L.* X 1008*. Cette ins-cription, que l'auteur reproduit, constitue l'une de ses sources principales sur les *viæ mi-litares* dans le *Bruttium*, à côté de l'*Itinera-rium Antonini* et de la *Tabula Peutingeriana* : *Disseratio V. In marmor quinctum. De viis mi-litaribus ab Romanis per Bruttios constitutis* (206). A propos de Morisani, je renvoie à l'ouvrage qui m'a été signalé et courtoise-ment offert par F. COSTABILE : *Giuseppe Mo-risani 1720-1777. Vita ed opere* : Atti del convegno di studi per il bicentenario (Reggio Calabria 6-28 dic. 1977), Roma 1979.

[33] Le contenu des deux recueils épigra-phiques de Gudius (Gud. lat. 197-198) sera publié après sa mort : *Antiquæ inscriptiones quum græcæ tum latinæ olim a Marquado Gu-dio collectæ, nuper a Ioanne Koolio digestæ hor-tatu consilioque Ioannis Georgii Grævii ; nunc a Francisco Hesselio editæ cum adnotationibus eorum,* Leovardiæ 1731.

[34] *Inscriptiones antiquæ totius orbis romani in absolutissimum corpus redactæ olim auspi-ciis Iosephi Scaligeri et Marci Velseri industria autem et diligentia. Iani Gruteri nunc curis se-cundis eiusdem Gruteri et notis Marquadi Gu-dii emendata et tabulis æneis a Boissardo confectis illustratæ denuo cura viri summi Ioannis Georgii Grævii recensitæ. Accedunt adnotationum appendix et indices XXV emen-*

> *Gruterus ex Ursini schedis. Sic hanc inscriptionem quæ valde mutila et corrupta legebatur in editione Gruteri, emendavi et supplevi ex Gudii codice, qui scribit se bis eam contulisse.*

C'est cette nouvelle version de *C.I.L.* X, 1008* que Morisani empruntera à Grüter (1707) pour la publier pour la seconde fois dans ses *Inscriptiones Reginæ* (voir stemma).

Gude communiquera également à son ami Reinesius le texte de *C.I.L.* X, 1008* conservé dans son recueil d'inscriptions manuscrit (Gud. lat. 9). Reinesius, quant à lui, ne publiera pas cette inscription mais il s'en servira pour commenter une autre borne milliaire de l'Italie du Sud (*C.I.L.* X, 1006*) publiée dans son ouvrage : *Syntagma inscriptionum antiquarum* (Leipzig 1682). Même si Reinesius cite les recueils de Grüter et de Gualtherus dans les sources générales de son ouvrage, c'est de Gude, dont il déclare aussi avoir utilisé les manuscrits, que lui vient le texte de *C.I.L.* X, 1008* ; ce qui le prouve c'est la mention, dans son commentaire, de la VIAM TRAIANAM PER BRVTTIOS qui correspond à la leçon de *C.I.L.* X, 1008* dans les *Antichità Romane*, et donc dans les *schedæ Gudii* (Gud. lat. 9), alors qu'elle n'apparaît ni dans l'édition de Grüter utilisée par Reinesius (1601) ni chez Gualtherus (1625). Il est intéressant de noter que le commentaire de Reinesius à *C.I.L.* X, 1008* sera repris par Grævius, dans la seconde édition de Grüter[35], pour corriger la ligne 5 dans les lemmes à l'inscription :

> v. 4 : *Cur parthici? quod nomen primo nactus a. v. 868* GUD.
> v. 5 : leg. VIII Reines. i.e. a. 868.
> v. 17 : *Al·* LAOMETICEI·

D. Les autres bornes milliaires ligoriennes de l'Italie du Sud (C.I.L. X, 1006* ; 1007 ; 1009*, 6887)

L'inscription que Reinesius commente à l'aide de *C.I.L.* X, 1008* est une borne milliaire, illustrant elle aussi la construction de routes par Trajan (*C.I.L.* X, 1006*). Elle naît, comme l'autre, de l'imagination de Ligorio dans le volume XIII. B. 7 des manuscrits romains (Pl. 3) :

> Base circolari [*sic*] quattro miglia discosto da Roma, la qual, come ella stessa demostra, era uno di quei termini delle misure della Via Appia, regina delle altre vie, et rende testimonio come Traiano rifece

---

dati et locupletati ut et tironis Ciceronis lib. et Senecæ notæ. Amstelædami excudit Franciscus Halma typ. 1707, *Præf.*, 8 : *In manus enim celeberrimi Grævii venerat cl.‹arissimi› Gudii exemplar, cui ille doctissimas observationes non modo adscripserat, sed qui in illis lapidibus, quos in Italia ipsi spectare contigerat, erratum esset, correxerat.*

[35] C'est ce que précise Grævius à la p. 7 de la préface : *Et inter primam post Gruterum laudem meruit Reinesius, qui ex libris virorum doctorum magna diligentia tot inscriptiones collegit, et ab amicis suis conquisivit, ut supplementi insignis instar sint, doctissimo præterea commentario plurimas illustravit.*

et restaurò quella strada di novo, la qual cosa afferma Procopio; ma
secondo si legge appresso Galeno nella comparatione che egli fa delle
linee del corpo humano dice che non altrettante Traiano dirizzò le
vie torte et fece venir drittamente alla città quelle che vi poteron venire, et l'altre che non vi si potesseno ridurre, verso altri luoghi indi-
rizzò; appiani le curve, usando diligenza per l'acque et tagliando i
monti, et riempiendo le valle tagliando i monti [sic], tutte le strade,
non pur l'Appia sola, a tutto suo potere rese piane, et dritte mirabilmente :

LAP· MILLIAR·/ IIII· TER·/ APPIAE· VIAE· STRA/ T· RESTIT· CUR·
EX·/ S· C· EX· AVCTORIT· IMP· CAES· DIVI· NER·/ FIL· NERVAE·
TRAIAN·/ AVG· GERMAN· DACIC·/ PARTHIC· PONT· MAX· TRIBVN·
POT· VIIII· IMB· V·/ COS· VI· P· P·/ OPTIM· PRINC·/ CVRANTE·
TI· IVLIO·/ ET·

En 1567, Orsini négocie avec acharnement l'achat des dix manuscrits romains pour la bibliothèque Farnèse (XIII. B. 1-10). C'est à partir de cette
date que Panvinio transcrit les inscriptions ligoriennes dans le Vat. lat. 3439,
notamment en exploitant systématiquement tout le matériel épigraphique
et iconographique de certains livres romains — e.g. tous les dessins de cos-
tumes antiques du Neap. III. B. 2, toutes les monnaies de cirque qui l'intéressent [36]. Cette liberté d'exploitation ne pourrait s'expliquer par la seule générosité de Ligorio; elle suppose, au contraire, que ses livres aient été
dépouillés avec soin dans le calme et la tranquillité de la bibliothèque Farnèse après leur vente. Du reste, Ligorio, même à l'heure de rédiger son dernier volume des *Antichità Romane*, ne pardonnera pas à Panvinio d'avoir
pillé ses manuscrits :

> ... Quantunque egli habbi robbate quasi tutte le cose dalla nostra
> opera dell'antichità [37].

Parmi les inscriptions ligoriennes que Panvinio transcrit dans le Vat.
lat. 3439 se trouve la copie de *C.I.L.* X, 1006* (Pl. 4). Le moine augustin reproduit avec précision la forme du monument et prend soin d'indiquer la
page exacte du manuscrit de Ligorio (125). Il recopie également *C.I.L.* X,
1006* à deux reprises dans l'un de ses deux recueils épigraphiques personnels (le Vat. lat. 6036) mais en omettant le dessin du monument.
Au siècle suivant, l'inscription réapparaît chez Reinesius, avec quelques
variantes (II, 80) [38]. Elle lui avait été envoyée de Rome par Langermann, qui
l'avait empruntée aux *schedæ equitis Puteani*, les fiches de Cassiano Dal Poz-

---

[36] G. COSMO, « Pirro Ligorio e gli abiti degli antichi romani », *Imago Moda* 2 (1989), 21-
30. Le caractère systématique de cette exploitation des manuscrits ligoriens est soulignée
également par S. TOMASI VELLI, *op. cit.*, 152 :
« Il Panvinio [...] ha attinto ai libri farnesiani,
sfruttando a fondo questo vasto corpus, visto
che non tralascia neppure un esemplare che
possa interessargli. » On complètera la biblio-

graphie sur le Vat. lat. 3439 par la consultation de J.-L. FERRARY, *Onofrio Panvinio et les
Antiquités romaines* : Collection de l'Ecole
française de Rome 214, Roma 1996, *sub nomine.*

[37] Le passage est cité plus longuement par
FERRARY, *Onofrio Panvinio, op. cit.*, 141
note 19.

zo [39] qui, tout comme les *schedæ Holstenii,* avaient été exécutées à partir des manuscrits romains de Ligorio au moment où ceux-ci émigrèrent pour un temps dans la bibliothèque Barberini [40].

C'est le même itinéraire que vont parcourir *C.I.L.* X, 1007* et 1009*, deux autres bornes milliaires, l'une attribuée à l'époque d'Hadrien et l'autre à celle Trajan, toujours par la fantaisie ligorienne [41] :

> Nel terreno di Gallicano per la via Prænestina :
> LAP· XIII· /IMP· CAESARI· DIVI· HADRIANI· / FILI· DIVI· TRAIA-NI· / PARTHICI· NEPOT· DIVI· NERVAE· / PRONEPOTI· / T· AE-LIO· HADRIANO· / ANTONINO· AVG· PIO· / PONTIFICI· MAX· TR· POTEST· VI· / IMP· IIII· COS· II· DESIGNAT· III· P· P· / CVR· VIAR· / C· VALERIVS· VICTOR· / C· TORRANIVS· FELIX· / L· LAENATVS· CASTOR· / P· CAESIVS· POENA· / IIII· VIR·///// S· CON·

> Di là di Regio di Calabria :
> LAP· / MIL· CCLXXXVI· / IMP· CAES· NERVAE· F· / TRAIAN· AVGVST· / GERM· DACIC· PAR· / TH· TRIB· POTES· V·/ P· P· / OPTIMO· PRINCIPI· / EX· S· C· / FAC· CVR·

Les deux inscriptions apparaissent elles aussi pour la première fois dans le manuscrit Neap. XIII. B. 7 de Ligorio, tandis que *C.I.L.* X, 1009* apparaît également dans son manuscrit d'Oxford. On retrouve ensuite les deux inscriptions dans le Vat. lat. 3439 au même endroit que *C.I.L.* X, 1006* ; ici encore, Panvinio indique le feuillet du manuscrit ligorien d'où provient sa copie (358) ; ensuite il les transcrit toutes deux, chacune à deux reprises, et toujours sans dessin, dans le Vat. lat. 6036 (*C.I.L.* X, 1007* et *C.I.L.* X, 1009*) [42].

L'inscription *C.I.L.* X, 1009* apparaît aussi chez Reinesius, qui l'a obtenue, une fois de plus, à travers les fiches de Langermann exécutées à partir des *schedæ Puteani.* Elle se trouve également chez Gude mais sans que la

---

[38] Après Reinesius, on trouvera l'inscription encore une fois chez Muratori, qui eut l'occasion de consulter les manuscrits romains de Ligorio à Parme, avant leur départ définitif pour Naples (voir MANDOWSKY, « Some Observations », art. cit.).

[39] Sur Cassiano Dal Pozzo : voir VAGENHEIM, « Des inscriptions ligoriennes dans le Museo Cartaceo. Pour une étude de la tradition des dessins d'après l'antique », *Quaderni Puteani* 2 (1992), 79-104. On consultera également la bibliographie dans les autres travaux publiés dans la même revue.

[40] C'est ce que nous révèle le contenu de la lettre de Vossius à Heinsius citée plus haut (12 mars 1648) : voir P. BURMANN, *Sylloges epistolarum a viris illustribus scriptarum,* t. III, 576 (*ep.* 18).

[41] Pour ces deux inscriptions, il existe une troisième branche de la tradition descendant de l'original ligorien qui est représentée par la copie de Muratori ; pour *C.I.L.* X, 1007*, nous avons en outre le manuscrit de Burmann dont la source ne m'est pas encore claire : *Cod. Lugd. Bur. Q. 6 f. 3 quas schedas citat Saxius miss. 4 p. 1975.* Pour *C.I.L.* X, 1009*, il existe un second témoignage autographe de Ligorio, dans le manuscrit d'Oxford (Canon. ital. 138, f° 158).

[42] Les deux textes sont identiques ; la seule différence est l'addition du chiffre 2026 à côté de la seconde copie. Deux autres bornes milliaires (*C.I.L.* X, 1004* et 1005*) venant de Ligorio suivent le même parcours que les autres puisqu'on les retrouve à la fois dans le Vat. lat. 3439 et dans le Vat. lat. 6035.

source ne soit indiquée. On a vu à propos de *C.I.L.* X, 1008* que Gude avait fourni à Reinesius des copies provenant des manuscrits ferrarais de Ligorio. A Rome, Gude n'eut pas l'occasion de voir les manuscrits ligoriens jalousement conservés dans le Palais Farnèse. En effet, Holstein, qui aurait pu l'y introduire, était mort un an auparavant. Or ce n'est pas Reinesius qui a procuré à Gude la copie de *C.I.L.* X, 1009* car la transmission dans ce sens ne se vérifie jamais ; en outre, Reinesius n'a pas la copie de *C.I.L.* X, 1007* venant, comme *C.I.L.* X, 1009* des manuscrits romains de Ligorio, alors que Gude, lui, la possède. La source gudienne est donc ailleurs.

Pour la trouver, il nous faut faire un détour du côté de *C.I.L.* X, 6887, une autre borne milliaire, authentique cette fois, dont le seul témoignage ancien nous vient de Ligorio :

> A Ferentino in santo Giovanni Evangelista. Nell'Hernici in Via Latina :
> XLVII· / IMP· CÆSAR· / DIVI· NERVAE· F · / NERVA. TRAIAN· / OPTIMVS· AVG· / GERM· DACICVS· / PONTIFEX· MAXIM· / TRIB· POT· XVIII· / IMP· VIIII· COS· V / P · P· / FACIENDAM· / CVRAVIT· [43].

Panvinio recopia l'inscription dans le Vat. lat. 6035 en spécifiant ici aussi la page du recueil ligorien (358). L'inscription apparaît également dans son édition des *Fasti* (*Fastorum libri V,* Venetiæ 1558 ad a. 867) [44].

Orsini aussi copia le texte ligorien de *C.I.L.* X, 6887 dans ses *schedæ* aujourd'hui perdues et peut-être reçut-il la fiche ligorienne de cette inscription en même temps que celle de *C.I.L.* X, 1008*. La *scheda Ursini* nous est conservée indirectement, une fois de plus par Grüter qui déclare que *C.I.L.* X, 6887 lui vient : *Ex Ursini schedis* (1019, 9). Grüter transmet une seconde fois le texte de *C.I.L.* X, 6887 mais en l'empruntant cette fois aux *Fasti* de Panvinio (*Ex Panvinii Fastis* : 190, 4). L'érudit anversois ne se doutait pas que les deux copies avaient la même source ligorienne.

[43] Les variantes du *C.I.L.* sont les suivantes : « var. 1 XLVII| VII ; var. 2 IMP| [i]MP ; var. 4 TRAIAN| TRAIANVS ; var. 8 XVIII| XVIIII ; var. 9 V| VI ».

[44] On pourrait voir dans la présence de l'inscription ligorienne dans les *Fasti* un argument contre notre hypothèse selon laquelle c'est à partir de 1568 que Panvinio transcrivit systématiquement dans le Vat. lat. 3439 et dans ses recueils personnels (Vat. lat. 6035-6036) les manuscrits farnésiens de Ligorio. En effet, on pourrait dire que la présence de *C.I.L.* X, 6887 dans les *Fasti* révèle que dix ans plus tôt Panvinio avait déjà accès aux futurs manuscrits farnésiens de Ligorio. Néanmoins, la possession de fiches ligoriennes n'implique aucunement la consultation systématique de l'œuvre de Ligorio. Le Napolitain communiqua de bonne heure à ses amis le fruit de ses pérégrinations : le plus ancien témoignage à ce jour est celui de Smetius qui dit avoir reçu une inscription ligorienne de Préneste en 1547. La copie ligorienne de *C.I.L.* X, 6887 fut donc communiquée de manière isolée à Panvinio, comme le prouve le fait que cette inscription ne suit pas la même ligne de transmission que les autres bornes milliaires du manuscrit XIII. B. 7 ; c'est-à-dire les fausses bornes milliaires ajoutées plus tard, de toute évidence. En effet, *C.I.L.* X, 6887 n'apparaît pas dans le Vat. lat. 3439 au sein du groupe des inscriptions milliaires qui sont présentes également dans les recueils de Panvinio.

Gude transmet *C.I.L.* X, 6887 à deux reprises. La première copie se trouve dans son recueil (Gud. lat. 197, 238,1) où l'auteur précise que la borne se trouvait jadis à Ferentino dans l'église de saint Jean-Baptiste. Une telle indication suppose que Gude se soit rendu sur place mais que l'inscription ne s'y trouvait plus :

> – *In columna Ferentini in Hernicis in S.Giovanni Evangelista olim posita fuit uno miliari cis [?] Ferentinum. Nam Ferentinum distabat Roma m. p. 48.*

L'inscription fut ensuite publiée dans son édition posthume (1731) :

> – *In columna Ferentini in Hernicis ad S. Ioannis Evangelistæ. Olim posita fuit uno miliari cis Ferentinum. Nam Ferentinum distat Roma (ed. p. 46).*

X L V I I
IMP · CAESAR ·
DIVI · NERVAE · F ·
NERVA · TRAIAN ·
OPTIMVS · AVG ·
GERM · DACIVS · [*sic*]
PONTIFEX · MAXIM ·
TRIB · POT · XVIII ·
IMP · VIII · COS · V ·
P · P ·
FACIENDAM
CVRAVIT

Dans les lemmes de *C.I.L.* X, 6887, les éditeurs citent deux fois Ligorio : la première fois à propos de la version provenant du manuscrit Neap. XIII. B. 7 et la seconde fois à propos des *schedæ barberinæ nunc vaticanæ.* L'auteur des *schedæ barberinæ* est, dans ce cas précis, Holstein lui-même et c'est à ces fiches que fait référence l'édition de Gude lorsqu'elle cite les *schedæ Holstenii.* En voici la preuve : dans le manuscrit Neap. XIII. B. 7, Ligorio a fait la conjecture qu'il fallait restituer le nombre XL (ligne 1) dans la lacune qu'il indique dans son dessin devant le nombre VII. Gude aussi présente le nombre XLVII, mais sans indiquer que les deux premiers chiffres représentent une conjecture. Si l'on examine la copie d'Holstein, on constate que la conjecture y est signalée de manière peu claire (xlVII) et qu'elle disparaîtra totalement dans la version publiée à l'occasion du commentaire à Ferentino dans ses *Annotationes* à Cluverius :

> *pag. 984 lin. 33 ad* XLVII *lapidem] (Ferentinum coloniæ) hic numerus exacte cum Antonini itinerario convenit et extat Ferentini in ecclesia S. Joannis Evangelistæ lapis milliarius cum numero XLVII, quem ex vicino agro eo translatam existimo.*

Ainsi, le cas de *C.I.L.* X, 6887 nous apprend que Gude a quand même eu connaissance des inscriptions contenues dans les manuscrits romains de Ligorio mais uniquement à travers les *schedæ Holstenii.* C'est donc, selon toute vraisemblance, par la même voie que lui sont parvenues les copies des deux autres bornes milliaires (*C.I.L.* X, 1007* et 1009*).

L'examen de la tradition de *C.I.L.* X, 1008* et des autres bornes milliaires a révélé la présence de Ligorio derrière toutes les copies successives de ces inscriptions. Si la chose ne surprend pas pour les inscriptions fausses, elle réjouit pour la copie très précise de *C.I.L.* X, 6887 dont Ligorio est, rappelons-le, le seul témoin à la Renaissance. L'histoire de *C.I.L.* X, 1008* nous a également révélé l'existence de différentes voies de transmission des deux séries de manuscrits ligoriens (romains et ferrarais), qui vont parfois se croiser.

En résumé, au XVIᵉ siècle, les inscriptions des manuscrits farnésiens de Ligorio furent copiés, de manière sporadique au cours de leur élaboration, par ses amis, et notamment par Orsini qui réalisa ainsi un corpus des *schedæ Ursini*. Celui-ci était formé en grande partie d'inscriptions ligoriennes et est conservé aujourd'hui de manière indirecte, en particulier à travers l'édition de Grüter, mais aussi dans les copies d'inscriptions provenant des manuscrits romains de Ligorio, exécutées de manière systématique à partir de 1568 par Panvinio dans le Vat. lat. 3439 (olim *Codex Ursinianus*). C'est probablement à la même époque que Panvinio recopia les mêmes inscriptions, le plus souvent à deux reprises, dans ses propres recueils épigraphiques (Vat. lat. 6035 et Vat. lat. 6036) mais d'une écriture cursive et sans reproduire le dessin du monument. Dans les deux cas, Panvinio prit soin d'indiquer le feuillet du manuscrit ligorien d'où était tirée l'inscription.

Au siècle suivant, les *schedæ Ursini* émigreront vers le Nord de l'Europe, notamment à travers les envois de Langermann à Grüter. A la même époque, les manuscrits romains de Ligorio conservés dans le Palais Farnèse seront copiés par les érudits du cercle Barberini. Ces copies, désignées sous le terme générique de *schedæ barberinæ* contiennent entre autres des fiches d'Holstein (*schedæ Holstenii*) et de Cassiano Dal Pozzo (*schedæ Puteani*). Ces mêmes érudits auront également accès aux manuscrits ferrarais de Ligorio ; pour Holstein, au moment où ils arrivèrent à Rome par le truchement de Christine de Suède. Langermann se chargera de communiquer ce matériel à ses compatriotes notamment en faisant parvenir à Reinesius les *schedæ Puteani*. Quant aux *schedæ Holstenii* provenant des manuscrits romains, elles seront copiées par les érudits des pays du Nord de passage à Rome et surtout par Gude. Ce dernier pourra ainsi compléter sa collection d'inscriptions ligoriennes commencée par la transcription des manuscrits ferrarais lors de son passage à Turin. De retour dans sa patrie, Gude communiquera ce matériel à son ami Reinesius et utilisera ces mêmes fiches pour corriger les inscriptions de la première édition de Grüter (voir stemma) : c'est à ce moment-là qu'il y aura contamination entre la version des inscriptions ligoriennes de la première édition de Grüter établie sur les manuscrits romains, notamment à travers les *schedæ Ursini,* et celle des inscriptions ligoriennes établie par Gude sur les manuscrits ferrarais : c'est précisément le cas de *C.I.L.* X, 1008* qui, enrichie également des notes de Reinesius, sera publiée dans la seconde édition de Grüter. De là, elle sera reprise par Morisani (voir stemma), qui se chargera ainsi de perpétuer au XVIIIᵉ siècle le texte de *C.I.L.* X 1008*, née sous la plume de Ligorio.

Stemma de *C.I.L.* X, 1008*

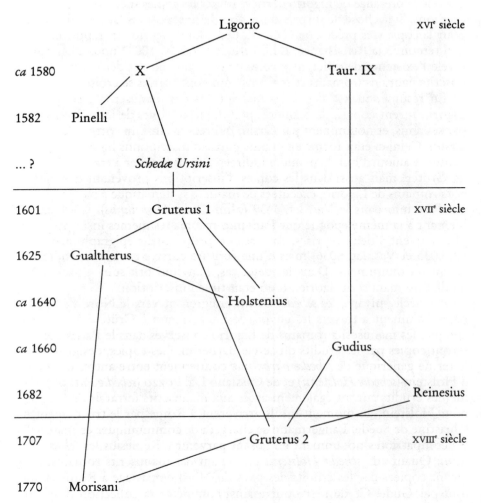

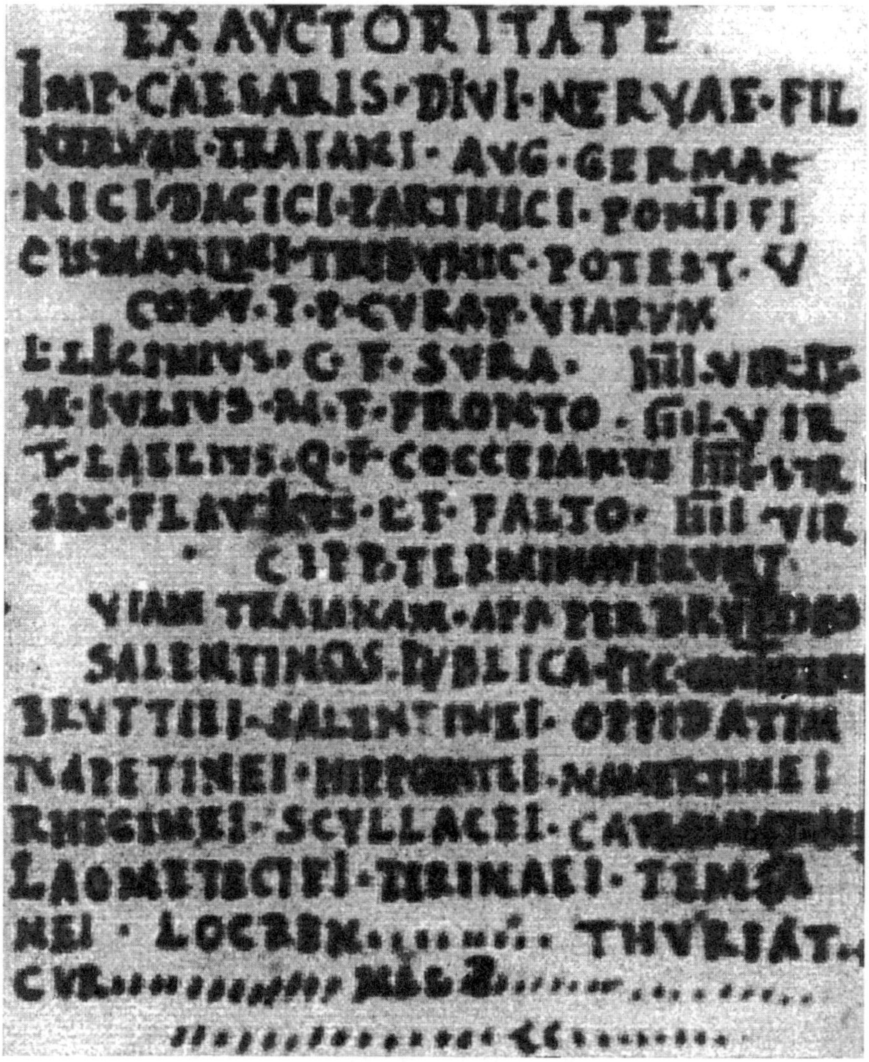

Pl. 1 : *C.I.L.* X, 1008*, autographe de Pirro Ligorio. Turin, Archives d'Etat, cod. a.III. 11. J. 9, *s.v.* « Hipponiate ».

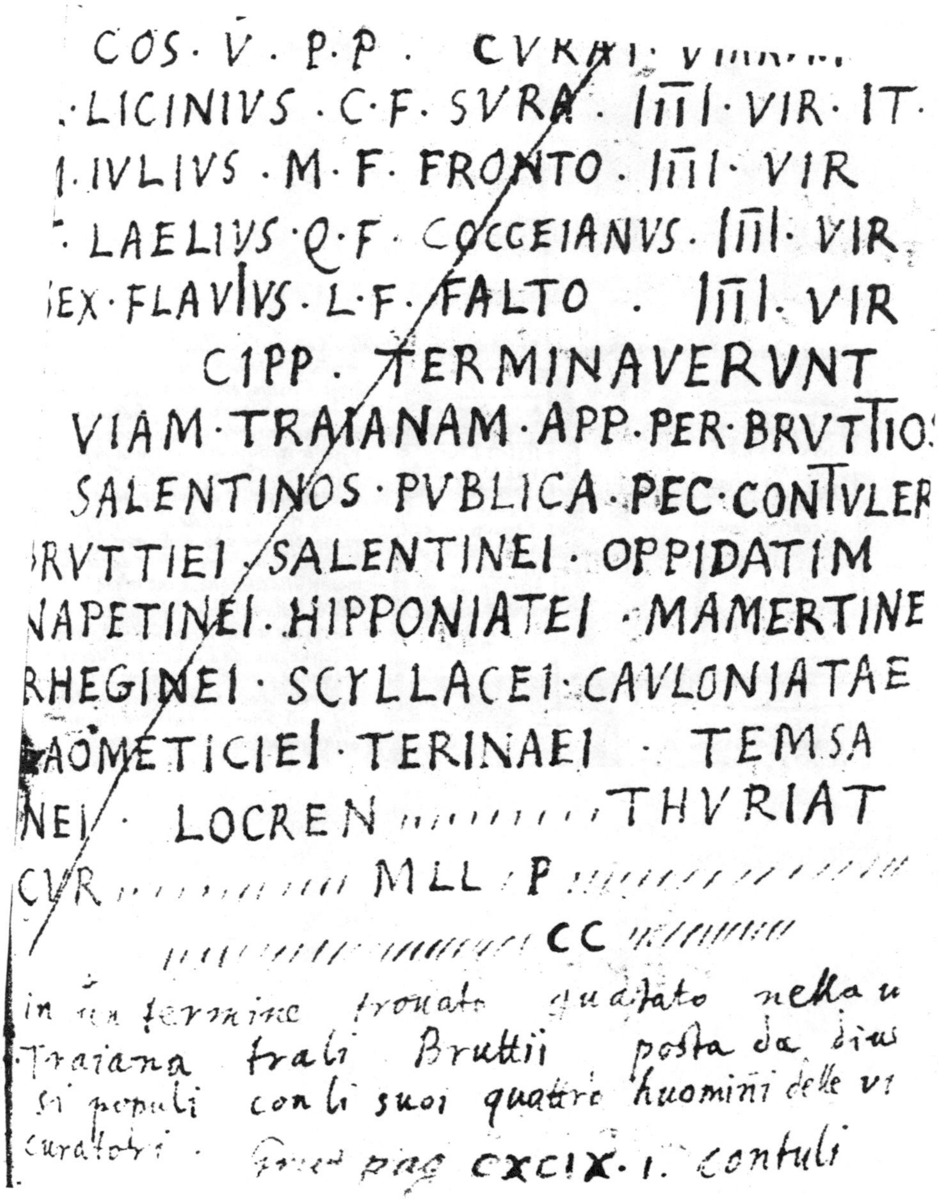

COS · V · P·P   CVRAI · VIII ...
..LICINIVS · C·F· SVRA · IIII · VIR· IT·
I·IVLIVS · M·F· FRONTO · IIII · VIR
·· LAELIVS · Q·F · COCCEIANVS · IIII · VIR
·EX · FLAVIVS · L·F· FALTO · IIII · VIR
       CIPP · TERMINAVERVNT
VIAM · TRAIANAM · APP· PER· BRVTTIOS
SALENTINOS · PVBLICA · PEC · CONTVLER
·RVTTIEI · SALENTINEI · OPPIDATIM
·NAPETINEI · HIPPONIATEI · MAMERTINE
RHEGINEI · SCYLLACEI · CAVLONIATAE
·AOMETICIEI · TERINAEI · TEMSA
·NEI · LOCREN .... THVRIAT
CVR .... MLL · P ....
.... CC ....

in un termine prouato quadato nella u
·Traiana frali Bruttii posta da diu
si populi con li suoi quattro huomini delle vi
curatori · ..... pag CXCIX · 1 · contuli

Pl. 2 : *C.I.L.* X, 1008*, autographe de Marquard Gude. Wolfenbüttel, Herzog-August-Bibliothek, Gud. lat. 198, f° 1431, 2.

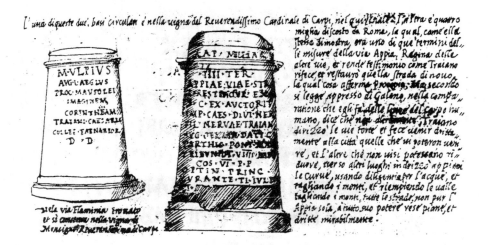

Pl. 3 : *C.I.L.* X, 1006*, autographe de Pirro Ligorio. Naples, Bibliothèque Nationale, cod. XIII B. 7, f° 125r°.

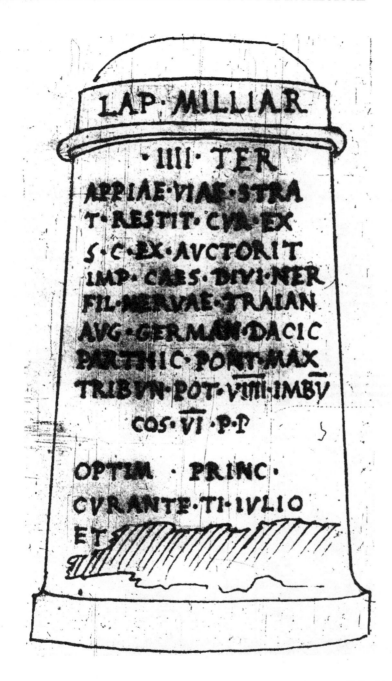

Pl. 4 : *C.I.L.* X, 1006*, autographe d'Onofrio Panvinio. Cité du Vatican, Bibliothèque apostolique, Vat. lat. 3439.

HISTOIRE

LITTERAIRE

IL RIUSO DEL *CORPUS* CESARIANO
NELL'ITALIA DEL TRECENTO

par GIULIANA CREVATIN

Nella famosa e citatissima lettera a Juan Fernández de Heredia Coluccio Salutati parla dei *Commentarii De bello Gallico* e *De bello civili* come di opere di facile reperibilità e di comune consultazione; essi infatti sono menzionati nell'elenco dei libri che l'Heredia non deve affannarsi a ricercare per il suo corrispondente, in contrapposizione ad altri più rari e più ambiti [1] : *Non Commentarios C. Cesaris de bello gallico, quos multi, non mediocriter errantes, ut arbitror, Iulio Celso tribuunt; non etiam communes illos De bello civili.* Non abbiamo motivo di non credere a Coluccio. Eppure, se si guarda all'effettiva utilizzazione dei *Commentarii* nel corso del Trecento italiano, essi non si segnalano come un'opera di ovvia consultazione e di banale, facile impiego. Tant'è vero che l'elenco di eruditi trecenteschi che vi ebbero adito, formalizzato recentemente da Giuseppe Billanovich [2], è piuttosto ristretto, e ancor più ne appare esiguo il significato, se si considera che un'utilizzazione sistematica del *corpus* cesariano è, prima di Petrarca, limitata al solo Riccobaldo da Ferrara [3]. Allora proprio partendo da Riccobaldo

---

[1] « Non ‹ti chiedo› i *Commentarii* di Gaio Cesare sulla guerra delle Gallie, che molti attribuiscono a Giulio Celso (sbagliando non poco, come credo), e neanche quelli, ben noti, sulla guerra civile » : C. SALUTATI, *Epistolario* : Fonti per la storia d'Italia pubblicate dall'Istituto Storico Italiano), ed. F. Novati, II, Roma 1893, *ep.* VII, 11, 289-302, cit. 299-300. Ritorneremo più avanti sulla questione dell'attribuzione dei *Commentarii*. Sulla lettera all'Heredia, assegnata dal Novati, dubitativamente, al 1392, si veda A. LUTTREL, « Coluccio Salutati's Letter to Juan Fernández de Heredia », *Italia Medioevale e*

Umanistica 13 (1970), 235-244; R. LESLIE, « The Valencia Codex of Heredia's *Orosio* », *Scriptorium* 35 (1981), 312-318.

[2] G. BILLANOVICH, « Nella tradizione dei *Commentarii* di Cesare. Roma, Petrarca, i Visconti », *Studi petrarcheschi* 7 (1990), 263-318.

[3] Anche nell'opera di un compendiatore attento e spesso originale come Guglielmo da Pastrengo la presenza di Cesare è, per esplicita dichiarazione dell'editore, « di limitatissima portata » (Guglielmo DA PASTRENGO, *De viris illustribus et de originibus,* ed. G. Bottari, Padova 1991, LXV).

e dai suoi lavori storici che si collocano all'alba del secolo vorrei iniziare a proporre alcune mie osservazioni (ben lontane dal pretendere di presentarsi come sistematiche o tanto meno esaustive) sul modo in cui nel corso del Trecento tre autori, che giudico particolarmente significativi, leggono e soprattutto riscrivono un testo (meglio, una serie di testi) per certi versi inquietante come il *corpus* cesariano; un testo che nel Quattrocento, restituito ai suoi veri autori[4], tra i quali gigantegia, com'è ovvio, l'autore principale, diverrà, oltre che una fonte autorevole, un modello sia formale (cioè stilistico-letterario) che ideologico[5], arrivando così a costituire un capitolo non trascurabile della storia di quel fenomeno culturale e politico impropriamente ma efficacemente definito come « cesarismo »[6].

Riccobaldo da Ferrara è noto come autore di una compilazione geografica di tutto rispetto, il *De locis orbis* — l'attribuzione del *De origine urbium Italie* non è affatto sicura —, di un'importante opera di storia locale, la *Chronica parva Ferrariensis*, e di una serie di trattati di storia universale : il *Pomerium Ecclesie Ravennatis*, le cosiddette « cronache minori » (*Chronica extracta, De septem etatibus mundi, Compilatio chronologica*), le grandi *Historie*, e infine il *Compendium Romane historie*[7]. Tutte queste opere arrivano a toc

---

[4] I candidati principali all'attribuzione dei *Commentarii* furono, fino al riconoscimento apertamente dichiarato dal Salutati nella lettera succitata, Suetonio Tranquillo (sull'autorità di Orosio, *Hist.* VI 7, 1-2 : *Anno ab urbe condita* DCXCIII *C. Cæsare et L. Bibulo consulibus, lege Vatinia Cæsari tres provinciæ cum legionibus septem in quinquennium datæ, Gallia Transalpina et Cisalpina et Illyricus. Galliam Comatam postea senatus adiecit. Hanc historiam Suetonius Tranquillus plenissime explicuit, cuius nos conpetentes portiunculas decerpsimus* : « Nell'anno 693 dalla fondazione di Roma sotto il consolato di Gaio Cesare e Lucio Bibulo tre provincie con sette legioni furono assegnate grazie alla legge Vatinia a Cesare per un quinquennio : la Gallia Transalpina, quella Cisalpina e l'Illirico. Il Senato in un secondo tempo vi aggiunse la Gallia Comata. Questa storia l'ha ampiamente esposta Suetonio Tranquillo, noi ne abbiamo estratto dei frammenti riguardanti il nostro assunto »), e Giulio Celso ; si veda R. Sabbadini, *Guariniana*, ed. M. Sancipriano, Torino 1964, 120 (= *Scuola e studi di Guarino Veronese*) ; V. Brown, « Cæsar, Gaius Iulius », *Catalogus translationum et commentariorum*, edd. E.F. Cranz, P.-O. Kristeller, III, Washington 1976, 92 ; A.T. Hankey, « The library of Domenico di Bandino », *Rinascimento* 8 (1957), 182-183 ; Ead., « Riccobaldo of

Ferrara, Boccaccio and Domenico di Bandino », *Journal of the Warburg and Courtauld Institutes* 21 (1958), partic. 214-215 ; Billanovich, « Nella tradizione », art. cit., 278-279 ; M. Zaggia, « Appunti sulla cultura letteraria in volgare a Milano nell'età di Filippo Maria Visconti », *Giornale storico della letteratura italiana* 170 (1993), partic. § 10, 321-332, per il contributo dato da Pier Candido Decembrio alla risoluzione dell'annosa questione.

[5] Si veda il saggio di G. Ianziti, « I *Commentarii* : appunti per la storia di un genere storiografico quattrocentesco », *Archivio Storico Italiano* 150 (1992), 1029-1063 ; Zaggia, « Appunti », art. cit. ; si veda anche M. Guglielminetti, *Memoria e scrittura*, Torino 1977, 210-225 ; R. Fabbri, *Per la memorialistica veneziana del Quattrocento*, Padova 1988, 7-9, 59-62, 150-151 ; F. Tateo, « L'Umanesimo », *Lo spazio letterario del Medioevo* I. *Il Medioevo latino*, edd. G. Cavallo, C. Leonardi, E. Menestò, I. 1. *La produzione del testo*, Roma 1992, 170.

[6] A. Momigliano, « Per un riesame della storia dell'idea di cesarismo », *Rivista storica italiana* 68 (1956), 221-229 (poi in *Secondo contributo alla storia degli studi classici*, Roma 1960, 273-282) ; F. De Giorgi, « Scienze umane e concetto storico : il cesarismo », *Nuova rivista storica* 68 (1984), 323-354.

[7] Il panorama della produzione riccobal

care avvenimenti contemporanei, e il valore di Riccobaldo come storico dell'età moderna è da tempo una nozione acquisita[8]. L'attenzione per questo aspetto della attività storiografica di Riccobaldo, così come è avvenuto in genere per gli storici « medievali », è stato favorito dal noto costume dei *Rerum Italicarum Scriptores* (prima serie) di privilegiare nell'edizione dei vari autori le sezioni di storia « moderna », abbandonando all'oblio tutta la parte relativa alla storia antica : in tal modo sono stati infatti trattati il *Pomerium* e la *Compilatio*. Godono invece di eccellenti (e complete !) edizioni moderne la *Chronica parva*, a cura di Gabriele Zanella, e il *Compendium Romane historie*, a cura di Teresa Hankey. Ma le grandi *Historie* restano inedite, nonostante la stima di cui appaiono investite già nel corso del Trecento, e le numerose derivazioni riscontrate in cronisti e compilatori fino all'inizio del secolo XV, tra i quali spicca Benvenuto da Imola, fedele e ammirato utilizzatore di Riccobaldo nel suo *Comentum* al poema dantesco[9]. In particolare, Benvenuto aveva indicato in Riccobaldo la fonte di Dante per la notizia relativa a Obizzo d'Este ucciso dal figlio (*Inferno* XII, 110-114) e per il « consiglio frodolente » che Bonifacio VIII estorse a Guido

---

diana è offerto da G. ZANELLA, *s.v.*, *Repertorio della cronachistica emiliano-romagnola (secoli IX-XV)* : Istituto storico italiano per il Medio Evo, Nuovi studi storici, 11, Roma 1991, 163-182, e adesso, con precisazioni e polemiche nei confronti del lavoro di Zanella, da A.T. HANKEY, *Riccobaldo of Ferrara : his Life, Works and Influence* : Istituto storico italiano per il Medio Evo, Fonti per la storia dell'Italia medievale, Subsidia, 2, Roma 1996. Si veda per comodità la bibliografia in appendice.

8 Dopo A. CAMPANA, « Riccobaldo da Ferrara », *Enciclopedia Dantesca*, IV, Roma 1973, coll. 908-910 — dove si troveranno citati i primi, fondamentali studi di A.F. Massera—, si veda G. ZANELLA, *Riccobaldo e dintorni : studi di storiografia medievale ferrarese*, Ferrara 1980 ; ID., *Storici e storiografia nel Medioevo italiano*, Bologna 1984 ; ID., *Repertorio, op. cit.*, 175-179 ; *Note cronistiche del cremonese Gasalpino Antegnati da un manoscritto del Pomerium Ravennatis Ecclesie di Riccobaldo da Ferrara*, ed. G. Zanella, Cremona 1991 ; ID., « L'imperatore tiranno. La parabola di Enrico VII nella letteratura coeva », in A.A.V.V., *Il viaggio di Enrico VII in Italia*, ed. M. Tosti-Croce, Roma 1993, 43-56 ; A. TRIPPA, « Riccobaldo da Ferrara tra antico e moderno », *Nuova rivista storica* 74 (1990), 1-24 ; A. VASINA, « Le cronache emiliane e romagnole : dal Tolosano a Riccobaldo

(secoli XI-XIV) », in A.A.V.V., *Il senso della storia nella cultura medievale italiana (1100-1350)* : Centro italiano di studi di storia e d'arte, XIV Convegno di studi, Pistoia 1995, 93-96 ; G. ARNALDI, « La Romagna di Dante fra presente e passato, prossimo e remoto », *La Cultura* 33 (1995), in partic. l'Appendice I, « Dante e Riccobaldo da Ferrara », 377-379 ; e infine HANKEY, *Riccobaldo, op. cit.*, 78-92 e tutto il cap. 7 « Riccobaldo and contemporary politics », 135-163.

9 Oltre agli studi citati nella nota precedente, si veda HANKEY, « The Library », art. cit. ; EAD., « Riccobaldo », art. cit., 208-226 ; EAD., *Riccobaldo, op. cit.*, 165-186 [= cap. 8 « Riccobaldo and his influence », da completare con F. STOK, « La *Vita di Virgilio* di Zono de' Magnalis », *Rivista di cultura classica e medievale* 33 (1991), 143-181] ; per un aspetto non secondario dell'attenzione che meritano Riccobaldo e le sue fonti, quale ad esempio la conoscenza di sezioni allora rare delle *Decadi* di Livio, si veda G. BILLANOVICH, *La tradizione del testo di Livio e le origini dell'Umanesimo. I. 1. Tradizione e fortuna di Livio tra Medioevo e Umanesimo*, Padova 1981, 18-32 ; ID., « La Biblioteca papale salvò le storie di Livio », *Studi petrarcheschi* 3 (1986), 78-79 ; G. ZANELLA, « Riccobaldo e Livio », *Studi petrarcheschi* 6 (1989), 53-69 ; HANKEY, *Riccobaldo, op. cit.*, 109-133 (= cap. 6 « Riccobaldo as an early Humanist »).

da Montefeltro (*Inferno* XXVII, 67-120). Inoltre, il brano su Firenze antica del XV canto del *Paradiso* fu a suo tempo messo in relazione col fortunatissimo capitoletto delle *Historie* che descrive i rudi costumi degli antenati al tempo di Federico II [10].

Siamo però costretti a tralasciare questa affascinante problematica per concentrare la nostra attenzione sul Riccobaldo storico dell'antichità, sul Riccobaldo che, nel raccoglimento del suo studiolo, separato per brevi o lunghi momenti dal tumulto della vita civile e politica e immerso nel silenzio eloquente degli storici antichi, riscrive la storia di Roma. Ma meglio la « riscrittura » di Riccobaldo si definisce come « compilazione ». Riccobaldo appartiene a quella categoria di storici la cui serietà professionale (e la cui importanza) è stata messa in rilievo da Bernard Guenée [11] : è un erudito infaticabile e paziente, che fa della modestia del suo lavoro di ricerca e di compilazione il suo orgoglio ; che è molto attento alla cronologia e poco alla retorica ; che non ruba, ma dichiara coscienziosamente i propri debiti ; che si impegna, animato da spirito di servizio, nel difficile compito di leggere — perché già il leggere costituisce spesso una difficoltà non indifferente — e di decifrare antichi e rari manoscritti riportando alla luce i loro contenuti, sui cui significati spende poche, sobrie parole, perché l'utilità della conoscenza storica è (nei suoi limiti) un valore acquisito, mentre niente affatto pacifica ne è la conquista. Sulla valutazione di tale attività erudita, nella quale la ricerca è funzionale alla compilazione, si potrebbe discutere a lungo : se cioè essa sia tipicamente « medievale », in contrapposizione alla storiografia dell'Umanesimo (e perciò in senso negativo), per la deliberata assenza di intenti pedagogici che passino attraverso il concetto di « costruzione » della storia e dell'esempio — e anche, se vogliamo, per l'assenza di un criterio interpretativo generale, cosiddetto « politico », nel quale a volte si fa risiedere la novità e il valore della storiografia umanistica ; o se sia « medievale » in senso positivo, nel senso cioè della pazienza erudita e compilatrice, che prelude e prefigura l'erudizione settecentesca — della quale nessuno che sia sano di mente vorrà negare i meriti ; o se proprio in tale attività di ricerca vada individuato il *coté* umanistico, in quanto essa perviene alla conquista

---

[10] A.F. MASSERA, « Dante e Riccobaldo da Ferrara », *Bullettino della Società Dantesca Italiana,* n.s., 22 (1915), 168-200 ; CAMPANA, « Riccobaldo », art. cit. ; Ch.T. DAVIS, « Il buon tempo antico », *Florentine Studies. Politics and Society in Renaissance Florence,* ed. N. Rubinstein, London 1968, 65-69 (ora in DAVIS, *L'Italia di Dante,* Bologna 1988) ; G. ZANELLA, *Machiavelli prima di Machiavelli,* Ferrara 1985, 74, 97, 184 ; ARNALDI, « La Romagna », art. cit., 360 e 377-379 ; HANKEY, *Riccobaldo,* op. cit., 136-137.

[11] B. GUENÉE, « L'historien et la compilation au XIIIᵉ siècle », *Journal des Savants,* 1985, 119-135 ; la versione italiana del saggio è stata pubblicata nel vol. *Aspetti della cultura latina nel secolo XIII,* edd. C. Leonardi, G. Orlandi, Firenze-Perugia 1986, 57-76. Si veda anche, sempre di B. GUENÉE, il fondamentale *Histoire et culture historique dans l'Occident médiéval,* Paris 1980 (cap. V « La compilation », 205-214, e *passim*) ; la problematica della storiografia medievale ha adesso una eccellente sistemazione nel saggio di G. ARNALDI, « Annali Cronache Storie », *Lo spazio letterario del Medioevo. I. Il Medioevo latino,* edd. G. Cavallo, C. Leonardi, E. Menestò, I. 2 *La produzione del testo,* Roma 1993, 463-514.

di testi rari (nel caso di Riccobaldo, la Quarta *Decade* di Livio e il *corpus* cesariano nella sua interezza). Non nego la legittimità e l'interesse di una discussione così impostata, ma ritengo in via preliminare più utile e più necessario cercare di guardare da vicino il metodo di Riccobaldo.

Il primo elemento da tenere in considerazione è il modello. Tutta la prima fase dell'attività storiografica di Riccobaldo — intendo quella di storico antico, ma vi si potrebbero legittimamente comprendere le «prosecuzioni» riguardanti l'età moderna — si iscrive nel modello costituito dal *Chronicon* di Eusebio-Girolamo [12], che costituisce l'ossatura, la spina dorsale della storia generale, la serie cronologica fissata una volta per tutte, sulla quale si inseriscono le varie digressioni (di diversa estensione, da brevi ad amplissime) dedicate, quasi scritture monografiche, a situazioni storiche di particolare interesse, come appunto i principali episodi della storia di Roma. E questo è quanto dichiara Riccobaldo stesso, nei proemi della *Compilatio chronologica* e del *Pomerium*, la cui lettura non è priva di utilità ai fini della comprensione dell'attività storiografica del nostro autore. La *Compilatio* è cronologicamente posteriore al *Pomerium* [13], dato che ne è il riassunto — già questa è una prima indicazione sul metodo di Riccobaldo, il quale epitoma, secondo necessità, le sue stesse opere —, ma la presentiamo qui per prima (riproducendo l'edizione del Muratori, con qualche lieve modificazione della punteggiatura), poiché contiene più informazioni sul modello; essa offre il modo di cogliere, oltre a non trascurabili notizie relative all'aspetto esteriore di un antico testimone del *Chronicon* [14], alcuni principi dell'ideologia storiografica e del metodo di Riccobaldo: il persistente pregiudizio sulla cultura profana, l'importanza primaria e la funzione di stimolo rappresentate dalla cronologia, l'esercizio della *brevitas* quale criterio informatore della scrittura storica:

> *Cum relicta non sponte genitalis soli dulcedine in Urbe Ravenna relegatus degerem, et cum Canonicis Ecclesiæ maioris in choro ac eorum lari-*

---

[12] L'adesione del *Pomerium* al modello costituito dal *Chronicon* di Eusebio-Girolamo è discussa da ZANELLA, *Repertorio, op. cit.*, 167, e ora, più approfonditamente, dalla HANKEY, *Riccobaldo, op. cit.*, 16-20. Sul *Chronicon* si veda ora G. BRUGNOLI, *Curiosissimus excerptor. Gli «Additamenta» di Girolamo ai «Chronica» di Eusebio*, Pisa 1995; sulla vitalità del modello geronimiano: K.H. KRUEGER, *Die Universalchroniken* : Typologie des sources du Moyen Age occidental, 16, Turnhout 1976 e ARNALDI, «Annali», art. cit.

[13] Sulla datazione del *Pomerium* e le sue tre «Redazioni» (1298-1300-1302) si veda ZANELLA, «Riccobaldo», art. cit., 59-66; in questa sede lo studioso anticipa alcuni brevi passaggi dell'edizione critica, che va allesten-

do. Il quadro offerto da Zanella è discusso e precisato, nonché completato con l'elenco e la descrizione dei testimoni, da HANKEY, *Riccobaldo, op. cit.*, 18-37. La *Compilatio chronologica* — che ha in comune il proemio con la *Chronica extracta* : HANKEY, *Riccobaldo, op. cit.*, 43 e 50 — va collocata probabilmente nel 1313 (ZANELLA, *Repertorio, op. cit.*, 172-173; HANKEY, *Riccobaldo, op. cit.*, 50; ivi, 55-59, i testimoni).

[14] Con tutta verosimiglianza scomparso: si veda il *conspectus codicum* fornito da Brugnoli nel suo *Curiosissimus*, 109-111. Suggestive ipotesi sulla datazione e la fisionomia del codice del *Chronicon* sono formulate dalla HANKEY, *Riccobaldo, op. cit.*, 117.

bus conversarer frequenter, aliquando non vana curiositate perquisivi in eius Archivo Ecclesiæ libros Divinarum Scripturarum, qui mihi essent in oblectamentum onestum; dum libros obsoletos volverem, venit in manus meas vetustissimus et obsoletus, visu mirabilis cum serie invisa, tum literis plurimis coloribus scriptis. Hic erat liber dictus: Chronica B. Hieronymi. Difficile esset exprimere quam artificiose ordinatus esset [15] *ad rerum veterum tempora indicanda: ex libris Eusebii erat deductus. Per tempora multa intactus manserat, eius membranæ libri putruerant. Aperui illum et intuitum in eum legendo defixi, continebat multarum rerum et illustrium virorum tempora a nativitate Abraam usque ad tempus Honorii Imperatoris. Dolui rem tam dignam proborum cognitione virorum esse abditam ac perditam, ut thesaurus suffossus. Proposui ad publicam utilitatem opus chronicum ordinare non difficile intelligi, et scriptura breviter moderatum. Plura, quæ non expediebant sciri, præterivi, alia cognitione digna digessi quam breviter, et cum ultra tempus Honorii Augusti nil poneret, ex aliis commentariis et libris historiarum multa addidi et inserui usque ad tempus Henrici Augusti, qui obsessam Brixiam eam obtinuit, quod fuit millesimo trecentesimo XII.*

Porro si in hoc opere apparuerit quid erratum, Lector nequaquam miretur, nam exemplaria ut plurimum depravata reperiuntur errore scriptorum; si in hoc quoque ipse erravi veniam posco, nam quanquam non scite, attamen egi fideliter [16].

Anche nel proemio del *Pomerium* sono evidenti caratteristiche topiche, quali il presentare l'opera come esecuzione del desiderio-comando di un

---

[15] Così la HANKEY, *Riccobaldo, op. cit.*, 117, sostituisce il *quam utilis* supposto dal Muratori.

[16] «Costretto ad abbandonare il dolce suolo natìo, me ne stavo in esilio a Ravenna, dove mi intrattenevo spesso in conversazione coi canonici della Cattedrale nel coro e nell'oratorio; di tanto in tanto, ma non per superficiale curiosità, andavo a frugare tra i libri di Sacre Scritture conservati nel loro archivio, alla ricerca di un passatempo dignitoso. Mentre sfogliavo dei libri abbandonati, me ne capitò tra le mani uno vecchissimo e logoro, dall'aspetto strano, sia per la progressione ordinata in un modo che non avevo mai visto, che per le lettere distinte da vari colori. Era la cosiddetta Cronaca di san Girolamo. La cronologia degli avvenimenti antichi vi è illustrata con tale ingegnosità che non è facile dire, sulla base dei libri di Eusebio. Da moltissimo tempo nessuno lo aveva usato; le carte si erano guastate. Lo apersi e mi tuffai nella lettura: conteneva la cronologia relativa a molti avvenimenti e personaggi illustri dalla nascita di Abramo al tempo dell'imperatore Onorio. Mi rammaricai che un'opera tanto degna di essere conosciuta da persone di livello elevato rimanesse nascosta a corrompersi, come un tesoro sepolto. Mi proposi, allo scopo di rendere un servigio alla comunità, di riordinare il *Chronicon* in modo da renderlo più facile alla comprensione, e un po' più contenuto nella mole. Molte cose la cui conoscenza mi appariva superflua le ho trascurate, altre, degne di essere conosciute, le ho presentate in redazione per quanto possibile abbreviata, e siccome non andava oltre l'epoca dell'imperatore Onorio, vi ho inserito molte notizie tratte da altri commentarii e testi di storia, arrivando al tempo dell'imperatore Enrico, il quale prese Brescia per assedio, avvenimento da collocarsi nell'anno 1312. Il lettore non si meravigli se quest'opera presenterà qualche errore, infatti gli esemplari sono spesso assai corrotti per colpa degli scribi; se io stesso mi sono reso responsabile di errori del genere, chiedo perdono; anche se con scarsa eleganza, ho operato tuttavia diligentemente».

committente autorevole [17], il sottolinearne l'umiltà stilistica (propria di una scrittura di servizio, quale quella storica) [18], il richiamarsi alla metafora dei fiori e dei frutti [19], l'attribuire al libro le qualità di «nuovo» e «vecchio» insieme [20] :

> *Instantiæ tuæ, venerande Pater ac Domine Michäel Sanctæ Ravennatis Ecclesiæ Archidiacone, abnuere nequeo, qui ut appetitui tui satisfacias, me ad hoc impellis, ut quibusdam mediocriter literatis elucubrare studeam Chronicam Beati Hieronymi, opus quod in Archivo Ravennatis Ecclesiæ sorduerat obsoletum, tum quod artificiose contextum, tum quod eius scripturæ pervetustæ unaquæque lineola una dictio videretur. Itaque in primis operi aliqua memoriæ digna inseram, quæ legentium animos alliciant, dum leguntur; hoc enim mihi persuadendo persuades, operæ pretium fore, nos modernos, qui a priscis viris tanta multiplicium rerum emolumenta percepimus, posteritati aliquid utilitatis afferre. Quandoquidem maiorum sumtibus et laboribus nostræ utilitati sunt Urbium moenia, Basilicæ, ædes publicæ, derivationes fluminum, arborum sationes, et liberalium artium monimenta. En, inquam, tuæ obtempero iussioni. Ceterum quum eius codicis seriem intellectu difficilem, et ad transferendum membranis dispendiosam viderem, seriei ordinem mutare decrevi, plura quæ non conferunt omittendo. Ex aliis quoque libris Historias habentibus speciosa messui, ut legentium menti florem et fructum novum opus afferret; fecique uti qui ex multis pomariis potiora eligendo unum consevit. Si tandem quibus ex pomariis ista delegerim, quæ consevi, percontaris, aio ex pomariis virorum præstantium Hieronymi, Prosperi, Mileti, Isidori, Eutropii, Pauli Diaconi, Rufini, Petri Trecensis, Pauli Orosii et Titi Livii Patavini, quorum celebre nomen habetur. Sane nec erubesco animum tali occupasse labore, quum intueor tantos viros Christicolas Christicolarum duces hoc studio laborasse; nec perhorresco laborem, dum pareo suasioni tuæ, quia mihi duxi præceptum; et oblector, dum scribo, ac fio peritior in agendis negotiis, casus preteritorum contemplans. Ait enim Apostolus : «Quæcumque scripta sunt, ad doctrinam nostram sunt scripta». Cato etiam morum magister : «Multorum disce exemplo quæ facta sequaris, / Quæ fugias : vita est nobis aliena magistra». Cicero quoque ait : «Rerum imperiti, qui uniuscuiusque rei*

[17] G. SIMON, «Untersuchungen zur Topik der Widmumgsbriefe Mittelalticher Geschichtsschreiber bis zum Ende des 12. Jahrhunderts. I», *Archiv fur Diplomatik* 4 (1958), 52-119 e 5-6, II (1959-1960), 73-153.

[18] SIMON, «Untersuchungen», art. cit., I, 108-109 ; GUENÉE, *Histoire*, op. cit., 214 ss. ; «L'historien», art. cit., 134.

[19] GUENÉE, «L'historien», art. cit., 129 ; G. MELVILLE, «Zur *Flores-Metaphorik* in der mittelalterlichen Geschichtsschreibung. Ausdruck eines Formungsprinzip», *Historisches Jahrbuch* 90 (1970), 65-80.

[20] Come fa, per esempio, l'enciclopedista Vincenzo di Beauvais nel proemio del suo *Speculum* : *Quoniam ipsum opus novum quidem est simul et antiquum, breve quoque simul et prolixum : antiquum certe materia et auctoritate, novum vero compilatione et partium aggregatione* : «Quest'opera è insieme moderna e antica : antica per il contenuto e le fonti, moderna per la compilazione e l'organizzazione delle varie parti» : A.D. VAN DEN BRINCKEN, «Geschichtsbetrachtung bei Vincenz von Beauvais. Die *Apologia actoris* zum *Speculum Maius*», *Deutsches Archiv fur Erforschung des Mittelalters* 34 (1978), 469.

de rebus gestis ponere exempla nequeunt, hi facillime delabuntur in frau-
dem ». Antiqui sciunt, quid aliis acciderit : facile possunt ex alieno even-
tu suis rationibus providere. Hoc siquidem opere tuo punctum omne
habetur, nam utile miscet dulci. Proinde si qua eleganter dicta repereris,
scito quod non ex meo ingenio manaverunt ; si qua vero ruditer dicta,
mihi adscribito. Nec mirum, si non eleganter sunt dicta ; tenuis est enim
ingenii vena, et pluribus occupatum ad ea, quæ valuissem, defecit, quasi
præcipiti et præpropero studio scribendi. Sex igitur in partes scito præsens
tuum opus esse digestum [21]...

All'altezza del *Pomerium*, Riccobaldo non ha ancora conquistato il
corpus cesariano — e infatti tra le fonti citate non compare nessuno degli
autori sotto il cui nome si può nascondere Cesare : né Suetonio, né Giulio
Celso — e perciò, per tutto l'arco temporale relativo, usa Orosio, Lucano,

---

[21] « Non posso opporre un rifiuto alla tua
richiesta, venerando padre e signore Michele
Arcidiacono della Chiesa di Ravenna, che mi
solleciti a venire incontro al tuo desiderio, rie-
laborando a favore dei meno colti la cronaca
di san Girolamo — opera che si stava corrom-
pendo in abbandono nell'archivio della chiesa
di Ravenna—, sia perché organizzata artificiosamente, sia perché ogni righino della sua
antichissima scrittura appariva come un'unica
parola. E così per prima cosa introdurrò nel
libro notizie degne di essere ricordate, che nel
corso della lettura sollecitino l'interesse dei
lettori ; mi hai infatti coinvolto nella persua-
sione che varrebbe la pena che noi moderni,
che molti e svariati benefici abbiamo tratto
dagli antichi, lasciassimo alla posterità qualcosa di utile. Infatti noi continuiamo ad utiliz-
zare mura cittadine, basiliche, edifici pubblici,
derivazioni di fiumi, piantagioni di alberi e
prodotti delle arti liberali, che dobbiamo alle
fatiche e al denaro degli antenati. E allora,
ecco che ubbidisco al tuo comando. Tuttavia,
poiché mi sembrava che la sequenza di quel
libro fosse difficile da capire, nonché costosa
da trasferire su fogli di pergamena, ho stabili-
to di mutarne l'ordine, trascurando varie notizie inutili. Ne ho mietuto di belle anche da
altri libri di storia, affinché la nuova opera
offrisse fiori e frutti alla mente dei lettori, e
ho agito come chi ha piantato un unico frut-
teto scegliendo da molti le piante migliori. Se
poi vuoi sapere da quali frutteti le ho tratte, ti
rispondo che si tratta dei frutteti dei grandi
Girolamo, Prospero, Mileto, Isidoro, Eutropio, Paolo Diacono, Rufino, Pietro di
Troyes, Paolo Orosio e Tito Livio padovano,
autori celebri. E non mi vergogno davvero di
essermi dedicato a questa impresa, dal momento che vedo che grandi uomini della cri-
stianità, guide dei cristiani, si sono dedicati a
questo genere di studio ; né mentre agisco
secondo il tuo consiglio, che per me vale
come un ordine, aborrisco la fatica ; e mi di-
verto, mentre scrivo, e meditando sui casi
degli antichi divento più abile nella gestione
dei miei affari. L'Apostolo infatti dice : "Tutto ciò che è scritto, è scritto a nostro am-
maestramento". E Catone maestro di moralità : "Impara dall'esempio dei molti quali
azioni compiere e da quali rifuggire : la vita
degli altri ci è di insegnamento". Cicerone, da
parte sua : "Quelli che non conoscono la storia, che non sono capaci di proporsi esempi
storici di ogni azione, assai facilmente cadono
nell'inganno". Gli antichi sanno che cosa è
accaduto agli altri ; possono perciò agevolmente confortare le loro decisioni con l'esperienza altrui. Con quest'opera, che è tua, si
ottiene certo l'approvazione di tutti, perché
mescola l'utile al dolce. E se vi troverai delle
espressioni eleganti, sappi che non sono frut-
to del mio ingegno, quanto alle eventuali
grossolanità, dammene pure la responsabilità.
Nessuna meraviglia, se non sono riuscito ad
esprimermi elegantemente : il mio ingegno ha
una vena sottile, e occupato come sono, mi è
venuto meno in un compito di cui avrei
dovuto essere all'altezza, come spinto da un
bisogno di scrivere troppo urgente e precipi-
toso. L'opera tua che qui presento è divisa in
sei parti... »

Eutropio[22]. Nelle *Historie*, Orosio e in gran parte anche Lucano saranno sostituiti dalla nuova acquisizione. Ciò non significa che i due autori verranno a sparire, ma che saranno ridotti al rango di fonte accessoria: ne siamo autorizzati a dedurre che Riccobaldo ha formulato una ben precisa gerarchia di autorità.

Le *Historie*, malauguratamente, non hanno proemio, e la loro situazione testuale non è delle più felici — in particolare per la parte che ci interessa. La prima sezione, che va dalla creazione del mondo fino alla presa di Gerusalemme ad opera di Pompeo, è rappresentata da un unico testimone, il Vaticano lat. 1961[23]. L'ordine del *Chronicon* geronimiano vi appare lievemente modificato (secondo i criteri espressi nella prefazione del *Pomerium*), e la deroga più evidente alla organizzazione seriale del modello è sottolineata da Riccobaldo stesso a chiusura del volume[24]:

> *Cesar autem post senatus et Pompei fugam trans mare Ionium rebus omnibus Romaque potitus est. Ex hoc autem [autem] loco qui est annus Cleopatre tertius secundum cronicas continua Romanis nascuntur imperia. Tenuitque prefatus Cesar imperium primus, cuius gestorum hystoria in sequenti volumine denotatur*[25].

dove la pulsione monografica perviene a violare la serie stabilita da Eusebio-Girolamo[26].

---

[22] Le fonti del *Pomerium* sono presentate e discusse da HANKEY, *Riccobaldo, op. cit.*, 19-22. Secondo la studiosa « There seems to be direct knowledge of the Gallic and Civil wars »; però la mia lettura delle sezioni del *Pomerium* relative al periodo cesariano non mi spinge a condividere tale ipotesi. Riccobaldo attinge principalmente da Orosio, come dichiara egli stesso, riecheggiando il suo *auctor* (OROS., *Hist.* VI, 7, 2): *Hanc hystoriam Suetonius Tranquillus plenissime explicuit cuius portiunculas conpetentes Orosius decerpsit. Ex his etiam portiunculis aliqua colligemus aliqua omittemus alia quoque interserendo ex aliis libris que cognitione digna putavimus*, « Questa storia è stata esposta ampiamente da Suetonio Tranquillo, Orosio ne ha tratto i brani che lo interessavano. Di questi, ne citeremo alcuni e alcuni li ometteremo, inserendone altri, presi da libri diversi, che abbiamo ritenuto fosse il caso di conoscere »: cod. Vat. lat. 2011 — su cui HANKEY, *Riccobaldo, op. cit.*, 32 — c. 98v. Quanto a Suetonio, di cui, secondo la Hankey (ivi, 21) « There seems to be no direct use », vorrei far osservare, senza peraltro pretendere a conclusioni stringenti, che il cap. 248 del *Pomerium* inizia riprendendo OROS., *Hist.* VI 12, 1, ma solo la prima frase, poi l'*excursus* sulla libertà gallica viene sostituito da un riassunto da SUET., *Iulius*, 25: *Domuit autem Cesar Galliam transalpinam qua est Germania... inter tot successus ter male pugnavit... de quibus acerrime vindicavit*, « Cesare domò poi la Gallia transalpina, confinante con la Germania... tra tanti successi tre battaglie sfortunate... dei quali si vendicò aspramente ».

[23] Basti citare HANKEY, *Riccobaldo, op. cit.*, 62, dove si troverà la bibliografia relativa al codice.

[24] Vaticano lat. 1961, c. 411vb.

[25] « Cesare dopo la fuga del Senato e di Pompeo al di là dello Ionio divenne il padrone dello stato e di Roma. Da questo momento, che corrisponde al terzo anno del regno di Cleopatra secondo le cronache, i Romani ebbero un imperatore dietro l'altro. Per primo tenne l'impero il suddetto Cesare, la storia delle cui gesta è narrata nel volume seguente ».

[26] Nel *Chronicon* (che cito dall'edizione di BRUGNOLI, *Curiosissimus*) alle campagne di Cesare sono dedicati i lemmi 154b, come 155a f. (*Cæsar Lusitaniam et quasdam insulas in Oceano capit*: « Cesare prende la Lusitania e alcune isole nell'Oceano »), 155a (*Cæsar*

Si è così creata una certa attesa sul secondo volume delle *Historie*, che dovrebbe appunto aprirsi con le *enfances* di Cesare e le guerre galliche. Ma l'attesa andrà incontro a qualche delusione, perché, se la storia della prima giovinezza di Cesare è sì reperibile nelle *Historie*, ma solo dopo il racconto delle guerre e dopo le Idi di marzo [27], la campagna delle Gallie è assente, per motivi indipendenti dalla volontà dell'autore.

I testimoni del secondo volume delle *Historie* sono due : il cod. 1358 del Museo Nazionale di Trento e il cod. Banco Rari 50, già Magliabechiano II II 37, della Biblioteca Nazionale di Firenze, noto come lo Zibaldone Magliabechiano di Giovanni Boccaccio [28]. Lo Zibaldone Magliabechiano è man-

---

Rhenum transiens Germanos vastat : « Passato il Reno, Cesare stermina i Germani »), 155g (*Cæsar Germanos et Gallos capit* : « Cesare sconfigge i Germani e i Galli »). Già Vincenzo di Beauvais (come la Hankey accennava nella sua Introduzione al *Compendium*, XXXV) aveva preso una decisione strutturale analoga a quella di Riccobaldo ; nel libro V del suo *Speculum Historiale* aveva seguito l'ordine di Eusebio-Girolamo eliminandone le tre notizie su Cesare, e aveva così illustrato la sua decisione nella rubrica « Author » del cap. CXVII : *Ex hoc autem loco qui est annus regni Cleopatræ tertius secundum chronicas continua Romanis nascuntur imperia ; tenuitque præfatus Cæsar imperium primus : cuius gestorum historiam ut plenius exequamur, etiam bella quæ ante imperium gessit sequenti libro reservamus* : « Da questo momento, che corrisponde al terzo anno del regno di Cleopatra secondo le cronache, i Romani ebbero un imperatore dietro l'altro ; per primo tenne l'impero il suddetto Cesare ; per narrarne più diffusamente la storia, rimando al libro seguente anche le guerre che condusse prima di diventare imperatore », Vincentii BELLOVACENSIS *Speculum Quadruplex sive Speculum maius Naturale*, IV. *Speculum Historiale*, Duaci 1624, rist. anast. Graz 1965, 172). E' facile constatare che Riccobaldo dipende da Vincenzo persino per le parole — anche la notizia precedente, relativa alla fuga di Pompeo e alla presa di potere da parte di Cesare, si trova nello stesso cap. dello *Speculum*, attribuita a Pietro Comestore. La HANKEY, *Riccobaldo, op. cit.*, 65 e *passim*, osserva che nelle *Historie* Riccobaldo abbandona il modello geronimiano per quello rappresentato dallo *Speculum historiale* di Vincenzo di Beauvais ; bisogna comunque

ricordare come la serialità del *Chronicon* continui in linea di massima ad essere osservata da Vincenzo stesso.

[27] Lo storico, che dopo il racconto dei *Bella* ha inserito Suetonio a partire da *Iulius*, 37 (*Confectis bellis Cesar quinque triumphavit* : « Condotte a termine le guerre, Cesare trionfò cinque volte ») fino alla fine, espone e motiva le sue scelte strutturali : ha premesso alle guerre galliche una parte tratta dai capitoli centrali del libro di Suetonio, e ora, dopo le guerre civili e un breve resoconto delle azioni del primo consolato, inserirà il compendio dei capitoli suetoniani relativi alla giovinezza di Cesare (si veda COSTANTINI, cit. *infra*, « Studi I », 32-33 ; HANKEY, *Compendium*, XXXVI e 385 nota 2 ; *Riccobaldo, op. cit.*, 67).

[28] HANKEY, *Riccobaldo, op. cit.*, 62-63. La bibliografia sullo Zibaldone Magliabechiano è assai ampia ; se ne ricorda, in questa sede, il fondamentale studio di G. VANDELLI, « Lo Zibaldone Magliabechiano è veramente autografo del Boccaccio », *Studi di Filologia Italiana* 1 (1927), 69-86, e gli ampi, esaurientissimi lavori di A.M. COSTANTINI, « Studi sullo Zibaldone Magliabechiano del Boccaccio. I. Descrizione e analisi », *Studi sul Boccaccio* 7 (1973), 21-58 ; « II. Il florilegio senechiano », *ibid.* 8 (1974), 79-126 ; « III. La polemica con fra Paolino da Venezia », *ibid.* 10 (1977-78), 255-275 ; « IV. La presenza di Martin Polono », *ibid.* 11 (1979), 363-370. Nonostante ciò, e nonostante la lenta ma crescente fortuna di Riccobaldo, e nonostante che il Costantini stesso, in un primo tempo non persuaso (si veda « Studi I », art. cit., 33) avesse poi accettato la presenza dello storico ferrarese nello Zibaldone (« Studi IV », art. cit., 363 nota 1), ancora in anni molto recenti c'era chi si ostinava nel considerare tutto il

cante delle prime diciotto carte; la carta 19 ci è stata fortunatamente conservata in riproduzione fotografica[29] e in essa si legge il testo delle *Historie* a partire dal brano corrispondente a *De bello Gallico*, VIII, 50, 4 : ‹Len›*tulum et Marcum Marcellum consules creatos*. Anche nel codice di Trento manca la parte iniziale : le prime carte sono andate perdute a causa di un incendio, perciò le *Historie* sono leggibili solo a partire da *De bello Gallico*, VIII, 19, 8 *Interim nulla calamitate victus Correus* (*Corbeus* cod.) *excedere proelio* (*fuge non consulit* cod.). Molte altre carte del manoscritto sono inutilizzabili, del tutto o in parte, in quanto illeggibili a causa di buchi e macchie di fumo. Possiamo tuttavia rivolgerci, per ricostruire con buona approssimazione questa parte mancante delle *Historie* di Riccobaldo, al *Compendium Romane historie*, nell'edizione di Teresa Hankey. Un paziente confronto condotto tra il testo del *Compendium* e quello delle Historie per la parte « cesariana» in esse superstite ci consente di ricavare il criterio seguito da Riccobaldo nell'abbreviare se stesso; il *Compendium* è una vera e propria epitome[30] : Riccobaldo ha tolto dalla compagine delle *Historie* la parte relativa alla storia di Roma e l'ha compattata, abbreviandola un po' col togliere, talvolta, qualche frase qua e là, talaltra invece saltando bruscamente episodi e passaggi che dal nostro punto di vista non appaiono irrilevanti; ha omesso per esempio tutto quello che avviene tra quando Cesare lascia un presidio a Orico (*De bello civili* III, 39) e l'inizio della battaglia di Farsalo (*De bello civili* III, 72). Tale procedimento è giustificato dall'ossequio alla norma della *brevitas*, come possiamo leggere a pagina 418 del *Compendium* : *Omissa prolixitate rerum gestarum per utrasque partes in Epyro et alibi, deinceps de bello Pharsalico dicatur, in quo fuit fortune mutatio*[31]. Nelle *Historie*, però, Riccobaldo si era esercitato a riassumere anche questa trentina di capitoli, in cui è compreso l'assedio di Dyrrachium. Abbiamo appena sentito la voce di Riccobaldo, e continuiamo perciò a lasciargli per un po' la parola, affinché sia lui stesso a esporci il suo metodo, secondo quanto recita il proemio del *Compendium* :

> *Dudum a te persuasus ut hoc opus aggrederer, videlicet ut ex magno istoriarum volumine quod Padue retexui, aliud sub compendio et humiliori stillo conficerem, id aliquo tempore aggredi distuli tum quia iam senio pregravior, annum etatis tertium et septuagesimum explens, tum*

---

blocco costituito dalle carte 20-83r un non meglio identificato «centone storico» : si veda *Codici latini del Petrarca nelle biblioteche fiorentine*. Catalogo ed. M. Feo, Firenze 1991, 142.

[29] Dal Vandelli, nell'articolo sopra citato; si veda HANKEY, *Riccobaldo, op. cit.*, 67.

[30] Sul concetto (e sul metodo) dell'epitome si veda M. GALDI, *L'epitome nella letteratura latina*, Napoli 1922 e il recente saggio di

E. CIZECK, «La poétique de l'histoire dans les abrégés du IVe siècle ap. J.-C. », *Revue de Philologie* 68 (1994), 107-129; si veda anche G. MARTELLOTTI, «Epitome e compendio», nei suoi *Scritti petrarcheschi*, edd. M. Feo, S. Rizzo, Padova 1983, 50-66.

[31] «Saltando il prolisso racconto delle azioni condotte dai due contendenti in Epiro e altrove, si venga ora alla guerra di Farsalo, che segnò il rivolgimento delle sorti. »

quia melioribus oblector studiis, ‹cum› [32] *sim dierum meorum contermi-
nus. Fateor quidem quod michi rationabiliter suasisti ut operam darem
in attenuando molem operis et in stillum faciendo plebeium, quippe multi volumina spernunt maiora propter impensam scribendi ac propter stil-
li maiestatem, que non congruit tenuiter litteratis. Quemadmodum in
alio volumine meo maiori ex aliis multis digniora cribro secrevi, sic ex
illo cribrato istud studio curatiore cribravi. Porro neque sompniavi que
scripsi, neque didici ab hominibus confabulantibus in theatro, verum
quecumque scripsi ab nobilissimis rerum scriptoribus ea traduxi : sc. ab
Ieronimo, a Mileto episcopo, Darete Frigio, Tito Livio, Orosio, Eutropio,
Lutio Floro, Iustino ex Trogo Pompeio, Suetonio Tranquillo, Suetonio
altero de .XII. Cessaribus, Ambrosio, Prospero episcopo, Paulo dyacono
Romano, Petro qui scolasticam scripsit istoriam, ex eo qui scripsit ystoriam Longubardorum, ex eo qui scripsit ystoriam Karroli regis Francho-
rum, quedam ex Seneca aliisque commentariis ; que vidi congruere veri-
tati congessi cum iis que me vivente sunt acta. Cum igitur post decisa
negotia talibus* [33] *animum oblectare volueris — varietas enim fastidium
[h]abigit — huius libri sermonibus aures accomoda, nam utile miscet dulci. Multis enim exemplis utilibus instruit que fugias et que facta sequaris
et tedium tollit animum iocondando* [34].

Vediamo anche qui Riccobaldo rivolgersi a un personaggio autorevole,
che lo ha sollecitato ad elaborare una versione ridotta, scritta in stile più
semplice, del grande libro di storia composto in precedenza. Il metodo è lo
stesso a suo tempo impiegato nell'opera maggiore : come lì ha setacciato gli
avvenimenti più importanti traendoli da molti libri, così qui, nel *Compen-*

---

[32] Mi sembra indispensabile una congiun-
zione dal valore esplicativo-causale, al posto
del punto e virgola presente nell'ed. Hankey.

[33] Così mi sembra di dover correggere il
talibi dell'ed. Hankey.

[34] «A lungo sollecitato da te a intrapren-
dere questo lavoro, cioè a ricavare un altro
libro, in forma di compendio e con uno stile
più umile, dal grosso volume storico composto a Padova, per qualche tempo ho recalci-
trato, sia perché mi sentivo ormai troppo vecchio (ho quasi settantatre anni !), sia perchè
mi dedico con piacere a studi più elevati, poiché mi sto avvicinando al termine dei miei
giorni. Ammetto tuttavia che hai trovato le
ragioni per persuadermi a cercare di ridurre la
mole del libro e renderne popolare lo stile,
infatti molti rifiutano i volumi grossi, che
sono costosi da ricopiare e composti in uno
stile maestoso, poco accetto a persone di cultura modesta. Come nell'altra mia opera maggiore ho selezionato da molti altri libri le parti più significative, così con ancor più severità
ho selezionato il contenuto di questo passando al setaccio l'altro. E certo quello che ho
scritto non l'ho sognato, né l'ho appreso da
chiacchiere di piazza, ma tutte le cose che ho
scritto le ho prese da autori eccellenti, attin-
gendo cioè da Girolamo, Mileto vescovo, Darete Frigio, Tito Livio, Orosio, Eutropio, Lucio Floro, Giustino — che deriva da Pompeo
Trogo —, Suetonio Tranquillo, l'altro Suetonio dei dodici Cesari, Ambrogio, Prospero
vescovo, Paolo Diacono romano, Pietro autore della Storia scolastica, l'autore della Storia
dei Longobardi, l'autore della Storia di Carlo
re dei Franchi, e qualcosa da Seneca e da altri
commentarii ; ciò che mi è parso corrispondere al vero, l'ho collegato agli avvenimenti
della mia età. Perciò quando, una volta sbri-
gati gli affari, vorrai distrarti con cose del
genere — la varietà infatti scaccia il tedio —
presta orecchio alle parole di questo libro, che
mescola l'utile col dolce. Esso infatti con
molti esempi utili ti insegna cosa devi fuggire
e cosa imitare, ed elimina la noia ricreando lo
spirito ».

dium, con cura ancora maggiore ha setacciato quello che le *Historie* contenevano. Lo storico passa poi ad esporre il suo criterio di verità : quanto ha scritto, non se lo è inventato, né lo ha sentito raccontare da chiacchieroni inaffidabili, ma lo ha attinto da *nobilissimi rerum scriptores,* di cui fornisce l'elenco [35] — è da osservare che mentre nel *Pomerium* non ricordava Suetonio, benché probabilmente lo utilizzasse, qui ne nomina ben due : *Suetonius Tranquillus* e *Suetonius alter de XII Cesaribus.* Termina raccomandando il proprio libro al lettore : esso servirà a ricrearlo dopo le fatiche della vita attiva, poiché ammaestra con buoni esempi ed allieta, divertendo con la varietà degli avvenimenti narrati.

Il metodo che Riccobaldo ha usato con se stesso è dunque lo stesso che ha usato con gli autori antichi, e in particolare con il *corpus* cesariano : il suo riassunto / epitome conserva molte frasi dell'originale, comunque ridotto, più o meno drasticamente, a seconda dell'interesse che i vari avvenimenti presentano ; in questa, che possiamo definire come la sua base narrativa, inserisce notizie e considerazioni tratte da vari autori ; soprattutto da Suetonio, a cui deve interi capitoli, ma anche brevi frasi da Orosio, Eutropio, Lucano, di cui denuncia ogni volta la provenienza. Dichiarando le sue fonti per l'analoga sezione del *Pomerium* aveva riecheggiato Orosio [36] ; qui nel *Compendium* indica chiaramente che i suoi *auctores* sono mutati :

> *Hec prescripta ponit Suetonius minor primo libro de .XII. Cesaribus ; deinceps gesta Cesaris in Galliis breviter perstringam que Suetonius maior .VIII. libris descripsit. Mox de bello civili acto per Cesarem et Pompeium ducem partis adverse Cesari, scripto per eundem Suetonium Tranquillum qui convixit familiariter Cesari, ponam hystoriam* [37].

Passo che trova riscontro nelle *Historie,* al foglio 67v dello Zibaldone Magliabechiano [38] :

> *Ut superius habetur alter Svetonius forsan huius proavus coevus fuit Iulij Cesaris et eius acta scripsit que gessit in Gallis (sic) et bello civili quo Pom.* [39].

e prima ancora al foglio 36r, alla fine del compendio di *Bellum Hispaniense,* 42 :

> *Finis exemplaris quod ad manus meas pervenit non finis operis. Nam Suetonius qui convixit Cesari scribit se res eius scripsisse usque ad tempus*

---

[35] Le fonti del *Compendium* sono discusse da HANKEY, *Riccobaldo, op. cit.,* 74-78.

[36] Si veda *supra,* la nota 22.

[37] *Compendium,* VI, 29 « Instructio rerum », 389 Hankey : « Le cose suesposte le mette Suetonio minore nel primo libro Dei dodici cesari ; di seguito riassumerò in breve le imprese di Cesare in Gallia descritte da Suetonio maggiore in otto libri. Poi metterò la storia della guerra civile combattuta da Cesa-

re e da Pompeo, capo del partito avverso a Cesare, scritta dal medesimo Suetonio Tranquillo che convisse in intimità con Cesare ».

[38] COSTANTINI, « Studi I », art. cit., 41.

[39] « Come sopra è detto, l'altro Suetonio, forse antenato di questo, fu coevo di Giulio Cesare e ne narrò le imprese che condusse in Gallia e nella guerra civile nella quale Pom(peo) ».

cedis. Non eas inveni ideo de hinc de rebus sum(m)am a scriptis alterius
Suetonii de libro qui scribitur .XII. Cesarum [40].

Da dove nasca l'errore di Riccobaldo è ormai noto [41]. E' possibile che
egli utilizzasse un codice recante il nome di Suetonio, ma ritengo probabile
che tale convinzione nascesse dal confronto personalmente condotto tra il
ben conosciuto testo di Orosio e il nuovo libro, che a quel riassunto mo-
strava di corrispondere. L'altro *alter ego* di Cesare, Giulio Celso, che pure
è, rubricato sotto questo nome, una delle fonti principali dello *Speculum
historiale*, ampiamente utilizzato da Riccobaldo nelle *Historie* sia come
modello che come repertorio di citazioni [42], non ha voce né nel *Compendium* né nelle *Historie*.

Vorrei, ora, porre una domanda provocatoria. Al tempo di Riccobaldo
esisteva da più di un secolo un libro di grande successo, ricco ampio e di bellissima lettura, un libro che nel titolo enunciava con sussiego : « Compilé
ensemble de Saluste et de Suetoine et de Lucan », e che si apriva con una
solenne prefazione tutta ispirata al proemio della Catilinaria sallustiana [43].
Un libro che Salutati non solo non rammenta in quella sua lettera, ma che
mai avrebbe tenuto esposto sul suo tavolo di lavoro, nella versione originale o nei rifacimenti italiani : *Li Fet des Romains*. E mi chiedo : dov'é la differenza profonda, qualitativa, tra i *Fet* da una parte e le *Historie* e il *Compendium* dall'altra ? Quella differenza che automaticamente ci fa collocare le due
opere in due ambiti culturali diversi e incomunicabili tra loro ? La scelta lin-
guistica non mi sembra da sola sufficiente a rispondere alla domanda. Possiamo allora fare appello alla completezza della documentazione ? Effettiva-
mente, l'autore dei *Fet* ha, del *corpus* cesariano, una conoscenza limitata al
solo *De bello Gallico*, ma nemmeno questo criterio mi appare soddisfacente.
Direi che la differenza profonda, qualitativa, sta nel rispetto del testo, inteso
come documento, fonte, *auctoritas*. L'autore dei *Fet*, che pure denuncia via
via le sue fonti, come ogni compilatore che si rispetti, ha, nei confronti del

---

[40] Citato da HANKEY, *Riccobaldo, op. cit.*,
124 : « Fine dell'esemplare che è in mio pos-
sesso, non fine dell'opera. Infatti lo Suetonio
contemporaneo di Cesare scrive di aver rac-
contato di lui fino al momento dell'assassinio.
Siccome questa parte non l'ho trovata, da ora
in poi riassumerò tali vicende traendole dagli
scritti dell'altro Suetonio, dal libro intitolato
Dei dodici Cesari ». Non capisco perché la
studiosa dica che Riccobaldo credette « Suetonio » autore dell'ottavo libro e non di tutto il
De bello Gallico : dai passi succitati mi sembra
evidente che è proprio quest'ultima la convinzione di Riccobaldo. Il sottolineare poi che
questo « Suetonio » fu compagno d'armi di
Cesare non è puramente funzionale alla di-

stinzione dall'altro Suetonio « dei dodici Cesari » ; è ovvio che tale supposizione nasce
spontaneamente dall'errata prospettiva di lettura dei *Commentarii*, ma l'enfatizzazione
serve a evidenziare e ribadire la qualità della
fonte, che è la più « vera » tra le fonti possibili, in quanto autoptica.

[41] Si veda *supra*, nota 4.

[42] HANKEY, *Riccobaldo, op. cit.*, 67 e *passim*.

[43] GUENÉE, « La culture historique des
nobles : le succès des *Faits des Romains* (XIIIe-
XVe siècles) », *La noblesse au Moyen Age, XIe-XVe
siècles. Essais à la mémoire de Robert Bou-
trouche*, ed. P. Contamine, Paris 1986, 267.

suo pubblico, un atteggiamento di compiacenza: egli vuole soprattutto appassionarlo e divertirlo, e lo fa introducendo, tra l'altro, forti elementi di attualizzazione[44], in modo che i suoi lettori / ascoltatori ravvisino, nella storia che viene loro proposta, elementi della realtà che essi conoscono e quotidianamente vivono; si potrebbe dire che intento dell'autore è non di portare il pubblico verso il testo, ma il testo verso il pubblico. Qualche esempio varrà a motivare il criterio di lettura qui suggerito.

1. *Fet*, 357 (*La guerre civile* III, 1, 11, che corrisponde a Lucano I, 466-522):

> Quant Cesar ot ses genz ammassees et bien encoragiees de conbatre par paroles et par promesses, et il vit bien que il poait grant chose oser et fere par lor aide, il se met au chemin vers Rome otote sa gent; comencent soi a espandre par tote la terre, ravissent partot bestes et proies, essillent le païs, prennent viles et chastiax si come il les trovent plus voisines.

Probabilmente l'autore, che non intende o a cui non interessa la cogente motivazione politica per cui Cesare mai avrebbe messo a sacco l'Italia, avverte una carenza narrativa nella sua fonte, e propone al suo pubblico quello che è, nell'esperienza comune, il « normale » comportamento di un esercito in marcia.

2. *Fet*, 492:

> Pompee a sa premiere joste encontre Antoine et le fiert en l'escu d'une grosse lance de fresne. Antoine se tint bien, car onques n'en perdi estrief.

Si tratta di un passaggio che l'autore inserisce nel racconto degli scontri davanti a Dyrrachium culminati nella momentanea sconfitta di Cesare, tratto dal sesto libro di Lucano, e che non ha bisogno di commento.

3. *Fet*, 493:

> Et la mesniee Pompee les conmencierent a foler et a ocirre a tas. Pompees, qui mout estoit piteus, ne pot cele occision esgarder, ainz sona il meïsmes la retrete de ses genz a un cor. « Seignor, dist il, lessiez meshui aler; assez sont domagié. Ne seroit pas granz honors de mettre les dou tout a essil. Li plusor sont de noz citeains; encore espoir porront venir a amendement ».

Singolare, cavalleresca versione delle motivazioni di Pompeo che decide di trattenere le truppe ormai vittoriose sul campo a Dyrrachium, introdotta prima dell'apostrofe a Roma, che riprende Lucano VI, 299 ss.

4. *Fet*, 522:

> En la premiere assanblee que Cesar et sa mesniee firent a Pompee et au senat et as rois qui furent en la greignor legion, il i ot meinte bele joste et meint beau cop feru, dont Lucans ne parole pas; mes nos

---

[44] Analogo procedimento era stato osservato nel *Roman de Troie*: G. RAYNAUD de LAGE, « Les romans antiques dans l'Histoire ancienne jusqu'à César », *Le Moyen Age* 63 (1957), 278 e 280.

les ‹es›criverons einsi con nos les avons trovez es autres tretiez, en un
livre meiismes que Cesar fist de ses fez, et en Suetoine et aillors.

La descrizione della battaglia di Farsalo è tutta di fantasia, ma lo scrittore vuole accreditarla facendo appello agli *auctores* più prestigiosi. Riccobaldo non si sognerebbe mai di scrivere qualcosa del genere — e a questo proposito, per mostrare la qualità del suo rapporto col testo, desidero proporre
la lettura di un passo delle *Historie* che nel *Compendium* è stato sacrificato,
e che si inserisce nel contesto di *De bello civili* I, 33. Questo passo è, direi,
il manifesto della dignità del compilatore, che rispetta e riproduce le sue
fonti, ma che è anche capace di metterle a confronto e di discuterle, dove
esse sembrano voler fare oltraggio alla sua intelligenza :

> *Nam Pompeius ab urbe discedens dixerat se pro eo loco habiturum eos
> qui in urbe remanerent, quo eos qui essent in castris Cesaris ; sic triduum
> disputationibus excusationibusque extrahitur. Refertur Cesari L. Metellus
> tr. pl. qui hanc rem distrahat et impediat Cesari quacumque potest. Luca-
> nus nimium fauctor Pompei, sic hic Suetonius Cesaris, ponit Cesarem hoc
> tempore evacuasse errarium, et Metellum nisum ‹ei› obstare : que satis
> verissimilia sunt. Orosius scribit adtestans[45] de errario extraxisse auri pon-
> do .iiij.M.cxxx., argenti vero pondo prope .dcccc., et se dictatorem fieri ius-
> sisse et factum esse. Suetonius non ponit : multum enim favit honori Cesa-
> ris, nam cum eo erat in bellis et eius familiaris fuit ; posuit ante bene quod,
> dedito Domitio apud Corfinium, Cesar ei concessit pecuniam publicam
> habitam a Pompeio pro belli administratione, quod vix credi debet. Habeo
> hunc Suetonium et Lucanum suspectos, ut qui interdum dicenda taceant et
> parva exaggerent[46].*

Se la parzialità di Suetonio Tranquillo (cioè Cesare stesso), come quella,
speculare, di Lucano, fa sorgere delle risentite perplessità nell'onesto Riccobaldo, circa mezzo secolo dopo un altro autore, e di statura ben più elevata,
mostrerà non solo di preferire comunque la verità dell'altra incarnazione di

[45] *Adtestare* cod.
[46] « Pompeo al momento di abbandonare Roma aveva annunciato che avrebbe giudicato quelli che sarebbero rimasti in città alla stregua di coloro che si trovassero nell'accampamento di Cesare ; così tre giorni si consumano in discussioni e scuse. Viene rimandato a Cesare L. Metello tribuno della plebe che prolunghi la faccenda e intralci Cesare come può. Lucano, troppo favorevole a Pompeo come questo Suetonio a Cesare, dice che Cesare in questa occasione svuotò l'erario, e Metello provò a opporsi : il che è abbastanza verosimile. Orosio attesta che prese dall'erario 4130 libbre d'oro e circa 900.000 d'argento, e che pretese di essere nominato dittatore e lo fu. Suetonio non lo dice : infatti è molto attento a salvaguardare l'onore di Cesare, poiché era con lui in guerra e fu suo amico ; prima aveva detto bene che, arresosi Domizio a Corfino, Cesare gli concesse di trattenere il denaro pubblico ricevuto da Pompeo per la gestione della guerra, cosa che si stenta a credere. Sono diffidente nei confronti di questo Suetonio e di Lucano, perché talvolta tacciono su avvenimenti da mettere in evidenza e esagerano particolari trascurabili ». Il passo (parzialmente edito da HAN-KEY, *Riccobaldo, op. cit.*, 124 e ivi commentato), è qui presentato secondo la lezione del cod. di Trento, c. 6r. ; segnalo di seguito le varianti offerte dallo Zibaldone Magliabechiano, carte 21r-v. *Excusationibusque : et excusationibus* ; *extrahitur : trahitur* ; *refertur : defertur* ; *fauctor : fautor* ; *Pompeii : Pompei* ; *adtestare : Cesarem.*

Cesare, Giulio Celso, ma addirittura pretenderà di entrare nei meccanismi di quella verità, riproducendola e, dove necessario e opportuno, esplicitandola. L'opera in cui tale operazione si realizza è il *De gestis Cesaris* di Francesco Petrarca. Già Guido Martellotti mise in rilievo il fascino che i *Commentarii* esercitarono sul Petrarca [47]; da parte mia, vorrei qui soffermarmi un momento sul grado di verità che essi per lui, a parer mio, rappresentarono. Criteri validi per giudicare dell'attendibilità degli storici sono, secondo quanto afferma il Petrarca stesso nel proemio ampio del *De viris illustribus*, l'*auctoritas* e la *similitudo* : *Ego neque pacificator historicorum neque collector omnium, sed eorum imitator sum, quibus vel similitudo, vel autoritas maior ut eis potissimum stetur impetrat* [48]. Nessuno storico gode di autorità maggiore di quello che ha partecipato direttamente alle vicende narrate, come conferma un testo molto frequentato dal Petrarca, le *Etymologiæ* di Isidoro da Siviglia, I, 41 : *Apud veteres nemo conscribebat historiam, nisi is qui interfuisset, et ea quæ conscribenda essent vidisset* [...]. *Quæ enim videntur, sine mendacio proferuntur* [49]. Perciò, la testimonianza di Giulio Celso è da anteporre a quella di altri scrittori, peraltro canonici, quali Suetonio e Floro. Si vedano a dimostrazione gli esempi presentati di seguito, di cui il primo riguarda la resa di Vercingetorige, che Floro colloca a Gergovia :

> *Et hoc quidem dictum hancque deditionem Florus, brevis et comptus historicus, ad Gergoniam factam dicit, ubi nil prosperum fuisse Romanis certiores loquuntur historie. Ad Alexiam igitur hec fuisse, his credendum, qui rebus interfuere* [50].

(De gestis Cesaris, 191 Schneider)

> *Sed qui presens erat dum hec fierent utrumque transitum stabili ponte describit, quem in hac narratione secutus sum* [51].

(De gestis Cesaris, 128 Schneider ; si sta parlando dell'attraversamento del Reno)

> *Et hic quidem infauste legionis exitus fuit, inter tres belli externi adversitates cesareas numeratus. Ubi admonuisse lectorem velim, quod Suetonius Tranquillus, autor certissimus, Germanorum hoc in finibus*

---

[47] Si vedano i suoi *Scritti*, 166, 466, 486, 545.

[48] « Io non sono pacificatore né raccoglitore degli storici tutti, ma imitatore di quelli ai quali la verosimiglianza o l'autorità vuole che si dia maggior credito ». Il proemio ampio (la cosiddetta Prefazione B) si legge, a cura di Martellotti, a cui si deve anche la traduzione, in F. PETRARCA, *Prose,* edd. G. Martellotti, P.G. Ricci, E. Carrara, E. Bianchi, Milano-Napoli 1955, 218-227.

[49] « Presso gli antichi nessuno scriveva la storia se non colui che aveva partecipato e aveva visto gli avvenimenti da raccontare... ;

si racconta con esattezza ciò che si vede ».

[50] « Floro, storico succinto ed elegante, colloca questa frase e questa dedizione a Gergovia, dove da opere storiche più affidabili si ricava che non ci fu niente di buono per i Romani. Che questi avvenimenti siano da riferirsi ad Alesia, bisogna crederlo sulla fede di coloro che vi parteciparono ».

[51] « Ma colui che era presente mentre queste cose avvenivano, racconta che entrambi i passaggi furono possibili grazie alla costruzione di un ponte, e in questa narrazione io seguo lui ».

accidisse ait, Iulius autem Celsus, Cesaris comes et qui rebus interfuit,
Eburonum in finibus factum refert [52].

(De gestis Cesaris, 110 Schneider)

Vorrei anche ricordare i celebri vv. 106-107 del *Triumphus Fame* nella
redazione del 1371, il cosiddetto Inedito Weiss [53] :

> *E Julio Celso ch'io non so qual vibri*
> *meglio o'l ferro o la penna.*

Oltre che per il valore letterario —la cui consapevolezza da parte del
Petrarca è sicura— ritengo che qui il poeta elogi Celso-Cesare per la sua
qualità di fonte veritiera ed autorevole. Non a caso, mi sembra, dopo Giulio Celso vengono immediatamente nominati Darete Frigio e Ditti Cretese,
dai cui resoconti, che si contraddicono l'un l'altro, è impossibile attingere
la verità :

> [...] *e Dare e Dite*
> *fra lor discordi e non è chi'l ver cribri ;*
> *così rimansi ancor l'antica lite*
> *di questi e d'altri e gli argomenti interi,*
> *ché le certe notizie son fallite.*

Ritengo legittimo attribuire agli «argomenti» del v. 111 —che sono
rimasti «interi», cioè non sottoposti ad alcuna critica distruttiva, in mancanza di notizie «certe» che potessero smentirli— il significato di «narrazione verosimile» (non necessariamente «vera»), secondo la distinzione
formulata nella *Rhetorica ad Herennium* I, 8, 13 (ricavabile anche da *De inventione* I, 19, 27) : *Argumentum est ficta res, quæ tamen fieri potuit, velut
argumentum comoediarum*, e ripresa da Isidoro da Siviglia (*Etym.* I, 44, 5) :
Argumenta sunt quæ etsi facta non sunt, fieri tamen possunt [54].

La testimonianza offerta dai *Commentarii* è in tutto il corso del *De gestis
Cesaris* sistematicamente rivista, combinata e aggiustata con quella di altre
fonti (Floro, Suetonio, Lucano) ma, per la parte riguardante le guerre galliche —che è anche quella che ha goduto della revisione d'autore, testimoniata dall'autografo parigino : cod. Par. lat. 5784—, il testo di Giulio Celso
si colloca prepotentemente in primo piano, concedendo agli altri *auctores* di
intervenire magari in grazia di loro peculiarità stilistiche; come avviene nel

---

[52] «Della sventurata legione questa fu la
fine, annoverata fra i tre casi sfortunati di
Cesare nelle guerre fuori d'Italia. Dove vorrei far osservare al lettore che Suetonio Tranquillo, autore affidabilissimo, colloca questo
episodio in Germania, mentre Giulio Celso,
che fu compagno di Cesare e partecipò alle
azioni, riferisce che ciò avvenne nel territorio
degli Eburoni».

[53] F. PETRARCA, *Trionfi*, ed. M. Ariani,
Milano 1988, 433-447 (*T.F.* IIa). Si veda ora

l'ed. a cura di V. Pacca, Milano 1996.

[54] «L'argomento è un fatto inventato, che
tuttavia avrebbe potuto verificarsi, come gli
argomenti delle commedie» (Cicerone). «Gli
argomenti sono quei fatti che anche se non
sono accaduti, possono tuttavia accadere»
(Isidoro) —Ho già esposto queste e altre considerazioni nell'articolo «Il *pathos* nella scrittura storica del Petrarca», *Rinascimento* 35
(1995), partic. 158 e nota 8.

caso di Floro, la cui *brevitas* è evocata dove il resoconto dei *Commentarii* appare troppo lungo per la misura di un *De gestis Cesaris* :

> *Ac ne pluribus agam quam oportet, non de hoc tantum, sed de primo quoque Rheni transitu deque alia hostium in silvas fuga, elegans ac succincta Flori brevitas huic se loco inserat historie, te, o lector, non solum patiente sed plaudente[55].*

(De gestis Cesaris, 127 Schneider)

In questa sezione dell'opera la scrittura si snoda privilegiando un serrato dialogo a due : quello tra Giulio Celso, testimone diretto e perciò autorevolissimo, e Francesco, lettore-parafrasatore, il quale si ritiene depositario di un valido apparato interpretativo, grazie al quale ricava dal testo sensi che talvolta hanno necessità di essere resi espliciti e più chiaramente formulati. La prima parte di questa operazione (lettura-parafrasi) può in certo qual modo apparire come un corollario della celebre « Art de la déformation historique », i cui meccanismi sono stati analizzati e mirabilmente illustrati da Michel Rambaud[56] : la scrittura petrarchesca — se possiamo osare l'affermazione — ne rappresenta un grado più elevato. Il Petrarca rielabora la sua fonte nel momento stesso in cui la parafrasa : non si limita a riassumerla, a compendiarla, ma la forza e la riscrive, in maniera non certo disinteressata. Tra gli strumenti utili ad analizzare i criteri della riscrittura indicherei, oltre che la messa in evidenza delle fonti e dei luoghi paralleli, lo studio delle espansioni linguistiche e delle contaminazioni con registri letterari diversi, nonché l'analisi delle intrusioni d'autore. Queste ultime sono numerose, e di vario tipo. Molte alludono alle funzioni di regia (ordine della *narratio*, senso delle digressioni, scelta delle versioni e metodologia storiografica). Un altro filone, ricco e significativo, è rappresentato dalla funzione ideologica, da quegli interventi cioè in cui il Petrarca prende la parola per ricondurre le *res* narrate al loro senso morale : spazi che lo scrittore si ritaglia nel testo intervenendo in prima persona allo scopo di fornire al lettore elementi di riflessione che gli permettano di inquadrare l'esperienza storica in più vasto ambito di giudizi ; questi sono talvolta espressi sotto forma di *sententia*, condensati cioè in una formula che illumina il valore e dà ragione dei modi della riscrittura. Propongo come esempio il passo seguente, in cui si descrive la rotta dei Germani e la fuga del loro re Ariovisto al di là del Reno (*De gestis Cesaris*, 44 Schneider, da confrontare con *De bello Gallico*, I, 53, 1-3) :

> *Fracta tandem pertinacia Germanorum omnes terga verterunt, et diruptis obicibus plaustrorum, quibus firmasse aciem dux sperabat, usque ad Rheni ripam fuga perpetua fuit, cuius alveum nando quidam, alii parvis navigiis transierunt. Quo ex numero fuit Ariovistus; qui deposita,*

---

[55] « Ma perché io non mi prolunghi eccessivamente, a riferire non solo di questo, ma anche del primo passaggio del Reno e della relativa fuga dei nemici nella foresta, intervenga qui l'elegante e succinta brevità di Floro, mentre da te, o lettore, mi aspetto non solo indulgenza, ma calda approvazione ».

[56] *L'Art de la déformation historique dans les Commentaires de César*, Paris 1953.

> credo, superbie sua sarcina, que tanta erat, ut eam nec Germania caperet
> nec Gallia toleraret, cimba unica casu in ripa citeriore amnis inventa,
> solus in adversam ripam se proripuit. Reliqui pene omnes instante
> Romano equitatu fuge medio periere [57].

Grazie all'intrusione editoriale, che arricchisce il racconto con l'immagine del fardello della superbia deposto dal re barbaro sulla riva ormai romana del Reno — sorta di epigrafe con cui il Petrarca ne suggella la scomparsa dall'orizzonte della storia e di Roma —, la fuga di Ariovisto non rimane un semplice lemma nella serie delle vittorie di Cesare, ma vuole ambiziosamente suggerire un significato storico generale e proporre un insegnamento storico-morale, e perciò universale. Si potrebbe intitolare l'episodio «L'ultimo viaggio di Ariovisto», perché questo è il risultato a cui si perviene operando lo smontaggio della riscrittura petrarchesca [58]. Cominceremo con l'osservare che il Petrarca «traduce» con *superbia* quella che nel testo cesariano è, imperialisticamente, l'*adrogantia* del re barbaro. La scelta lessicale relativa a *cimba* per indicare la barchetta di cui Ariovisto si serve ci rimanda, per parte sua, a un percorso intertestuale che toccando Virgilio Orazio Properzio e Seneca tragico ci conduce all'intuizione che la *cimba* di Ariovisto ha la stessa funzione della *cimba* di Caronte e che il passaggio del Reno deve evocare quello dello Stige. Nell'immagine, infine, del «fardello» (*sarcina*) della superbia si concentrano a parer mio le novità più rilevanti e significative : si tratta di un'eco agostiniana (sul tipo di immagini quali *sarcina peccatorum, sarcina carnis, sarcina vanitatis*), ma recuperata attraverso la potente creatività dantesca, che ha fatto della superbia un peso (*Puragatorio*, X, 115 ss.).

Il secondo esempio (*De gestis Cesaris*, 102 Schneider) affida alla celebrata *brevitas* di Floro — che qui diventa capacità di cogliere significati metastorici — il compito di rendere esplicito ciò che va oltre la lettera del racconto : Cesare lascia la Britannia e raggiunge le coste della Gallia :

> navigatione prosperrima, quasi vel de discessu gauderet Occeanus, qui
> doluerat de adventu, vel, ut Florus idem ait, « se imparem fateretur », suo
> blandiens domitori [59].

---

[57] «Spezzata la resistenza dei Germani, tutti cominciarono a scappare, e frantumato lo sbarramento dei carri, col quale il capo aveva sperato di fermare le sue truppe, fu tutta una fuga fino alla riva del Reno, che alcuni passarono a nuoto, altri con delle piccole imbarcazioni. Del numero di costoro fu Ariovisto, il quale, dopo aver deposto, come credo, il fardello della sua superbia, tanto grande e pesante che la Germania non bastava a contenerla, e la Gallia non riusciva a tollerarla, trovò una barchetta singola sulla riva gallica del fiume e fuggì da solo verso la riva opposta. Quasi tutti gli altri furono massa-crati durante la fuga dalla cavalleria romana».

[58] Ho pubblicato, col titolo, appunto, «L'ultimo viaggio di Ariovisto. Un percorso intertestuale», un'analisi più dettagliata — di cui qui riassumo i risultati — del brano in questione negli *Studi offerti a Luigi Blasucci dai colleghi e dagli allievi pisani*, Lucca 1995, 223-230.

[59] «...Con una felicissima navigazione, come se l'Oceano, dopo essersi rammaricato dell'arrivo, traesse soddisfazione dalla partenza, o, come dice Floro, ammettesse la propria inferiorità, blandendo il suo domatore».

Anche la regia dei punti di vista merita attenzione. Per averne un saggio, si veda l'episodio dell'incontro tra Cesare e Cleopatra (*De gestis Cesaris*, 260 Schneider) :

> *Huic bellum eo tempore cum Cleopatra sorore erat et coniuge, quam quidam fratris in carcere tunc fuisse confirmant. Sed, ubicunque esset, constat eam ad Cesarem penetrasse seque ad ipsius genua proiecisse orantem, ut ei partem regni restituere iuberet, ut communis testamento patris cautum appareret. Et petitio iusta erat, et insignis forma accedebat et regis odium, qui Pompeii morte insolenter se Romanis armis immiscuisse videbatur. Tot causis adiuta iustitia cum iussisset Cesar ut regina* [60]...

L'incontro di Cesare e Cleopatra è un « pezzo forte » anche nei racconti di Lucano (X, 104-105) e di Floro (II, 13 [= IV, 2,], 56) che hanno ispirato il Petrarca nella sua personale riscrittura dell'episodio. Esponendo l'antefatto il narratore si cela dietro l'apparente oggettività delle testimonianze (*quidam... confirmant. Sed... constat*), ma quando i due personaggi sono di fronte il punto di vista cambia bruscamente : il narratore ora pensa col cervello (e gli occhi, e il desiderio) di Cesare (*Et petitio iusta erat* etc.). Una volta stabilita l'identificazione con Cesare, il narratore « oggettivo » torna a tenere il campo (*Tot causis adiuta iustitia...*). Del testamento di Tolomeo XIII si parla in *De bello civili* III, 108,4 e in *De bello Alexandrino* 33, 1-2 ; quanto all'incarceramento di Cleopatra per volontà del fratello, nessuna delle fonti classiche ne fa menzione : ne sono invece convinti i commentatori di Lucano, in particolare Arnolfo di Orléans [61]. Vediamo qui il Petrarca partecipare al costume « medievale » di leggere insieme il testo e la glossa, anche se, con la sua presa di distanza da quanto la glossa testimonia, mostra di non vacillare nella sua graduatoria di *auctoritates* : quello che « consta » è quanto raccontano gli storici antichi. Comunque, quella presentazione di Cleopatra a Cesare era un bel pezzo di teatro, che valeva la pena riprodurre, e a cui il particolare dell'incarceramento e della fuga conferiva una sfumatura patetica. Era piaciuto molto, non a caso, all'autore dei *Fet*, che ci aveva costruito su una bella pagina di romanzo [62]. Mentre la nuova storiografia umanistica, inaugurata dalla

---

[60] « A quel tempo costui era in guerra con Cleopatra, sua sorella e sposa, che alcuni affermano si trovasse allora nelle carceri del fratello. Ma, come fosse, quello che si sa è che lei si introdusse da Cesare e si gettò alle sue ginocchia, supplicandolo di farle restituire la sua parte del regno, come era stato sancito dal testamento del genitore comune. Di per sé, la richiesta era giusta ; di più, agirono la bellezza di lei e l'odio verso il re, che assassinando Pompeo sembrava essersi arrogantemente immischiato in una guerra tra Romani. La giustizia trasse conforto da così numerosi argomenti, e avendo Cesare ordi-nato che la regina... ».

[61] Arnulfi AURELIANENSIS *Glosule super Lucanum*, ed. B.M. Marti, Roma 1958, 415 (a VIII, 500) : *DAMNATE incarcerate, quia in carcere poni non solent nisi dampnati*, « Condannata cioè incarcerata, perché in carcere si mettono solo i condannati » ; ivi, 498 (a X, 57) : *CORRUPTO per precium. CUSTODE qui eam a fratre incarceratam servabat*, « Corrotto, con denaro. Custode, colui che faceva la guardia a lei incarcerata dal fratello » ; si veda anche le *Adnotationes super Lucanum*, ed. J. Endt, Stuttgart 1969 (già Lipsia 1909), 398.

[62] *Li Fet des Romains*, 623-624.

scrittura petrarchesca, non dimentica, pur nella tensione verso lo stile eleva-to, di vigilare sulla credibilità delle fonti.

La pulsione umanistica di Benvenuto da Imola, nella quale è agevole rico-noscere l'impronta petrarchesca, è stata già diversi anni fa sottolineata da Carlo Dionisotti, il quale indicava agli studiosi il compito di « capire come e in che misura dopo il 1370, fuor di Toscana, l'opera di Dante e per essa la nuova letteratura toscana confluissero in una scuola già sommossa nel suo impianto tradizionale dalla rivoluzione umanistica condotta dal Petrarca e dai suoi seguaci » [63]. Più di recente, Gian Carlo Alessio rilevava, tra gli ele-menti a favore del riconoscimento della mentalità umanistica di Benvenuto, la sua « sensibilità per la storia e l'età antica » [64]. Benvenuto esercitò i suoi interesse storiografici in opere specifiche, il *Romuleon* e il *Liber Augustalis* [65], in cui, grazie all'assunto stesso compilatorio, il Paolazzi ha visto documen-tata « la nascente esigenza di ricostruire le tappe della storia antica diretta-mente sulle fonti classiche, ora meglio conosciute e più attentamente vaglia-te » [66]. Siamo comunque agevolati nella ricostruzione della biblioteca storica di Benvenuto dalle indagini del Toynbee sul commento dantesco, del Ghi-salberti su quello virgiliano, e ora di Luca Carlo Rossi sul commento a Luca-no [67]. In questa biblioteca storica, Francesco Petrarca occupa una posizione di rilievo : Benvenuto stesso, in un passo del suo commento alla *Pharsalia* [68], dichiara di considerare il *De viris illustribus* (e in particolare il *De gestis Cesa-ris*) una fonte storica al pari di Livio, Suetonio, Floro [69] :

[63] C. DIONISOTTI, « Lettura del commento di Benvenuto da Imola », *Atti del Convegno Internazionale di studi danteschi* (Ravenna, 10-12 settembre 1971), Verona 1979, 204-215.

[64] Introduzione al vol. *Benvenuto da Imo-la lettore degli antichi e dei moderni* : Atti del Convegno internazionale (Imola, 26-27 mag-gio 1989), edd. C. Paolazzi, P. Palmieri, Ra-venna 1991, 17.

[65] Il *Liber Augustalis* è compreso tra le opere di Petrarca nelle prime edizioni degli *Opera omnia*, da quella di Basilea del 1486 (Hain 12749) a quella del 1581. Del *Romu-leon* è pubblicato il volgarizzamento, in due volumi : *Il Romuleo di Messer Benvenuto da Imola*, volgarizzato nel buon secolo e messo per la prima volta in luce dal dott. G. Guat-teri, Bologna 1867-68.

[66] C. PAOLAZZI, « Le letture dantesche di Benvenuto da Imola a Bologna e a Ferrara e le redazioni del suo *Comentum* », *Italia me-dioevale e umanistica* 22 (1979), 319-366, ora in PAOLAZZI, *Dante e la « Comedia » nel Tre-cento. Dall'Epistola a Cangrande all'età del Petrarca*, Milano 1989, 223-276, cit. 224.

[67] P. TOYNBEE, « Index of authors quoted by Benvenuto da Imola in his commentary on the Divina Commedia », *Annual Report of the Dante Society* 2 (1899-1900), 1-54 ; F. GHI-SALBERTI, « Le chiose virgiliane di Benvenuto da Imola », *Studi virgiliani* : Pubblicazioni della Reale Accademia Virgiliana di Manto-va, serie miscellanea, IX, Mantova 1930, 71-145 ; L.C. ROSSI, « Benvenuto da Imola letto-re di Lucano », *Il commento ai testi* : Atti del seminario di Ascona, 2-9 ottobre 1989, Basel-Boston-Berlin 1992, 47-101 ; redazione lieve-mente ampliata in *Benvenuto da Imola lettore*. Anche il commento a Valerio Massimo meri-terebbe un'indagine altrettanto accurata ; si vedano per ora le osservazioni della HAN-KEY, *Riccobaldo, op. cit.*, 177.

[68] Preferisco, in questo contesto, conti-nuare ad usare per l'opera di Lucano tale an-tiquata denominazione, anziché il titolo esat-to *De bello civili*, per evitare confusione con l'omonimo libro cesariano.

[69] Cito dall'articolo di ROSSI, « Benvenu-to », 83.

> *Et si non sufficit testimonium de hoc Titus Livius, Suetonius Tran-*
> *quillus, Lucius Florus et multi alii, vide librum De viris illustribus domi-*
> *ni Francisci Petrarce ubi describit victorias clarissimas ipsius Cesaris*
> *habitas de anno in anno*[70].

Sempre nel commento alla *Pharsalia*, il Rossi ha rilevato «quattro riprese poco meno che letterali» dal *De gestis*, segnalate comunque da esplicito
rimando. Il passo succitato, che riguarda la rassegna delle vittorie di Cesare
in Gallia, si segnala altresì per un'assenza vistosa: tra gli *auctores* a cui fare
riferimento manca il principale, il primo e più affidabile, Giulio Celso, che
tuttavia è lo storico maggiormente rappresentato nel commento: il Rossi
ne segnala quaranta occorrenze, contro le trentaquattro di Tito Livio. Benvenuto si è già trovato, nel *Romuleon,* e si troverà ancora nella necessità di
esporre la storia di Cesare e delle guerre da lui condotte: commentando
cioè il sesto canto del *Paradiso,* dal v. 58 «E quel che fe' da Varo infino a
Reno». Le recollecte del corso di Bologna, databili al 1375 e pubblicate
sotto il nome di Talice[71], mostrano che allora Benvenuto non si dilungò
nell'esposizione, né della guerra gallica, né di quelle civili (ivi, 445):

> *E quel che fe' da Varo insino al Reno: dicit quod Cesar subiugavit*
> *totam Galliam: Varus est in Provincia, unde Lucanus... E vide Senna,*
> *fluvius parisiensis; et hoc de bello gallico*[72].
> [...]
> *Quel che fe' poi ch'egli uscì di Ravenna: tangit nunc bella civila Cesa-*
> *ris, que breviter perstringit*[73].

La redazione ashburnhamiana del commento si segnala per alcune precisazioni, ma non per significativi ampliamenti[74]. Non altrettanto stringa-
to, invece, Benvenuto si mostra nella redazione definitiva (Lacaita, IV, 435
ss.), che così introduce:

> *Hic Iustinianus mira brevitate coarctat bellum gallicum, de quo Julius*
> *Celsus miles et socius Cesaris, qui omnibus interfuit, facit satis magnum*
> *volumen. Sed aliqua pauca transcurrenter attingam*[75].

Il lungo resoconto delle guerre galliche è dunque esplicitamente fondato
sul testimone più autorevole, il commilitone di Cesare Giulio Celso, *qui*

---

[70] «E se non basta a proposito la testimonianza di Tito Livio, Suetonio Tranquillo,
Lucio Floro e molti altri, vedi il libro Degli
uomini illustri di Francesco Petrarca, dove
descrive le grandi vittorie che lo stesso Cesare ottenne anno per anno».

[71] *La commedia di Dante Alighieri nel commento inedito di Stefano Talice da Ricaldone,*
edd. V. Promis, C. Negroni, Milano 1888 (seconda edizione, in tre volumi).

[72] «Dice che Cesare sottomise tutta la
Gallia; il fiume Varo è in Provenza, da cui
Lucano [...]. Fiume parigino, e ciò riguarda la

guerra in Gallia».

[73] «Tocca ora le guerre civili di Cesare,
che riassume in breve».

[74] Cod. Laur. Ashburnham. 839, c. 131v.
E' ovvio che per quanto riguarda le redazioni del commento di Benvenuto si fa riferimento al lavoro sopra citato di Paolazzi.

[75] «Qui Giustiniano con ammirevole brevità sintetizza la guerra gallica, su cui Giulio
Celso legionario e compagno di Cesare, che
partecipò a tutte le azioni, scrive un grosso
volume. Scorrendolo, ne attingerò qualche
passo».

omnibus interfuit, il quale viene a prendere il posto che nel commento alla *Pharsalia* era non solo di Livio, Suetonio e Floro, ma anche, e soprattutto, di Francesco Petrarca. Però, quel *satis magnum volumen* da cui Benvenuto lascia intendere di attingere il riassunto dei principali avvenimenti delle campagne di Gallia non è, come sembrerebbe ovvio, il *De bello Gallico,* bensì il *De gestis Cesaris.* La dimostrazione ne è agevolissima. Basterà proporre di seguito la lettura dei tre scrittori chiamati in causa, in passaggi in cui il loro *ménage* si riveli per quel che è, come ad esempio in relazione alla campagna contro gli Elvezi :

> *Ubi iam se ad eam rem paratos esse arbitrati sunt, oppida sua omnia, numero ad duodecim, vicos ad quadringentos, reliqua privata ædificia incendunt, frumentum omne, præterquam quod secum portaturi erant, comburunt, ut domum reditionis spe sublata paratiores ad omnia pericula subeunda essent, trium mensium molita cibaria sibi quemque domo efferre iubent*[76].

> (*De bello Gallico,* I, 5, 2-3)

> *Armis expeditis frumentoque quod visum est itineri satis esse, quicquid reliqui erat — tanta illos non audacia sed rabies invaserat — una cum edificiis suis vicisque et oppidis exurunt...; irredituri patrios fines egredi parant*[77].

> (*De gestis Cesaris,* 16 Schneider)

> *Est igitur sciendum, quod Cæsar in Gallia primo habuit rem cum Helvetiis vicinis Gebennæ, qui non audacia sed rabie incensis terris eorum, parabant exire fines patriæ*[78].

> (*Comentum,* IV, 435 Lacaita)

Ancor più probante, tanto da insinuare la tentazione di rinunciare ad ulteriori esempi, appare la serie relativa alla fuga di Ariovisto :

> *In his fuit Ariovistus, qui naviculam deligatam ad ripam nactus ea profugit.*

> (*De bello Gallico,* I, 53, 3)

> *Acerrima pugna Ariovistus victus fugiens transivit Rhenum cum parva navicula deposita sarcina superbiæ suæ.*

> (*Comentum,* IV, 435 Lacaita)

---

[76] «Non appena si sentono pronti all'impresa, incendiano tutte le loro città, che erano circa dodici, i villaggi, circa quattrocento, e le altre case private ; danno fuoco a tutto il frumento, tranne a quello che avrebbero portato con sé, affinché, una volta interdetta la speranza di tornare a casa, fossero più pronti ad affrontare ogni pericolo ; tutti ricevono l'ordine di portare da casa farina per tre mesi ciascuno ».

[77] «Preparate le armi e il frumento giudi-cato sufficiente per il viaggio, tutto quello che restava — tanta era non dirò l'audacia, ma la rabbia che li aveva travolti — bruciano le loro case, i villaggi e le città...; si preparano ad espatriare convinti che non sarebbero mai più ritornati ».

[78] «Bisogna allora sapere che Cesare in Gallia dapprima ebbe a che fare con gli Elvezi vicini alle Cevenne, i quali dopo aver incendiato il loro territorio non per audacia ma per rabbia si preparavano ad espatriare ».

> *Ariovistus in Germaniam arrepta navicula Rhenum transvectus effugit.*
> (Oros., *Hist.* VI, 7, 7)

> *Ariovistus rex arrepta navicula transito Rheno fugit in Germaniam*[79].
> (*Romuleon*, cod. Vat. Ottobon. lat. 2061, foglio 131v)

Nel *Romuleon*[80] Benvenuto aveva, almeno apparentemente, utilizzato Orosio, apparentemente sostituito qui da Celso, ma in realtà dal Petrarca : come già sappiamo, è alla fantasia, alla straordinaria ricchezza della memoria culturale del Petrarca che va ascritta la bella immagine del re barbaro che deposita sulla riva del Reno-Stige il fardello della sua superbia. Da parte sua Benvenuto, qui e abitualmente, sembra piucchealtro apprezzare, della pagina petrarchesca, non tanto la complessità e profondità letteraria e ideologica, quanto, oltre alla comoda disponibiltà di materiale già rielaborato e compendiato, l'aspetto « sentenzioso » della scrittura, e non tralascia occasione di riproporre alcune delle più efficaci *pointes* della fonte. Si veda l'episodio della tempesta che respinge le navi romane che tentano di approdare in Britannia :

> *Tanta tempestas subito coorta est, ut nulla earum cursum tenere posset, sed aliæ eodem unde erant profectæ referrentur.*
> (*De bello Gallico*, IV, 28, 2)

> *Naves... quamvis litore herentes sic procellis tumescentibus avulse atque oppresse sunt, ut romanam audaciam, mundi finibus non contentam extraque orbem bella querentem, terre limes ultimus castigare videretur Occeanus.*
> (*De gestis Cesaris*, 88-89 Schneider)

> *Ibi passus est magnam tempestatem, ita ut romanam audaciam mundi finibus non contentam castigare videretur Occeanus*[81].
> (*Comentum*, IV, 436 Lacaita)

Il rientro in Gallia di Cesare dopo la vittoria su Cassivellauno acquistava nel *De gestis*, contro la secchezza di *De bello Gallico*, V, 22,5 *obsides imperat et quid in annos singulos vectigalis populo Romano Britannia penderet*

---

[79] « Tra costoro Ariovisto, che fuggì con una barchetta che aveva trovata ormeggiata a riva » (Cesare) ; « Ariovisto vinto in durissimo scontro fuggì passando il Reno con una barchetta, deposto il fardello della sua superbia » (Benvenuto, *Comentum*) ; « Ariovisto fuggì in Germania passando il Reno con una barchetta di cui si era impadronito » (Orosio) ; « Il re Ariovisto fuggì in Germania essendo riuscito a passare il Reno con una barchetta di cui si era impadronito » (Benvenuto, *Romuleon*) ; per la formulazione petrarchesca si veda *supra*, 137-138.

[80] Cito qui il *Romuleon* dal cod. Vat. Ottobon. lat. 2061, ma, come si vedrà, anche l'indagine condotta sul volgarizzamento por-

ta a risultati validi.

[81] « All'improvviso, si scatenò una tempesta tanto violenta, che nessuna (di quelle navi), poteva tenere la rotta, ma le une venivano respinte da dove erano salpate... » (Cesare) ; « Le navi... sebbene ormeggiate a riva, furono disancorate e fracassate dall'infuriare della tempesta, al punto da far pensare che l'Oceano, confine ultimo della terra, volesse castigare l'audacia romana, che pretendeva di oltrepassare i limiti del mondo e cercava guerre al di là dell'universo » (Petrarca) ; « Lì fu colto da una terribile tempesta, da far pensare che l'Oceano volesse castigare l'audacia romana, che pretendeva di oltrepassare i limiti del mondo » (Benvenuto).

constituit[82], sfumature trionfali grazie al dichiarato innesto da Floro, che abbiamo già visto (*supra* 138), e che Benvenuto puntualmente recepisce : *Contentus fecisse regem et Britanniam tributariam, et reversus est in Galliam sereno mari, quod suo domitori gratulari videbatur* (*Comentum*, IV, 436 Lacaita)[83].

Anche la consapevolezza, che Benvenuto attribuisce a Cesare, dell'imminenza della guerra civile (*Suspensus expectabat quidquid Rome ageretur, iam quasi divinans civile bellum*), è un prestito petrarchesco, dal capitolo XIX del *De gestis : Iam presagiens civile bellum* (204 Schneider)[84] ; per non dire della discussione sul colpo di stato, in cui Benvenuto riecheggia e riassume l'appassionata discussione petrarchesca del ventesimo capitolo[85], che si apre col tema delle armi di Cesare, recuperato nel *Comentum* (IV, 438 Lacaita) :

> *Quel che fe. Hic Iustinianus tangit bellum civile Cæsaris, quod immediate sequitur ad gallicum. Et primo tangit quomodo primo occupavit Italiam. Ad cuius literæ cognitionem est primo sciendum quod arma Cæsaris hucusque fuerant magnifica et gloriosa, amodo vero impia potius et iniusta, quia contra patriam nulla possunt ratione excusari*[86].

Benvenuto conosce tutto il *De gestis*, e non solo la parte testimoniata dall'autografo parigino. Continua infatti a servirsene per la guerra civile e per gli altri *bella*. Mi limiterò a due soli esempi. Il Petrarca aveva descritto l'impazienza di Cesare nel passare in Grecia combinando insieme il *De bello civili*, Floro e Lucano, felice combinazione di cui approfitterà Benvenuto :

> *Quamvis adhuc inops navium, quamvis adversa hieme — tantus erat ardor animi, tanta cupiditas bellandi — per medias pelagi procellas ad procellas belli tumultuaria classe transfretavit.*
>
> (*De gestis Cesaris*, 234 Schneider)
>
> *Cæsar victor Hispaniæ reversus in Italiam magno ardore cum desiderio bellandi per medias tempestates et parva classe a Brundisio transivit in Græciam*[87].
>
> (*Comentum*, IV, 440 Lacaita)

[82] « Ordina che gli vengano consegnati gli ostaggi e stabilisce il tributo che la Britannia doveva pagare annualmente al popolo romano ».

[83] « Contento di aver ridotto tributari il re e la Britannia, ritornò in Gallia navigando su un mare tranquillo, che sembrava congratularsi col suo domatore ».

[84] « Guardava ansioso a qualsiasi cosa avvenisse in Roma, ormai quasi presagendo la guerra civile » (Benvenuto) ; « Ormai presago della guerra civile » (Petrarca).

[85] Si legge, accompagnato da traduzione, per cura di G. Martellotti in PETRARCA, *Prose*, 250-267.

[86] « Qui Giustiniano tocca la guerra civile di Cesare, che viene subito dopo la guerra gallica. E comincia accennando a come, per prima cosa, occupò l'Italia. Per la comprensione letterale bisogna innanzi tutto sapere che le armi di Cesare fino a quel momento erano state magnifiche e gloriose, ma poi empie ed ingiuste, perché in nessun modo si può scusare il fatto che si siano rivoltate contro la patria ».

[87] « Sebbene fosse ancora a corto di navi e sebbene la stagione fosse avversa —tanto era l'entusiasmo, tanta la brama di combattere— con una flotta improvvisata attraversò le tempeste del mare per affrontare le tempeste del-

E ancora Petrarca aveva descritto lo stato d'animo di Pompeo prima della battaglia di Farsalo, ormai vittima consenziente del fato, oltre che sulla traccia del *De bello civili*, sulla suggestione del discorso di Pompeo stesso nel libro VII di Lucano :

> Et Pompeius quidem solitis artibus bellum trahere cuntando victurus ceperat, consilium utile sed suorum impetu discussum et inefficax... Tot vocibus consiliisque superatus, unus omnibus cessit invitus, et raptanti omnia fortune mestus frena laxavit decrevitque pugnare.
>
> (*De gestis Cesaris*, 244-245 Schneider)

> Si placet hoc, inquit, cuntis, si milite Magno
> Non duce tempus eget, non ultra fata morabor.
>
> (LUC. VII, 85-86)

> Et Pompeius secutus est ipsum (qui sapientissime volebat vincere cum dilatione); sed victus querelis omnium invitus laxavit habenas fortunæ [88].
>
> (*Comentum*, IV, 441 Lacaita)

Ma l'esame del metodo di Benvenuto riserva ancora qualche sorpresa. Se infatti leggiamo la sua esposizione degli avvenimenti di Farsalo lo vediamo seguire passo passo il Petrarca, ma solo fino al momento in cui nello schieramento della cavalleria pompeiana si apre inopinatamente una falla, di cui approfitta la cavalleria germanica, evento che sarà decisivo per la giornata :

> Cesar autem et fortissimi militis et summi ducis officium gerens, nunc feriens, nunc exhortans, omnibus ad omnia succurrens, equites suos ad hoc deputatos immisit, deinde acies conglobata velut murus ferri sequuta est; et levis armatura Pompeii faciliter dedit terga : et dicit Horosius, quod Cæsar in mirabili virtute germanorum hanc victoriam obtinuit. Pompeius autem visa fuga suorum fugit a proelio ne secum totus exercitus moreretur : quo remoto nullus in acie stetit, et Cæsar qui principio belli clamaverat : milites faciem feri; in fine clamavit : parcite civibus, cum illos persequerentur, ut ait Florus [89].
>
> (*Comentum*, IV, 441-442 Lacaita)

la guerra» (Petrarca) ; «Cesare, vincitore della Spagna, una volta tornato in Italia spinto da entusiasmo e desiderio di combattere partendo da Brindisi passò in Grecia con una piccola flotta attraverso le tempeste» (Benvenuto).

[88] «E Pompeo convinto di vincere aveva cominciato a tirare in lungo la guerra coi soliti metodi, decisione vantaggiosa, ma resa vana e inefficace dall'impetuosità dei suoi...; sopraffatto dalla comune opinione isolato cedette controvoglia al volere di tutti, e nella sua afflizione allentò il morso alla fortuna che tutto travolge e si risolse a combattere» (Petrarca); «Se tutti vogliono questo — disse — e al momento è necessario Pompeo/ come soldato e non come condottiero, non ostacolerò i fati» (LUCANO, trad. L. Canali :

Marco Anneo Lucano, La guerra civile o Farsaglia, Milano 1994); «E Pompeo, che intelligentemente voleva ottenere la vittoria dilazionando, lo seguì; ma vinto dalle rimostranze di tutti controvoglia allentò le redini della fortuna» (Benvenuto).

[89] «Cesare, nello stesso tempo valoroso soldato e comandante in capo, ora colpisce, ora esorta, soccorre tutti in tutte le necessità ; manda avanti la cavalleria predisposta, e dietro viene l'esercito in massa come un muro di ferro; subito la fanteria leggera di Pompeo volge la schiena : Orosio dice che Cesare dovette questa vittoria al meraviglioso valore dei Germani. Pompeo vista la fuga dei suoi si sottrasse alla battaglia per non trascinare con sé nella morte tutto l'esercito; allontanatosi

> *Accessit et levis fragor ac strepitus armature, magni denique instar exercitus Cesar ipse, ubique presens, utrumque simul exhibens et fortissimi militis et summi ducis officium, et feriens et exhortans. Due ex omnibus illius per omnia discurrentis atque omnibus occurrentis voces adnotate memorieque mandate sunt... Pompeius turbatis ac territis suorum ordinibus... abiecit pondus imperii seque fuge credidit, non tam vivere cupiens, quam metuens mori, ne secum totus exercitus moreretur*[90].

(De gestis Cesaris, 250-251 Schneider)

Il resoconto petrarchesco, che abbiamo riportato sopra, ignora quella ghiotta notizia, mentre lascia ampio spazio alla questione delle *voces* cesariane. Probabilmente insoddisfatto, Benvenuto si è qui rivolto ad un altro prontuario dal quale, come suggerisce l'errato rimando a Orosio, sta citando a memoria : si è rivolto a se stesso, o meglio al suo *Romuleon*, dove la fonte appare correttamente individuata in Floro[91] (cod. Vat. Ottobon. lat. 2061, foglio 142v) :

> *Quibus summotis* [si tratta della cavalleria pompeiana] *funditores ac sagittarii inermes sine auxilio derelicti sunt, unde dicit Lucius Florus cum Pompeius in tantum equitibus habundaret quod videretur circumdaturus exercitum Cesaris, ipse circumdatus fuit. Nam cum diu equali prelio contendissent et de mandato Pompei equites exivissent, subito signo dato a Cesare cohortes Germanorum tantum impetum fecerunt in equites pompeianos ut illi esse pedites isti esse equites viderentur*[92].

Il rimando al *Romuleon* apre una serie di problemi, la cui risoluzione sarà compito del futuro editore dell'opera. Ma non è tuttavia possibile esimersi qui da alcune considerazioni. Nel corso del lungo libro VIII, dedica-

---

lui, nessuno mantenne la posizione, e Cesare, che all'inizio della battaglia aveva esortato a gran voce : 'Soldati, colpite al viso !', alla fine gridò : 'Risparmiate i concittadini !', poiché li inseguivano, come dice Floro».

[90] «Si aggiunse rumorosa la fanteria leggera, e infine con la forza di un grande esercito Cesare stesso, che presente dovunque assolveva insieme il compito di soldato valoroso e di comandante in capo, colpendo ed esortando. Due tra tutte le cose che disse mentre dappertutto accorreva e a tutto si prestava hanno colpito particolarmente e sono state tramandate... Pompeo... sconvolti i suoi schieramenti... gettò il peso del comando e si dette alla fuga, non tanto perché desiderava vivere, quanto perché temeva che, morendo, con lui sarebbe morto tutto l'esercito».

[91] *Nam cum diu æquo marte contenderent, iussuque Pompei fusus a cornu erupisset equitatus, repente hinc signo dato Germanorum cohortes tantum in effusos equites fecere impe-*

tum, ut illi esse pedites, hi venire in equis viderentur, «A lungo si batterono in condizione di parità, e poi Pompeo ordinò che la cavalleria in ordine sparso facesse irruzione dall'ala; subito le coorti dei Germani al segnale che fu loro dato aggredirono con tanta violenza i cavalieri sparpagliati, che sembrava che questi fossero a piedi, e quelli venissero a cavallo» – FLOR. II, 13 [= IV, 2], 48).

[92] «Allontanatisi questi, i frombolieri e gli arcieri si trovarono abbandonati inermi senza alcuna protezione; per cui Lucio Floro dice : sebbene Pompeo avesse tanta cavalleria, da sembrare che avrebbe potuto circondare l'esercito di Cesare, fu circondato lui stesso. Infatti avendo combattuto a lungo in condizioni di parità ed avendo fatto la cavalleria una sortita per ordine di Pompeo, subito ricevuto il segnale le coorti dei Germani aggredirono con tanta violenza i cavalieri di Pompeo, che sembrava che questi fossero diventati fanti e quelli cavalieri».

to alle imprese di Cesare, con puntigliosità Benvenuto segnala via via le sue fonti; Suetonio è uno degli autori più citati, ma colpisce l'oscillazione, nel nominarlo, tra « Svetonio » o « Svetonio de' XII Cesari » e « Svetonio Tranquillo ». Tale oscillazione attirò già l'attenzione dell'editore del volgarizzamento, che ne dette una spiegazione sostanzialmente corretta, identificando con Suetonio Tranquillo « Giulio Cesare, o Irzio, ne' *Commentarii* » [93]. Dovremmo dunque dedurre che Benvenuto già all'epoca della composizione del suo vasto compendio (1361-64) utilizzava il *corpus* cesariano, che poi, nel *Comentum,* ha sostituito col Petrarca per ragioni sostanzialmente estetiche. Ma uno sguardo più ravvicinato mostra che le cose non stanno in questo modo. Perché da sotto le vesti di Suetonio Tranquillo, che conosciamo già essere una delle maniere abituali di menzionare l'autore del *corpus,* traspare la fisionomia di Riccobaldo da Ferrara. Già nell'Introduzione alla sua edizione del *Compendium* Teresa Hankey aveva formulato la proposta che in questo fosse da riconoscere una delle fonti del *Romuleon* [94]; ritornando adesso sull'argomento precisa e articola tale indicazione : Benvenuto possedeva sicuramente un codice delle *Historie* o del *Compendium* (e probabilmente di entrambe le opere), da cui ha attinto largamente per il *Romuleon,* l'*Historia Augustalis* e il commento a Valerio Massimo. Ha aggiunto informazioni da fonti ignote a Riccobaldo, come gli *Scriptores Historiæ Augustæ,* ma molto della prima parte del *Romuleon* « is exactly as the *Historiæ* » [95]. Ho confrontato il testo del *Romuleon* con quello del *Compendium* per tutta la sezione « cesariana » mancante dai due manoscritti noti delle *Historie,* e posso affermare che il « plagio » da Riccobaldo (Suetonius Tranquillus) è assolutamente certo. Basti citare il cap. IX del *Romuleon,* dove si racconta del tragico inganno di Ambiorige ai danni di Sabino e Cotta : Ambiorige si rivolge ai due legati per persuaderli ad abbandonare l'accampamento con un atteggiamento che in entrambi i testi è chiosato con l'espressione *quasi fideliter consulendo* [96]. Anche l'indagine condotta partendo dal volgarizzamento non è priva di una sua validità, perché la vicinanza delle due narrazioni è in moltissimi luoghi talmente stringente che il testo del *Romuleon* sembra la traduzione di Riccobaldo :

> Cesare avendo fatte e compiute queste cose a Roma, come dice Svetonio Tranquillo, andoe verso la Gallia, però che non volle seguitar

[93] *Il Romuleo,* 235, nota : « Fin qui, ogni volta che costui cita nel seguente modo : *Sicut dicit Svetonius de duodecim Cæsaribus,* o Svetonius, soltanto, quel luogo è tolto veramente da Svetonio ; ma qualora vi è aggiunto Tranquillus, si può star tranquilli che quella non è roba di Svetonio, ma di Giulio Cesare, o di Irzio, ne' *Commentarii* ».

[94] *Compendium,* XLIII.

[95] HANKEY, *Riccobaldo, op. cit.,* 176-177.

[96] A p. 395 del *Compendium* e a carta 133v del cod. Ottoboniano lat. 2061 del *Romuleon.* Una volta stabilita la derivazione da Riccobaldo bisognerebbe accertare se questa riguarda il *Compendium* o le *Historie* ; la seconda ipotesi, che è quella sostenuta ultimamente dalla Hankey, sembra la più probabile, perché ci sono capitoli in cui il resoconto del *Romuleon* è più ampio e disteso di quello del *Compendium.* Non si può tuttavia escludere una rielaborazione del « testo base » di Riccobaldo da parte di Benvenuto.

Pompeio, e lasciar li legati di Pompeio, i quali per esso Pompeio tene-
vano grandi eserciti nelle provincie di Spagna assegnate a esso Pompeio ; e come dice Svetonio, Cesare andando in Spagna, disse tra li
suoi, ch'andava contro l'esercito sanza duca, e poi tornerebbe al duca
sanza esercito. Li marsiliesi chiusono li porti a Cesare.

(Il Romuleo, 240)

*His Rome peractis Cesar in Galliam tendit. Non enim voluit Pom-
peium insequi, relictis in Hyspaniis legatis eius qui magnos exercitus pro
Pompeio tenerent in Hyspaniis provinciis Pompeii. Massilienses Cesari
portas clausere* [97].

(Compendium, 409)

Il brano presentato sopra è particolarmente significativo per la contem-
poranea presenza, nel testo di Benvenuto, dei due Suetonii, secondo l'alter-
nanza a suo tempo messa in luce dal Guatteri [98]. Ma ci sono, ancora nel
Romuleon, due inquietanti richiami a un autore finora altrimenti ignorato,
Giulio Celso : si tratta della ripresa di due *sententiæ,* o, forse meglio, di una
sententia e di una *agudeza.* La prima riguarda il carattere dei Galli, ed è inse-
rita nel contesto degli avvenimenti del libro III *De bello Gallico,* dove si parla delle vittorie dei legati, e dove Cesare dice che i Galli sono impetuosi, ma
poco resistenti (*Nam ut ad bella suscipienda Gallorum alacer ac promptus est
animus, sic mollis ac minime resistens ad calamitates perferendas mens eorum
est : De bello Gallico,* III, 19, 6 [99]). Benvenuto ha sostituito questa sententia
con un'altra, che si trova nientemeno che in *Bellum Africum* 73, 2, dove si
dice dei Galli che sono *homines aperti minimeque insidiosi, qui per virtutem,
non per dolum dimicare consuerunt* [100] (« Li Galli, come dice Iulio Celso,
sono uomini aperti e larghi al combattere, e non sanno far guerre con agua-
ti, ma solo con le forze apertamente », *Il Romuleo,* 214) e che non ha alcuna
relazione col racconto che Benvenuto sta conducendo. L'altra citazione da
Giulio Celso riguarda il ponte sul Reno « tanto artificiosamente fatto che,
come dice Julio Celso, tanto più si fortificava quanto più si gravava » (*Il
Romuleo,* 215). Dobbiamo allora ricrederci, e figurarci Benvenuto che,
abbandonato il comodo prontuario di Riccobaldo, si mette a sfogliare i
Commentarii, alla ricerca di qualche particolare curioso e inedito ? Niente
affatto : è molto più realistico immaginarcelo mentre consulta lo *Speculum
historiale* di Vincenzo di Beauvais, dove si legge sotto la rubrica « Iulius Celsus » la *sententia* appena citata [101] — che secondo Vincenzo apparterrebbe al

---

[97] « Sbrigate queste faccende a Roma Cesare si dirige in Gallia. Non volle infatti gettar-
si all'inseguimento di Pompeo lasciandone in
Spagna i legati, che controllavano numerose
truppe pompeiane in Spagna, che era provincia di Pompeo. Gli abitanti di Marsiglia chiu-
sero le porte in faccia a Cesare ».

[98] Si veda *supra,* nota 93.

[99] « I Galli, come per istinto sono pronti

ed entusiasti nel prendere le armi, così per
carattere sono deboli e per niente resistenti
alle sventure ».

[100] « Uomini franchi e per niente portati
alla dissimulazione, che nel combattimento
fanno affidamento sul coraggio, non sull'inganno ».

[101] *Spec. Hist.* VI, 5, 175, cap. « De dictis
moralibus Iulii Celsi » : *Idem in lib. 5. Galli*

libro V *De bello Gallico* — e dove poco sopra è descritta la tecnica impiegata per la costruzione del ponte sul Reno [102] :

> [...] *Tanta erat operis firmitudo, atque ea rerum natura, ut quo maior vis aquæ se incitasset, hæc artius illigata tenerentur* [103].

A questa prima indagine, ben lungi dal pretendere a risultati definitivi, Benvenuto mostra, almeno per quanto riguarda il *Romuleon* e il *Comentum Paradisi*, di non avere utilizzato i *Commentarii* direttamente, ma attraverso la mediazione, il riuso di altri [104]. A parer mio, nonostante la supponenza di Coluccio Salutati, i *Commentarii* restano un testo poco letto, fino al momento in cui, superata almeno in parte la questione dell'attribuzione, essi diverranno, come già detto, un modello. Tanto più impressionanti devono allora risultare, accanto all'oscura fatica di Riccobaldo, la sensibilità e la «preveggenza» di Francesco Petrarca, che non solo li ha letti come nessuno alla sua epoca, da storico, da filologo, da artista, ma li ha anche «riscritti» nell'opera che sempre più si definisce come l'incunabolo della storiografia umanistica e che costituisce sicuramente una pietra miliare del cesarismo, inteso come componente essenziale dell'idea di Roma.

Bibliografia Essenziale

Riccobaldo Da Ferrara
- *Pomerium* e *Compilatio Chronologica* : si leggono nel vol. IX dei *Rerum Italicarum Scriptores*, prima serie, ed. L.A. Muratori, Milano 1783, coll. 105 ss., 193 ss.
- *Chronica parva Ferrariensis* : Deputazione provinciale ferrarese di storia patria, serie Monumenti 9, ed. G. Zanella, Ferrara 1983.

homines aperti sunt, minimeque insidiosi, qui per virtutem, non per dolum dimicare consueverunt. Benvenuto utilizzerà ancora questo passo, nel *Comentum*, II, 317 : «L'opere mie non furon leonine ma di volpe *quasi dicat non tantum fui usus viribus in bellis, quantum fraudibus, ita quod non pugnabam aperte, sicut olim galli, ut scribit Julius Celsus*» : «come se dicesse : in guerra mi valsi non tanto della forza, quanto della frode, perché non combattevo apertamente, come un tempo i Galli, come dice Giulio Celso» - cit. da Toynbee, *Index, op. cit.*, 28.

[102] *De bello Gallico*, IV, 17. Si veda in partic. 17, 7 : *Quibus disclusis atque in contrariam partem revinctis tanta erat operis firmitudo atque ea rerum natura ut, quo maior vis aquæ se incitasset, hoc artius inligata tenerentur* : «Poiché i ganci erano distanziati e trattenuti ciascuno in senso contrario, l'opera

aveva tanta solidità, e tale era la sua natura, che più la violenza della corrente era grande, più il sistema era legato strettamente».

[103] «Tanta era la solidità della costruzione e tale la sua natura, che con quanta maggior forza l'acqua vi premeva contro, tanto più si stringevano le giunture».

[104] Andrebbe perciò verificata anche la provenienza delle occorrenze di Giulio Celso riscontrate da Rossi nel commento alla *Pharsalia* : si veda *supra*, nota 23. Lo studioso ha poi ampliato il campo delle sue indagini nel saggio «Presenze di Petrarca in commenti danteschi tra Tre e Quattrocento», *Ævum* 70 (1996), 441-476, sempre mantenendo fermo il criterio metodologico di «limitare l'esame a citazioni esplicite dall'opera di Petrarca ed escludendo rinvii impliciti o riflessi del dibattito intellettuale guidato da Petrarca» (ivi, 442) ; per una citazione dal *De gestis*, cfr. 458.

– *De locis orbis* : Deput. prov. ferrar. di st. patria, serie Monumenti 10, ed. G. Zanella, Ferrara 1986.

– *Compendium Romanæ historiæ* : Fonti per la storia d'Italia dell'Istituto storico italiano per il Medio Evo 108, ed. A.T. Hankey, Roma 1984.

Francesco PETRARCA

– F. PETRARCÆ *Historia Iulii Cæsaris.* Auctori vindicavit, secundum cod. Hamburgensem correxit, cum interpretatione italica contulit C.E.C. Schneider, Lipsiæ 1827.

oppure :

– F. PETRARCHÆ *De viris illustribus vitæ,* ed. A. Razzolini, II, Bononiæ 1879.

Benvenuto DA IMOLA

– Benevenuti DE RAMBALDIS DE IMOLA *Comentum super Dantis Aldigherij Comoediam,* ed. J.Ph. Lacaita, 5 voll., Firenze 1887.

Li Fet Des Romains

– *Li Fet des Romains. Compilé ensemble de Saluste et de Suetoine et de Lucan. Texte du XIIIᵉ siècle publié...,* edd. L.-F. Flutre, K. Sneyders De Vogel, 2 voll., Paris-Groningue 1938, reprint Genève 1977.

CHRISTIAS, 1513

LA *FORMA ANTIQUIOR* DU *DE PARTU VIRGINIS* DE SANNAZAR ET L'ACADEMIE ROMAINE SOUS LEON X DANS UN MANUSCRIT INEDIT DE SÉVILLE *

par MARC DERAMAIX

La Biblioteca Capitular y Colombina de Séville possède, sous la cote 7. 1. 19, un manuscrit du XVIᵉ siècle. Il conserve, dans l'étroite compagnie de nombreux autres textes, poétiques pour la plupart, la *Christias* du poète napolitain Jacques Sannazar (Iacopo Sannazaro, Naples 1457-Naples 1530), c'est-à-dire la forme primitive ou *forma antiquior* de ce qui devint le chant premier du *De partu Virginis*, son grand œuvre publié à Naples en 1526. On en lit en effet au folio 109r° le titre et l'*incipit* : *Sinceri Accii Iacobi Neap*[o]*litani / Christias. / Virginei partus magnoq*[ue] [æ]*queua parenti*. Puis, au folio 115v°, l'*explicit* suivi d'une date : *Et uaga sysiphiis heserunt saxa lacertis / Rome die xxiiij Aug*[us]*ti 1513*[1]. Cette date offre deux données nouvelles

---

* Nous avons, depuis la rédaction de cet article, poursuivi notre examen du manuscrit qui fait l'objet de cette étude et nous sommes en mesure d'affirmer que son auteur et possesseur est Aurelio Sereno de Monopoli.

[1] Cette étude est dédiée à Nadine Robert, *decima Musa*. Nous tenons à remercier chaleureusement Mmes et Ms. les Professeurs R. Alhaïque-Pettinelli, C. Bianca, L. Gualdo-Rosa et M. Miglio d'avoir bien voulu lire un état antérieur de cette étude. Ce manuscrit a été signalé par P.-O. KRISTELLER (*Iter Italicum*, vol. IV, *Alia itinera* II, 622a) : « Cart. misc. XVI in several hands. Bought Rome 1520. Not seen. Description supplied by R. Bertalot and E. Massa. [...] – f° 107 *Sinceri Actii Jacobi Neapolitani Christias* inc. *Virginis partus magnoque æqueua parenti*, desinit ibidem *et uaga sysiphiis heserunt saxa lacertis. Rome die* XXIIII *augusti* 1513. Then other verses ». Nous nous attachons précisément ici aux liens entre ces « autres poésies » et la *Christias*. Le numéro du folio de l'*incipit* (109r°), l'orthographe d'*Actii* et sa citation (*Virginei*) sont à corriger comme nous l'avons fait. Faute d'une reproduction microfilmée comme celle que nous avons obtenue au début de 1991, l'indication *desinit ibidem* ne permettait pas d'identifier le folio de l'*explicit* (115v°). On verra ci-après que plusieurs dates portées par le manuscrit rendent impossible qu'il ait été acheté à Rome en 1520. Le texte de la *forma antiquior* est copié d'une seule main, identique à celle qui écrivit les

---

dans l'histoire si complexe de la genèse du *De partu Virginis*. Elle démontre que la *forma antiquior* — ainsi que la désigne l'édition critique du *De partu Virginis* fournie par Charles Fantazzi et Alessandro Perosa — était achevée vers le milieu de 1513 au plus tard. Cette *Christias* circulait dès cette époque parmi les lettrés membres de la sodalité romaine, encore informelle alors, que l'on appelle académie par commodité et dont nous citerons ici deux noms qui intéresseront la description du manuscrit de Séville : Angelo Colocci et Hans Goritz[2].

textes poétiques qui suivent. Pour les difficultés d'identification (sinon de la main, du possesseur du manuscrit de Séville) on voudra bien se reporter à la fin de cette étude. Pour la biographie de Sannazar, en plus des renseignements ponctuels fournis par nombre d'articles récents ou anciens et qu'aucune étude ne rassemble (consulter la bibliographie de notre étude à paraître), voir G.B. CRISPO, *Vita di Giacopo Sannazaro*, Roma 1593 ; E. PERCOPO, « Vita di Iacobo Sannazaro », ed. G. Brognoligo, *Archivio storico per le province napoletane* 56 (1931), 87-198 ; A. ALTAMURA, *Iacopo Sannazaro*, Napoli, 1951 (ouvrage peu sûr) ; C. VECCE, *Iacopo Sannazaro in Francia. Scoperte di codici all'inizio del XVI secolo*, Padova, 1988 et M. DERAMAIX, « La genèse du *De partu Virginis* de Iacopo Sannazaro et trois églogues inédites de Gilles de Viterbe », *Mélanges de l'École Française de Rome. Moyen Age* 102, 1 (1990), 173-276. Nous avons soutenu en janvier 1994 une thèse de doctorat à propos du *De partu Virginis*, préparée sous la direction de M. le Professeur A. Michel (Univ. Paris IV-Sorbonne) et intitulée : « Théologie et poétique : le *De partu Virginis* de Jacques Sannazar dans l'histoire de l'humanisme napolitain ». Elle doit paraître aux éditions Droz (Genève), dans la collection « Travaux d'Humanisme et Renaissance », sous une forme très considérablement remaniée et sous le titre (provisoire) de *Renouatio temporum. La signification du « De partu Virginis » de Jacques Sannazar dans l'humanisme pré-tridentin*. L'édition critique du *De partu Virginis* est parue chez Olschki en 1988 et nous la devons à A. Perosa et à Ch. Fantazzi. On se reportera, pour un examen de l'*editio princeps* napolitaine de mai 1526 imprimée par Antonio Frezza da Corinaldo (voir P. MANZI, *La tipografia napoletana nel '500*, Firenze 1971, 167 suiv.), à la description qu'en donnent ces deux éditeurs

(XLV-XLIX). On trouvera, aux p. 9 à 20, le texte de la *forma antiquior* tel qu'ils l'ont rendu, sans, bien entendu, connaître le manuscrit de Séville.

2 Cette *forma antiquior* nous a été transmise par deux manuscrits et une édition rarissime. Le possesseur du premier manuscrit (aujourd'hui à Florence, Biblioteca Nazionale Centrale, Cod. II V 160, f° 5r° : *Partus Virginis* - 10v°) est inconnu. Le propriétaire du second (Biblioteca Apostolica Vaticana, Vat. Lat. 2874, f° 137r° : *Cristias* - 146r°) fut Angelo Colocci, dont les relations durables avec Sannazar et les membres de l'Académie napolitaine sont bien attestées et connues, sinon étudiées (pour Sannazar, voir F. UBALDINI, *Vita di Mons. Angelo Colocci. Edizione del testo originale italiano (Barb. Lat. 4882)*, ed. V. Fanelli, Città del Vaticano 1969, 13, note 20 ; 19, notes 23, 47, 169 et en particulier l'appendice I, qui reproduit une liste des membres de l'académie de Colocci, dressée par Colocci lui-même et sur laquelle figure Sannazar sous son pseudonyme académique, *Actio*, c'est-à-dire *Actius Syncerus*, le nom qu'il portait dans la sodalité napolitaine. Sur Angelo Colocci, consulter V. FANELLI, *Ricerche su Angelo Colocci e sulla Roma cinquecentesca*, Città del Vaticano 1979 et l'article anonyme du *Dizionario Biografico degli Italiani*, t. 27, 1982, 105-111, avec bibliographie dans l'un et l'autre titre ainsi que dans la suite de notre étude). Quant à l'édition de la *forma antiquior*, dont sont connus deux seuls exemplaires sans marque typographique (Venise, Biblioteca Marciana, Misc. 2559. 3 et Cambridge, University Library : *carmen de partu beatæ Virginis, quod Christeidos inscribitur*), les éditeurs du *De partu Virginis* la datent non sans raisons des années 1520-1524 environ (pour une description complète des manuscrits et leur histoire, voir Iacopo SANNAZARO, *De partu Virginis, op. cit.*, XXV-

La date (24 août 1513) et le lieu (Rome) obligent à remonter jusqu'à cette année-là l'achèvement de la *forma antiquior* que les éditeurs du *De partu Virginis* ne pouvaient dater que des années antérieures à 1518. Dans une brillante étude sur les premiers pas de Sannazar dans la poésie religieuse latine, Carlo Vecce a déjà apporté à la chronologie proposée par Perosa et Fantazzi des modifications fondamentales que nous partageons pleinement[3]. La principale, pour notre présent objet, est que Sannazar ne commença à travailler à ce qui devait devenir le *De partu Virginis* qu'à son retour d'exil en France, au printemps de 1505. Ceci s'accorde avec le fait que Gilles de Viterbe ait composé à son intention ses trois bucoliques sacrées en 1503, comme nous l'avons révélé[4]. Entre cette date-ci au plus tôt et 1513 au plus tard, il composa donc la *forma antiquior*, que notre manuscrit, comme tous ceux de sa famille et l'édition clandestine, appelle *Christias* (ou *Christeis*) et qui a pour sujet l'Incarnation et la vision prophétique de la Passion par David aux limbes des Justes. Vecce, citant les quelques informations fournies par Paul-Oscar Kristeller dans son *Iter Italicum*, émet l'hypothèse selon laquelle Sannazar aurait tenté de présenter la *forma antiquior* à Léon X, élu le 11 mars 1513. Il se fonde sur la date qui figure dans le ma-

XXVII, XXXVII-XXXIX, LIII-LVI). A propos de Colocci, voir A. FERRAJOLI, *Il ruolo della corte di Leone X*, ed. V. De Caprio, Roma 1984, *ad indicem*; V. FANELLI, «Il ginnasio greco di Leone X a Roma», *Studi romani* (IX), 1961, 379-393; F. UBALDINI, cit. *supra*; *Atti del Convegno di studi su Angelo Colocci* (Jesi, 13-14 sept. 1969), Jesi 1972; E.B. MAC DOUGALL, «The Sleeping Nymph: Origins of a Humanist Fountain Type», *The Art Bulletin* LVII (1975), 357-365; D. R. COFFIN, *The Villa in the Life of Renaissance Rome*, Princeton 1979, 164, 197; art. anonyme du *Dizionario Biografico degli Italiani*, 1986, 105-111. Pour Goritz: L. GEIGER, «Der älteste römische Musenalmanach», *Vierteljahrschrift der Kultur und Literatur der Renaissance* I (1886), 143-161; T. SIMAR, *Christophe Longueil*, Louvain 1911, 194-203; D. GNOLI, *La Roma di Leone X*, Roma 1938, 151-161; E. AMADEI, «Di Giovanni Coricio e di una rara edizione dell'anno 1524 stampata a Roma», *Almanacco dei bibliotecari italiani*, Roma 1968, 198-201; J. RUYSSCHAERT, «Les péripéties inconnues de l'édition des *Coryciana* de 1524», *Atti Colocci, op. cit.*, 45-66; P.P. BOBER, «The Coryciana and the Nymph Corycia», *Journal of the Warburg and Courtauld Institutes* XL (1977), 223-239; V. A. BONITO, «The saint Anne Altar in Sant'Agostino: Restoration and Interpretation», *The Burlington Magazine* CXXIV (1982), 268-276; R. ALHAIQUE PETTINELLI, «Punti di vista sull'arte nei poeti dei *Coryciana*», *La Rassegna della letteratura italiana* 90 (1986), 41-54; J. IJSEWIJN, «*Puer Tonans*: de animo christiano necnon pagano poetarum, qui *Coryciana* (Romæ 1524) conscripserunt», *Academiæ Latinitati fouendæ Commentarii*, 12 (1988), Roma 35-46; ID., «Poetry in a Roman Garden: the *Coryciana*», *Latin Poetry and the Classical Tradition*, edd. P. Godman, O. Murray, Oxford 1990, 211-231. Pour la biographie de Goritz, voir les témoignages réunis par IJsewijn dans son édition des *Coryciana* (Roma 1997, 3-15; cf. *infra* sur cette édition).

[3] Voir SANNAZARO, *De partu Virginis*, *op. cit.*, LVII-LXV; C. VECCE, «*Maiora Numina*. La prima poesia religiosa e la *Lamentatio* di Sannazaro», *Studi e Problemi di Critica Testuale* 43 (oct. 1991), 49-94, 49-55. Pour des raisons qui tiennent à cet article, à l'analyse de manuscrits de Gilles de Viterbe dont nous parlons dans la version révisée de notre thèse et à cette étude-ci même, il convient de modifier nos propositions dans «La genèse du *De partu*» art. cit., 179-182.

[4] Se reporter à «La genèse du *De partu*», art. cit.

nuscrit de Séville mais également sur le chiffre « 1513 » contenu dans les
lettres initiales des quatre pentamètres qui, dans un manuscrit autographe
du *De partu Virginis* dans sa version définitive, dédicacent le poème à
Léon X [5]. Nous ne sommes pas, quant à nous, assuré que la date et le lieu
portés sur le manuscrit de Séville se réfèrent à une telle tentative de présentation, sans pour autant nier du tout que Sannazar ait pu l'envisager [6]. Nous
songeons plutôt dans le cas qui nous occupe à des circonstances propres au
possesseur du manuscrit de Séville et dans lesquelles fut exécutée la copie du
texte. En effet, la date portée par la même main à la suite du texte est accompagnée d'un distique qui fait corps avec celle-ci (f° 115v°) :

> [Inuen]*i portum : spes et fortuna ualete.*
> *Nil mihi uobiscum, ludite nunc alios.*

Nous inclinons à croire que le sens de ces vers, qui semblent dire que
leur auteur a trouvé une protection durable et s'en réjouit, est inséparable
des circonstances et des sentiments dans lesquels le possesseur du manuscrit
vécut les quelques mois qui précédèrent la copie de la *Christias*.

Il va de soi que nous ne sommes pas en mesure, tant que nous n'avons
pas pu voir le manuscrit lui-même dans sa totalité mais seulement un microfilm de sa partie finale (f° 109r°-115v°), d'estimer avec exactitude à quel
point cette copie modifie et complète notre connaissance de la genèse du
De partu Virginis. Nous avons déjà eu l'occasion, en éditant et en commentant les églogues latines de Gilles de Viterbe, puis dans notre thèse, de
mettre au jour la part essentielle que prit leur auteur (Egidio da Viterbo,
1469-1532, prieur général des frères Ermites de Saint-Augustin en 1507 et
cardinal en 1517, théologien platonicien et kabbaliste chrétien) dans l'abandon progressif par Sannazar de la Muse pétrarquienne ou pastorale de
langue vulgaire, puis dans l'invention théologique, philosophique et littéraire de ce qui de ce qui devait paraître sous le titre de *De partu Virginis*.
Gilles de Viterbe, sorte de coryphée de la Renaissance romaine, vit en cette
œuvre, bien avant sa publication même, le fruit de la conciliation des
Lettres profanes et de la piété chrétienne. Il ne fut pas le seul et c'est toute
la société lettrée de Rome qui fit écho à ce jugement sur un poème dont on

---

[5] Cod. Ashburnham 411 (343), f° 34v°
(Florence, Biblioteca Medicea Laurenziana).
Les manuscrits et l'édition connus de
Ch. Fantazzi et d'A. Perosa sont signalés ci-
dessus. Pour ces hypothèses de datation, voir
VECCE, *Iacopo Sannazaro, op. cit.*, 53-54 (données constatées sur notre microfilm) ; SAN-
NAZARO, *De partu Virginis, op. cit.*, XVII,
LXIII-LXIV. Le problème posé par le chiffre
contenu dans l'épigramme de dédicace fut
soulevé par G. CALISTI dans *Il « De partu Virginis » di Iacopo Sannazaro*, Città di Castello
1926, 24-25 et « Autografi e pseudo-autografi

del *De partu Virginis* », *Giornale Storico della
Letteratura Italiana* 101 (1933), 48-72, 52.
Mais elle crut, évidemment à tort, que ce
chiffre indiquait la date d'achèvement du *De
partu Virginis*, ce que démentent tous les travaux récents. La même épigramme de dédicace, augmentée de deux distiques insérés entre
le troisième et le quatrième, servit de dédicace à Clément VII pour l'édition du *De partu
Virginis* en mai 1526 (texte critique p. 23 de
l'édition critique).

[6] Pour des arguments complémentaires,
voir VECCE, « Maiora Numina », art. cit., 54.

peut dire qu'il a l'Incarnation pour sujet, si l'on ajoute aussitôt qu'il célèbre une double *renouatio temporum* : à la naissance du Sauveur concomitante de l'Age d'or d'Auguste et de Virgile, Sannazar, comme les lettrés de Rome et Gilles de Viterbe, postule que le siècle de Léon X et de Clément VII Médicis fait correspondre une Renaissance des lettres latines accordées à la Révélation chrétienne[7]. On comprend alors aisément pourquoi il serait

[7] On pourra consulter notre étude à paraître pour l'œuvre italienne de Sannazar dans ses rapports avec son œuvre latine mais on se reportera, pour l'*Arcadia* même, à l'édition récente de F. Erspamer (Milano 1990 ; voir également G. VILLANI, *Per l'edizione critica dell'« Arcadia » del Sannazaro*, Roma 1989) ainsi que, pour les *Rime*, à l'édition maintenant vieillie de A. Mauro (I. SANNAZARO, *Opere volgari*, Bari 1961 ; voir M. SANTAGATA, *La lirica aragonese. Studi sulla poesia napoletana del secondo Quattrocento*, Padova 1979). A propos de l'Arcadie comme allégorie du loisir lettré, voir M. FUMAROLI, *L'Ecole du silence. Le sentiment des images au XVIIe siècle*, Paris 1994, 19-36. L'*editio princeps* des œuvres latines de Sannazar est le volume des *Opera omnia latine scripta* publié à Venise par Paul Manuce en 1535. Il fut très abondamment reproduit jusqu'au XVIIIe siècle (voir l'édition critique du *De partu Virginis*, *op. cit.*, introduction, IV). Les *Eclogæ piscatoriæ*, transposition de la pastorale dans le paysage marin du golfe de Naples, peuvent être lues également dans une édition nord-américaine vieillie (*Piscatory Eclogues*, ed., trad. W. P. Mustard, Baltimore 1914. Voir aussi *Le Ecloghe pescatorie*. ed. S.M. Martini, 1995). Il n'existe pas d'édition critique moderne des élégies et des épigrammes de Sannazar. A propos de Gilles de Viterbe, le lecteur trouvera la bibliographie utile des éditions et commentaires dans J.W. O'MALLEY, S.J., *Giles of Viterbo on Church and Reform. A Study in Renaissance Thought*, Leiden 1968 ; *Egidio da Viterbo, O.S.A. e il suo tempo* : Atti del V° Convegno dell'Istituto Storico Agostiniano, Roma-Viterbo 20-23 ott. 1982, Roma 1983 ; M. DERAMAIX, « La genèse du *De partu* » art. cit. ; F.X. MARTIN, O.S.A., *Friar, Reformer and Renaissance Scholar. Life and Work of Giles of Viterbo*, ed. J.E. Rotelle, Villanova 1992. A propos de l'évangélisation du Parnasse chez Sannazar, consulter M. DERAMAIX et B. LASCHKE, « *Maroni Musa proximus*

ut tumulo : l'église et le tombeau de Jacques Sannazar », *Revue de l'art*, 1992, 25-40, ainsi que notre livre à paraître pour une histoire de cette invention de Pétrarque à Sannazar lui-même. Voir également notre article intitulé « *Mons reuelationum*. L'œuvre de Jacques Sannazar ou l'évangélisation du Parnasse de Pétrarque à Gilles de Viterbe », à paraître aux éditions Odile Jacob dans un volume sur l'histoire du Parnasse de l'Antiquité au XXe siècle rassemblé par M. Fumaroli). A propos de l'intérêt de Sannazar pour l'architecture et les arts figurés en général, on lira avec grand profit C. VECCE, « Sannazaro e Alberti. Una lettura del *De re ædificatoria* », *Filologia umanistica per Gianvito Resta*, edd. V. Resta e G. Ferra, Padova 1997, vol. III : 1821-1860 et R. NALDI, *Girolamo Santacroce, Orafo e scultore napoletano del Cinquecento*, Napoli 1997 (*ad indicem*). Plus généralement, voir DERAMAIX, « *Inepta et indecora comparatio : sacris prophana miscere*. Une censure ecclésiastique post-tridentine et inédite du *De partu Virginis* de Jacopo Sannazaro », *Bulletin de l'Association Guillaume Budé* (1991), 2, 172-193 ; ID., « *Otium Parthenopeium* à la Renaissance : le lettré, l'ermite et le berger », *ibid.* (1994), 2, 187-199 ; ID., « *Theologia poetica* et imitation poétique à la Renaissance : les Champs Élysées et les limbes des Justes », *L'Ecole des Lettres* II, 4, (1995-1996), 87-99 ; ID., « *Amicum cernere numen*. Jacques Sannazar en exil en France (1501-1505), saint François de Paule et saint Nazaire », *Passer les Monts. Français en Italie– l'Italie en France (1494-1525)* : X^e colloque de la S.F.E.S.S., ed. J. Balsamo, Paris-Fiesole 1998, 313-326 ; ID., « *Proteus et chamæleon*. Le mythe virgilien de Protée et la théologie poétique dans l'œuvre de Sannazar », à paraître dans le volume des Actes de la Table ronde sur les « mythographes » organisée par J.-P. Néraudau et P. Maréchaux au Centre d'Études des Classicismes de l'Univ. de Reims (déc. 1993). De façon connexe, enfin, à propos des conceptions

tout à fait important que l'on pût, grâce à une étude philologique du texte de la *Christias* transmis par le manuscrit 7. 1. 19 de la Biblioteca Capitular y Colombina de Séville, relier l'invention de la forma antiquior du *De partu Virginis* au milieu lettré qui s'enthousiasma en mars 1513 après que fut élevé au trône de saint Pierre le fils de Laurent le Magnifique comme il l'avait fait en mai 1512 à l'occasion de l'ouverture par Gilles de Viterbe du Ve Concile du Latran[8]. Nous proposons simplement ici, en attendant de savoir si nous avons dans le manuscrit de Séville matière à réviser l'histoire de la composition du *De partu Virginis* en la rapprochant toujours davantage du milieu académique romain, une étude ecdotique des folios 109r°-115v°. En faisant voir le texte de la *Christias* au milieu des pièces variées qui l'accompagnent, cette description raisonnée pourra déjà contribuer à mieux poser les questions qu'il soulève.

Le manuscrit de Séville nous offre précisément l'occasion d'apporter une contribution à l'étude du loisir lettré des humanistes qui fréquentaient les académies informelles romaines, tenues par Angelo Colocci et le prélat luxembourgeois Hans Goritz dit Corycius[9]. Nous en saurons par la même occasion davantage sur l'insertion de Sannazar et de ses œuvres dans les goûts et les travaux de la Rome léonine et clémentine, auxquels il est attesté qu'il participa[10]. S'il est vrai que l'étude des sodalités académiques romaines au début du Cinquecento peut éclairer l'invention d'un mythe littéraire, artistique et historique où Rome réussit à être classique et chrétienne, il est de grande conséquence de constater l'insertion dans un tel

---

de la dignité de la poésie dans l'Académie napolitaine au début du Cinquecento et sur le rôle joué par la lumière dans l'*Enéide,* sujet important pour expliquer la place de Virgile à la Renaissance chez des poètes comme Sannazar, des commentateurs tels C. Landino et des théologiens platonisants et ficiniens à l'instar de Gilles de Viterbe : ID., « *Excellentia et admiratio* dans l'*Actius* de Giovanni Pontano. Une poétique et une esthétique de la perfection », *Mélanges de l'École Française de Rome. Moyen Age-Temps Modernes* 99, 1 (1987), 171-212; ID., « *Spiritus intus alit* : la poétique de la lumière dans l'*Enéide* », *Revue des Études Latines* 72 (1994), 90-112.

[8] Notre manuscrit de Séville — voir *infra,* ainsi qu'à la fin de cette étude notre hypothèse à propos du distique porté, comme nous l'avons signalé en commençant, après la date qui figure à la fin du texte de la *Christias* — offre des exemples de cet enthousiasme. Pour le discours du Gilles de Viterbe qui ouvrit les travaux du Ve Concile de Latran le

3 mai 1512, voir Cl. O'REILLY, « Without Councils we cannot be saved. Giles of Viterbo addresses the Fifth Lateran Council », *Augustiniana* 27 (1977), 166-204.

[9] Nous n'aborderons pas ici les liens entre ces sodalités savantes romaines et celle, pour la génération précédente, de Pomponio Leto. A propos de Colocci et de Goritz, voir note 2 *supra.*

[10] Sannazar figure dans les listes d'académiciens romains dressées par Angelo Colocci (Biblioteca Apostolica Vaticana, cod. Vat. Lat. 3450, feuillet collé au bord du folio 56r°-v°, transcrit dans UBALDINI, *Vita di Mons. Angelo Colocci,* cit. *supra,* appendice I, 109) et par Battista CASALI, dans son *In Desiderium Erasmum Roterdamnum inuectiua* (Biblioteca Ambrosiana, cod. G 133 inf., f° 83v°; cité par J.F. D'AMICO, *Renaissance Humanism in Papal Rome. Humanists and Churchmen on the Eve of the Reformation,* Baltimore-London 1983, 290 note 105).

contexte d'un poème qui, comme le *De partu Virginis,* peut apparaître comme un véritable programme de cette *renouatio temporum.*

En effet, le manuscrit de Séville, dans son état actuel, se poursuit du folio 116r° au folio 124r° et contient un ensemble de textes qui ont trait à la vie lettrée et savante de ce temps à Rome. Ces pages, écrites d'une main unique et identique à celle qui a copié le texte de Sannazar, peuvent être datées avec assez de précision. Le recto du folio 116 offre deux épigrammes d'un distique chacune, toutes deux préparées pour le monument funéraire d'un certain Pindarus : *Augustus pat*[auinus] *in morte pindari* et *Idem,* inc. : *Pindarus hic iaceo...* Or ce Pindarus est le prélat Gentile Santesio (ou Sandesi), secrétaire du cardinal Jean de Médicis, né en 1463-64 et mort en 1526[11]. Nous résisterons cependant à la tentation de déplacer ce folio à la fin du manuscrit — surtout tant que nous n'avons pas pu examiner la composition et la reliure du manuscrit, fascicules, feuilles volantes ou les deux — car il est connu que les lettrés de ce temps composaient souvent les épitaphes de leurs amis avant leur mort, ainsi que fait Pontano dans ses *Tumuli.* Nous trouvons au verso du folio 117 une épigramme portant la dédicace *In militem que(m)dam cadente*[m] *in octaua paschasis 1515 15 ap*[rilis][12]. Le folio 118r° inaugure une série de pièces *In statuas coritianas.* Il s'agit, comme nous allons le voir, de poèmes écrits tous les ans à l'occasion de la fête de sainte Anne, le 26 juillet, à partir de 1512, pour honorer Goritz et la statue de marbre, représentant l'Enfant, sa mère et sa grand-mère, qu'il avait commandée à Sansovino pour l'église de Sant'Agostino, église mère de l'Ordre des ermites de saint Augustin dont Gilles de Viterbe était alors le général[13]. Sans doute les pièces recueillies dans cette section homogène l'ont-elles été entre la première fête et 1514 car le folio 123r° contient le résumé d'un sermon datable du 26 décembre 1514 (*In festo diui Stephani 1514*). Enfin, le folio 124r° nous transmet deux épigrammes et des brouillons de vers en relation avec un certain Pietro Margani (*Die xxiii martii 1515 D*[omi]*no petro Margano*) et sa mort (*In mo*[r]*te d*[omi]*ni petri Margani 7 Xb*[ris] *1516*)[14].

---

[11] Voir FERRAJOLI, *Il ruolo, op. cit.,* 503-510. Son nom figure sur la liste des membres de l'Accademia Coriciana, morts avant la fin de 1548, date à laquelle elle fut probablement dressée par Paul Jove (Florence, Archivio di Stato, Carte Strozziane, filza 353, 16). Voir UBALDINI, *Vita di Angelo Colocci, op. cit.,* appendice IV, 114-115.

[12] Nous donnons entre parenthèses carrées la résolution des diphtongues signalées dans le manuscrit par une cédille ainsi que la solution des abréviations. Nous indiquons entre parenthèses ordinaires les levons douteuses ou conjecturées — le bas des feuilles, dans la dernière partie du manuscrit, a souffert d'humidité.

[13] Voir BONITO, « The saint Anne Altar », art. cit.

[14] On trouvera des renseignements dans M.A. ALTIERI, *Li Nuptiali pubblicati da Enrico Narducci,* intro. M. Miglio, app. e ind. A. Modigliani, Roma 1995 —nous remercions vivement M. le prof. Miglio, de l'Univ. de Viterbe, de nous avoir signalé cet ouvrage qui insiste sur les rapports entre Rome et Naples et où l'on voit bien, comme dans les *Baccanali* du même auteur à paraître en 1998 aux soins de L. Onofri, l'activité proprement municipale et non seulement pontificale des lettrés romains au début du Cinquecento. Ce personnage put être riche car il prêta de l'argent en caution au duc d'Urbin dans un pro-

Voyons maintenant, dans l'ordre du manuscrit, les différentes pièces qui le composent à la suite. Pour d'évidentes raisons de place disponible, nous n'en donnerons ici que les auteurs, les *incipits* et les *explicits*, réservant pour une autre occasion l'édition des textes et leur commentaire.

Les folios 116r°-117v° forment une section presque entièrement consacrée à des inscriptions romaines peu anciennes et à la difficulté qu'il y a à figurer des allégories. La première inscription, (f° 116r° : *Roma in ede pacis*, inc. : *Mane uiator...* ; des. : *siccis abi*), copiée dans l'église de Santa Maria della Pace, y est inconnue[15]. Les trois suivantes sont d'un certain *Augustus pat[auinus]* (f° 116r° : *Augustus pat[auinus] in morte pindari*, inc. : *Pindaricum corpus...* ; des. : *tempora iudicii* ; *Idem*, inc. : *Pindarus hic iaceo...* ; des. : *sparge uiator aquam* ; *Idem ad imaginem Saluatoris*, inc. : *Saluator mundi...* ; des. : *(u)adere semper iter*) et les deux premières d'entre elles sont des épigrammes funéraires composées en mémoire de Gentile Santesio mais pas nécessairement au printemps de 1526 pour les raisons que nous avons dites. Nous reviendrons, à la fin de cette étude, à l'identification de ce Padouan, qui figure sur la liste des membres de l'académie de Goritz attribuée à Paul Jove[16]. Les pièces cinq à sept nous transmettent les textes de trois inscriptions. La première (f° 116v° : *In [æ]de Minerue*, inc. : *Describant titulos...* ; des. : *hospes habet*) et la troisième (*ibid.*, *In ede Minerue*, inc. : *Portius hic puer...* ; des. : *occidit ante diem*) furent copiées dans l'église de Santa Maria sopra Minerva mais sont absentes des répertoires[17]. La seconde, en revanche

cès romain, en août 1511 (FERRAJOLI, *Il ruolo, op. cit.*, 469, note 1.). Il s'agit probablement du mari en premières noces de Giulia, fille de Pietro Colonna de Palestrina et morte à Rome en 1570. Si c'est exact, elle fut ensuite mariée à Prosperetto Colonna duc des Marses, mort en 1528. La même Giulia le fut probablement une troisième fois à Giuliano de' Cesarini. Ce dernier servit en 1537 de prête-nom aux Farnèse dans la première vente de la vigna du Palatin à la famille pontificale par Marc'Antonio Palosci (A. VISCOGLIOSI, « Gli orti farnesiani : cento anni di trasformazioni (1537-1635) », *Gli Orti farnesiani sul Palatino* : Roma Antica 2, Ecole Française de Rome-Soprintendenza Archeologica, Roma 1990, 299-339, 299-300 et note 7). Voir ci-dessous la mention, problématique à la date de ce manuscrit, d'un *ager* Farnesi au bas du folio 117v°.

15 *Iscrizioni delle Chiese e d'altri edifici di Roma dal secolo XI fino ai giorni nostri*, ed. V. Forcella, vol. V, Roma 1874, 487-512 ; vol. XIII, Roma 1879, 485.

16 Cet Augustus Patauinus, comme le nomme la liste des académiciens (voir UBAL-DINI, *Vita di mons. Colocci, op. cit.*, app. IV, 114-115), était donc vivant en 1526. Sur Santesio, voir *supra*. Signalons que ces deux épigrammes funéraires ne servirent pas puisque FORCELLA, *Iscrizioni, op. cit.*, vol. V, Roma 1874, 39 note 113, enregistre l'inscription maintenant disparue que lui composa Jacques Sadolet et qu'il fit graver dans l'église de Sant'Agostino, où se trouve le marbre de Sansovino commandé par Goritz et mis en place en 1512.

17 FORCELLA, *Iscrizioni, op. cit.*, vol. I, Roma 1869, 407-539 ; 545-547, vol. XIII, Roma 1879, 378-402. Précisons cependant que le même vol. V enregistre sous les numéros 1614 (p. 422 ; inscription de l'année 1482), 1648 (430), 1653 (430), 1665 (433) et 1826 (469) des inscriptions relatives à la famille Porcari (Porcia, Portia). Un Camillus Portius figure dans la liste des académiciens coryciens (*ibid.*), comme nous le verrons plus loin. Le *puer* mort devait être un parent. A propos de la famille romaine des Porcari, voir A. MODIGLIANI, *I Porcari : storie di una famiglia romana tra Medioevo e Rinascimento*, Roma 1994.

(*ibid.*, *In ede diui Augustini*, inc. : *Lidia dulcisonis...* ; des. : *rapta dolet*), est
bien attestée par Forcella dans l'église de Sant'Agostino et date de 1496[18].
Le texte suivant, en prose, est étranger à cette section[19]. Plus intéressants
sont les trois prochains textes ou groupes, en prose et en vers, car il mettent
en relation directe l'érudition allégorique et sa traduction picturale. Le premier texte (f° 117r° : *Philosophie descriptio*, inc. : *Pingitur mulier formosa
oculis uegetis ueste contrita...* ; des. : *prouidentia*) décrit une représentation figurée allégorique de la Philosophie. Le second associe une description d'une
peinture du Temps (*ibid.*, *Temporis effigiatio*, inc. : *Pingitur in ære nebula in
qua senex nudus...* ; des. : *nouaculam manu tenens*) à deux distiques sur le
même sujet (*ibid.*, inc. : *Armata uastat tempus...* ; des. : *s(e)cunda manu*). Le
troisième texte, enfin (f° 117r°-117v° : *Allegoria*, inc. : *Apollo deus est sapien-
tum...* ; des. : *animi a corpore segregatio* [et] *disiunctio*), décrit sans le soutien
de la représentation figurée Apollon présidant aux sources de la *sapientia* et
de la *uoluptas studiorum*. Le treizième texte de cette section est une autre inscription composée de deux distiques, relevée à Santa Maria sopra Minerva
et inconnue (f° 117v° : *In ede Minerue*, inc. : *C[æ]tera si abnuitis...* ; des. : *sed
ut dolea*[m]), suivie d'une liste en sept points des degrés par lesquels un pé-
ché devient « défendable »[20]. Puis nous trouvons l'épigramme funéraire satirique contre un soldat que nous avons évoquée en datant cette partie du
manuscrit (*ibid.*, *In militem...*, inc. : *Cur miles cecidit...* ; des. : *quo comitatus
erat*). Le distique qui la suit, inconnu semble-t-il, est d'un intérêt particulier
parce qu'il témoigne de visites faites par l'auteur du manuscrit dans des catacombes romaines (*ibid.*, *In cemitero Calixti*, inc. : *Visitet h[a]c pia mens...* ;
des. : *gloria perpes erit*). Des visites y furent organisées par les Franciscains
dès 1432 et l'on sait l'attraction que les catacombes ou la Domus Aurea
exercèrent sur les académiciens, tel Platina, réunis autour de Pomponio
Leto une génération avant notre manuscrit. Ils y laissèrent souvent des graf-
fiti[21]. Enfin, cette section s'achève avec deux distiques probablement rele-

---

18 *Iscrizioni, op. cit.*, vol. V, Roma 1874, 21
note 53 (var. dans le manuscrit de Séville ;
corriger dans Forcella la date de l'inscription,
qui oublie le « L » de M.CCCC[L]XXXXVI).

19 *Ibid.* : *Io*[annes] *Toscanella in nuptiis
Ill*[ustrissi]*mi Leonelli esten*[sis] *cum Maria filia regis Alphonsi p*[ri]*mi*, inc. : *Magnificentie
nuptiarum...* ; des. : *modiia (sic) oct(o)genta ab-
sumpta.* Nous avouons ne pas savoir à quel
titre figure ici ce résumé des dépenses de
bouche à l'occasion du mariage de Lionel
d'Este et de Marie d'Aragon, fille d'Alphonse V d'Aragon et Ier de Naples et de Sicile, dit
Alphonse le Magnanime, mariage qui nous
reporte au milieu du XVe siècle.

20 FORCELLA, *Iscrizioni, op. cit.*, vol. I,
Roma, 1869, 407-539 ; 545-547 ; vol. XIII,

Roma 1879, 378-402. Folio 117v°, inc. : *peccatum p*[rimo] *est intolerab*[i]*le...* ; des. : *7° de-
fensibile.* Voir, dans la troisième section de ce
manuscrit (f° 121v°), les quatre distiques inti-
tulés *delictor*[um] *ordo* et qui arrivent à la
même conclusion.

21 E. DELARUELLE et alii, *L'Eglise au temps
du Grand Schisme et de la crise conciliaire
(1378-1449). Histoire de l'Église*, XIV, edd.
A. Fliche et V. Martin, Paris 1964, 1146 ; PLA-
TINA, *Liber de uita Christi ac omnium pontifi-
cum*, ed. G. Gaida, *Rerum Italicarum Scriptores*, 2e éd., ed. Muratori, Città di Castello
1913-1932, vol. III, part. I, 33 ; R. WEISS, *The
Renaissance Discovery of Classical Antiquity*,
Oxford 1969, 162 ; E. LEE, *Sixtus IV and Men
of Letters*, Roma, 1978, 7, 61 ; A.J. DUNSTON,

vés au palais du Latran : l'un célèbre un pape qui doit être Léon X (*ibid., In lateranensi*, inc. : *Orbis maxime...* ; des. : *columna*) et l'autre vante une propriété (*ager*) appartenant aux Farnèse, dont l'éternel printemps disqualifie les fleurs qui poussent dans d'autres jardins (*aliis... in hortis*) (*ibid., Ibid*[em], inc. : (*non legitur*) *flor(es)...* ; des. : *uernat ager*) [22].

Cette première section est au total bien caractéristique de la *pietas* des humanistes. La célébration de la mémoire des compagnons disparus en était l'un des articles majeurs et faisait partie des exercices de l'*otium* lettré : que l'on songe encore au recueil des *Tumuli* du napolitain Giovanni Pontano, documents de cette fidélité dont Sannazar, dans les proses X et XI puis l'églogue XI de *l'Arcadia,* fournit l'allégorie pastorale dans l'épisode du tombeau de Massilia, de ses jardins et des jeux donnés en son honneur. Aussi le goût si connu des humanistes pour les inscriptions se traduit-il dans notre manuscrit par un intérêt particulier pour des textes récents et pour la composition d'épitaphes. L'attestation de visites aux catacombes nous permet, d'autre part, de mieux situer l'auteur du manuscrit de Séville au sein de la Rome savante à la recherche des « antiquités ». Enfin, il convient de souligner la rareté pour cette époque, à notre connaissance, des témoignages écrits sur la coopération entre l'érudition allégorico-mythologique et l'art pictural. Non content de commander à Andrea Sansovino le marbre qui orne l'autel consacré à sainte Anne dans l'église de Sant'Agostino, le prélat Hans Goritz fit peindre à fresque par Raphaël un Isaïe au-dessus de l'autel et l'on soupçonne avec raison Gilles de Viterbe d'en avoir inspiré le détail [23]. Bien plus : nous croyons que c'est de l'ensemble qu'il faudra rendre la paternité à ce théologien.

La section suivante nous conduit au sein de l'académie présidée par Goritz et, très précisément, à la publication, en 1524, des *Coryciana,* poésies la-

---

« Pope Paul II and the Humanists », *The Journal of Religious History* VII (1972-1973), 287-306, 288-289 ; R.J. PALERMINO, « The Roman Academy, the Catacombs, and the Conspiracy of 1468 », *Archivum Historiæ Pontificiæ* XVIII (1980), 117-155. Nous ne sommes pas en mesure de dater cette inscription (copiée sur place ? composée pour y être laissée ?), mais elle ne semble pas antérieure au XVe ou au XVIe siècles. Elle ne figure pas dans les *Inscriptiones Christianæ Urbis Romæ septimo sæculo antiquiores,* edd. G.B. De Rossi, A. Silvagni, A. Ferrua, n.s., vol. III, Romæ 1956, *Appendix altera : inscriptiones quæ in cœmeterio Callisti repertæ traduntur,* 328-404). Précisons que la mention des catacombes de Saint-Calixte n'implique pas nécessairement, aux dires des spécialistes consultés, qu'il s'agisse de celles que nous connaissons aujourd'hui sous ce nom.

[22] On ne saurait, à une date aussi haute que celle qu'implique ce manuscrit, identifier sans enquête plus complète cet *ager* avec un embryon des Orti Farnesiani du Palatin, dont la première vente aux Farnèse (sous un prête-nom) ne serait pas antérieure à 1537. Toutefois, les liens exposés plus haut entre l'auteur de ce manuscrit et Pietro Margani, un homme qui se prêtait aux fonctions d'intermédiaire dans des opérations financières et qui fut marié à celle qui devait être ensuite l'épouse du prête-nom des Farnèse en 1537, nous engagent à ne pas refermer cette *quæstio uexata.*

[23] Voir BONITO, « The Saint Anne Altar », art. cit. Il conviendra, bien entendu, de re-

tines composées —nous l'avons dit— en l'honneur de la fête de sainte
Anne. Il s'agit de pièces d'ampleur variée, ecphrases de l'Enfant, de la Vierge et de sainte Anne sculptés par Sansovino ou bien louanges du Mécène qui
les a commandés[24]. Beaucoup des textes que le manuscrit de Séville nous
transmet, avec de nombreuses variantes d'intérêt inégal, appartiennent à la
section du livre I des *Coryciana* intitulée *Icones,* par ce qu'elle rassemble les
poèmes qui décrivent et louent le marbre de Sansovino ainsi que, parfois, la
fresque de Raphaël avec lui. D'autres ne sont pas entrés dans le recueil et
sont inédits. D'autres, enfin, présents dans le volume imprimé, portent un
nom d'auteur alors que les *Coryciana* les donnent pour anonymes ou bien
témoignent de l'opération inverse. Cette dernière remarque, dont on va
voir le détail, suffit à garantir que les textes contenus dans le manuscrit de
Séville n'ont pas été compilés à partir de l'édition imprimée. Pour plus de
facilité et de brièveté, nous exposerons ici le contenu du manuscrit sous forme de catalogue. Nous donnerons à la suite entre parenthèses, quand le texte du manuscrit de Séville y figure, les références aux folios dans l'édition
originale ainsi que le numéro de la pièce dans l'édition moderne récente.
Nous indiquerons l'auteur ou préciserons l'anonymat selon ces deux éditions. Enfin, nous dirons si notre manuscrit offre des variantes par rapport
aux deux manuscrits qui ont servi à l'établissement de l'édition fournie par
IJsewijn. On trouvera en notes les sources disponibles sur les auteurs[25].

chercher si ces allégories se retrouvent parmi les innombrables dessins et esquisses laissées par l'atelier et les disciples de Raphaël à cette époque. L'importance des échanges entre let-trés et artistes de Rome et de Naples rend pertinents au cas romain qui nous occupe les travaux récents de Vecce («Sannazaro e Al-berti», art. cit.) et de Naldi (*Girolamo Santa-croce, op. cit.*) qui montrent la profondeur des liens de Sannazar avec les artistes de son temps.

[24] Nous avons utilisé l'édition originale en possession de la Biblioteca Angelica de Rome (non foliotée; colophon: *Impressum Romæ apud Ludouicum Vicentinum/ Et Lautitium Perusinum. Mense Iulio/ MDXXIIII*) ainsi que l'édition parue au moment où nous travail-lions à cette étude: IJSEWIJN, *Coryciana criti-ce edidit, carminibus extrauagantibus auxit, præfatione et annotationibus instruxit,* Romæ 1997. Voir l'introduction, 1-28, qui fait suite à RUYSSCHAERT, «Les péripéties», art. cit., bibliographie IX-X.

[25] Nous renvoyons les notices sur les au-teurs à une étude qui sera plus particulière-ment consacrée aux textes de cette partie du manuscrit. Dans les notes qui suivent, nous

avons additionné les informations et sources bibliographiques que nous avions trouvées à celles que fournit l'édition critique de J. IJse-wijn (393-403), dont nous utilisons les abré-viations pour plus d'unité. BIGNAMI = J. BI-GNAMI ODIER, J. RUYSSCHAERT, *La Bibliothèque Vaticane de Sixte IV à Pie XI. Re-cherches sur l'histoire des collections de manus-crits*: Studi e Testi 272, Città del Vaticano 1973; *C.E. = Contemporaries of Erasmus. A Biographical Register of the Renaissance and the Reformation,* edd. P.G. BIETENHOLZ, Th. B. DEUTSCHER, 3 vol., Toronto 1985-1988; *D.B.I. = Dizionario biografico degli Italiani*; ELLINGER = G. ELLINGER, *Geschichte der neu-lateinischen Literatur Deutschlands im sech-zehnten Jahrhundert,* Bd. I, Berlin-Leipzig 1919; FANELLI = UBALDINI, *Vita di. Angelo Colocci, op. cit.*; FANTAZZI-PEROSA = SANNA-ZARO, *De partu Virginis, op. cit.*; GNOLI = GNOLI, *La Roma, op. cit.*; GY = Lilius Gre-gorius GYRALDUS (Giraldi), *Dialogi II de poe-tis suorum temporum, Opera omnia,* Lugduni Batauorum 1696, t. II; JOVE1 = Paolo GIO-VIO, *Elogia doctorum uirorum,* Antverpiæ 1557; IOVIUS = *Pauli IOVII Opera... denuo edi-ta,* Tomus IX: *Dialogi et descriptiones,* ed.

(f° 118r°) *In statuas coritianas*

– *ph*[lippus] *Beroaldus,* inc. : *Vobis coritius...* ; des. : *uos coluit pie*
(f° 16r°/ note 21. *Philippus Beroaldus Iunior.* Var. dans le manuscrit de
Séville) [26].

– *A*[ugustus] *P*[atauinus], inc. : *Diuine archetypos...* ; des. : *uiuere*
posse dedit (f° 15v°/ note 18. Adelon. Var. *ibid.*) [27].

– *Ce*[sar] *Saccus,* inc. : *Anna fuit genitrix...* ; (f° 118v°) des. : *corpora*
uiua putes (f° 15r°-v°/ note 17. *Cæsar Saccus.* Var. *ibid.*) [28].

– *A*[ugustus] *P*[atauinus], inc. : *Saxea deductum...* ; des. : *an mage*
carminibus (absent de l'éd. de 1524/ note 20A dans l'éd. de 1997. *Ade-*
lon. Var. *ibid.*) [29].

– *Eiusdem,* inc. : *Se posuere...* ; des. : *sedere loco* (absent de l'éd. de
1524).

– *Blosius,* inc. : *Ut posses olim...* ; des. : *illa dei* (f° 14v°/ note 9. *Blos-*
sius Palladius Romanus. Var. *ibid.*) [30].

– *Casa noua,* inc. : *Non alium Coriti...* ; des. : *se poliisse manum*
(f° 14v°/ note 11. *Marcus Antonius Casanoua.* Var. *ibid.*) [31].

E. Travi, M. Penco, Romæ 1984 ; PEROSA-
SPARROW = A. PEROSA, J. SPARROW, *Renais-*
sance Latin Verse. An Anthology, London
1979 ; PIERIUS = Pierio VALERIANO, *De litte-*
ratorum infelicitate libri duo, Venetiis 1620 ;
RUOLO = Alessandro FERRAJOLI, *Il Ruolo*
della Corte, op. cit.

[26] Philippe Béroalde Junior de Bologne.
E. PARATORE, « Un ignoto poeta della Roma
di Leone X, Filippo Beroaldo junior » dans
ID., *Spigolature romane e romanesche,* Roma
1967, 75-114 ; RUOLO, 455-466 ; FANELLI, 69
note 47, 131 note 113, 163 (App. IV :
membre de l'académie corycienne) ; *D.B.I.,*
s.v., 9, 384-388 ; GY, 538 ; PIERIUS, 26 ; IOVE l,
111-113 ; BIGNAMI, 28-29 ; *C.E.* I, 135.

[27] Nous développons les initiales « A.P. »
de la seule façon que permettent les noms
portés dans l'ensemble du manuscrit, c'est-à-
dire ici d'après la mention *Augustus pat*[aui-
nus] au folio 116r°. Sur l'identité de cet Augustus Patauinus, membre de l'académie de
Goritz (FANELLI, App. IV), voir la fin de cette étude. L'attribution de ce poème à ce personnage, contre l'édition de 1524 qui le déclare *Adelon,* c'est-à-dire « anonyme », fait
entrer son auteur parmi ceux des *Corcyiana.*
Blosius Palladius (Biagio Pallai, voir *infra*),
l'éditeur des *Coryciana,* ignorait apparemment son nom. La mention *Adelon* (anonyme) veut transcrire, avec les incertitudes
propres au début du XVIᵉ siècle quant à la pro-
nonciation du grec, l'adjectif « adêlon ».

[28] *Saccus* ou plutôt *Sacceus,* de Lodi, familier de Giacomo Trivulzio. PIERIUS, 80-81.
[29] Voir *supra.* L'édition critique des *Cory-*
ciana ajoute aux pièces retenues par l'*editio*
princeps celles qui, écartées, figurent cependant dans l'un au moins des deux manuscrits
du recueil (Biblioteca Corsiniana, Rome :
Niccolo' Rossi 207 ; Biblioteca Apostolica
Vaticana : Vat. Lat. 2754).

[30] Il s'agit de Biagio Pallai (*ca.* 1485 à Col-
levecchio-Rome, 12 août 1550), l'un des éditeurs des *Coryciana* (voir RUYSSCHAERT,
« Les péripéties », art. cit. et l'introduction à
l'édition critique, 21-22). FANELLI, notes 40,
45, 69, notes 110, 113, 131, 163 ; GY, 544 ; IO-
VIUS, 236, 251 ; FANTAZZI-PEROSA, XI ; M.
QUINLAN-MCGRATH, « Blosius Palladius, *Su-*
burbanum Augustini Chisii. Introduction, Latin Text and English Translation », *Humanis-*
tica Lovaniensia 39 (1990), 93-156 ; E.
BENTIVOGLIO, *Blosio Palladio di Collevecchio*
in Sabina nella Roma tra Giulio II e Giulio
III : Collana di studi storici e artistici della Sabina 1, Collevecchio in Sabina 1990 ; M. DE-
WAR, « Blosio Palladio and the *Siluæ* of Sta-
tius », *Res Publica Literarum* 13 (1990), 59-64 ;
ID., « *Encomium* of Agostino Chigi and Pope
Julius II in the *Suburbanum Augustini Chisii*
of Blosio Palladio », *ibid.* 14 (1991), 61-68.
[31] Marcantonio Casanova (ca. 1475-1528),
FANELLI, 52 note 47, 68 note 71, 90 note 111,
note 165, App. I : membre de l'académie de
Colocci (casanoua), App. IV : membre de

– *Cathaneus,* inc. : *Tres Charites...* ; des. : *uota feres* (f° 15r° / note 15. *Ioannes Maria Cataneus.* Var. *ibid.*) [32].

– (Sausnarus ? *ut uidetur*), inc. : *Marmora mortales...* ; des. : *uidet ipse deus* (absent de l'éd. de 1524) [33].

– *P*[etrus] *Cursius,* inc. : *minime legitur* (éd. de 1524 : *Dum petit ex uno...*) ; des. : *tres superi* (f° 14v° / note 12. *Petrus Cursius.* Var. *ibid.*) [34].

– (f° 119r°) *Idem,* inc. : *Alloquere* [et] *castis...* ; des. : *si pia uota facis* (f° 14v° / note 13. *Petrus Cursius*).

– *Ade*[lon], inc. : *Quis dedit huic...* ; des. : *saxum animat pietas* (f° 15r° / note 14. *Hieronymus Angerianus.* Var. *ibid.*) [35].

– *Sadoletus ad Io*[annem] *Coritium,* inc. : *Doctu*(a ; corr. : u)*m* [et] *nobile...* ; des. : *alio nitere diuos* (f° 15r° / note 16. *Iacobus Sadoletus ad Corytium.* Var. *ibid.*) [36].

– *Vinc*[entius] *pampinellus,* inc. : *Fœlix Coritius...* ; des. : *plura uacant* (f° 16v° / note 22. *Vincentius Pimpinellus.* Var. *ibid.*) [37].

– *p. Antonius Cippius,* inc. : *Mirari statuas Coriti...* ; des. : *cum pietate decus* (f° 16v° / note 23. *P. Antonius Cippius.* Var. *ibid.*) [38].

---

l'académie de Goritz (M. Antonius Casanoua) ; *D.B.I., s.v.,* 21, 171-174 ; GY, 541 ; PIERIUS, 86 ; IOVE l, 165-166 ; IOVIUS, 234-236 ; ELLINGER I, 258-259 ; FANTAZZI-PEROSA, XI ; S. SEIDEL-MENCHI, *Erasmo in Italia 1520-1580,* Torino 1987, 64, 371 note 115 ; E. KLECKER, *Dichtung über Dichtung. Homer und Vergil in lateinischen Gedichten italienischer Humanisten des 15. und 16. Jahrhunderts* : Wiener Studien 20, Wien 1974, 204-206.

[32] Il faut distinguer Giovanni Maria Cataneo de Novare (mort à Rome en 1529-30) de Giovan Battista Cataneo d'Imola — il figure parmi les auteurs du manuscrit de Séville, voir *infra.* Il fut l'un des éditeurs des *Coryciana* (voir RUYSSCHAERT, « Les péripéties », art. cit.). FANELLI, App. IV : membre de l'académie corycienne (Io. Maria Cataneus) ; *D.B.I., s.v.,* 22, 486-471 ; PIERIUS ; GY, 540 ; IOVE l, 172-174 ; IOVIUS, 234 ; G. BERTOLOTTO, « *Genua,* poemetto di Giovanni Maria Cataneo », *Atti della Società ligure di storia patria* 24 (1892), 727-772 ; M. BERTOLA, *I due primi registri di prestito della Biblioteca Apostolica Vaticana, codici Vaticani latini 3964, 3966,* Città del Vaticano 1942, 78, 84 ; FANTAZZI-PEROSA, XI.

[33] Quoique le nom de l'auteur soit sur dans le manuscrit, aucun ne lui ressemble dans les index et les sources consultés.

[34] Pietro Corsi de Carpineto. FANELLI, notes 47, 71, 72, 108 ; App. I : membre de l'académie de Colocci (Cursio) ; App. IV : membre de l'académie corycienne (Petrus Curtius) ; *D.B.I., s.v.,* 29, 579-581 ; GY, 545 ; IOVIUS, 236 ; PIERIUS ; CE I, 344.

[35] Girolamo Angeriano de Naples (1470-1535). IOVIUS, 238 ; *D.B.I., s.v.,* 3, 255 ; ELLINGER I, 243-245 ; L. FIRPO, *Girolamo Angeriano* : Società Nazionale di Scienze, Lettere ed Arti in Napoli. Accademia di Scienze Morali e Politiche, Quaderno 12, Napoli 1973 ; PEROSA-SPARROW, 223-224.

[36] Il est superflu de présenter le cardinal Jacques Sadolet (1477-1547), l'un des bons amis de Sannazar (voir DERAMAIX, « La genèse du *De partu* », art. cit., 175-176). FANELLI, *passim,* App. I : membre de l'académie de Colocci (Sadoleto) ; App. IV : membre de l'académie corycienne (Sadoletus Cardinalis) ; GY ; IOVIUS, 249 ; RUOLO, 333-428 ; PEROSA-SPARROW, 185 ; FANTAZZI-PEROSA, XIII. Voir entre autres études A. JOLY, *Étude sur J. Sadolet,* Caen 1856 ; S. RITTER, *Un umanista teologo,* Roma 1912 et surtout R.M. DOUGLAS, *Jacopo Sadoleto 1477-1547 : Humanist and Reformer,* Cambridge Mass. 1959.

[37] Vincenzo Pimpinella de Rome. FANELLI, App. IV : membre de l'académie corycienne (Pimpinella Romanus) ; IOVIUS, 249.

[38] Nous n'avons rien trouvé à propos de cet auteur, dont l'édition critique d'Ijsewijn ne dit mot. Toutefois, la présence de «*p*» (pour *P*[ater]?) en plus du prénom dans

– p. hersilius, inc. : *Cum tulerit c[œ]lo...* ; des. : (numen habere m)*anus* (f° 28r° / note 66. *P. Hersilius*. Var. *ibid.*) [39].

– (f° 119v°) *Io*[annes] *bap*[tis]ta Cathaneus Imolen[sis], inc. : *Aspice coritio uotum...* ; des. : *non minus artis habet* (f° 28r° / note 65. *Io. Baptista Cataneus Imol.* Var. *ibid.*) [40].

– *Andreas fuluius*, inc. : *Miratur genitrix natum...* ; des. : *p*[ro]*meruere parem* (f° 16v° / note 24. *Andreas Fuluius*. Var. *ibid.*) [41].

– anonyme, inc. : *Virgo parens...* ; des. : *mystica missa tibi* (f° 16r° / note 20. *Adelon*. Var. *ibid.*).

– *A*[ugustus] *P*[atauinus], inc. : *Hinc Anna...* ; des. : (fin)*geret artis opus* (f° 15v° / note 19. *Adelon*. Var. *ibid.*) [42].

– anonyme (Augustus Patauinus ?), inc. : (Tecum auia mater, *ut uidetur*)... ; des. : (ora superna *ut uidetur*) *sonos* (absent de l'éd. de 1524) [43].

– (f° 120r°) anonyme (Augustus Patauinus ?), inc. : *Desinit extremum...* ; des. : *constat ab arte lapis* (absent de l'éd. de 1524).

– *Alfonsus Montoya hyspanus*, inc. : *Signa trium cernis...* ; des. : *loquiturq*[ue] *deus* (absent de l'éd. de 1524) [44].

– *Cuiusdam in laudem Andree hermoglyphi*, inc. : *Quis dubitet primum finxisse...* ; des. : *fecit et arte deos* (absent de l'éd. de 1524) [45].

– *Petra sancta*, inc. : *Coritius simulacra...* ; des. : *non simulauit opus* (f° 17r° / note 28. *Petrasancta*. Var. *ibid.*) [46].

– *Camillus portius*, inc. : *Augustam dum forte...* ; (f° 120v°) des. : *superis statuas* (f° 21r°-v° / note 35. *Camillus Porcius*. Var. *ibid.*) [47].

notre manuscrit comme dans l'édition de 1524 (l'édition critique omet ce détail, 396) suggère qu'il fut prêtre.

[39] Il est exclu qu'il s'agisse de Francesco Arsilli (l'Arsillus Senogalliensis de la liste des académiciens coryciens) que l'édition des *Coryciana* appelle Arsillus ou de Gaspar Arsillensis Bononiensis, qui figure sur la même liste : il est enregistré par l'édition de 1524 comme auteur distinct. Le « *p* » du manuscrit ou le « P » de l'édition de 1524 sont sans doute à développer en « *p*[ater] » ; il aurait alors été prêtre.

[40] Ce Giovan Battista Cataneo d'Imola est distinct de Giovan Maria Cataneo signalé ci-dessus. Il nous est inconnu.

[41] Andrea Fulvio de Préneste (*ca.* 1475-1527 ?). Fanelli, 42 note 50, 44 note 53, 50 note 61, 103 ; R. Weiss, « Andrea Fulvio antiquario romano (*ca.* 1470-1527) », *Annali della Scuola Normale Superiore di Pisa* 18 (1969), 1-44.

[42] Se reporter à la fin de cette étude pour l'identification de cet auteur, indiqué ici comme il l'est ci-dessus pour la deuxième épigramme de cette section du manuscrit.

[43] Ici comme pour la pièce suivante, notre

hypothèse est fondée sur le simple fait, fragile, que ces textes se suivent, sans mention telle que *idem*.

[44] Nous ignorons qui est cet Alfonso Montoya : Espagnol venu à Rome à la suite d'Alexandre VI ? membre de la maison d'un cardinal espagnol ?

[45] Il s'agit, dans le titre, d'Andrea Sansovino, le sculpteur du groupe représentant sainte Anne, la Vierge et l'Enfant commandé par Goritz (voir *supra*).

[46] Tommaso Pighinuzzi da Pietrasanta, de Lucques. Fanelli, 40 note 32, 38, 71 note 47, 108, 163, 90, note 165 ; App. I : membre de l'académie de Colocci (apparemment noté deux fois par erreur : « pietra s.ta » et « pietras.cta ») ; App. IV : membre de l'académie corycienne (Petrasancta Lucensis) ; Pierius, *D.B.I.*

[47] Camillo Porcari, professeur de rhétorique en 1514 au *Studium Urbis*. Ruolo, 380 note 3, 479 note 3 ; Fanelli, 71 note 50, 117 note ; App. IV : membre de l'académie corycienne (Camillus Portius) ; Gy, 544 ; Pierius, 11 ; Iovius, 250 ; Gnoli, 170. A propos de la famille romaine des Porcari, voir Modigliani, *I Porcari*, op. cit.

– *M*[arcus] *Caballus*, inc. : *Fallor an hoc...* ; des. : *Coritii pietas* (f° 17r°/ note 26. *Marcus Caballus*. Var. *ibid.*) [48].

– anonyme, inc. : *Anna parit Mariam...* ; des. : *membra tuis* (f° 17r°-v°/ note 29. *Cæsar Saccus*. Var. *ibid.*) [49].

– *Io*[annes] *franciscus Vitalis panhormitanus*, inc. : *Quis neget ad priscos...* ; des. : *membra mouet* (absent de l'éd. de 1524/ note 63A dans l'éd. de 1997. *Ianus Vitalis Panormitanus*. Var. *ibid.*) [50].

– (f° 121r°) *Casa noua*, inc. : *Pyerii uates...* ; des. : *mollia saxa sumus* (f° 14v°/ note 10. *Marcus Antonius Casanoua*. Var. *ibid.*) [51].

– *A*[ugustus] *P*[atauinus], inc. : *Non locus est...* ; des. : *cum genitrice iuuent* (absent de l'éd. de 1524) [52].

– *Campilii Campelli*, inc. : *Andre*[æ] *scalptoris...* ; des. : *sua dona deis* (absent de l'éd. de 1524) [53].

– anonyme (Campilius Campellus?), inc. : *Quo mare...* ; des. : *saxea forma capit* (absent de l'éd. de 1524).

– *Maxius*, inc. : *Dum (r)ota ter centum...* ; (f° 121v°) des. : *hoc pietatis opus* (absent de l'éd. de 1524) [54].

Dans deux cas, le manuscrit de Séville donne pour anonymes des poèmes attribués par l'édition de 1524 des *Coryciana* à Hieronymus Angerianus (Girolamo Angeriano) et à Cæsar Saccus (Cesare Sacco). En revanche, ce manuscrit rend au mystérieux Augustus Patauinus deux pièces données pour anonymes par les deux manuscrits du recueil et les éditions. Il nous transmet dix épigrammes inédites dont trois (et peut-être cinq) doivent être attribuées à ce personnage. Le manuscrit de Séville nous offre également de nombreuses variantes par rapport aux leçons des deux manuscrits dont dépendent les éditions. Enfin, les vingt-deux épigrammes ici rassemblées se retrouvent toutes parmi les cinquante-sept premières *icones* du livre I des *Coryciana*, c'est-à-dire entre la neuvième qui ouvre la série et la soixante-sixième [55]. Aussi peut-on conjecturer, puisque l'ensemble du recueil de 1524

---

[48] Marco Cavallo d'Ancône (mort en 1524?) membre des deux académies (FANELLI, 44 note 20; App. I : M. Cavallo et IV : Marcus Caballus); *D.B.I.*, *s.v.*, 22, 788-792; GY, 538; PIERIUS, 41-42.

[49] Sur Cesare Sacco de Lodi, voir *supra*.

[50] Giano Vitale de Palerme (*ca.* 1485-*ca.* 1560). GY, 545; IOVIUS, 236; ELLINGER I, 236-238; PEROSA-SPARROW, 242-245. Voir G. TUMINELLO, «Giano Vitale umanista del secolo XVI», *Archivio Storico Siciliano*, n.s., 8 (1883), 1-94; G.L. MONCALLERO, *Imperia de Paris nella Roma del Cinquecento e i suoi cantori funebri*, Roma 1962, 147-153; G.H. TUCKER, «Sur les *Elogia* (1553) de Ianus Vitalis et les *Antiquitez de Rome* de Joachim du Bellay», *Bibliothèque d'Humanisme et Renaissance* 47 (1985), 103-112; *ibid.* 48 (1986), 751-756; O. NICCOLI, «High and Low Prophetic Culture in Rome at the Beginning of the Sixteenth Century», *Prophetic Rome in the High Renaissance Period*, ed. M. Reeves, Oxford 1992, 203-237 (218-219). Vitale fut, avec un certain Siluanus, à l'origine de l'édition des *Coryciana* : voir RUYSSCHAERT, «Les péripéties», art. cit. et l'introduction de l'édition critique, 17-22.

[51] Voir *supra*.

[52] Se reporter à la fin de cette étude pour l'identité de cet auteur. Voir ci-dessus pour le développement des deux initiales.

[53] Le seul rapprochement auquel on peut songer est pour ce Campilius Campellus le nom Capellius Cremonensis dans la liste des académiciens coryciens. L'hypothèse d'attribution du texte suivant dépend du seul fait qu'ils se suivent.

[54] Auteur inconnu.

compte trois cent quatre-vingt-dix-neuf pièces, que les épigrammes rassemblées dans le manuscrit de Séville l'ont été en un laps de temps assez court à partir de la première célébration de la fête de sainte Anne par les *sodales* de Goritz, le 26 juillet 1512, avant d'être recopiées. Si nous tenons compte de la chronologie régulière des pièces du manuscrit (la date de composition de l'épitaphe de Gentile Sandesi Pindarus mise à part) et, donc, de la présence au folio 123r° d'un sermon datable du 26 décembre 1514 (*In festo diui Stephani* 1514), nous penserons que ces *carmina* furent en effet recueillis à la suite des deux premières célébrations poétiques.

La dernière partie du manuscrit présente un ensemble de textes disparates : épigrammes funéraires pour deux frères, pièces satiriques et facétieuses, résumé en langue vulgaire d'un sermon, jeux verbaux, brouillons de vers pour un ami malade puis mort, épigramme sur le bonheur de la vie lettrée. Nous les présenterons brièvement pour finir.

La première et la quatrième des pièces de cette section sont liées. L'*incipit* de la première (f° 121v° : *In sepulchro d*[omi]*ni Andree Guidonis Mutinen*[sis], inc. : *Quid me sancte leo ploras...* ; des. : *sit mihi candidior*) suffit à suggérer que son destinataire défunt, Andrea Guidone de Modène, était un proche de Léon X et qu'il mourut du vivant du pontife. Elle doit être mise en rapport avec la quatrième (f° 122r° : *Ep*[it]*a*[phiu]*m Barth*[olome]*i*, inc. : *Qui meruit decimo gratus esse Leoni...* ; des. : *mortis et ordo fuit*), nouvelle épitaphe pour Andrea Guidone mais qui ajoute que son frère, Bartolomeo, l'a rejoint (v. 4-5) [56]. La deuxième pièce, une épigramme intitulée *Delictor*[um] *ordo* (f° 121v° : inc. : *Cum scelus admittis...* ; des. : *noxius spe*[m] *nephas*), versifie avec malice l'allégement progressif du sentiment de la faute chez le pécheur endurci et doit donc être mise en relation avec la liste trouvée dans ce même manuscrit [57]. Les textes trois, cinq et six transmis par notre manuscrit (f° 121v° : *De Matron*[æ] *lasciuia*, inc. : *Ut rem diuinam faceret...* ; f° 122r° : des. : *suscipit una dies* ; *Furis uafram*[en]*tum*, inc. : *Fur cautus magni sibi...* ; f° 122v° : des. : *pœnas ut necis effugiant* ; *furis calliditas in uetulam*, inc. : *Si quos magnar*[um]*...* ; des. : *alterius cernere facta neges*) forment un ensemble où le goût de Boccace pour la narration satirique et le souvenir des fabliaux s'allient à des situations de comédie antique et de farce médiévale. Le premier met en scène une matrone qui débauche un prêtre. Le second nous raconte la ruse d'un cambrioleur de comédie tandis que le troisième fait rire de façon grinçante aux dépens d'une *uetula* qu'un voleur dépouille de sa marmite pendant qu'elle est absorbée par le spectacle d'un supplice. Le 26 décembre 1514, jour de la fête de saint Stéphane, fut l'occa-

---

[55] A propos de l'organisation du recueil et du sens d'*icones,* qui détermine la nature ecphrastique de ces épigrammes qui prennent pour sujet le marbre de Sansovino ainsi que la fresque de Raphaël, voir l'édition critique, 24-26, 50.

[56] L'inclusion du sujet de la première épigramme dans l'épitaphe commune aux deux frères empêche de voir dans *In sepulchro* la mention d'un relevé *in situ*.

[57] Folio 117v°, inc. : *peccatum p*[rimo] *est intolerab*[i]*le...* ; des. : *7°defensibile* (cf. *supra*).

sion pour l'auteur de notre manuscrit de résumer en langue vulgaire un sermon entendu sur l'instabilité de toute chose terrestre ou bien peut-être de
se livrer à une méditation écrite (f° 123r°-123v° : *In festo diui Stephani 1514*,
inc. : *Certa* [et] *manifesta experientia...* ; des. : *La q*[uart]*a* [et] *ultima acquisi-
tionis*). Que l'auteur ait jugé efficace et à propos de tirer un *exemplum* de
l'histoire latine et de traduire en latin un vers d'Homère incite à croire qu'il
goûtait la rhétorique religieuse épidictique comme le public savant[58]. Nous
trouvons ensuite de curieux et savoureux exemples de ces jeux sur les initiales S.P.Q.R. auxquels le goût pour les inscriptions poussait les lettrés. Ces
lettres sont détournées en sept formules différentes sur le bon gouverne-
ment pontifical et une épigramme, intercalée entre la cinquième et la sixiè-
me et qui commente la quatrième, insiste sur la prééminence de la *sapientia*.
Nous sommes d'autant plus enclin à y lire le désir humaniste de voir Rome
régie par l'alliance de la sagesse antique et de la théologie chrétienne que la
suite du manuscrit (f° 123v° : *Gloria leonis orbem uniuersum illustrat
Sapi*[enti]*a*) associe la gloire de Léon X à la *sapientia* censée présider à son
pontificat[59]. L'alliance, dans ces jeux verbaux, du versant municipal et du
versant pontifical, qui caractérisent à la fois le personnel académique et l'invention du mythe de Rome renaissante dans le milieu lettré qui nous intéresse, est un soutien supplémentaire de notre hypothèse selon laquelle le
possesseur du manuscrit de Séville dut tenir comme tant d'autres lettrés
l'élection de Léon X comme une bénédiction pour les études savantes. Le
dernier folio écrit (124r°) du manuscrit de Séville, enfin, contient tout
d'abord, destinés à ce maître Pietro Margano dont nous avons déjà parlé à
propos de la chronologie du manuscrit et qui fut malade en mars 1515, une
dizaine de vers — plusieurs sont des réfections ou des brouillons qui montrent un travail en cours — puis une épigramme consolatoire, tous écrits sur
le ton des *artes bene moriendi* (f° 124r° : *Die XXIII martii 1515 D*[omi]*no petro Margano*, inc. : *Qui mori uult uinci no*[n] *potest...* ; des. : *Deuotus morti
no*[n] *flectit*[ur] ; inc. : *Ne meliora grauent...* ; des. : *nec tibi damna ferant*).
Puis, au moment de son décès, le même auteur compose une épigramme funéraire (f° 124r° : *In mo*[r]*te d*[omi]*ni petri Margani 7 Xb*[ris] *1516*, inc. :
Fleuerunt charites... ; des. : *una succubuere die*)[60].

---

[58] Nous ne pouvons que renvoyer à
J.W. O'MALLEY, *Praise and Blame in Renaissance Rome. Rhetoric, Doctrine, and Reform
in the Sacred Orators of the Papal Court, c.
1450-1521*, Durham N.C. 1979.

[59] Folio 123v° : *S.P.Q.R./ Sensus purgati
querunt recta/ Sapientes publicos qu*[æ]*stus
reiiciunt/ Senes putantur quibuscunq*[ue] *rigi-
diores/ Sapientia pr*[æ]*ponit*[ur] *quibuscun-
q*[ue] *rebus/ Sancti p*[ræ]*fecti quesierunt re-
gnum// Romanos quoniam tetigit sapientia
ciues/ Qua sola imperium constituere suum/*

Litterul[æ] *inscript*[æ] *uexillo hoc indice mons-
trant/ Nilq*[ue] *aliud recte significare uelint//
Sanctus putet*[ur] *quicunq*[ue] *regit/ Summum
pontificem quesiuit Roma.* Suit, isolé, le mot,
f° 123v° : *Glouis*, dont le sens nous échappe
mais que deux formules, comme ci-dessus,
reprennent en acrostiches : (*ibid.*) *Gloria leonis orbem uniuersum illustrat Sapi*[enti]*a/
Gloria laudis honos uirtutum iura sequunt*[ur].

[60] La lecture du vers 3 de cette épigramme
faite de deux distiques (*... uirili sub flore
iuuent*[æ]) laisse penser que Pietro Margano

Intitulé *De F*[œ]*licitate*, le poème latin qui clôt le manuscrit de Séville nous invite à conclure car il recense les plaisirs de l'*otium* lettré dont nous avons trouvé les exercices variés : joies d'une conversation spirituelle et sans acrimonie (*sermones lepidi*) entre amis choisis (*inter amicos*), lecture attentive de livres à foison (*multos p*[er]*legere... libros*), plaisirs dont la mesure est rapportée au goût (*animo... iusta uoluptas*), tout concourt au raffinement de l'*eloquium* grâce au *studium* [61].

Nous ne pouvons pas identifier la main et le possesseur de ce manuscrit tant que nous ne l'aurons pas étudié sur place. Mais nous pouvons nous approcher de ce possesseur grâce à l'identité d'un des auteurs des *Coryciana*. Nous constatons, d'une part, que ce manuscrit n'offre qu'une seule fois la mention explicite *Augustus pat*[auinus], au folio 116r°, comme auteur d'une épigramme (*In morte Pindari*, voir *supra*) que nous trouvons dans le manuscrit entre deux dates, le 24 août 1513 et le 15 avril 1515. Partout ailleurs — et donc dans la section qui rassemble les vingt-deux *icones* coryciennes — ce prénom et cette origine géographique sont abrégés (A. P.), ce qui ne se produit pour aucun autre personnage. D'autre part, comme nous l'avons vu, le manuscrit donne le même Augusto de Padoue pour l'auteur de deux pièces que l'édition princeps fait anonymes [62]. Cette assurance incite à penser que l'auteur de ces vers et le possesseur du manuscrit étaient unis par une profonde amitié lettrée. Cet auteur, quant à lui, est Augusto Baldo ou Valdo (latinisé en Augustus Valdus ou Baldus), l'un des nombreux lettrés dont Pierio Valeriano relate les infortunes. Padouan né en 1460, il enseigna longtemps les lettres antiques (*bonas litteras*) à Rome. Il était devenu savant en ne s'épargnant ni les veilles, ni la sueur, ni les voyages. « De vive voix comme dans ses écrits, il soustrayait à l'anéantissement le savoir encyclopédique » [63]. Lors du sac de Rome, en 1527, sa maison fut pillée sous ses yeux. Son très précieux bagage de livres, ses manuscrits, au nombre desquels le fruit de ses veilles sur Pline l'Ancien, tout fut mis en pièces et servit aux fourneaux de sa cuisine. Incapable d'acquitter la rançon que lui réclamaient ses bourreaux, il mourut de chagrin, de mauvais traitements et de faim. C'est là, en effet, la teneur de ce que nous rapporte Pierio Valeriano dans son *De litteratorum infelicitate*. Augusto Baldo avait été le disciple de Pom-

---

n'est pas mort âgé. Sur ce personnage, voir ci-dessus notre datation des parties du manuscrit.

[61] Nous ponctuons. Le destinataire, Marcellus, pourrait être le Marcellus Clodius que mentionne la liste des académiciens coryciens (UBALDINI, App. IV). (f° 12r°) *De F*[œ]*licitate : Sermones lepidi, quos carpimus inter amicos,/ S*[æ]*pius et multos p*[er]*legere inde libros,/ Queq*[ue] *animo poterit gratari iusta uoluptas,/ Fœlices homines p*[er]*ficere ista*

quent./ His, Marcelle, tribus cu[m] *delectaris ap*[er]*te,/ Eloquiu*[m] *exerces, te studiu*[m] *usq*[ue] *iuuat.*

[62] Si Baldo n'apparaît pas, ainsi, parmi les auteurs des *Coryciana*, il n'en figure pas moins dans la liste des académiciens coryciens (FANELLI, App. IV).

[63] *... Non solum uoce, uerum etiam scriptis eruditionem omnifariam ab interitu uendicabat...*

ponio Leto et lui avait succédé au Studium romain. Il n'est guère douteux qu'il soit également Antonius, ce personnage du dialogue *De hominibus doctis* de Paolo Cortesi, qui, devant l'auteur et le futur pape Paul III Farnèse, préside au tableau de l'humanisme romain à l'horizon de 1490 environ[64]. Francesco Arsilli, un autre académicien corycien, nous dit pour sa part dans son *Libellus de Poetis Urbanis*, dédié à Paul Jove et imprimé pour la première fois en appendice au recueil des *Coryciana*, qu'il se rendrait coupable envers les Muses s'il n'avait aux lèvres l'éloge d'Augustus car celui-ci, dit-il, débusque dans leurs retraites les déités de Cirrha et enseigne les déesses argiennes à la langue latine[65]. Arsilli en dit beaucoup en deux distiques. Si nous avons raison, nous savons maintenant Baldo poète latin grâce au manuscrit de Séville. Nous trouvons que ce personnage était le seul professeur de grec au *Studium Urbis* lorsque Léon X, à peine élu et sur les conseils de Jean Lascaris, créa deux autres chaires en faveur de Basile Chalcondilas et de Varino Favorino et confirma Augusto Baldo dans ses fonctions[66]. La faveur

---

[64] Pour la date de naissance, voir G. POZZI, «Da Padova a Firenze nel 1493», *Italia medioevale e umanistica* 9 (1966), 201 et 211 — l'édition des *Coryciana* d'Ijsewijn indique par erreur la date de 1450 environ. Ioannis Pierii VALERIANI Bellunensis, *De litteratorum infelicitate libri duo...*, Venetiis M.DC.XX. Apud Iacobum Sarzinam, Lib. I, 24 ; in marg. : *Augustus Valdus. At non minus crudeliter* [*i.e.* par rapport à la mort d'A. Amiterninus de la peste à Aquila] *occubuit Augustus Valdus Patauinus ciuis, qui Romæ per tot annos bonas litteras tantis ab eo uigiliis, sudoribus, et peregrinationibus acquisitas professus erat, qui non solum uoce, uerum etiam scriptis eruditionem omnifariam ab interitu uendicabat ; quam autem miserabili mortis genere uitam finiit. Incidit enim in Romanam cladem, Hispanorum illam, et Germanorum prædonum sæuiciam acerbissimam, cuius ante oculos direpta domo, ipse in uinculis habitus, preciosissimam librorum supellectilem, laboresque illos suos, quos præsertim in Plinium elucubrabat* [voir L. DOREZ, «L'exemplaire de Pline l'Ancien d'Agosto Valdo de Padoue et le cardinal Marcello Cervini», *Revue des bibliothèques* 5 (1895), 14-20] *coram dilacerari, et in usum culinæ incendi conspexit, et in eo mærore omnibus aliis incommodis conflictatus propter arrogantem eorum crudelitatem, quibus nihil unquam fuit improbius, dum modicæ fortunæ uir insatiabilem barbarorum sitim tributis explere nequit, qui omne senectutis suæ uiaticum iam excusserant e loculis, post crucia-*

tus uarios fame demum consumptus perhibetur. A propos de ses liens avec Pomponio Læto et pour son identification avec l'interlocuteur du dialogue de Cortesi (Pauli CORTESII, *De hominibus doctis*, ed. G. Ferrau, Palerma 1979, 9 et 103 surtout. Paolo Cortesi rappelle également son amitié pour Baldo dans son traité *De cardinalatu* [posthume] en 1510) : voir V. ZABUGHIN, *Giulio Pomponio Leto*, I-II, Roma-Grottaferrata 1909-1912, I, 82, 209. Nous remercions chaleureusement Mme le Prof. R. Alhaique-Pettinelli (Rome, La Sapienza) qui nous a signalé ces mentions de Baldo chez Cortesi.

[65] Francisci ARSILLI Senogalliensis *De Poetis Urbanis, ad Paulum Iovium Libellus, Coryciana*, op. cit., 344-359, v. 93-96 : *Nonne reus Musis fierem, si nostra* [...]/ *Et magni Augusti laudibus ora uacent ?/ Nanque simul penitus scruta*[.] *tur numina Cirrhæ,/ Argiuasque doce*[.]*t uerba Latina deas.* Les «déités de Cirrha» sont les Muses, ici rapportées au port sacré de Delphes.

[66] G. MARINI, *Lettera nella quale si illustra il ruolo dei professori dell'Archiginnasio romano per l'anno MDXIV*, Roma 1797, 70 (d'après FANELLI, *Ricerche*, op. cit., 91 et suiv. : «Il ginnasio greco di Leone X a Roma», 92, avec bibliographie). Gnoli (*La Roma di Leon X*, op. cit., 173) signale, grâce à un poème des pasquinades de 1525, que Baldo était alors podagre et n'enseignait plus pour cette raison.

dont jouit Augusto Baldo, bien faite pour ravir les lettrés romains, trouve-
rait alors un écho semblable dans la joie qu'exprime le distique porté à la fin
du texte de la *Christias* : l'auteur du manuscrit se sera réjoui d'un bienfait
reçu de Léon X, comme nous le suggérions en commençant. D'autre part,
il devient également possible avec le témoignage d'Arsilli de supposer que
Baldo composa certaines des épigrammes grecques des *Coryciana*, maintenant perdues[67]. Quoi qu'il en soit, le vers d'Homère traduit en latin que
nous avons signalé plus haut dans notre manuscrit correspondrait bien aux
qualités de traducteur de Baldo selon Arsilli et l'une des deux épigrammes
que nous lui avons rendues dans les *Coryciana* confirme l'affirmation de
l'auteur du *De Poetis Urbanis* : il enrichit le latin en transposant des mots
grecs[68].

Acheté à Rome par le fils naturel de Christophe Colomb, Fernand,
notre manuscrit parvint en Espagne. Grâce à lui, les épigrammes 18, 19 et
20A des *Coryciana* qui lui sont maintenant rendues, les deux *epigrammata
extrauagantia* dont il est l'auteur assuré ainsi que les deux autres qui peuvent
lui être attribuées, les textes, enfin, en vers ou en prose, que nous transmet
ce manuscrit font qu'Augusto Baldo n'est plus seulement un nom[69].

Ces quelques pages d'ecdotique permettent pour finir de répondre à la
question qui nous importe : que signifie l'insertion de la *Christias* dans le
manuscrit d'Augusto Baldo? Il nous semble maintenant probable que cet
helléniste, comme Angelo Colocci, Jacques Sadolet, Pietro Bembo, Antonio Tebaldeo, Antonio et Girolamo Seripando ainsi que tant d'autres amis
de Sannazar établis à Rome ou bien liés à la Ville, sentait combien son
œuvre, par sa savante convergence poétique des avenues classique et biblique de l'espérance humaine dans le christianisme, travaillait à la remémoration et à la synthèse des acquis du génie humain que poursuivaient les
travaux académiques. Nous retrouvons ici Gilles de Viterbe, dont nous
croyons toujours davantage qu'il eut l'ambition d'être le coryphée de l'académie romaine après avoir voulu réformer celle de Naples. Mais nous le fai-
sons grâce à un texte qui nous semble présenter, du point de vue d'un théologien humaniste, une vue originale de ce que voulut être la Renaissance
romaine, l'*Historia uiginti sæculorum*. Ce traité inédit sur l'histoire du monde expose que les dix âges antérieurs à l'Incarnation, prophétisés par les dix
premiers psaumes de David, trouvent leur accomplissement et leur image
pour ainsi dire spéculaire dans les dix âges *post Christum natum*, vaticinés

---

[67] Voir l'édition critique, 19 et 247.

[68] Pour le vers d'Homère, voir ci-dessus à
propos du texte italien rédigé à l'occasion de
la saint Stéphane (f° 123r°-v°). L'épigramme
18 des *Coryciana*, donnée pour anonyme,
porte à la fin du v. 3 dinos qui transcrit « to
dênos », *mens uel cogitatio diuina* comme l'indique l'éditeur.

[69] Comme nous l'écrivions dans la note 1

pour des raisons de critique interne, le manuscrit ne put être acquis à Rome en 1520,
car F. Colomb n'y alla pas cette année-là.
Voir H. HARISSE, *Excerpta Columbiniana...*,
Genève 1971(Paris 1887). Ijsewijn, dans son
édition des *Coryciana*, signale la présence de
Baldo parmi les *poetæ urbani* du poème d'Arsilli de façon dubitative (voir note 64). Il
convient de corriger ce doute.

par les dix psaumes suivants. Dans cette perspective, le *sæculum* d'Auguste trouve son répondant à la Renaissance, le dixième âge, qui doit allier la ré-vélation des *sacra* et l'*elegantia de l'eloquium*. Citons seulement ici deux pas-sages. Dans l'un, Gilles de Viterbe associe la *Christeis* qu'est la *forma anti-quior* (titre corrigé plus tard de sa main en *De partu Virginis*) au concours poétique annuel organisé par Goritz au pied de l'autel de sainte Anne et dont nous avons trouvé les fruits dans le manuscrit de Baldo :

> ... *Scripsit (christeidem,* in rasura) *d*[e] *partu uirgi*[ni]*s Actius Sincerus Sanazarius, uirgilianæ calliopes fœlix æmulator* ; *quid dicam Romæ his ipsis annis, ad Diuæ annæ aram meo i*[n] *templo p*[er] *coryciu*[m] *erec-tam, certamen poetaru*[m] *uisu*[m] *in sacris celebrandis quale olim in turpi carmine fuit in obscenis scriptitandis*[70].

Dans l'autre, Gilles de Viterbe explique que le Parnasse classique n'est autre qu'une vérité hébraïque dégénérée en fable chez les Grecs mais dont le cœur, que seule la Cabale a su garder intact, a cependant conservé une va-leur protreptique :

> *Quis enim stilum temperet, quis modum dicendo adhibere possit, quis hominum se contineat quum ascendit in montem domini figitque oculos in loco sancto eius ? quisnam mons ille est ? altissima eminentissimaque natura, ubi numerationes illæ fulgent, quas numerauimus, rerum ori-gines, creatrices ac gubernatrices, cumque Arameorum lingua, qui hæc archana scribunt, parnasa et pharnesa, ‹i.e.› gubernationem, sonet, Græ-ci montem illum diuinum, omnium seruatorem, altorem, gubernatorem parnasum nominauere...*

> Qui donc maîtriserait sa plume ? Qui pourrait modérer sa parole ? Quel homme se contiendrait lorsqu'il fait l'ascension de la montagne du Seigneur et qu'il pose les yeux en son lieu saint ? Quelle est donc cette montagne ? C'est une montagne très haute et très saillante par nature, où resplendissent ces nombres sacrés que nous avons dénom-brés (origines, créateurs et pilotes des choses) et puisque dans la langue des araméens, qui notent ces mystères, « parnasa » se lit égale-ment « pharnesa », c'est-à-dire « pilotage », les Grecs appelèrent Par-nasse cette montagne divine, libératrice, nourricière et pilote de toutes choses[71]...

---

[70] « ... Que dire ? A Rome, ces mêmes an-nées-ci, au pied de l'autel de sainte Anne éle-vé dans mon église par l'entremise de Goritz, on vit des poètes dans un concours où leurs louanges avaient la religion pout l'objet, comme il participèrent jadis à un concours de vers déshonnêtes où l'indécence satisfaisait leur intempérance de plume ».

[71] Les manuscrits sont au nombre de quatre. La Biblioteca Nazionale de Naples possède l'autographe (cod. IX. B. 14) et une copie (cod. IX. B. 12) tandis que la Biblioteca Angelica de Rome en a deux copies : codd. Lat. 351 et 502. Voir O'MALLEY, *Giles of Vi-terbo, op. cit.* Les deux extraits cités le sont d'après le mss. IX. B. 14, f° 98v° et 123v° (nu-mérotation ancienne à l'encre). Seule la ponc-tuation a été bien entendu modernisée. Signa-lons seulement que Gilles appelle toujours Araméens les auteurs d'écrits kabbalistiques.

Si les *Coryciana* forment un témoignage unique sur certains rites propres à l'*otium* et à la *pietas* lettrés dans la Rome de Léon X et de Clément VII et nous conservent l'image d'une alliance pacifiée et fugace des *litteræ humaniores* et des *studia diuinitatis,* nous croyons que leur étude sera une occasion d'enquête d'autant plus originale sur la *forma mentis* artistique, littéraire et religieuse d'une partie de l'Humanisme pré-tridentin que l'on saura les rapprocher de l'*Historia uiginti sæculorum* [72].

---

[72] C'est le programme que nous nous proposons de remplir.

« SALUTATE MESSER AMBROGIO »
AMBROGIO LEONE ENTRE VENISE ET L'EUROPE*

par CARLO VECCE

En octobre 1518, une lettre expédiée d'Italie parvient à Louvain. Son destinataire est l'un des personnages les plus en vue de l'Humanisme européen, célèbre déjà depuis la publication des *Adages* et de l'*Eloge de la folie*, Erasme de Rotterdam. Après une longue période de formation entre les Pays-Bas, les Flandres et Paris, au contact de cette exigence de renouvellement intérieur propre à la *deuotio moderna*, proche de la nouvelle culture humaniste d'origine italienne propagée à Paris par Robert Gaguin puis par Jacques Lefèvre d'Etaples et Guillaume Budé, Erasme s'était finalement rendu en Italie dans les années 1506-1509. Il y avait fortifié sa connaissance du grec avec des humanistes tels Bombasio, Musuro, Carteromaco et s'y était lié surtout avec Alde Manuce, avec lequel il collabora activement de 1507 à 1508. Le contact avec la culture italienne avait donc été déterminant : Erasme avait rapidement appris la méthode philologique de critique textuelle que les humanistes italiens appliquaient aux textes classiques et l'avait appliquée, à son tour, à la *Bible* et aux Pères de l'Eglise. L'entraînement à la libre critique du texte ne pouvait pas être alors un exercice sans conséquences. C'est en ces années que l'on mettait en discussion la fonction traditionnelle de l'Eglise en tant qu'héritière et unique interprète du texte sacré et la proposition de corriger ce texte et d'en donner des variantes sur des bases objectives et scientifiques, comme pouvait le permettre l'examen d'un manuscrit ancien, n'était pas reçue avec beaucoup de sympathie.

Pour cette raison, depuis quelque temps, Erasme ne recevait pas de bonnes nouvelles d'Italie. Les milieux ecclésiastiques, en particulier ceux qui étaient proches de la Curie pontificale, à Rome, n'avaient pas accueilli favorablement ses travaux sur le *Nouveau Testament*, travaux qui corrigeaient la traduction latine traditionnelle de saint Jérôme (la *Vulgate*) sur la

*   Article traduit de l'italien par Marc Deramaix.

base d'un examen plus approfondi de la tradition manuscrite grecque. Erasme, au fond, reprenait le travail déjà fait par Lorenzo Valla, un travail qu'Erasme connaissait bien, puisque c'est précisément lui qui avait découvert à Louvain l'unique manuscrit complet de l'œuvre de Valla sur le *Nouveau Testament* et en avait donné la première édition. Il rencontrait ainsi les nombreux travaux philologiques que le cardinal Ximénez suscitait alors en Espagne. Cependant, à Rome, ces travaux étaient alors suspects. De l'Allemagne parvenaient des nouvelles inquiétantes à propos d'un moine augustin, un certain Martin Luther, qui attaquait l'autorité du pape et de l'Eglise en matière d'interprétation des Ecritures. On commençait à dire que c'étaient des savants comme Erasme qui avaient dangereusement ouvert la porte, avec leurs écrits polémiques et satiriques, à cette excessive liberté de jugement. De plus, la paix entre les princes chrétiens semblait affaiblie au moment où la menace ottomane se profilait à nouveau à l'horizon de l'Europe.

Erasme ouvrit donc cette lettre, convaincu d'y trouver les tirades habituelles sur la prudence dont il aurait dû faire preuve et sur les médisances qui s'accumulaient à son propos dans les milieux italiens. Au contraire, cette missive lui apportait les paroles et le salut d'un vieil ami, un ami des années qu'Erasme se rappelait comme les plus belles et les plus intenses de sa vie, celles du bref séjour vénitien auprès d'Alde Manuce. L'auteur de cette lettre était le médecin Ambrogio Leone de Nole, qui lui écrivait le 19 juillet depuis l'endroit où, peut-être, il travaillait ou séjournait à Venise, la pharmacie ou « épicerie » à l'enseigne du Corail, *apud speciariam tabernam coralli*.

Cette lettre est tout à fait inattendue. Erasme est depuis longtemps sans nouvelles d'Ambrogio et c'est soudain comme si son ami prenait la parole devant lui et retrouvait le style familier d'autrefois, fait de mots et de pensées spirituels. Parmi tant de lettres sérieuses, lourdes de mauvaises nouvelles, qui arrivent chaque jour dans le bureau d'Erasme et s'entassent sur sa table en attendant une réponse parfois pendant de longs mois — Erasme fait attendre un mois et demi sa réponse, expédiée le même jour que sa lettre à Ambrogio, à un courrier de son grand ami Guillaume Budé écrit en avril et remis le 1ᵉʳ septembre —, celle d'Ambroise apporte une bouffée d'humour et tire Erasme de la mélancolie où il semble tomber. C'est un retour au jeu, à la satire, à un auteur cher à tous deux comme Lucien.

Messer Ambrogio, au début de sa lettre, feint avec Erasme de se livrer à une singulière palinodie : lui qui, en tant que médecin de tradition aristotélicienne et versé dans les sciences naturelles, n'a jamais prêté foi à la réalité objective de légendes comme celles de Pythagore et de Protée (l'un revenu à la vie après la mort, l'autre métamorphosé), est maintenant contraint d'y croire puisque ces deux transformations sont arrivées à Erasme. Comme Pythagore, Erasme est mort et ressuscité : pendant ces longues années, en effet, Ambrogio a plus d'une fois appris la nouvelle de sa mort (par Alde en personne en 1513, puis en 1516), heureusement démentie par la suite. Comme Protée, Erasme a changé de forme : d'Italien —comme on pouvait l'avoir considéré à Venise dans le cercle d'Alde — il était redevenu Français, de Français il était devenu Allemand, tel un veau qui se transforme en oiseau et un oiseau en blé, et c'est ainsi qu'il s'est changé de poète en théologien, de théologien en philosophe cynique, de cynique en orateur. A vrai dire, dans les livres sans nombre écrits et publiés par Erasme (et vus par Ambrogio), il semble que le caractère et l'aspect de l'auteur lui-même aient changé à chaque fois, si bien qu'il paraît réunir en lui trois ou quatre auteurs.

Par bonheur, cet Erasme qui deux fois ou davantage est né à une nouvelle vie se rappelle toujours les vieux amis et fait au fond comme Pythagore qui, ressuscité, affirmait avoir déjà vécu et se souvenir de sa vie précédente. Et dire que lui, Ambrogio, ne croyait pas jusqu'alors à la doctrine pythagoricienne et suivait en revanche la critique aristotélicienne, selon laquelle la mémoire se trouve effacée par la mort ! Maintenant, toutefois, Ambrogio redoute que dans ces métamorphoses Erasme ne devienne pas ce à quoi il s'attend et lui demande en conséquence de se modérer : qu'il veille à ne pas trop nager sous l'eau car il pourrait ne pas revenir à la surface. Il lui rappelle l'Adage *Ne temere Abydum* (*Ad.* 693).

Bien entendu, au delà de ce ton plaisant, Ambrogio entend dire quelque chose d'autre à Erasme. Le médecin de Nole ne reproche pas du tout à Erasme le style de recherche savante qu'il partage avec lui, cet incessant mouvement d'un sujet à un autre sous l'aiguillon d'une soif de connaissance bien naturelle. Ses métamorphoses, à l'instar de Protée, lui sont agréables mais l'avertissement final, avec le rappel de l'Adage *Ne temere Abydum*, signifie que les changements d'Erasme sont mal vus des autres humanistes italiens. On lui reproche avant tout son abandon de la culture italienne après son départ d'Italie et son rapprochement de la culture européenne à Paris, Bâle et Louvain : Erasme l'Italien est mort tandis qu'est de retour l'Erasme français ou allemand. Le qualifier d'Allemand revient à le blâmer d'être proche, quant à la géographie et à l'esprit, du mouvement de Réforme qui agite en l'Allemagne, qui commence à se teinter de revendications nationalistes ainsi que d'un désir d'indépendance politique et civil face à l'Empire. D'autre part, le « poète » qu'était Erasme s'est transformé en « théologien », c'est-à-dire qu'il est passé des études philologiques et de l'interprétation des auteurs classiques — exercices pratiqués auprès d'Alde et dont les *Adages* donnent comme le résumé — à l'étude des Écritures dans sa paraphrase révolutionnaire du *Nouveau Testament*. Il s'est également transformé en philosophe cynique — allusion à l'*Eloge de la Folie* dont le renversement apparemment cynique des valeurs est inséparable de l'exaltation de tout ce qui est absurde et erroné — mais aussi en orateur. En somme, jusqu'à ce point, la lettre d'Ambroise est également un message chiffré adressé à Erasme à propos des mouvements qui se font jour en Italie à son endroit et qui pourraient à la longue se révéler dangereux pour lui.

Ambroise poursuit en communiquant à Erasme d'autres nouvelles, comme l'inquiétude générale à propos de la menace turque ou bien la vacance de la chaire de grec à Venise, demeurée sans professeur du jour où Musuro avait décidé de l'abandonner pour s'installer à Rome. Le Sénat de Venise a décidé de nommer pour finir un successeur avant deux mois, avec un traitement de cent ducats et beaucoup des anciens élèves de Musuro font acte de candidature dans l'intention de lui succéder. Le meilleur est peut-être Pietro Alcionio, traducteur élégant d'Isocrate, de Démosthène et d'Aristote en un style parfaitement cicéronien et, à ce que l'on dit, admirateur d'Erasme. Dans cette partie de la lettre également Ambrogio poursuit un but non déclaré. Le médecin de Nole savait bien qu'en juin 1517 déjà on avait fait valoir à Erasme la possibilité de concourir pour la chaire vénitienne et il lui pose à nouveau la question dans l'espoir que son ami puisse faire un pas afin d'être nommé à cet emploi prestigieux et revenir à Venise. Cet espoir est si faible qu'Ambroise, dans sa lettre, n'y fait même pas allusion. Nous ne saurions dire comment se fût développé l'humanisme européen et qu'elle eût été l'histoire de la Réforme si Erasme était vraiment retourné à Venise et s'il avait dans cette ville, et non à Bâle, poursuivi son aventure intellectuelle.

Enfin, Ambroise dit aussi quelque chose à son propre sujet dans la partie finale, et plus privée, de la lettre. Rien n'a changé dans sa vie depuis qu'Erasme a quitté Venise. Il a, depuis, écrit et publié le *De Nola* et un grand ouvrage contre Averroès, mais c'est seulement pour faire entendre à son ami qu'il n'a pas dormi pendant toutes ces années *ut intelligas nos etiam haud contriuisse noctes in culcitris.*

Erasme, dans sa réponse en date du 15 octobre, à Louvain, fait part de son bonheur de recevoir la lettre inattendue d'Ambrogio, salué par un *Ambrosi doctissime,* qui lui a rappelé les souvenirs des années vénitiennes. A la lire, il lui semble être de nouveau à Venise, parmi ses vieux amis : Alde Manuce, le philologue et professeur Battista Egnazio, le jeune Girolamo Aleandro, Marco Musuro et Ambrogio Leone, *cum primis amicorum omnium suauissimum.* Il ne peut s'empêcher de reconnaître ses *lepidissimos mores,* dans cette lettre *quæ tota iocis ac salibus scatet.* Il avoue qu'il est contraint à un changement perpétuel de ville, de pays, de milieux et d'amis. Il envie Ambrogio, qui vieillit dans une ville docte comme Venise mais il l'assure qu'il est demeuré toujours le même : le masque a changé mais pas l'âme. A partir de cette allusion au masque Erasme élargit la métaphore théâtrale à toute sa vie, considérée comme un spectacle sans fin sur le grand théâtre du monde où changent sans cesse mises en scène et décors. Ses ennemis, de nombreuses fois, l'ont abattu et métaphoriquement « enseveli ». Il a lutté contre des brigands, des épidémies, des monstres. Il fut un temps où son caractère était de verre mais il est maintenant endurci comme le diamant. Que pourrait-il faire d'autre ? tel est son destin et c'est Ambroise qui est heureux dans la tranquillité de Venise. Cependant, grâce au thème du masque, Erasme fait allusion à l'un de ses *Adages* les plus importants et les plus élaborés, celui des *Silènes d'Alcibiade* : c'est la vie même qui nous contraint à porter un masque, parfois difforme et monstrueux, sous lequel cependant se dissimule, intacte, l'esprit le plus noble et le plus pur.

Erasme attend avec impatience les nouveaux travaux d'Ambrogio. Il l'appelle plus pour avoir illustré sa patrie dans le *De Nola*. Il a le désir de lire son ouvrage contre Averroès et rappelle une autre œuvre qu'Ambroise avait en gestation et dont il n'a pas fait mention dans sa lettre, un *De problematis rerum naturalium*. Erasme a une bonne mémoire : en 1523 Ambrogio se décidera à publier le *Nouum opus quæstionum seu problematum*, où il offre une réponse à quatre cent quatre questions d'ordre médical et scientifique, dont quelques-unes sont curieuses et bizarres mais en accord avec le caractère d'Ambrogio comme nous pouvons le voir dans sa lettre : pourquoi, par exemple, les femmes ont-elles plus de goût pour les soldats et les hommes d'aspect martial ?

A propos des autres points de la lettre d'Ambrogio, Erasme répond qu'il n'y a rien à craindre de la part des Turcs si l'on établit la concorde entre les princes chrétiens. Quant aux lettres, il faut craindre davantage l'action de moines et de théologiens intolérants, même si l'humanisme progresse désormais dans toute l'Europe avec la protection des princes. Et la chaire vénitienne ? Erasme se laisse aller à reprocher à son vieux maître, Musuro, d'avoir trahi sa vocation de professeur en préférant devenir évêque plutôt que d'enseigner, finissant par être dévoré par Rome. Personne ne pourrait concourir pour sa chaire sans être italien sauf à se couvrir de ridicule. Erasme renonce en pratique à retourner à Venise et a conscience de l'hostilité dont fait preuve l'humanisme italien à l'égard de la culture européenne, une hostilité qui devait se raidir encore l'année suivante, à Rome, à l'occasion du procès intenté contre Christophe de Longueil, l'humaniste français qui avait eu l'audace de devenir citoyen romain, rêvant d'être cicéronien alors qu'il n'était pas Italien. Contre cette raideur Erasme devait écrire, moins de dix ans plus tard, le *Ciceronianus,* acte d'accusation du cicéronianisme italien le plus rétrograde à ses yeux.

Dans sa lettre à Ambrogio, Erasme se réjouit au moins de connaître le nom d'un «bon» cicéronien, Alcionio et souhaite lire ses traductions d'Aristote. Mais il défend également les noms des plus grands esprits de l'Europe : Thomas Linacre en Angleterre, médecin comme Ambrogio et du même âge que lui, ami d'Alde autrefois, traducteur de Galien et des *Meteora* d'Aristote ; le médecin Guillaume Cop en France, traducteur de Paul d'Egine et ami de Guillaume Budé.

Sa lettre s'achemine désormais vers sa conclusion et retrouve le ton plus familier de la conversation. Erasme, qui se dit déjà *totus canus*, prie Ambrogio de veiller à sa santé afin que leur amitié puisse se poursuivre durant leur vieillesse, dans l'espoir improbable d'une rencontre. A cet endroit, il insère un beau souvenir d'Alde qui plaisantait avec Erasme en feignant un bégaiement sénile, comme s'ils s'étaient revus après vingt ans et surtout s'ils venaient à parler de leur projet d'Académie. Avec ce souvenir, Erasme ajoute qu'il est certes agréable de converser avec Ambroise mais que d'autres tâches le pressent et l'empêchent de poursuivre. Mais le nom d'Ambroise demeurera toujours dans les *Adages*. Puisse également celui d'Erasme demeurer dans les ouvrages d'Ambroise en gage de leur amitié. L'épître s'achève avec la prière de saluer de sa part Egnazio et Francesco Asolano qui, après la mort de son père et sous la tutelle de son grand-père Andrea, prési-

dait au destin de la maison Manuce, ce même Francesco qu'enfant on sur-
nommait Manuziolo et qui jouait avec lui, Erasme, entre les presses de l'atelier de typographie.

Il est aisé de s'apercevoir qu'il manque un nom parmi ces salutations, le
nom d'un personnage qui, de nombreuses années auparavant, avait été un
grand ami des deux correspondants et dont il est cependant fait mention au
début de la lettre d'Erasme : Girolamo Aleandro. Quelques allusions
d'Erasme pourraient même être interprétées en songeant à lui. Aléandre,
jeune humaniste de Motta di Livenza, était parvenu âgé d'à peine plus de
vingt ans à Padoue, où enseignait Musuro, ainsi qu'à Venise, où se trouvait
Alde. Il était devenu l'élève de l'un et le collaborateur de l'autre, surtout
pour les éditions grecques, en compagnie de Carteromaco. Son sentiment
amical pour Erasme avait été fulgurant pendant les quelques mois où ils
avaient vécu ensemble, dans une même pièce de le maison d'Alde, au début
de 1508. Erasme apprit beaucoup des « zibaldoni » qu'Aléandre lui commu-
niquait généreusement et dont il utilisa le matériel philologique dans l'édition aldine des *Adages,* où il cite également Ambrogio Leone. Il aida, en revanche, son ami à chercher fortune à Paris en le munissant d'une lettre de
recommandation pour Guillaume Budé et ses amis parisiens. Ce fut là le
début du succès européen d'Aléandre, qui devint en peu de temps professeur à la Sorbonne et recteur de l'Université tandis que son ambition se
tournait vers la carrière ecclésiastique, commencée comme secrétaire auprès
de l'évêque de Lièges Evrard de La Marck et poursuivie avec son retour en
Italie auprès de la Curie romaine. Aux yeux d'Erasme, Aléandre était coupable de la même trahison qu'il reprochait à Musuro : avoir abandonné les
études humanistes pour une brillante carrière mondaine. Aléandre, quant à
lui, commença à nourrir une profonde hostilité envers Erasme, en le pi-
quant d'abord dans ses cours parisiens — ses carnets manuscrits le démontrent — puis en l'attaquant de front les années suivantes, au point qu'Erasme devait le considérer responsable des écrits les plus infamants qui
circulaient sur son compte.

Et Messer Ambrogio ? Son nom est régulièrement cité dans les lettres
d'Aléandre à Alde Manuce en 1507-1508 en tant que grand ami de Girolamo. Il n'y avait pas longtemps que le médecin de Nole était parvenu à Venise, peut-être vers 1504, à cause du très grand trouble où se trouvait son
pays alors en proie aux guerres et aux inondations. Il était retourné à l'université de Padoue, où il avait déjà obtenu son titre de docteur en médecine
et avait fait la connaissance de Musuro, grâce à qui il avait affermi sa
connaissance du grec, commencée à Naples avec Sergio Stiso da Zollino.
Présenté par Musuro, il ne lui avait fallu qu'un pas pour entrer dans le
cercle des amis d'Alde les plus chers, au moment où ce dernier avait besoin
à ses côtés d'un humaniste napolitain. En mars 1505 Jacques Sannazar passa à Venise et parla probablement avec Alde des textes classiques qu'il avait
découverts en France pendant son exil. La même année, le napolitain Pietro Summonte et Alde débattirent de l'édition des œuvres poétiques de Giovanni Pontano et, les années suivantes, Alde laissa à Naples le champ libre

pour l'impression des œuvres en prose du même humaniste. Ce n'est pas un
hasard si, en 1518, lorsqu'il fut décidé de publier ce corpus pour la première fois réuni, Francesco Asolano décida de s'en remettre aux bons soins,
lointains, de Pietro Summonte et à ceux, proches, de messer Ambrogio.

Ambrogio Leone pouvait aider Alde dans deux des disciplines scientifiques qui lui tenaient le plus à cœur, l'étude et l'édition des œuvres philosophiques et scientifiques grecques, en s'élevant au-dessus des polémiques
qui, en ces années encore, pouvaient naître entre Leoniceno et Carteromaco. C'est en ce sens qu'il convient d'entendre la position philosophique
d'Ambrogio. Son anti-averroïsme radical le conduisait à s'opposer aux plus
récents développements de l'école padouane, où enseignait Pomponazzi, accompagné de Lazzaro Bonamico, ancien collaborateur d'Alde avec
Aléandre et destiné à se révéler un élève pugnace de la nouvelle école. Les
fruits des études aristotéliciennes et médicales d'Ambrogio Leone ne devaient pas au total être exceptionnels : outre les *Castigationes in Averroym*,
on pourrait rappeler sa traduction du *De urinis* du médecin byzantin Ac-
tuarios, imprimée en 1519, celle du traité d'Aristote *De uirtutibus* ainsi que
les annotations au *De diffinitione* d'Alexandre d'Aphrodise — ces deux derniers travaux furent publiées après sa mort.

Il ne faut pas s'étonner qu'Aléandre considère Ambrogio comme un
maître. Il n'oublie jamais, dans ses lettres à Alde, de se rappeler au bon souvenir de messer Ambrogio. De Motta, il écrit le 1er novemre 1507 :

> Valete, salutate li di casa et la excelentia di misser Ambrosio et li al-
> tri amici,

puis encore le 30 novembre :

> Non sto già perciò in lecto, ve prego interim modeste feras meam
> absentiam, che per dio un zorno me pare cento anni a poter fruir con
> reposso la vostra doctissima consuetudine et del mio præclaro messer
> Ambrosio et de li boni amici, cossi' domestici como di servitori di
> casa, alli quali molto vi prego ve piacqui raccomandarmi et præsertim
> a messer Andrea mio carissimo patrono.

D'Udine, il écrit la 4 janvier 1508 :

> Salue Alde optime. Io scripsi alli zorni passati a messer Ambrosio
> che la terza festa di Natal over quarta io era per partirme da la Mota
> per Venetia... Salutate messer Ambrosio con tutti di casa.

Enfin dans la lettre la plus importante, écrite à Paris le 23 juillet 1508,
Aléandre fait part de son retour aux études philosophiques et de sa fréquentation de Lefèvre d'Etaples, qui enseigne au collège du cardinal Le-
moine :

> Et che la via ci sia per essere compendiosa et di quella che messer
> Ambrosio vole credo che l'habiamo trovato. Et doliomi che a Vene-
> tia non se trovi ben el nostro Ambrosio, al qual molto me recom-
> mandate.

Ces propos révèlent l'accord entre la méthode de lecture et d'interprétation des textes d'Aristote que pratique Ambrogio et celle de Lefèvre qui, à

la suite d'Ermolao Barbaro, recourait directement au texte d'Aristote en s'appuyant au besoin sur les commentateurs anciens, tels Alexandre d'Aphrodise et Porphyre, mais en passant par-dessus toute la tradition médiévale et scolastique. Mais ces mots révèlent également, à notre surprise, que le milieu vénitien commençait à peser au médecin de Nole. Qu'arrivait-il ? Etait-ce le rétrécissement de ces vastes carrières ouvertes à la libre recherche savante et qui l'avaient arraché à Naples quelques années auparavant ? Etait-ce le départ d'Erasme ? L'approche de la guerre ?

Le destin, cependant, d'Ambrogio était de demeurer à Venise. C'est là qu'il acheva le *De Nola*, son grand œuvre imprimé en 1514 avec les splendides gravures de Girolamo Mocetto, tribut à sa patrie lointaine qu'il ne devait plus revoir. Le premier livre témoigne de son ample culture et de la qualité de sa formation, reçue au sein de l'Académie napolitaine. Ambrogio, en « antiquaire », est attentif à l'examen des inscriptions, des monuments et des ruines, au point de reconstruire en esprit la Nole antique et d'en dresser un plan dodécagonal, reflétant ainsi les débats humanistes sur la cité idéale et anticipant la reconstruction de la Rome antique tentée par Raphaël, Fabio Calvo et Andrea Fulvio. Mais, dans le second et le troisième livres, Leone nous transmet l'image de la ville réelle, de la Nole moderne et de ses institutions, de la société, de la vie religieuse. Il va jusqu'à nous rappeler ceux de ses concitoyens qui se sont illustrés dans les arts et les métiers par l'excellence de leurs qualités et de leurs intelligences mais aussi les humanistes et les poètes qui avaient, dans les temps modernes, séjourné à Nole ou bien en avait loué la culture : le poète, ami de Sannazar, Giovanni Francesco Caracciolo, dit *Petrarca Neapolitanus*; Pontano en personne, qui s'y serait réfugié lors d'une épidémie ; Lorenzo Valla qui en avait apprécié la langue *antiqua* au témoignage d'Antonello Petrucci et de Filippo Bononi ; Giovanni Attaldo, archevêque de Trani mort et enseveli à Nole ; Aurelio Bienato, élève de Valla ; Annibale Ianuario, évêque de Salerne ; Antonio de Ferrariis, dit Galateo ; Pietro Gravina et Raimondo Orsini. Il faut également souligner la compétence peu commune d'Ambrogio en matière d'arts figuratifs et en particulier d'architecture, compétence qui l'incite à lire attentivement le *De re ædificatoria* de Leon Battista Alberti — ce n'est pas un hasard si Sannazar le lit également pendant ces mêmes années — et à affirmer le primat de l'architecture sur les autres disciplines dans le *De nobilitate rerum dialogus*, publié de façon posthume en 1525 en compagnie du *De uirtutibus*.

Grâce à la remémoration d'un passé glorieux Ambrogio Leone comblait le vide de ses dernières années à Venise. C'était là également le moyen de se rappeler sa jeunesse et un amour qui, rapporté dans le *De Nola*, était lié à son entrée dans le monde littéraire napolitain. Il avait aimé une certaine Beatrice de Notariis et avait commandé sa statue en marbre à Tommaso Malvito (voir note bibliographique). Il avait le projet de faire écrire les louanges de cette dame par des poètes du temps dans des textes qu'il eût recueillis et publiés pour former un immortel *Beatricium*. Sannazar, sollicité par Ambrogio dans une belle lettre de novembre 1493, n'écrivit rien mais conserva l'original de la lettre dans le manuscrit 9737e de la Bibliothèque Nationale de Vienne, à côté de lettres de Giovanni Pardo, de Bembo, de Falconio et de Ludovico Cervario à Cassandra Marchese. Il eut plus de succès, pour la partie latine, avec Ercole Strozzi, futur compagnon de Bembo à Ferrare et, pour la partie italienne, avec Timoteo Bendedei et Antonio Tebaldeo qui, en 1514, lui envoya un sonnet pour le remercier de lui avoir offert un exemplaire du *De Nola*.

Ambrogio Leone mourut en 1525. Quelques mois plus tard, son fils Camillo publia deux œuvres de son père qui gisaient encore inédites sur sa table de travail, le *De nobilitate rerum Dialogus* et sa traduction du *De uirtutibus*. En octobre, la nouvelle de sa mort parvint jusqu'à Erasme, incrédule. Après la mort de tant d'amis et de connaissances, celle-ci lui donnait le sentiment d'être un survivant. Il n'avait pu, comme il le désirait, retrouver un jour Ambrogio, l'un et l'autre chenus.

Note bibliographique

Le texte de la lettre d'Ambrogio Leone à Erasme et celui de la réponse se trouvent dans l'*Opus epistolarum Des. Erasmi Roterodami*, ed. P.S. Allen, t. III, 1517-1519, Oxford 1913, 352-353.

Pour les lettres de Jérôme Aléandre, voir P. DE NOLHAC, « Les correspondants d'Alde Manuce : matériaux nouveaux d'histoire littéraire », *Studi e Documenti di Storia e Diritto* IX (1888), 203-248.

A propos du *De Nola,* on verra la traduction italienne de P. Barbati (Naples 1934) et l'édition de A. Ruggiero (Naples 1997). Voir également les études de A. MAIURI, « Sul *De Nola* di Ambrogio Leone », *Studi in onore di R. Filangieri*, II, Naples 1959, 261 suiv. ; P. MANZI, « Alcuni doculenti di cartografia nolana, ovvero Ambrogio Leone e Gerolamo Mocetto », *Universo* LIII, 4 (1973), 811-818 ; D. DEFILIPPIS, « Tra Napoli e Venezia : il *De Nola* di Ambrogio Leone », *Quaderni dell'Istituto Nazionale di Studi sul Rinascimento Meridionale* 7 (1991), 23-64.

Sur l'histoire du *Beatricium*, voir E. PERCOPO, « Una statua di Tommaso Malvitco ed alcuni sonetti del Tebaldeo », *Napoli Nobilissima* II (1893), 10-11 ; P. DE MONTERA, « La Béatrice d'Ambroise Leone de Nola : ce qui reste d'un *Beatricium* consacré à sa gloire », *Mélanges de philologie et de littérature offerts à Henri Hauvette*, Paris 1934, 191 suiv. ; I. SANNAZARO, *Opere volgari*, ed. A. Mauro, Bari 1961, 399-401 ; M. CASTOLDI, « Per il Beatricium », *Quaderni di filologia e lingue romanze*, 3ᵉ série, 4 (1989), 33-49.

De façon générale, à propos d'Ambrogio Leone, on verra les monographies de L. AMMIRATI, *Ambrogio Leone nolano*, Marigliano 1983 et de F. SICA, *Ambrogio Leone tra Umanesimo e scienze della natura*, Salerno 1983.

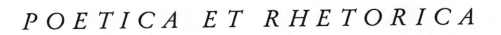

POETICA ET RHETORICA

DA *DUMMODO NON CASTUM* A *NIMIUM CASTUS LIBER* : OSSERVAZIONI SULL'EPIGRAMMA LATINO NEL QUATTROCENTO

par DONATELLA COPPINI

Nella composizione I, 16 dei suoi *Epigrammata,* un epodo giambico intitolato *De poetis latinis,* Michele Marullo formula un canone di *auctores* di poesia latina distinti per generi letterari : il campione dell'elegia è Tibullo, e quello dell'epica ovviamente Virgilio ; Orazio ha la palma nella poesia satirica e lirica e Lucrezio nel poema filosofico ; Catullo nella poesia leggera (ma dotta) « endecasillabica » ; la tragedia invece, non sorprendentemente, non appare abbastanza rappresentata — e l'epigramma, per niente : v. 7 *Epigramma cultum, teste Rhallo, adhuc nulli* [1].

Questo verso appare carico di significato : esso implica l'esclusione di Marziale dalla « grande » letteratura ; la conseguente messa al bando della linea quattrocentesca, cronologicamente e non solo capeggiata dal Panormita dell'*Hermaphroditus,* a Marziale esplicitamente ispirata e dominante nella prima metà del secolo [2] ; l'auto-proposizione, *ex silentio,* di Marullo, che compie il rilievo critico in veste di scrittore di epigrammi, come nuovo « eroe culturale » del genere — sottolineiamo nel verso la parola *adhuc* e ricordiamo che gli *Epigrammata* di Marullo sono la prima opera del Quattrocento stampata, vivente l'autore e quindi per sua volontà, con questo titolo. Mi sembra che proprio il richiamo allusivo all'epigramma di Marziale I, 61, dello stesso metro e di contenuto analogo (*Verona docti syllabas amat vatis...*), sia di natura competitiva, e valga a sottolineare ed enfatizzare l'opinione negativa espressa da Marullo *ex silentio* : simili scaltriti espedienti nel riferimento a predecedenti epigrammatici, e a Marziale in particolare, tro-

---

[1] Si veda M. MARULLI *Carmina,* ed. A. PEROSA, Zürich 1951, 8-9.

[2] Sulla diffusione del testo di Marziale nel Quattrocento, si veda F.R. HAUSMANN, « Martial in Italien », *Studi Medievali* XVII (1976), 173-218.

veremo nell'epigramma I, 62 (vd. oltre)[3]. La chiamata in causa dell'amico, come lui esule greco, e autore di epigrammi greci, Manilio Rallo, pare anche rafforzare un'altra indicazione, ben corrispondente al tenore degli epigrammi marulliani : quella cioè che l'*epigramma cultum*, che non può trovare i suoi *auctores* nell'ambito della letteratura latina, li potrà invece trovare nella poesia greca : e il pensiero ricorre ovviamente all'Antologia, nota in Italia a partire dagli anni 60 del Quattrocento, anche se stampata per la prima volta nel 1494.

Bisogna anche riflettere sulla chiara distinzione che Marullo opera fra poesia catulliana e poesia epigrammatica — e sulla conseguente consapevolezza, da parte dell'autore, dell'ambiguità inerente all'opera che sta scrivendo, poiché la componente catulliana, anche dal punto di vista metrico, « endecasillabico », è assai rilevante negli *Epigrammata* del Tarcaniota.

È del resto noto come l'epigramma si sia costituito, nella sua storia, come genere ambiguo e di mutevole definizione : non c'è molto bisogno di insistere sugli aspetti tipologici[4]. Studi recenti ci indicano anche nella tradizione medievale un genere « epigramma » assai sfuggente, che comprende carmi di tono, contenuto, metro, lunghezza, assolutamente difformi, ai quali mi sembra si possa applicare soprattutto come comun denominatore l'atteggiamento di modestia e di *understatement* dell'autore nei loro confronti[5].

Quello che sottolineerei fin da ora, per ritornarci fra poco, è che l'impurità del genere nel Quattrocento è resa canonica dalla forma della sua prima riproposizione, l'*Hermaphroditus* del Panormita, la scandalosa operetta pubblicata allo scadere del primo quarto del secolo, che, nella pervasiva franca oscenità che ne costituisce il tono più caratteristico, e nell'opzione metrica esclusivamente elegiaca, contiene, accanto a epigrammi propriamente corrispondenti alla definizione lessinghiana, a epitafi seri o burleschi, a carmi occasionali di tenore epigrammatico, alcuni lunghi carmi comico-elegiaci, o carmi d'avvio apparentemente elegiaco che si stravolgono in finali scommatici, e alcune vere e proprio elegie : i confini fra elegia ed epigramma sono del resto labili fin dall'origine dei due generi letterari.

---

[3] Una diversa, anzi opposta, interpretazione offre dell'epigramma marulliano Ch. HARRAUER, « Welche waren die besten lateinischen Dichter (Michael Marullus, *Epigr.* 1, 16) », *Wiener humanistische Blätter* XXXIV (1992), 73-88, che vede nella relazione del carme con l'epigramma di Marziale cripticamente espresso il reale, positivo giudizio di Marullo su Marziale ; già G. BOCCUTO, « L'influsso di Lucrezio negli *Inni naturali* di Michele Marullo », *Rivista di cultura classica e medioevale* XXVI (1984), 119, ha incidentalmente osservato che « Il *De poetis* è quasi sicuramente originato dal desiderio di collocare sé stesso nel numero dei principali poeti ».

[4] L'opera di P. LAURENS, *L'abeille dans l'ambre : célébration de l'épigramme de l'époque alexandrine à la fin de la Renaissance*, Paris 1989, è propriamente « l'étude d'une forme [la forme de l'épigramme]... dans l'histoire » (20-21).

[5] Si veda W. MAAZ, *Lateinische Epigrammatik im hohen Mittelalter. Literarhistorische Untersuchungen zur Martial-Rezeption*, München-Zürich 1992, e la mia recensione a questo libro in *Gnomon* LXVIII (1996), 310-315.

L'eterogeneità della raccolta marulliana è diversamente fondata : ma anche in essa, accanto al carme catulliano e all'ode lirica, l'elegia è ben rappresentata (e distribuita, con cura strutturale, a intervalli pressoché regolari all'interno del *corpus* epigrammatico). Se infatti alcuni pur piuttosto lunghi carmi elegiaci possono qualificarsi come epigrammi per la loro struttura « chiusa », e uno, decisamente lungo (I, 42, di ventitre distici) è intitolato « Epitafio », per altri — I, 22, *De morte Iani fratris*, quindici distici fra Catullo e Foscolo, e con un precedente in Landino, *Xandra* III, 4 ; I, 48, *Consolatio ad Andream Matthæum Aquavivum de morte Iulii patris* — solo l'argomento funebre consente un aggancio alla tipologia dell'epitafio, e i carmi II, 16, *Ad Franciscum Ninum senensem*, ventitre distici ; II, 32, epistola a Neæra in ben ottanta distici ; III, 37, *De exilio suo*, ventiquattro distici, non possono che configurarsi chiaramente come elegie [6].

L'operetta del Panormita si pose con grande fermezza ed evidenza alla radice del rinnovamento di un genere letterario, e l'accanimento con cui fu bersagliata, denigrata, fatta oggetto di feroci polemiche, e persino bruciata sulle pubbliche piazze, corrispose evidentemente al piacere con cui fu letta, apertamente o di nascosto, a giudicare dalla vastissima tradizione manoscritta — per la stampa invece si dovette aspettare il XVIII secolo : non a caso a Parigi, dopo la rivoluzione ! Essa divenne non solo un best-seller, ma addirittura un classico, se con questa parola si fa riferimento alla funzione modellizzante esercitata da un testo : un'opera, reminiscenze della quale potevano sfuggire agli umanisti come quelle di Virgilio, o a cui si « alludeva », cercando la complicità di lettori che la dovevano conoscere alla pari dello scrittore, come si poteva « alludere » a Catullo o a Properzio [7].

Neanche negli epigrammi di Marullo mancano riferimenti all'*Hermaphroditus*. Non sono certo imitazioni che lascino sottintendere ammirazione nei confronti del modello. Può trattarsi di una semplice reminiscen-

---

[6] Sulla varietà dei contenuti negli epigrammi marulliani : P. FLORIANI, « Alcune osservazioni sui primi *epigrammata* di Michele Marullo », *Studi filologici, letterari e storici in memoria di Guido Favati*, edd. G. Varanini, P. Pinagli, I, Padova 1977, 285-297. Per un particolare aspetto della poesia amorosa marulliana : G. CORSINOVI, « Affinità e suggestioni petrarchesche negli *epigrammata* di Michele Marullo », *Studi di filologia e letteratura dedicati a Vincenzo Pernicone*, t. II, Genova 1975, 155-174.

[7] Per l'*Ermafrodito* : Antonii PANHORMITÆ *Hermaphroditus*, ed. D. Coppini, Roma 1990. Osservazioni al testo sono state proposte da E. CECCHINI e da S. MARIOTTI in *Filologia umanistica. Per Gianvito Resta*, Pado-

va 1997, rispettivamente I, 401-405 (« Intorno a due luoghi dell'*Hermaphroditus* : I 3, 5 ; II 29, 3 ») e II, 1233-1245 (« Note al testo dell'*Hermaphroditus* del Panormita ») ; si veda inoltre COPPINI, « Varianti ed "errori" d'autore nella tradizione di testi umanistici : il caso dell'*Hermaphroditus* del Panormita », *Mittellateinisches Jahrbuch* XXXI, 1 (1996), 105-114. Su alcuni aspetti dell'opera : COPPINI, « *Dummodo non castum*. Appunti su trasgressioni, ambiguità, fonti e cure strutturali nell'*Hermaphroditus* del Panormita », *Filologia umanistica, op. cit.*, I, 407-427 ; EAD., « I modelli del Panormita », *Intertestualità e smontaggi*, edd. R. Cardini, M. Regoliosi, Roma 1998, 1-29.

za : l'epigramma I, 51 è costituito da tre distici in lode di una bellezza muliebre dal nome quanto mai appropriato, Gemma; questa la conclusione (v. 5-6) :

> *Iure igitur Gemma es : quod si tibi displicet illud,*
> *Dum dea, vel Pallas, vel magis esto Venus*

da confrontare coi versi finali (7-8) di *Herm.* I, 3, sul titolo dell'opera :

> *Quod si non placeat nomen nec et hoc nec et illud,*
> *Dummodo non castum, pone quod ipse velis.*

O si tratta di emulazione « ostile», che può essere giocata a vari livelli : l'epigramma I, 10, carme in lode di Massimiliano Cesare, figlio dell'imperatore Federico, si riallaccia al taciuto Marziale (I, 39) attraverso le lodi dell'Aurispa formulate dal Panormita in *Herm.* II, 22. Come l'esemplare classico, i carmi umanistici si strutturano secondo la retorica anafora del *Si quis* iniziale di verso, appena variando la forma della conclusione (Marziale : *Dispeream, si non hic Decianus erit*; Panormita : *Si non Aurispa est hic, periisse velim*; Marullo : *Ne vivam, si non tu mihi, Cæsar, hic es*).

Il raffinato procedimento, cifra di una intertestualità perennemente in atto, consistente nel progressivo inglobamento (e nella indicazione) di un filo di tradizione letteraria, è tipicamente umanistico : Marullo assimila il Panormita che ha assimilato Marziale. Allo stesso modo ad esempio Callimaco Esperiente, nell'*ep.* III, 5 della sua raccolta, rivelava come suoi modelli non solo Marziale III, 68, ma anche *Herm.* I, 4, a sua volta modellato sull'epigramma di Marziale[8].

L'atteggiamento emulativo è uno degli elementi del riscatto degli umanisti nei confronti dei classici : in casi come questo, l'emulazione più viva, o la gara più feroce, è quella ingaggiata col modello più vicino, mentre l'irraggiungibile « classico» sembra insieme rivestire le funzioni del giudice e dell'inalterabile pietra di paragone : vince chi gli si avvicina di più. Da osservare tuttavia il rapporto più « affettuoso» di Callimaco, rispetto a Marullo, nei confronti del Panormita : al predecessore umanistico egli allude più chiaramente, emettendo al contempo segnali della consapevolezza del rapporto fra i due predecessori; di Marullo, a rigore di testo si potrebbe dire che finge superbamente di ignorare il carme del Panormita. Lo stesso accade nell'*Epithaphium Pholoes* (*ep.* I, 42)[9] : il carme si inserisce nel micro-genere « epitafio della prostituta» creato dal Panormita con lo splendido epigramma per Nichina (*Herm.* II, 30)[10], di vastissima fortuna anche indipendentemente dalla silloge che lo comprende : fra i due il pontaniano *Tumulus Ter-*

---

8   COPPINI, « Tradizione classica e umanistica nella poesia di Callimaco Esperiente», *Callimaco Esperiente poeta e politico del Quattrocento*, Firenze 1987, 119-149, spec. 131.

9   Un dettagliato commento al carme in *Antologia della poesia italiana*, edd. C. Segre,

C. Ossola, *II. Quattrocento-Settecento*, Torino 1998 (*Poesia dell'Umanesimo. Latina*, edd. D. Coppini, M. Regoliosi), 63-65.

10   Anche questo carme è commentato in *Antologia della poesia italiana, op. cit.*, 15-16.

mionillæ meretriculæ (*Tumuli* II, 55), che presenta più precisi riferimenti al carme del Panormita — che il Pontano riconosceva suo maestro — e con il quale quello del Marullo mostra maggiori affinità. Tuttavia vi sono presenti molti spunti tratti dall'epitafio di Nichina, spesso ribaltati ; contaminando i due sottogeneri dell'epitafio « serio » e dell'epitafio « per burla », il carme « moralizza » il personaggio e diluisce la concentrazione espressiva beccadelliana in una sequenza narrativa articolata cronologicamente. La mescolanza di commozione, ironia, oscenità, rende ineguagliabile il carme del Panormita : ma pare indubbio che i poeti successivi abbiano voluto entrare in competizione con lui, Marullo in particolare forse anche con l'intenzione di dimostrare come pure un personaggio non casto possa essere trattato castamente (almeno, con castità elegiaca : soprattutto echi ovidiani, tibulliani e properziani sono avvertibili nel carme).

Che la poetica anti-Marziale di Marullo sia anche, e soprattutto, una poetica anti-Panormita, o meglio anti-Ermafrodito, lo si può comprendere agevolmente dall'epigramma I, 62 [11], rivendicazione della propria linea poetica improntata a « castità », tutta giocata sul rovesciamento di giustificazioni topiche opposte enunciate da Catullo (carme XVI), Marziale (III, 69), e Panormita (*Herm.* I, 20 e 23 ; II, 21). Marullo dimostra di percepire la castità dei suoi epigrammi evidentemente come deviante rispetto al genere costituito, ormai stanco, e insieme si dimostra consapevole testimone, e autore, del mutamento irreversibile in atto nella poetica umanistica.

Questo l'*incipit* dell'epigramma :

> *Quod nimium castus liber est nimiumque pudicus*
> *Displicet ; ingenium, Quintiliane, probas.*

È una « risposta per le rime » a *Herm.* II, 11, 1-2 :

> *Quod genium versusque meos relegisve probasve,*
> *Gratum est ; quod mores arguis, Hode, queror.*

Proseguendo nella lettura del carme, si percepisce la continuazione del preciso rapporto dialettico col Panormita : I v. 5-6 (*Casta placent Phoebo, castissima turba sororum est, / Casta pios vates Pieriosque decent*) sono il rovesciamento di ciò che il Panormita aveva espresso, con vivace metafora, in *Herm.* I, 23, 4, *Phoebus habet penem Calliopeque femur*, intendendo che la poesia non teme e non disdegna argomenti sessuali.

Gli stilemi della giustificazione al contrario continuano ai v. 9-12 :

> *Tu licet huc Marsumque feras doctumque Catullum*
> *Et quoscumque alios Martia Roma legit,*
> *Non tamen efficies ut Phrynæ scribere malim,*
> *Quam tibi, vel turbæ, Laodamia, tuæ...*

Marziale, nella prefazione al I° libro degli epigrammi (§ 4), appoggia la

---

[11] *Antologia della poesia italiana, op. cit.,* 66-68.

propria libertà espressiva all'esempio di precedenti antichi : *Sic scribit Ca-
tullus, sic Marsus* [i due nomi fatti esplicitamente da Marullo], *sic Pædo, sic
Gætulicus, sic quicumque perlegitur.* Il Panormita fa di questo argomento una
bandiera, riproponendolo con insistenza nel corso dei suoi *libelli.* In particolare, imita il passo di Marziale in *Herm.* I, 20, 5 : *Quod decuit Marcos* [cioè,
Marziale stesso], *quod Marsos, quodve Pedones / Denique quod cunctos, num
mihi turpe putem ?*

Ai v. 11-12 sembra deliberatamente e allusivamente capovolto il senso di
due epigrammi proemiali dei due libri dell'*Hermaphroditus,* che, modellan-
dosi su Marziale III, 68 e 86, indirizzano l'opera a un pubblico di prostitute : in II, 4, 4 l'etera-tipo è Taide (*Me Thais medio fornice blanda legat*), mentre Marullo, con studiata variazione, assume a figura della cortigiana Frine,
la bellissima etera greca ritratta da Prassitele. Da notare la rivendicazione,
da parte di Marullo, della possibilità di accedere a un pubblico illimitato
come pregio della propria opera (v. 13-14). Ancora una battuta di dialogo
con Marziale (*Præf.* al I° libro, § 3, *Absit a iocorum nostrorum simplicitate
malignus interpres*) a v. 15, *Sit procul a nobis obscoena licentia scripti.*

Il v. 22, *Et quæ non facimus dicere facta pudet,* appare di grande interesse
per l'affermazione ancora decisamente, e, ritengo, deliberatamente, opposi-
tiva a un insistito motivo dell'autoriflessione e della interna giustificazione
dell'*Hermaphroditus,* quello della distanza, nell'autore, fra *mores* e *carmen,*
fra *vita* e *Musa.* Il Panormita trovava l'assunto già enunciato, fino a divenire
topico nella poesia classica, dai suoi modelli fondamentali : Catullo (XVI, 5-
6 : *Nam castum esse decet pium poetam / Ipsum, versiculos nihil necesse est*) ;
Ovidio (*Tr.* II, 353-354 : *... Distant mores a carmine nostro : / Vita verecunda
est, Musa iocosa mea*) ; Marziale (I, 4, 8 : *Lasciva est nobis pagina, vita proba*).
E lo riproponeva con enfasi proemiale nel carme di dedica dell'*Ermafrodito*
(*Herm.* I, 1, 5-8 : *Hac quoque parte sequor doctos veteresque poetas, / Quos
etiam lusus composuisse liquet, / Quos et perspicuum est vitam vixisse pudi-
cam / Si fuit obsceni plena tabella ioci*), addirittura fin nel titolo del carme,
indirizzato a Cosimo dei Medici *quod spreto vulgo libellum æquo animo legat, quamvis lascivum, et secum una priscos viros imitetur,* per svolgerlo più
dettagliatamente in I, 20, contestualmente proponendo un canone esplicito
di autori-modello che alla linea Catullo-Marziale aggiunge il Virgilio ritenuto dalla tradizione medievale autore dei *Priapea* [12]. Questi poeti sono *tanti* : tanto, molto grandi. Ma da tutti loro, e insieme dal Panormita, in quanto poeti non casti, o inaccettabilmente schizofrenici, Marullo proclama, fra
modestamente e orgogliosamente, la propria differenza.

Prendere le distanze dal Panormita, dai contenuti della sua opera, dalla
linea poetica da lui proclamata, dai suoi modelli, dal ricorso apologetico a
questi modelli, dalla formula della separazione opera / autore, dal pubblico

---

[12] COPPINI, « I modelli del Panormita », art. cit., 3-5.

scelto come destinatario dell'opera, vale, nella poesia marulliana, non solo a giustificare, ma a fondare una nuova poetica epigrammatica.

Su una diversa linea di poetica, e con diversi toni, lo stesso accade nella poesia del piagnone Ugolino Verino, che piega l'«epigramma», riportato alla originaria misura del distico elegiaco, a contenuti addirittura religiosi, nei sette libri dedicati probabilmente nel 1484 a Mattia Corvino, ma successivamente rielaborati in direzione integralmente «cristiana». La divaricazione è compiuta : dall'«osceno» di sessanta anni prima a Cristo, come lo stesso poeta proclama esplicitamente nella consueta posizione strategica dei carmi proemiali, a partire dal terzo dell'opera, all'illustre destinatario *ut, cum ocium detur, epigrammata sua legat, ex sacris litteris deprompta* :

> *Si quando, armipotens, tibi cessat bellica cura,*
> *Ocia cum fuerint, carmina nostra lege.*
> *Hic nihil obscenum invenies, quod principis aures*
> *Ofendat, sed quæ virgo Catoque legat.*
> *Non hæc composui vatum de more priorum,*
> *Crebrior est Pallas quam mihi dicta Venus,*
> *Plurimaque inseritur nostris sententia chartis.*
> *Nil preter Christum carmina nostra sonant*
> *Deduxique novem in Christi sacra templa sorores :*
> *Per me Calliope est initiata sacris;*
> *Non Ippocrinem, sed baptisteria potat*
> *Iordanisque sacri est gratior unda choro.*
> *Tu quoque, catholicæ fidei, rex, unice cultor,*
> *Casta Fluentini carmina vatis ama* [13].

Il riferimento per opposizione ancora alla poesia del Panormita pare inequivocabile, e irrinunciabile il puntuale confronto con la dedica dell'*Ermafrodito* a Cosimo (*Herm.* I, 1) :

> *Si vacat a patrii cura studioque senatus,*
> *Quicquid id est, placido lumine, Cosme, legas.*
> *Elicit hoc cuivis tristi rigidove cachinnos,*
> *Cuique, vel Hippolyto, concitat inguen opus.*
> *Hac quoque parte sequor doctos veteresque poetas,*
> *Quos etiam lusus composuisse liquet,*
> *Quos et perspicuum est vitam vixisse pudicam,*
> *Si fuit obsceni plena tabella ioci.*
> *Id latet ignavum volgus, cui nulla priores*
> *Visere, sed ventri dedita cura fuit;*
> *Cuius et hos lusus nostros inscitia carpet :*
> *O, ita sit! Doctis irreprehensus ero.*
> *Tu lege tuque rudem nihili fac, Cosme, popellum;*
> *Tu mecum æternos ipse sequare viros.*

---

[13] Cito dalla recentissima, bella edizione critica commentata : Ugolino VERINO, *Epi-* *grammi*, ed. F. Bausi, Messina 1998.

Verino mostra di ricalcare parodicamente il carme beccadelliano, riproponendo l'andamento strutturale del modello e rovesciandone criticamente la proclamazione poetica. Il movimento della tecnica parodica dal « basso » all'« alto », in senso bachtiniano, è apparentemente inusitato; ma indica che, all'interno del mondo epigrammatico, i valori affermati dal Panormita si sono ormai stabilizzati come gerarchici tradizionali, e in quanto tali sono passibili di ribaltamento ironico; analogamente l'insistenza sulla mancanza di oscenità dell'opera [14], che ha evidentemente il Panormita e i suoi epigoni come bersaglio polemico, fa capire che cosa ancora ci si poteva naturalmente aspettare da una raccolta epigrammatica. Nel carme proemiale del secondo libro, *ad Beatricem reginam Ungariæ*, il particolare riferimento alla destinazione sociale dell'opera (v. 5-6 : *Hunc quoque victatis legisset Vesta libenter, / Posceret hunc avide pellegeretque Cato*) ci rimanda ad analoghe, ma opposte formulazioni di carmi proemiali dell'*Hermaphroditus* (cfr. I, 4, 5-6 : *Stet, legat et laudet versus Nichina procaces, / Assueta et nudos Ursa videre viros*; II, 2, 4 : *Me Thais medio fornice blanda legat*). Se nell'*Ermafrodito* il richiamo, non solo apologetico, ai precedenti antichi, è ricorrente, nel primo carme del quarto libro del Verino è enfatizzato l'allontanamento dai consueti modelli classici (v. 7 : *Scripsi more novo nullorum exempla secutus*), e, a poca distanza, il carme IV, 5, *Contra carpentem poetas*, proclama il valore di una poesia non nugatoria, che trova i suoi precedenti in Mosè e Davide (v. 9-10 : *Sed latet egregiis gravior sententia verbis : / Sic Moses cecinit, sic Davit ore sacro*; v. 13-14 : *Carmina ne nugas credas, priscique leporis / Ne carpas nostros indiguisse libros*).

D'altro canto non mancano in Verino i segni di un aggancio alle linee tradizionali del genere, da cogliere nel riutilizzo dei più resistenti *topoi* strutturali della classicità, verosimilmente operato proprio attraverso la mediazione del Panormita : insieme al carme di dedica e d'invio, Verino ripropone il modulo dell'apostrofe al libro (*epp.* I, 5; II, 2; III, 2; V, 2; VII, 1), con indubbio richiamo, insieme ai precedenti classici, ai carmi II, 35 e 37 dell'*Hermaphroditus* I; e la ripresa di precise espressioni della « vecchia » operetta ne sottolinea la memorizzazione.

Tuttavia, laddove in Marullo ben si colgono i fisiologici mutamenti prodotti lungo la linea di una continuità di sviluppo, proprio per la sua « estrema » scelta di argomenti Verino si colloca in posizione leggermente defilata rispetto all'evoluzione « naturale » dell'epigramma, e la sicura, quasi trionfalistica, adesione morale a questa scelta determina gli stilemi della giustificazione per la deviazione dalle « regole » di un genere, i cui precedenti

---

[14] Si veda qui v. 3; nel carme II, 1 l'espressione *nil habet obsceni* di v. 3 è chiasticamente riproposta nel verso finale (*... obsceni nil habet iste liber*), in un movimento retorico che garantisce la struttura chiusa dell'epigramma ed enfatizza il messaggio della proposizione. Insistenza programmatica sulla castità dell'opera anche nei carmi proemiali V, 1 e VII, 1.

connotati sono drasticamente ripudiati : la giustificazione assume la forma
aggressiva della risposta a un *calumniantem* che critica i contenuti della sua
opera in quanto *res inusitatas* : *ep.* II, 37 :

> *Me tristem, ippocritam carpis, quia crimina damnem*
> *Nilque velim nostris scribere turpe libris.*
> *« Non sic Aurelius*[15] *vates epigrammata fecit,*
> *Lascivum salso felle refersit opus » :*
> *Hæc ais, et rides nostros redolere libellos*
> *Eclesiam et nimia simplicitate rudes.*
> *Nos sumus electæ gentes, nos sacra propago :*
> *Scribere lascive credimus esse nefas.*
> *Ipse Plato iussit teneros procul esse poetas :*
> *Corrumpunt mores turpia verba bonos.*

Anche qui è da cogliere la contrapposizione quasi parodica a formulazioni
panormitane (cfr. *Herm.* I, 10 ; 20 ; II, 11).

In generale, proprio perché la contrapposizione non è solo poetica, ma
morale, e perché la poetica del Panormita ha epigoni attuali evidentemente
portatori di opzioni morali avverse, i toni del Verino assumono l'aggressi-
vità della polemica immediata, della contrapposizione parallela, più che di
un rovesciamento che può apparire approdo di una linea poetica ricca di elementi di continuità, approdo a cui, in Marullo, contribuisce l'incisiva azione di nuovi modelli classici che Verino comunque, anche se non esplicitamente, respinge : Davide e Mosè non sono Marziale e il Panormita, ma non
sono nemmeno l'Antologia greca.

Così la contrapposizione ironica, la puntuale « parodia » del Panormita, ci
rimanda a reazioni, invero ben più esplicite e virulente, e in parte diversamente motivate, suscitate dall'*Ermafrodito* in prossimità cronologica della
sua pubblicazione : Porcelio Pandoni ad esempio così esortava alla lettura
della propria opera, con un carme databile ai tardi anni Quaranta del secolo,
ma che appare rielaborazione di versi assai precedentemente composti :

---

[15] L'editore spiega questa lezione (attesta-
ta dall'autografo) con riferimento a Properzio (*Aurelius Nauta* nella tradizione medievale e umanistica), le cui elegie sarebbero
designate come *epigrammata* per la forma
metrica — e si leggano, alle p. 19-20 dell'introduzione di Bausi, le giuste considerazioni
relative all'accezione ampia in cui va inteso il
termine « epigramma » anche nel Verino.
Tuttavia appare strano che proprio Properzio sia preso come campione di un epigramma da opporre a quello veriniano, e ancor
più che l'opera dell'elegiaco latino possa essere connotata dall'espressione *salso felle* di v. 4,
pertinentissima invece a un'arguzia propriamente epigrammatica e riconducibile per varie vie a Marziale ; nell'*ep.* I, 6, 11 del Verino
teneros elegos e *salsa epigrammata* stanno dalla
stessa parte rispetto a una poesia epica di
stampo virgiliano, ma distinti e connotati appunto dalla diversa aggettivazione. *Aurelius*
per *Valerius* (cioè Marco Valerio Marziale)
potrebbe essere errore di memoria dell'autore, facilitato dalla somiglianza dei nomi, forse addirittura errore meccanico (inversione di
u e *a* nella sillaba iniziale, e di *l* e *r* nelle successive). Da osservare che nessuna delle due
lezioni sarebbe prosodicamente ineccepibile.

> *Egregii huc pueri et castæ properate, puellæ,*
> *Non est hæc sicula carta notata manu.*
> *Mentula, cunnus abest, nullum hic tenditur inguen*
> *Nullaque cum Musis iura Priapus habet...* [16].

Torniamo al carme I, 52 di Marullo, per trovare, nell'ultimo verso
(... *Phoebus / Annuit et sanctis ora rigavit aquis*), un richiamo positivo a formulazioni elegiache; con la stessa espressione Properzio definisce la delimi-
tazione al campo amoroso della sua poesia in III, 5, 51-52:

> *Talia Calliope, limphisque a fonte petitis*
> *Ora Philitea nostra rigavit aqua*

(e Ovidio, *Am.* III, 9, 26: *Vatum Pieriis ora rigantur aquis*).

La formale sigla elegiaca può in un certo senso leggersi in chiave anti-
epigrammatica: o meglio, fa intendere come l'epigramma amoroso di Marullo (*epigramma cultum*) vada accostato più a temi e toni elegiaci che alle
obscenæ licentiæ della linea Marziale-Panormita: anche nell'epitafio di Fo-
loe un'espressività elegiaca fungeva da correttivo alla licenziosità panormitana. Simili espedienti, che si agganciano comunque al campo della poesia
erotica classica, sono sicuramente irreperibili nella poesia del Verino.

È da rimarcare come proprio di segno opposto appaia il ricorso a temi e
stilemi elegiaci da parte del Panormita, che riserva a modelli «impertinen-
ti» alla tessitura epigrammatica dell'*Hermaphroditus* (elegiaci soprattutto,
ma anche epici) un interessante trattamento ironico-parodico capace di as-
similarli al contesto, così arricchito da un supplemento di arguzia e comi-
cità. Se come elegie pure si presentano i carmi I, 25 e II, 30 dell'*Hermaphroditus,* preghiere per la donna sofferente, il carme II, 9, apparentemente
una palinodia indirizzata all'amata, è giocato sul filo di un'ironia parodica
appena accennata, ma decifrabile lucidamente nel contesto del piccolo ciclo
epigrammatico in cui esso è inserito. Altri esempi di uso ironico, e di assi-
milazione epigrammatica, della fonte elegiaca, ci sono offerti dalle composizioni per Alda, che stravolgono incipitari spunti topicamente elegiaci in finali coprolalici o sessualmente osceni [17].

Il Panormita considerava «epigrammi» i suoi carmi, e come tali essi venivano percepiti dai contemporanei: Poggio Bracciolini, dopo aver letto
l'*Hermaphroditus,* scrive all'autore una lettera di apprezzamento con riserva,
definendo l'operetta *libellus epigrammatum tuorum.* Il Panormita gli rispon-
de giustificando il disimpegno della sua poesia —e dimostrando consapevolezza di caratteristiche proprie del genere: *Epigrammata, quia brevia, licet
arguta, sunt et quibus non copia, sed acumine certamus, potest inotiosus quisque*

---

[16] Si veda COPPINI, «Un'eclisse, una du-
chessa, due poeti», *Tradizione classica e letteratura umanistica. Per Alessandro Perosa,* edd.
R. Cardini, E. Garin, L. Cesarini Martinelli,
G. Pascucci, vol. I, Roma 1985, 333-373, spec.
361-362.

[17] Sul trattamento ironico-parodico dei
modelli da parte del Panormita, si veda il mio
«I modelli del Panormita», art. cit., 21-25.

perficere [18]. Ma nel corso dell'opera la definizione di « epigrammi » è attribuita solo ai carmi di Marziale, mentre, riferendosi ai propri, il Panormita usa una terminologia generica (*opus, libellus, nugæ*) che ne propone piuttosto l'accostamento al *libellus* catulliano. La nozione del genere non è insomma precisamente determinata [19].

Raccolte poetiche successive all'*Hermaphroditus* non riescono a decantarne del tutto l'impurità elegiaca, pur presentandosi come esclusivamente epigrammatiche. Esse dimostrano che la storia dell'epigramma nel Quattrocento si delinea anche come storia della fortuna di questa operetta, e al contempo della progressiva presa di distanza (fino al ribaltamento finale) dai suoi toni e argomenti trasgressivi.

I *Disticha* e gli *Epigrammata* di Maffeo Vegio, pubblicati con questi titoli dal Raffaele all'inizio di questo secolo [20], si configurano come raccolte propriamente epigrammatiche. Il metro elegiaco non vi ha eccezioni. Della seconda raccolta fanno parte molti epitafi « seri » — uno solo scherzoso, quello *Hectoris ebrii*, II, 43 secondo l'improbabile numerazione del Raffaele, impallidisce a confronto della comica drammaticità dell'*Epithaphium Erasmi Biberii ebrii* del Panormita, *Herm.* II, 12. L'oscenità vi è bandita, ma rimanda al Panormita il macroscopico elemento strutturale della divisione in due libretti in ciascuna delle due opere, nonché un'ampia serie di riferimenti testuali. Marcando la bipartizione dell'operetta, il carme d'inizio del II libro degli epigrammi segue il modulo espressivo di *Herm.* I, 42 : il riferimento, probabilmente allusivo, sottolinea la presa di distanza dal modello relativamente agli argomenti :

> *Nunc lege quæ sequitur partem, Leonarde, secundam :*
> *Est gravior, sed pars ista iocosa tamen.*

(Cfr. *Herm.* I, 42, 3-4 : *Hæc pars prima fuit, sequitur quæ deinde secunda est : / Hæc pro pene fuit, proxima cunnus erit*).

Allo stesso modo l'allusione sottolinea la diversità degli argomenti nell'epigramma I, 7 (su un eventuale titolo da dare all'opera) che segue la falsariga di *Herm.* I, 3 [21] : v. 5-6 :

> *Sive velis Argo, seu Vellus dicier Aureum,*
> *Convenient operi nomina et ipsa meo.*

E nel carme di commiato del I° libro di epigrammi il Vegio, con motivazioni e stilemi analoghi a quelli con cui il Panormita stabiliva un netto

---

[18] Le epistole di Poggio e del Panormita, insieme a una di Guarino, sono pubblicate in appendice a PANHORMITÆ *Hermaphroditus, op. cit.* ; si veda in particolare 148 e 157.

[19] Sull'auto-definizione della poesia panormitana, si veda il mio « I modelli del Panormita », art. cit., 2-3.

[20] L. RAFFAELE, *Maffeo Vegio : elenco delle opere, scritti inediti*, Bologna 1909.

[21] *Herm.* I, 3, 3-6 : *Cunnus et est nostro, simul est et mentula, libro :/ Conveniens igitur quam bene nomen habet !/ At si podicinem vocites, quod podice cantet,/ Non inconveniens nomen habebit adhuc.* A v. 5 accolgo la brillante restituzione di CECCHINI, « Intorno a due luoghi », art. cit.

discrimine fra la *licentia* dei propri scritti e la moralità dei propri costumi, giustifica non la *lascivia*, ma la leggerezza della propria poesia. La relazione col modello può tuttavia stabilirsi anche sulla base di affinità di argomenti : una serie di quattro distici (I, 87-90; ma cfr. anche *ep.* I, 19) insiste sul rapporto non direttamente proporzionale fra libri posseduti da una parte e cultura del possessore dall'altra : un germe di satira antipedantesca già presente in *Herm.* I, 17, sulla scia di un epigramma di Ausonio (XIX, 7). O può prender corpo nella risemantizzazione di un'immagine : il distico II, 11 è l'epitafio per una cagnetta (l'argomento fa già pensare a una svolta «greca» nello sviluppo dell'epigramma) tutto giocato su un verso preso in prestito dal quadretto postribolare di *Herm.* II, 37 (v. 15 : *Blanda canis dominæ est, est hera blanda viris*) :

> *Est tibi blandus herus, et hero tu blanda catella :*
> *Extinctæ et blandum carmen, Aletta, tibi est.*

Sembra inoltre attestare la diffusa notorietà dell'*Hermaphroditus* la ripresa di alcuni pseudonimi panormitani (*ep.* I, 31 «In Lentulum»; *ep.* I, 50 «In Amillum»; *ep.* I, 94, «In Ursam»), nonché l'uso del nome *Hermaphroditus* come sinonimo di «bisessuale» (distico I, 70 : *Marce Maria, tibi diversi nomina sexus / Cur, nisi sis forsan Hermaphroditus, habes?*). Ma particolarmente significativo il procedimento per cui un verso non conclusivo di epigrammi dell'*Hermaphroditus* può assurgere al rango di *pointe* : sulla convenienza / sconvenienza di un *nomen*, sui cui insiste il Panormita di I, 3, sono giocati i distici I, 35 (*Sancti, qui semper sanctorum nomina carpis, / Heu inconveniens quam tibi nomen habes!*) e I, 42 (*Hic situs est Felix infelicissimus olim : / Heu, nomen rebus quam male conveniens!*); il distico II, 90 trasforma in *pointe* un verso ovidiano (*Epist.* XV, 24) epigrammaticamente rinverdito dal Panormita (*Herm.* II, 3, 4 : *Si tibi sit cornu et thyrsus, Iacchus eris*) :

> *Cornua fronte tibi tua fixit adultera coniunx :*
> *Sume tibi thyrsos, Corbule : Bacchus eris.*

Nella produzione poetica di Enea Silvio Piccolomini[22] la raccoltina elegiaca dal titolo properziano, *Cynthia*, appare chiaramente distinta dagli epigrammi dedicati a Bartolomeo Rovarella : veri epigrammi per lo più — ma non mancano lunghi carmi elegiaci —, definiti *nugæ, ludi, sales, ioci* e posti sotto il segno della estemporaneità nel carme proemiale, che rimanda ad analoghe formulazione panormitane[23]; *sed amant quoque seria nugas*, ag-

---

[22] Enee Silvii PICCOLOMINEI postea PII PP. II *Carmina*, ed. commentarioque instruxit A. van Heck, Città del Vaticano 1994; precedente la discutibile edizione di G. Cugnoni (Æ.S. PICCOLOMINI... *Opera inedita, Atti dell'Accademia dei Lincei. Memorie. Classe di Scienze morali...*, s. III, VIII, 1882-83, Roma 1883) e l'importante contributo di R. AVESA-NI, «Poesie latine edite e inedite di Enea Silvio Piccolomini», *Miscellanea Augusto Campana*, Padova 1981, 1-26.

[23] Si confrontino i v. 1-2 (*Hoc te, si fas est, donamus munere, præsul / Magne Ravennatum : carmina pauca lege*) col distico iniziale di *Herm.* I, 1; i v. 3-4 (*Non hic continui poteris reperire laboris, / Hora sed hic varium quæ-*

giunge però il futuro papa[24] : gli epigrammi del Piccolomini non si pongono così sulla scia dell'*Hermaphroditus*; li caratterizza piuttosto un moralismo ironico di stampo satirico, la presenza di argomenti politico-religiosi, di riflessioni sul valore della poesia e della gloria, di numerosi epitafi autentici : anche quello, parcamente infamante (l'unico), di Martino Quinto, termina con una nota moralistica (*Crimina sic fugies, cæli sic tecta requires, / Non, ut ego, vanas accumulabis opes* : XXXVII, 13-14) ; e laddove l'epitafio del Panormita, e in generale quello fittizio, «per burla», ha spesso protagonisti ancora viventi, vivacemente vilipesi, alcuni degli epitafi di Enea Silvio si allontanano dall'immediatezza del necrologio per essere dedicati a personaggi defunti da tempo, poco o molto che sia : Emanuele Crisolora (*ep.* IV), Cicerone (*ep.* XVIII e XIX), Epicuro (XLIV e XLV) : al contrario dunque che nel Panormita, la forma dell'epitafio appare il più idoneo mezzo espressivo dell'encomio, del ritratto storico, della riflessione morale. Testimonia tuttavia non solo la notorietà dell'*Hermaphroditus*, ma il rango di opera «citabile» a cui esso era assurto, la memorizzazione, se non la riproposizione allusiva, di espressioni panormitane : si confronti ad esempio l'esortazione conclusiva *in iuristam maledicum* di *ep.* VI (v. 5 : *Si sapis, ergo, tace...*) con quella identica rivolta nel verso finale di *Herm.* I, 10 a un Mattia Lupi ugualmente definito *maledicum* nel titolo del carme ; o la struttura interrogativa della lode *Ad regem Aragonum*, giocata sull'anafora del pronome *quis*, di *ep.* IX, con la *laus Cosmi* di *Herm.* II, 33, che fornisce elementi espressivi anche a *ep.* LIX ; o semplicemente la *iunctura* : *foedum... lupanar* di *ep.* XLVII, v. 13, in identica posizione metrica in *Herm.* I, 19, 13. E anche nella *Cinthia* (alla pari delle altre raccolte elegiache quattrocentesche, ricca di inserzioni epigrammatiche) non mancano richiami al fondamentale *Hermaphroditus* : il carme XVII, *In Mentinum*, svolge il tema del vilipendio infamante su argomenti per lo più morali e intellettuali, ma il parco riferimento all'aspetto fisico (v. 5 : *Nigrior es corvo, stigia pallentior umbra*) pare mutuato da *Herm.* I, 19, tutto giocato invece su elementi di pesante fisicità (v. 2 : *Siccior est cornu pallidiorque croco*, già dipendente da Catullo e dai *Priapea*) ; l'espressione *precibus mota puella* di *Cinthia* XXIII, 82 riecheggia *Herm.* II, 30, 3-4 : *... pulchella... / ... mota proci precibus* ; particolarmente significativo il riuso parodico-nobilitante della *tournure* di *Herm.* I, 13, 4-5 (*Unum si demas, omnia solus habes. / Hoc unum est podex...*) in *Cinthia* V, 32-33 : *Unum si demo, Cinthia dives habes. / Hoc unum est pietas...* Che del resto il Panormita rappresentasse per il futuro papa un modello di massima autorevolezza, è dimostrato dalla sua collocazione a capo della triade di poeti

---

libet urget opus) con *Herm.* II, 1, 19-20 (*Quum vacat officio legali, ludicra condo/ Dum bibo, quæ nobis immeditata fluunt*) ; i versi del Panormita hanno del resto precedenti classici che possono fungere da comuni archetipi.

[24] *Ep.* I, v. 5 : *Sunt, fateor, nugæ : sed amant quoque seria nugas.*

nuovi, capaci, con la loro poesia, di eternare la gloria dei potenti, in
ep. XXIV, v. 35 ss. :

> *Sunt qui magna canunt dominorum bella ducumque*
> *Eternamque valent homini concedere vitam,*
> *Qualis ad Italiam siculis Antonius oris*
> *Venit, ut illustris perstringeret acta Philippi,*
> *Marrasiusque simul, cui non vetuere paterne*
> *Sicilides muse pretendere ad ubera guttur.*
> *Quin etiam Vegius, quem dive aluere sorores*
> *Pierie, missum celesti munere nobis...*

La citazione degli autori contemporanei vale per Piccolomini a presentarsi implicitamente, con modestia, come quarto fra cotanto senno agli
occhi di Carlo VII, cui il carme è indirizzato : l'esortazione ad assumerli
come poeti di corte, a concedere loro premi adeguati (v. 44-46), potrà essere
facilmente tradotta in esortazione a stimare analogamente chi scrive. Ma
contribuisce d'altro canto ad innalzare questi poeti al rango di nuovi classici, paragonabili a Omero e Virgilio, citati nella prima parte del carme come
garanti dell'eterna fama di Ulisse e di Enea.

Vates veteres e *prisci* e *vates novi* sono esplicitamente contrapposti a più riprese nella poesia di Giano Pannonio, e talvolta con la chiara proclamazione della superiorità di questi ultimi [25]. Ben lontano dal ripudiare il criterio di
imitazione, il Pannonio tuttavia si richiama a una linea epigrammatica più
precisa ancora di quella del Panormita dichiarando la netta opzione per un
unico modello : *simia Martialis* egli si definisce nell'*ep.* I, 37 Teleki — un carme che va letto tutto in contrappunto con Marziale I, 1. I metri usati da Giano sono, come quelli di Marziale, vari; al distico elegiaco segue l'endeca-
sillabo : ma anche i carmi metricamente catulliani hanno la struttura chiusa
dell'epigramma, per lo più bipartito. Composti in un ampio arco di tempo,
su un'ampia gamma di argomenti e di registri, gli epigrammi del Pannonio,
se da un lato si inseriscono con naturalezza all'interno del solco della tradizione classica rinnovata dal Panormita, dall'altro appaiono vivaci resoconti
della società nuova (gli eventi goliardici del collegio di Guarino; gli epitafi,
tutti reali; la condanna della guerra; gli insistiti spunti antireligiosi; i mot-
teggi su Paolo II). La licenziosità non raggiunge gli eccessi del Panormita, tuttavia argomenti sessuali sono liberamente affrontati, e assai spesso con precisi riferimenti al precedente umanistico. Gli esempi potrebbero essere

---

[25] Si veda COPPINI, « La scimmia di Marziale. *Veteres* e *novi* nella poesia di Giano
Pannonio », *Italia e Ungheria all'epoca
dell'Umanesimo corviniano* : Atti del Convegno « Spiritualità e lettere nella cultura italiana ed ungherese del basso Medioevo, secc.
XIII-XV » (Venezia, Isola di San Giorgio
Maggiore, 19-23 nov. 1990), edd. S. Graciotti,
C. Vasoli, Firenze 1994, 71-88. Per la lettura
dell'opera poetica del Pannonio, è ancora
meglio ricorrere a Jani PANNONII *Poemata
quæ uspiam reperiri potuerunt omnia*, ed.
S. Teleki, 2 vol., Utrecht 1784.

molto numerosi e interessanti : dall'uso del termine *Hermaphroditus* come
epiteto ingiurioso, all'ispirazione globale di alcune composizioni che evitano
però calchi verbali precisi, alla ricucitura di inserti provenienti dall'*Hermaphroditus* in contesti allotrii, alla ripetizione di un errore semantico del Panormita, occasionato dal fraintendimento di passi di Marziale e Giovenale,
nell'epigramma 283 : *Dum iuvenes poppysma rogant, tu, Lucia, nasum / Inspi-
cis...* (cfr. *Herm.* II, 24, 6 : *Non tamen unquam adeo delira aut plena libido est /
Ut popisma palam cumve cohorte rogem*[26]). I quattro epigrammi intitolati
«De vulva Ursulæ» fin dal titolo dimostrano la loro ascendenza da *Herm.* II,
7, «Ad Aurispam de Ursæ vulva»; il Panormita si mostra molto più coinvolto nel suo tema : il tono epigrammatico alleggerisce, ma non elimina, il
senso di terrore-desiderio di regredire nel ventre femminile. Nel Pannonio
proprio l'esistenza di un modello, e l'esagerazione inerente all'emulazione,
le molteplici variazioni sul tema, la comica aulicità dei paragoni mitologici,
enfatizzano il distacco del gioco letterario. Ma la raccolta è anche sintomati-
camente premonitrice di un cambiamento di gusto : in un contesto di così
dichiarata appartenenza infatti sono introdotte traduzioni dall'Antologia
greca, e molto chiari sono anche i riferimenti petrarcheschi[27].

Ci impedisce di dare un giudizio compiuto sul mastodontico *De iocis et
seriis* del Filelfo l'assenza di una qualsiasi edizione a stampa — anche se ci fosse, la lettura non sarebbe delle più appetibili. Studi (pochi) antichi e recenti
e qualche assaggio di lettura dai codici consentono tuttavia alcune considerazioni[28]. La stringatezza dell'epigramma, la sua struttura di carme chiuso e
«regolato» secondo le leggi del comico, mal si adattava all'esuberanza espressiva del Filelfo, che volle adeguare anche il *De iocis* alla sesquipedale misura
dei diecimila versi delle altre sue raccolte poetiche : particolarmente in
quest'opera si nota così la dilatazione dell'«epigramma» a misure e generi
impropri. È stata messa in luce la natura occasionale dell'opera del Filelfo,
che, accanto a stanchi temi diatribici, svolge argomenti del resto connatura-
ti al genere, come la riflessione rituale sulla morte (epicedi, epitafi e loro parodia), l'invettiva e lo scomma, l'encomio e il plauso, il lamento per la po-
vertà e la richiesta di doni e denaro[29]. La disinvolta esplicitezza della richiesta

---

[26] Si veda il mio «Storia di una parolac-
cia : *poppysmma* nel Quattrocento», *Rinascimento*, s. II, XXIV (1984), 231-249.

[27] Alcuni epigrammi del Pannonio sono
commentati in *Antologia della poesia italiana*,
op. cit., 41-48.

[28] Il manoscritto più completo è il G 93
inf. della Biblioteca Ambrosiana di Milano,
da cui traggo le citazioni. Un incipitario dei
carmi del *De iocis et seriis* è stato recentemente pubblicato da M. ZAGGIA, «Indice del *De
iocis et seriis* filelfiano con l'incipitario delle

raccolte latine», *Rinascimento*, s. II, XXXIV
(1994), 157-235. Dopo C. PICCI, *Il «De iocis et
seriis» di Francesco Filelfo*, Varallo-Sesia 1911,
fornisce interessanti indicazioni sull'opera,
inquadrata nella produzione poetica filelfiana, G. ALBANESE, «Le raccolte poetiche latine di Francesco Filelfo», *Francesco Filelfo nel
quinto centenario della morte*. Atti del XVII
Convegno di Studi Maceratesi (Tolentino,
27-30 settembre 1981), Padova 1986, 389-458,
spec. 444 ss.

[29] ALBANESE, «Le raccolte», art. cit.

—che troviamo in altri epigoni del Panormita, come il Campano o il Buonaccorsi— si coniuga facilmente con la libertà espressiva connaturata all'epigramma, usandola come strumento di messaggi contingenti, quasi al limite
della «letterarietà», e d'altro canto offrendo al genere un tema collaudato,
ma rinnovato dall'ancoraggio alla struttura sociale già salda della corte e nuovo nelle proporzioni dilatate della sua presenza : dilatate non solo rispetto
all'epigramma classico, ma anche a quello del Panormita, che, in un contesto
sociale più fluido, entro il quale non ha ancora trovato la propria collocazione, svolge parcamente il tema nei carmi proemiali, associandolo, come
farà anche il Filelfo *passim*, a una proclamazione di (provvisorio) disimpegno
letterario. Ma la inequivocabile poetica panormitana del *lusus* è di fatto
contestata dal Filelfo fin dal titolo della sua raccolta, in cui *seria* vanno intesi
i tratti moralistico-filosofici : l'*Ermafrodito* è il precedente per eccellenza
dell'opera filelfiana [30], e l'aggiunta del serio al faceto non può non essere in-
terpretata come un tratto deliberatamente distintivo rispetto all'incondizio-
nato disimpegno sbandierato dal Panormita. Non casualmente, nello stesso
arco di tempo, una analoga associazione fra *nugæ* e *seria*, come preliminare
correttivo alla poetica panormitana, era stata proposta da Enea Silvio Piccolomini nel carme proemiale dei suoi epigrammi a Bartolomeo Rovarella [31].
Più topicamente filtrata dal Panormita appare l'insistenza sul discrimine fra
vita e poesia, già dei classici latini, ormai ineliminabile corollario dell'elemento osceno, portato a visibile dignità letteraria dal Panormita e che assaggi
di letture rilevano spiccatamente presente nel *De iocis* : a differenza che
nell'*Hermaphroditus*, e ancora in sintonia con la diffusa espressività filelfiana,
esso non risulta qui poeticamente elaborato in direzione del comico dalle regole epigrammatiche : si legga ad esempio l'epigramma II, 6, *Ad Gasparem
Pisaurensem medicum ducalem*, pure una *Ringkomposition* dalla struttura
«chiusa», fra i cui distici iniziale (*Dic mihi, dum futuis, quanam tentigine,
Gaspar, / Erigitur nervus, si tibi languet iners?*) e finale (*Verum scire velim —
nam sunt tibi cognita — Phoebus / Quæque docet medicus, quæque Cupido docet*), si snoda una serie di interrogative retoriche inerenti alla questione posta
incipitariamente. All'operetta del Panormita rimandano anche elementi for-
mali-strutturali : una diffusa forma «epistolare», la cui prepotente presenza
è riscontrabile nell'*Hermaphroditus* [32], è adeguata all'occasionalità dei componimenti, e l'insistenza autoreferenziale dei carmi iniziali e finali di libro
nel sottolineare la partizione strutturale della raccolta [33] trova un precedente
negli epigrammi che marcano la divisione e la fine dei libretti del Panormita
(*Herm.* I, 42 ; 43 ; II, 38).

---

[30] Anche ALBANESE, «Le raccolte», art. introd., LXXVI ss.
cit., 452-453.

[31] Si veda nota 24.

[32] PANHORMITÆ *Hermaphroditus, op. cit.*,

[33] ALBANESE, «Le raccolte», art. cit., 448 e
nn. 113 e 114.

Inequivocabilmente intitolati *Epigrammata* sono i tre libri (non due come nell'edizione Kumaniecki) di Filippo Buonaccorsi[34]. Più vistosamente qui l'ispirazione proveniente dalla linea Marziale-Panormita si associa a quella di Ausonio e dell'Antologia greca. Che la raccolta del Buonaccorsi avesse il suo formale archetipo umanistico nell'*Hermaphroditus* è dimostrato anche dall'affiancamento delle due opere nei codici Vat. lat. 1610 e Vat. Urb. lat. 368. Quello che ci appare particolarmente interessante per la questione che stiamo affrontando è l'insistenza con cui Callimaco difende una inesistente *lascivia* della propria opera distinguendo, sulle orme del Panormita e dei suoi predecessori classici, vita e poesia (cfr. *ep*. III, 2[35] e III, 46) : si tratta evidentemente di un relitto fossile poco funzionale ad esigenze che non siano quelle dell'inserimento in una linea culturale formalmente ancora dominante, anche se nei fatti scalzata dall'emergenza di una nuova sensibilità, collegata indubbiamente a mutamenti sociali, ma anche alla disponibilità di nuovi modelli.

L'*editio princeps* dell'opera poetica del Campano la intitola correttamente *Elegiarum epigrammatumque libri*[36]; i carmi sono disposti secondo un sostanziale ordinamento cronologico, divisi in otto libri; gli «epigrammi» si addensano particolarmente a partire dal quarto : molti ci appaiono epigrammi in senso proprio — il che non sorprende, in relazione alla definizione proposta dallo stesso Campano in una lettera del 1466 : *Poscunt collectam et rotundam brevitatem epigrammata, et tunc probantur maxime, cum exacuuntur spiculis et sale*[37]. Ciò non toglie ovviamente che molti fra i moltissimi carmi del Campano siano invece sciatti e insipidi. Un tratto di grande interesse letterario e storico, molto insistito nella poesia del Campano, come in quella del Filelfo, è la delineazione del rapporto con la figura del Mecenate : le lodi di Pio II, dell'Ammannati, del cardinale Riario e di numerosi altri personaggi di potere si associano a quella «poesia della questua» che ha, senza contare la tradizione medioevale, un precedente lontano anche in Marziale, e che è già parcamente accennata nel Panormita. Per la

---

[34] PHILIPPI CALLIMACHI *Epigrammaton libri duo*, ed. F. Kumaniecki, Wratislaviæ 1963 ; si veda COPPINI, «Tradizione classica», art. cit.

[35] = II 103 Kumaniecki ; commentato in *Antologia della poesia italiana*, op. cit., 49.

[36] Ioannis Antonii CAMPANI *Opera omnia a Michaele Ferno Mediolanensi edita*, Romæ, per Eucharium Silber, 1495 (ristampa anastatica : Farnborough 1969) ; basata su questa l'edizione di J.B. Mencken : Ioannis Antonii CAMPANI *Epistolæ et poemata, una cum vita auctoris*, Lipsiæ 1707. Alla tradizione manoscritta dell'opera è stato recentemente dedicato il volume di P. CECCHINI, *Giannantonio*

Campano : studi sulla produzione poetica, Urbino 1995, in cui sono pubblicati una serie di componimenti prima inediti.

[37] *Ep*. III 56 : si veda CAMPANI *Epistolæ et poemata*, op. cit., 179. Insiste sulla definizione HAUSMANN, «Untersuchungen zum neulateinischen Epigramm Italiens im Quattrocento», *Humanistica Lovaniensia* XXI (1972), 1-35, da leggere per una complessiva delineazione della poesia del Campano. Dello stesso autore una biografia del poeta : «Giovanni Antonio Campano (1429-1477). Ein Beitrag zur Geschichte des Italienischen Humanismus im Quattrocento», *Römische historische Mittelungen* XII (1970), 125-178.

mutata configurazione letteraria del rapporto col «potere», valgono alcune considerazioni già svolte per il Filelfo. La poesia ai protettori si può sviluppare secondo i moduli di una irriverenza rituale socialmente accettabile : si rilegga ad esempio il carme VIII, 10[38], in cui un invito al cardinale Riario è formulato alla condizione che il ricco destinatario si compri ciò che desidera — la lunga serie di distici inizia con la parola *vis*, che introduce l'interrogativa, e termina con la risposta *eme*. L'irriverenza è mitigata, fin quasi all'annullamento, dal colto precedente del carme 13 di Catullo e dalla posizione all'interno di un genere libero per eccellenza. Ma soprattutto dal collocarsi in una situazione sociale di contubernio fra intellettuali e potenti, con ruoli definiti e avanzamenti possibili a definite condizioni : lo *scurra* — così si definisce il Campano in VI, 30, 1 in rapporto all'Ammannati — ha licenza di espressione. Il Panormita che si rivolge a Cosimo non è un poeta di corte ; il rispetto che immancabilmente si accompagna alla diretta lode adulatoria risulta di fatto vanificato dall'oggetto della dedica, un libro dai contenuti osceni, e quindi in potenza offensivi — che in effetti non valse al Panormita alcuna ricompensa — per il quale i carmi di invio fungono da cornice sovrapposta a posteriori[39]. Nei libri del Campano e del Filelfo invece la pur sfaccettata relazione col Mecenate si fa contenuto stesso del libro : ai protettori sono dedicate opere che hanno per argomento principale le loro stesse lodi, riferimenti alla loro stessa vita, imprese «eroiche» e quotidianità, richieste indirizzate loro direttamente, insomma che li hanno per protagonisti, prefigurando in questo quell'epica encomiastica che il poeta «leggero» promette di rito al principe di turno. Nella sempre più chiusa, cortigiana, società umanistica, se il poeta partecipa della vita dei potenti, capita che il potente sia poeta : così nel dedicare il III° libro dei suoi carmi a Pio II il Campano fa parlare le Muse ; per le ampie possibilità metaforico-metonimiche insite nel nome, esse sono le sue Muse, la sua poesia, ma anche *la* poesia, ben nota al poeta Piccolomini (anche la sua poesia), III, 1, 5-6 :

> *Pyerides tua turba sumus, tua vota Camoenæ :*
> *Nemo tibi nobis notior esse potest.*

Il clima di familiarità che si instaura dunque fra poesia e poesia, ma anche fra poeta e poeta, e fra poeta e potente, fa sì che il Campano possa, con rapido accenno, rovesciare un *topos* classico rinverdito dal Panormita, quello delle dettagliate indicazioni al proprio libretto per raggiungere la dimora del destinatario[40], v. 9-10 :

> *Iure igitur qui nos tua misit ad atria nullum*

[38] Ripubblicato da HAUSMANN, «Untersuchungen», art. cit., 25.

[39] Sulla sostanziale trasgressività del Panormita nel rapporto col dedicatario, si veda il mio «Dummodo non castum», art.

cit., spec. 412-415.

[40] *Herm.* II, 37, *Ad libellum ut florentinum lupanar adeat*, i cui precedenti classici sono ravvisabili soprattutto in Ov. *Trist.* III, 1; *Pont.* IV 5; Mart. I, 70; VII, 97; XII, 2; 5.

> *Monstrandum nobis esse putavit iter.*

Che sia qui da cogliere un tratto di dialettica contrapposizione al Panormita, pare confermato da altri segnali di richiamo : se questa *nuntia turba* (v. 30 : *Pro vate ad vatem nuntia turba sumus*) infatti può apparire raffigurazione modellata sulla schiera della *Preces* che il Panormita invia all'Aurispa in *Herm.* I, 41 (v. 25 : *Poscite confestim, turba repulsa, Iovem*), la confidente sicurezza con cui la poesia personificata del Campano può presentarsi al suo illustrissimo e dottissimo destinatario utilizza, dislocandola in due versi, un'immagine della fiducia con cui l'*Ermafrodito* del Panormita, proprio nel carme II, 37, poteva farsi strada presso ben altro pubblico, quello delle prostitute fiorentine : v. 3 e 12 del carme del Campano : *Nec rubor in vultu est...* ; *et timeat sanctas ulla repulsa fores*; *Herm.* II, 37, 30 : *Nec tinget voltus ulla repulsa tuos.* La distanza fra le due opere è sottolineata dall'accenno a una parodia nobilitante, che vediamo affiorare piuttosto costantemente negli epigrammisti successivi al Panormita, a testimonianza della salda posizione su cui l'*Hermaphroditus* si è attestato e insieme della facilità con cui i troppo liberi «valori» lì espressi possono essere contestati. Un motivo diffuso nella poesia del Panormita è quello apologetico, facilmente universalizzabile : la risposta ai «critici» si presta a modulazioni che, come abbiamo già visto, puntualizzano scelte poetiche, sul filo del richiamo, che va dall'aderenza alla totale opposizione, all'archetipo epigrammatico quattrocentesco. Nel carme III, 9 il Campano accoglie per la propria poesia la qualifica panormitana di *lascivia*, e si giustifica presso un detrattore, senza ricorrere al collaudatissimo *topos* del discrimine fra *versus* e *mores*, ma fondandosi sull'umanità e la naturalezza delle proprie scelte poetico-biografiche, v. 1-2 :

> *Candide lascivum carpis, Tiriane, libellum,*
> *Forsitan impuros cum ferat ille sales.*

v. 7 :

> *At mihi iucundos tribuit Venus aurea mores...*

All'inizio degli anni sessanta, siamo simbolicamente a metà strada fra l'oscenità proclamata come esclusivamente letteraria dal Panormita e la castità letteraria e morale del Marullo e del Verino. Così nel Campano la formula *Nil ego turpe cano* (II, 1, 2) può esprimere non il distacco da una poesia «alla Panormita», ma da contenuti epici, secondo una *recusatio* inusitatamente scevra del sentimento di inferiorità solitamente esibito dal poeta elegiaco nei confronti del poeta epico. Accanto alle macro o micro-svolte letterarie connesse con mutamenti strutturali, anche nel Campano riproposizioni più o meno meditate di sedimenti mnemonici attestano una lettura di molto peso e ben interiorizzata dell'*Ermafrodito* : riaffiorano *iuncturæ*[41] e antonomasie

---

[41] Si confronti ad es., in identica posizione metrica, il nesso *menstrua thura* di I, 10, 8 con *Herm.* II, 25, 22 (ma anche con Tib. I, 3, 34) ; *Ite alacres* di I, 21, 95 con *Herm.* II, 34, 4; *Desine mirari* a inizio di esametro in IV, 12, 1 e IV, 22, 1 con *Herm.* I, 27, 3.

giustificate solo dalla fama dell'operetta[42]; l'epigramma sul cavallo dell'Ammannati (VII, 2) ricalca toni ed espressioni di *Herm.* II, 36, mirando ugualmente a colpire l'avarizia del padrone[43]; elementi strutturali e descrittivi del carme comico *Herm.* I, 40, «Ad Crispum quod suas laudes intermiserit rustico cacante», sono nobilitati dalla riassunzione elegiaca operata dal Campano in I, 20 e I, 22, poesie d'amore, più probabilmente con una semplice utilizzazione di ricalco che, come altrove, con un intento parodico «al contrario» mirante a sottolineare la presa di distanza dal modello[44].

Accanto a questa produzione definitamente epigrammatica, nella poesia latina del Quattrocento si attesta lo sviluppo di una linea perspicuamente elegiaca, che trova le sue radici umanistiche in un'operetta parallela, per prossimità cronologica e per opposizione di toni e di argomenti, all'*Hermaphroditus* del Panormita: l'*Angelinetum* del Marrasio[45]. Alcuni autori di epigrammi, come il Buonaccorsi, pubblicano anche separate sillogi elegiache[46], dimostrando chiara consapevolezza della distinzione dei generi letterari. Ma tutte le raccolte che si presentano, fin dal titolo, come definitamente elegiache, contengono anche una spiccata vena epigrammatica: l'ambiguità di genere è speculare rispetto a quella dell'*Hermaphroditus*; è da ritenere tuttavia che anche in questa mescolanza l'operetta del Panormita abbia fatto scuola. Altre tracce potremmo dire di «ermafroditismo» sono rilevabili in questi canzonieri di stampo properziano-petrarchesco: una moda di lunga vita, il cui significato profondo va individuato nel riconoscimento di dignità di funzione esemplare — cioè di «classici» — ai rappresen-

---

[42] *Ursa,* protagonista nell'*Hermaphroditus,* è diventata, alla pari di Taide, la prostituta per antonomasia in VI, 45, 3-4: *Nunc perit assidua fellantem Thayda nocte,/ Nunc ad concubitus insilit Ursa tuos.* Nell'epigramma *Ad Gravalovum masturbatorem,* come diffusamente nella poesia epigrammatica post-beccadelliana, *hermaphroditus* è nome comune: v. 9-10 *Non damnosa mihi gratis manus ipsa placebit/ Inque meis digitis hermaphroditus erit.*

[43] Si confronti in particolare v. 3: *Nec se præcipitat cursu, nec in æra saltat* con *Herm.* II, 36, 23: *Cur agilis vis dem, crudelis, in æra saltus*; v. 10: *Ne nimium impendas, exiguum comedit* con *Herm.* II, 36, 16 *Nam tu, ne comedas, non, vir avare, cacas.*

[44] La sequenza I, 20, 35: *Iamque tuas laudes et nomina clara canebam...*; 39: *Venerat et studium studioque accincta Thalia*; 41-42: *Incipio primum sanctos intexere mores/ Atque animi dotes enumerare tui* è da confron-

tare con *Herm.* I, 40, 4-5: *Hic de more aderam, versus dictare parabam,/ Astiterat calamo Clio vocata meo* e 7 ss.: *Crispe, tuos coepi sanctos describere mores...*; in I, 22, 35-38: *Pallia deponunt virides abiecta per herbas,/ Aurea populeus cingula ramus habet./ Mox ubi nudatis altum patuere lacertis/ Candida perspicua crura lavantur aqua,* soggetto sono le ninfe che circondano la donna amata dal poeta in campagna, mentre in *Herm.* I, 40, 11-14: *Rusticus interea satur egesturus in herba/ Se fert; contigua pallia ponit humo,/ Mox aperit bracas, coleos atque inguina prodit,/ Leniter et nudas verberat aura nates,* soggetto è il *rusticus cacans.*

[45] Si veda J. MARRASII *Angelinetum et carmina varia,* ed. G. Resta, Palermo 1976.

[46] Si veda CALLIMACHI EXPERIENTIS (Philippi BONACCORSI) *Carmina,* ed. F. Sica, introd. G. Paparelli, Napoli 1981 — l'edizione invero non è molto attendibile.

tanti di una linea letteraria prima esclusa dalla grande letteratura, e destinata ad esserne di nuovo esclusa alla fine del secolo, come Marullo ci dimostra.

Molte sono le raccolte sulle quali questa osservazione può fondarsi : dalla *Cinthia* del Piccolomini alle opere dei poeti della cerchia medicea, dal Landino al Verino al Naldi al Braccesi, allo stesso Poliziano, nella produzione del quale la distinzione fra epigrammi ed elegie è del peraltro benemerito editore Isidoro Del Lungo [47].

La *Xandra* del Landino può prestarsi a fungere da testo campione per qualche riflessione sull'argomento, non solo perché ne abbiamo l'eccellente edizione di Alessandro Perosa [48] : essa agì come modello sui successivi « canzonieri » fiorentini, ed è vistosamente debitrice alla tradizione elegiaca properziana. L'innesto su situazioni e linguaggio classici di sensibilità moderne (petrarchesche) costituisce l'elemento più originale della poesia landiniana, e la spiegazione del suo successo.

Gli studi di Perosa hanno messo in luce l'esistenza di una *forma antiquior* della *Xandra*, comprendente cinquantatre carmi raccolti in un unico libro. Più di un terzo di questi carmi sono veri e propri epigrammi, mentre le autentiche elegie sono solo quindici, di cui alcune molto brevi. L'ispirazione panormitana vi appare evidentissima, fin dai carmi di dedica a Leon Battista Alberti : le lodi attribuite al dedicatario sono di analogo tenore di quelle tributategli dal Panormita in *Herm.* I, 21, e alcune espressioni precise richiamano l'*Hermaphroditus* (v. 9-10 : ... *Legit poetas / Doctos ille libens salesque laudat*, da confrontare con *Herm.* I, 2, 1 *Cosmus habet dios et lectitat usque poetas*; 25 ss. : *Hic te, parve liber, sinu benigno / Lætus suscipiet...*, da confrontare con *Herm.* II, 37, 12, indirizzato al libro : *A quibus in molli suscipiere sinu*). Il secondo carme è un distico sul titolo del libro, ripreso con grande evidenza dai primi versi di *Herm.* I, 3 (*Si titulum nostri legisti, Cosme, libelli / Marginibus primis*, Hermaphroditus *erat*) :

> *Si titulum nostri, dulcis Baptista, libelli,*
> *Ignores, legito : disticha prima ferent.*

Il nono carme è dominato dalla nota oscena, che si sviluppa con espressioni anche tratte di peso dall'*Ermafrodito* : una sorta di tributo pagato all'« ermafroditismo » dal peraltro « casto » Landino. Formule panormitane sono riprese nel corso dell'opera (notevole quella dell'invio del libro : IX, 1 : *Florentina cito pete moenia, parve libelle*, da confrontare con *Herm.* II, 37, 2 : *Florentina petas moenia, parve liber*). Gli epigrammi seguono sostanzialmente il modello di Marziale. Tuttavia anche in questa forma il libro mostra un notevole distacco dalle esperienze epigrammatiche di primo Quattrocento, per il pluralismo metrico, per il largo spazio dedicato all'elegia

---

[47] Si veda I. DEL LUNGO, *Prose volgari inedite e poesie latine e greche edite e inedite di Angelo Ambrogini Poliziano raccolte e illustrate da...*, Firenze 1867.

[48] Christofori LANDINI *Carmina omnia*, ed. A. Perosa, Firenze 1939.

d'amore, per la presenza già notevole di spunti petrarcheschi, e non solo :
possiamo ad esempio osservare come l'epigramma 33, costruito sull'immagine della freddezza della donna vinta dalla freddezza della neve, possa forse
implicare un gioco emulativo rispetto all'opposizione fuoco-neve già presente in un epigramma che Pierre Laurens sarebbe ragionevolmente tenta-
to di attribuire a Ovidio [49].

Il processo redazionale dell'opera landiniana dimostra poi la progressione verso una poesia d'amore petrarchesco-elegiaca e l'allontanamento da
temi e toni epigrammatici [50]. Alla relativa unitarietà tematica corrisponde
l'abbandono della polimetria : solo nel I libro della redazione definitiva
della *Xandra* sono presenti carmi non elegiaci, e tutti eccetto uno recuperati
dalla prima redazione. L'allontanamento dall'epigramma è tuttavia tutt'altro che definitivo, e, accanto a quella di Marziale, è ancora molto evidente
la presenza del Panormita come modello, nella struttura dei libri incorni-
ciati da carmi di dedica e di invio e nella ripresa di precisi stilemi e argomenti. La diversa proporzione fra componente elegiaca ed epigrammatica
suggerisce un'architettura più rozza, rispetto a quella dell'*Hermaphroditus*,
in cui carmi di tono, lunghezza e argomenti diversi erano abilmente alter-
nati al fine di non ingenerare noia nel lettore. Qui invece le zone epigrammatiche si addensano compattamente, rigorosamente a metà nel secondo libro. La componente epigrammatica è ancora forte nel III libro, composto,
sul modello dell'ultimo libro properziano, *graviori... plectro* (III, 1, 3) : una
serie di epitafi per personaggi celebri lo avvia alla conclusione, ed è da notare la presenza di brevi epitafi inseriti nei lunghi *eulogia* III, 7 (alla fine) [51] e
III, 18 (esattamente a metà) [52] : una tecnica la cui funzione architettonica è
stata mutuata dall'antichità [53] e che passerà anche nella poesia latina umanistica successiva [54].

Indubbiamente il canzoniere elegiaco del Landino mostra una maggiore
affinità con la libera espressività epigrammatica di primo Quattrocento, rispetto ai libri di *Epigrammata* del Marullo !

[49] Si veda LAURENS, *L'abeille dans l'ambre,* op. cit., 178-180.
[50] L'evoluzione poetica del Landino è sta-
ta ben studiata da R. CARDINI, *La critica del Landino*, Firenze 1973, 1 ss.
[51] *Eulogium in Carolum Aretinum*, v. 211
ss : *At nos æterni sint quæ monimenta decoris/ Addemus tumulo carmina nostra tuo :/ « Urbs tulit Arreti Carlum, Florentia lauro/ Cinxit, at ingenium Calliopea dedit./ Luserat hic lyri-cos ; mox dum traducit Homerum,/ Occidit heu patriæ gloria magna suæ. »*
[52] *Eulogium in Cosmum puerum magni Cosmi nepotem*, v. 57 ss. : *... Sed qui tua condet/ parvus membra ferat disticha nostra la-pis :/ « Hic Cosmus puer est, cui si via longa fuisset,/ Cosmi virtutes æquiparasset avi. »*
[53] Si veda LAURENS, *L'abeille dans l'ambre*, op. cit., 109-110, che sottolinea il favore del motivo presso i poeti francesi del Cinquecento.
[54] Ad esempio, nella *Flametta* di Ugolino Verino termina con l'inserzione di un epita-fio il carme II 50, *Eulogium in funere Lisiæ formosæ puellæ*, v. 53 ss. : *Suspiretque pius præ-ter sua busta viator/ Et madidis oculis distica nostra legat :/ « Lisia sum, lector, teneris ex-tincta sub annis,/ Quæ florentini fama decoris eram »* (Ugolini VERINI *Flametta*, ed. L. Men-caraglia, Firenze 1940, 104).

Marullo ripudia anche l'elemento esterno della struttura architettonica dell'*Hermaphroditus*, che ebbe così forte funzione modellizzante per le raccolte poetiche successive — qualunque ne fosse il genere — rinunciando quasi assolutamente alla cornice dei carmi d'invio e alla correlata personificazione del libro, proveniente dalla letteratura classica. Anche in questa disgregazione della salda compagine architettonica del libro può vedersi un influsso della forzatamente destrutturata Antologia greca, molte traduzioni dalla quale compaiono fra gli epigrammi del greco Marullo.

Un luogo di eccellenza per misurare la divaricazione dell'epigramma marulliano rispetto a quello di inizio secolo è la forma del carme « in aliquem ». Quello che per il Panormita era Mattia Lupi, per il Marullo è il Poliziano, preso di mira con lo pseudonimo di *Ecnomus*. Contro Mattia Lupi, sempre citato con nome e cognome, a differenza di altri bersagli polemici, il Beccadelli scaglia le più turpi, anche se argute, invettive. Per il Poliziano Marullo inventa il « microgenere » dell'« epigramma filologico » : ogni carme « In Ecnomum » è una arguta discussione di osservazioni proposte dal Poliziano nei *Miscellanea* — e bisogna purtroppo dire che in queste dispute filologiche il Marullo ha sempre torto.

Proprio al nemico del Marullo è dovuto un *revival* dell'epigramma osceno : da Perosa nel 1954[55] e molto recentemente da Stefano Carrai e Giorgio Inglese[56] sono stati pubblicati carmi assolutamente « alla Panormita » del Poliziano, estromessi dalla raccolta di carmi latini allestita da Isidoro Del Lungo in quanto *spurcissimæ vel libidinis vel ingenii exercitationes*!

Frattanto però il Panormita aveva ripudiato sé stesso, componendo a Napoli una raccoltina *De poematis* (tuttora inedita come tale[57]) di quarantaquattro inequivocabili brevissimi epigrammi preceduti da un'elegia, scritti (secondo le indicazioni provenienti dai testi) entro il decennio 1456-1466. La silloge è costituita in prevalenza da epitafi, e quasi tutti « seri », per personaggi afferenti a vario titolo alla cerchia aragonese ; altri sono carmi di lode per personaggi dello stesso ambiente, per il re, per la magnificenza delle sue costruzioni : giochi di parole si sono sostituiti all'oscenità e all'invettiva ; l'Antologia greca si è sostituita a Marziale ; i riti della corte si sono sostituiti alla spregiudicatezza della goliardia, alla libera vita della città e dell'Università, al terrore e al conseguente riso apotropaico scatenato dalla peste sempre in agguato.

L'elegia iniziale, indirizzata a Tito Vespasiano Strozzi — a cui forse tutta la raccoltina deve intendersi dedicata — è seguita dallo scherzoso epitafio per

---

[55] PEROSA, «Politianus ludens», *Studia Oliveriana* II (1954), 7-13.

[56] S. CARRAI, G. INGLESE, «Epigrammi inediti del Poliziano e del Naldi», *Rinascimento* XXXIII (1993), 111-123.

[57] Diversi carmi mal pubblicati in M. NATALE, *Antonio Beccadelli detto il Panormita*, Caltanissetta 1902. Leggo e cito l'opera — di cui ho preparato un'edizione critica — dai codici Vind. Pal. 2336 della Nationalbibliothek di Vienna e Vat. Barb. Lat. 2069 della Biblioteca Apostolica Vaticana.

un ubriacone : una sequenza rappresentativa di una commistione di generi che parrebbe gettare un ponte verso l'antica opera dell'autore. Ma basta confrontare questo scialbo e insieme elegante «Epithaphion Luberæ ebrii» [58] col vivacissimo «Epithaphion Hærasmi Biberii ebrii» di *Herm.* II, 12 [59] per accorgersi *quantum mutatus ab illo* sia il Panormita.

[58] *Hic Lubera iacet, Bacchi dulcissima proles :/ Effudit vitam natus amore patris./ Fleverunt utrem vites, flevere tabernæ/ Quas veteris complent dolia multa meri./ Terque «vale» dixit germano massicus humor,/ Ter græcus frater terque phalerna soror./ In primis iusta exsolvit cretensis amicus,/ Quem nunc malvaticum rustica turba vocat./ At tu non lachrymas, sed vina veterrima funde,/ Quisquis ades; nato tu quoque, Bacche, fave./ Nec sibi tura placent, nec vana precatio divum,/ Nec sacra Gregorius quæ pius instituit./ Unum est quod requiem præstat pacemque sepulto,/ Quod petiit moriens : ut sibi vina dares./ Gaudeat hortus aquis, madeat piscator in undis :/ Dulcia Luberæ vos modo vina date.*

[59] *Qui legis, Hærasmi sunt contumulata Biberi/ Ossa sub hoc sicco non requieta loco./ Erue, vel saltem vino consperge cadaver;/ Eripe : sic, quæso, sint rata quæque voles!/ Ossa sub oenophoro posthac erepta madenti/ Conde, natent temeto fac : requietus ero.*

L'ACADEMIE PONTANIENNE ET L'ELABORATION D'UNE POETIQUE DU CLASSICISME *

par LUCIA GUALDO ROSA

Bon jour mon cueur, bon jour ma doulce vie
Bon jour mon œil, bon jour ma chere amye
  Hé bon jour ma toute belle
   Ma mignardise, bon jour
Mes délices, mon amour.
Mon dous printemps, ma doulce fleur nouvelle
Mon doulx plaisir, ma doulce columbelle.
Mon passereau, ma gente tourterelle.
  Bon jour, ma doulce rebelle.

Cette délicieuse aubade est la Chanson 7 du second livre des *Amours* de Pierre de Ronsard[1]. En ce sens, de même que trente autres compositions du même recueil, elle n'est qu'une variation musicale sur le thème d'une épigramme latine de Michele Marullo Tarcaniota (la deuxième du livre I)[2] :

Salve, nequitiæ meæ, Neærra
Mi passercule, mi albe turturille
Meum mel, mea suavitas, meum cor
Meum suaviolum, mei lepores :
Te ne vivere ego queam relicta ?
Te ne ego sine regna, te sine aurum

---

* Article traduit de l'italien par Ginette Vagenheim.

[1] RONSARD, *Nouvelle continuation des Amours de Pierre de Ronsard Vendomois*, dans *Les Amours (1552-1584)*, edd. M. Bensimon, J.L. Martin, Paris 1981, 193-194.

[2] Michælis MARULLI *Carmina*, ed. A. Perosa, Zürich 1951, 3 ; ID., *Poeti latini del Quattrocento*, edd. F. Arnaldi, L. Gualdo Rosa, L. Monti Sabia, avec trad. ital., Milano-Napoli 1964, 942-943. Une analyse détaillée de la source de Marulle lui-même et des variantes de ce poème chez Ronsard et Jean Bonnefons dans P. LAURENS, *L'Abeille dans l'ambre. Célébration de l'épigramme de l'époque alexandrine à la fin de la Renaissance : Les formes du discours*, Paris 1989, 416-418 ; et ci-après, « Modèles plautiniens dans la lyrique amoureuse latine de la Renaissance : de Marulle a Kaspar von Barth », 243-261.

Aut messes Arabum velim beatas?
O prius peream ipse, regna et aurum!

Que le choix de Marulle comme modèle, de la part du plus grand poète de la Pléiade, n'ait pas été dû au hasard, c'est ce que démontrent deux faits assez significatifs. Tout d'abord, dans les mêmes années 1555-1556, Ronsard part des *Hymni naturales* de Marulle pour composer deux livres d'*Hymnes*, dont trois, et non des moindres, ne sont que des variations sur des thèmes marulliens[3]; en outre, quatre années plus tard, en 1560, Remy Belleau, poète lui-même, prosateur raffiné, et ce qui compte le plus, porte-parole autorisé de Ronsard, dans le commentaire du *Second livre des amours*, justifiait l'imitation de Marulle par ces mots :

> Et ne faut trouver estrange s'il s'est proposé d'imiter ou de traduire en sa langue des epigrammes de Marulle, Grec de nation et poete Latin, qui en purité de language a presque egalé les plus anciens Romains... Cependant nous louerons l'auteur qui nous a descouvert ce gentil poete et presque deterré du tombeau, ou l'ignorance le tenoit enseveli de si long tems, ayant esté le premier entre les hommes doctes qui l'a remis entre nos mains[4].

En effet, dans l'index des auteurs cités et allégués dans ce précieux commentaire, Marulle occupe la première place, avec trente et une occurrences, suivi à distance par Ovide, avec vingt-deux occurrences, ensuite par Pétrarque (dix-neuf), Tibulle (dix-sept), Properce (seize) et Anacréon (quinze).

J'ai voulu commencer par la comparaison de ces deux beaux poèmes parce que, comme on sait, le « gentil » poète que Belleau définit comme « Grec de nation et poète latin » a été l'un des représentants les plus illustres de cette académie napolitaine qui, fondée en 1442 par Antonio Beccadelli, dit le Panormitain et appelée par lui Accademia antoniana, prit ensuite le nom d'Accademia pontaniana, tiré de son représentant majeur[5].

Dans les dernières années, à côté de Giovanni Pontano, dont la fortune critique ne subit pas de variations, on a noté un regain d'intérêt pour l'autre grand représentant de cette académie, Jacopo Sannazaro[6]; mais il y a eu éga-

[3] Pour l'influence de Marulle surtout sur les hymnes de Ronsard au Ciel, à Bacchus et à l'Eternité, voir G. LAFEUILLE, *Cinq hymnes de Ronsard*, Genève 1973, 15-16 suiv.

[4] R. BELLEAU, *Commentaire au second livre des Amours de Ronsard*, edd. M.M. Fontaine, F. Lecerle, Genève 1986, 13-14; pour le caractère de ce commentaire et pour la complicité entre Belleau et Ronsard lui-même, XI-XIV; les index des auteurs « cités et allégués » dans le commentaire, 85-87.

[5] Sur l'Académie pontanienne et sur son histoire voir C. MINIERI RICCIO, *Biografia degli accademici alfonsini, detti poi pontaniani dal 1442 al 1543*, Napoli 1881; pour l'idéolo-

gie aristocratique des académiciens et pour leurs intérêts, voir M. SANTORO, « L'Accademia pontaniana » *Storia di Napoli*, IV, 2, Napoli 1974, 361-373; en particulier sur Michel Marulle (1453-1501), voir F. TATEO, « L'Umanesimo meridionale », *Letteratura italiana Laterza*, ed. C. Muscetta, vol. 16, Bari 1972, 62-76 et C. KIDWELL, *Marullus, Soldier-poet of the Renaissance*, London 1989. Selon Kidwell, Marulle serait arrivé à Naples à l'âge de vingt ans en 1474 et l'aurait quittée, à la suite de la conjuration des barons, en 1486.

[6] J. SANNAZARO, *De partu virginis*, edd. Ch. Fantazzi, A. Perosa, Firenze 1988;

lement des travaux sur d'autres figures, mineures seulement en apparence, du cercle de Pontano, comme Antonio de Ferrariis Galateo, ou Andrea Matteo Acquaviva, duc d'Atri[7]. Il y a eu également une tentative pour mettre à jour le vieux livre fameux de Gothein, en traçant une synthèse des liens entre politique et culture dans la Renaissance méridionale[8]. Mais c'est seulement récemment que l'on a commencé à percevoir l'importance des humanistes méridionaux en général et de Pontano et Sannazar en particulier, non seulement comme modèles de perfection formelle et comme *inventeurs* de genres littéraires destinés à devenir paradigmatiques — il me suffira de rappeler l'Arcadie —, mais aussi pour leur contribution essentielle, même si elle est souvent ignorée, à l'élaboration d'une poétique du classicisme.

Il me semble pourtant opportun de mettre l'accent sur certains aspects de la poétique de Pontano — tels qu'ils transparaissent dans le dialogue le plus important qu'il ait consacré à des matières littéraires, l'*Actius* — et sur les rapports d'étroite interdépendance que l'on peut relever, en particulier dans la dernière décennie du Quattrocento et dans les toutes premières années du siècle suivant, entre l'Accademia pontaniana et les cercles humanistes romains[9]. Mais étant donné que sur ce thème je ne pourrai que résumer ce qui a été dit beaucoup mieux que moi par de véritables experts en la matière, je m'arrêterai en particulier, pour illustrer le climat culturel de ce milieu et de cette période, sur deux épisodes, secondaires seulement en apparence : en premier lieu sur la polémique contre Politien qui vit les humanistes napolitains se ranger du côté du romain Paolo Cortesi ; ensuite sur le chapitre du *De sermone* de Pontano qui fixe les limites classicistes du

C. VECCE, *Iacopo Sannazaro in Francia. Scoperte di codici all'inizio del XVI secolo*, Padova 1988 ; M. DERAMAIX, « La genèse du *De partu Virginis* de Iacopo Sannazaro et trois églogues inédites de Gilles de Viterbe», *Mélanges de l'Ecole française de Rome. Moyen Age* 102 (1990), 173-276.

7 Parmi les publications les plus récentes sur Galateo, voir D. DEFILIPPIS, « L'edizione basileese e la tradizione manoscritta del *De situ Iapygiæ* di Antonio de Ferrariis Galateo », *Quaderni dell'Istituto Nazionale di Studi per il Rinascimento meridionale* I (1984), 25-50 ; C. GRIGGIO, *s.v.*, *Dizionario critico della letteratura italiana*, Torino 1986, 116-122 ; C. VECCE, « Il *De educatione* di Antonio Galateo De Ferrariis », *Studi e problemi di critica testuale* 36 (1988), 23-82 ; A. IURILLI, *Le opere di Antonio Galateo nella tradizione manoscritta*, Napoli 1990 ; F. TATEO, « Alle origini dell'umanesimo galateano », *Nuovi studi in onore di M. Santoro*, Napoli 1989, 145-157. Pour Andrea Matteo Acquaviva, voir.

F. TATEO, *Chierici e feudatari del mezzogiorno*, Bari 1984, 69-96 et C. BIANCA, « La biblioteca di Andrea Matteo Acquaviva », *Gli Acquaviva d'Aragone, duchi di Atri e conti di S. Flaviano*, I, Teramo 1985, 109-173.

8 E. GOTHEIN, *Il Rinascimento nell'Italia meridionale*, ed. et trad. T. Persico, Firenze 1915 ; le célèbre volume de Gothein, sur lequel nous reviendrons, n'a pas été dépassé par J.H. BENTLEY, *Politics and Culture in Renaissance Naples*, Princeton 1987.

9 Pour les rapports entre Rome et Naples dans les dernières années du Quattrocento et au début du siècle suivant, voir J.F. D'AMICO, *Renaissance Humanism in Papal Rome. Humanists and Churchman on the Eve of the Reformation*, Baltimore-London 1983, 90-92 ; voir. en outre, V. DE CAPRIO, « Roma », *Letteratura italiana. Storia e geografia*, ed. A. Asor Rosa, II, 1, Torino 1988, 419-420 et L. D'ASCIA, *Erasmo e l'umanesimo romano*, Firenze 1991, *ad indicem*.

comique en soulevant de graves réserves sur le plus grand épigrammatiste latin, Martial.

La polémique contre Politien

Sur les polémiques qui accablèrent Politien, surtout après la publication de la première *Centuria* des *Miscellanea* (1489), il existe une vaste bibliographie spécialisée [10]. Ce qui nous intéresse, dans ce contexte, c'est d'une part le jumelage qui s'établit, à cette occasion, entre les académiciens pontaniens et les cercles humanistes romains, et de l'autre les liens étroits de cette polémique — au delà des raisons politiques, sociales, ou purement de clocher, qui toutefois elles aussi ne devaient pas manquer — avec une première tentative d'élaboration, entre Rome et Naples, d'un code de normes esthétiques et stylistiques, qui trouveront quelques temps après une définition plus précise dans l'*Actius* pontanien et qui de toutes façons anticipent de plusieurs décennies les traités du XVIe siècle de Bembo et de Scaliger. Le premier des pontaniens que nous rencontrons dans cette bataille littéraire est notre gentil Marulle, lequel, ayant fui de Naples après la répression sanglante de la conjuration des barons [11], s'arrêta quelque temps à Rome, où il fréquenta le cercle culturel qui se réunissait autour des frères Alessandro et Paolo Cortesi [12]. Précisément dans ces années, Paolo Cortesi, qui avait envoyé à Politien une anthologie de ses lettres écrites en parfait style cicéronien, avait reçu en guise de réponse une lettre très dure. Politien — qui voulait être considéré comme un poète-grammairien, à la manière de Callimaque, et qui pratiquait la *docta varietas* du poète alexandrin — exprime tout son mépris pour ceux qu'il qualifie, en citant Quintilien, de « singes ou perroquets de Cicéron » et défend avec conviction l'originalité contre l'imitation, la variété du style contre l'unicité du modèle [13]. La réponse de Cortesi est formellement respectueuse, mais en substance assez ferme : il défend en premier lieu la primauté de l'*ars* sur l'*ingenium*, nie que l'on puisse échapper aux règles de l'imitation et exprime les plus grandes réserves sur ceux qui prétendent écrire sans suivre ni lois ni modèles, se fiant unique-

[10] Voir V. BRANCA, *Poliziano e l'umanesimo della parola*, Torino 1983, 195-196; mais voir aussi E. BIGI, *La cultura del Poliziano e altri studi umanistici*, Pisa 1967, 95-101.

[11] KIDWELL, *Marullus, op. cit.*, 141-157.

[12] La lettre de Politien et la réponse de Cortesi (toutes deux non datées mais antérieures à 1490) sont les lettres 16-17 du VIIIe livre de la correspondance de Politien; toutes deux sont publiées dans les *Prosatori latini del Quattrocento*: La letteratura italiana. Storia e testi, ed. E. Garin, Milano-Napo-

li 1952, 902-911. Sur Paolo Cortesi voir R. RICCIARDI, *s.v.*, *Dizionario biografico degli italiani*, vol. 29, Roma 1983, 766-770; voir aussi dans *Pauli Cortesii De hominibus doctis*, ed. G. Ferraù, Messina 1979, l'introduction, 42-43 part.

[13] *Mihi vero longe honestior tauri facies aut item leonis quam simiæ videtur, quæ tamen homini similior est... Mihi certe quicunque tantum componunt ex imitatione, similes esse vel psittaco vel picæ videntur, proferentibus quæ nec intelligunt* (Prosatori latini, *op. cit.*, 902).

ment à leur propre génie[14]. Avec cette polémique — qui anticipe celle qui en 1512 verra s'opposer Giovan Francesco Pico et Pietro Bembo —, le Classicisme manifeste pour la première fois, par la bouche d'un jeune humaniste romain, son programme esthétique[15]. Entre-temps, le jeune Marulle, qui était passé de Rome à Florence en 1489, était entré non pas dans le cercle du Magnifique, mais dans celui de Lorenzo di Pierfrancesco; lorsque, en 1489, Politien publia la première *Centurie* de ses *Miscellanées*, Marulle fut en première file parmi ses détracteurs; ses neuf épigrammes lancées contre le poète florentin ne font certainement pas parties de ses meilleures compositions[16]; mérite seulement d'être rappelé le surnom dont Marulle affubla son adversaire qu'il définit comme *Ecnomus*, c'est-à-dire «sans loi». Si Marulle se sert, dans cette polémique, du genre guère très noble de l'épigramme diffamatoire, Pontano frappe son adversaire de manière indirecte, mais non moins efficace; il publie, en effet, précisément en 1491, deux dialogues composés précédemment, *Charon* et *Antonius*[17], où il tourne en ridicule, avec beaucoup d'humour et avec une élégance lucianesque, toute la catégorie des grammairiens, considérés comme incapables de comprendre la poésie parce qu'irrémédiablement stupides (*inepti*) et stupidement pédants. Comme l'a très bien montré Ferraù, l'objet de cette polémique n'était pas à l'origine Politien, mais Lorenzo Valla[18]; mais le moment de la publication, qui ne peut être dû au hasard, rattache ses deux dialogues aussi au climat ardent de la polémique contre Politien qui, née de l'échange de lettres avec Cortesi, avait été rallumée par la publication des *Miscellanées*. Du reste, Politien était considéré, à tort ou à raison, comme le véritable héritier de la philologie de Valla; et ce n'est certes pas un hasard si, dans sa réponse à

---

[14] *Ego autem statuo non modo in eloquentia, sed in aliis etiam artibus necessariam esse imitationem... Quid enim voluptatis afferre possunt ambiguæ vocabulorum significationes, verba transversa, abruptæ sententiæ, structura salebrosa, audax translatio nec felix, ac intercisi de industria numeri ?* (*Prosatori latini*, op. cit., 908-910).

[15] G. SANTANGELO, *Il Bembo critico e il principio d'imitazione*, Firenze 1950, 48-59. Pour les théories stylistiques du Politien, diamétralement opposées à la normative classiciste de Cortesi, voir BIGI, *La cultura del Poliziano*, op. cit., 90-102; sur son culte de la grammaire et de la philologie, à partir du Quattrocento, voir POL. *Misc.*, op. cit., II, 22-23 : *Ita enim homo sum : nihil æque me iuvat ac inventiunculæ istæ rerum in libris reconditarum diuque iam desperatarum.*

[16] MARULLE, *Epigr.* III, 11, 19, 27, 29, 39, 45, 50; IV, 15 : *Epigr. varia*, 1. A ces neuf épi-

grammes latines, Perosa ajoute un sonnet en vulgaire (MARULLI *Carmina*, op. cit., 218). Pour la paternité marullienne de ce sonnet (jusqu'ici très discutée) et en général pour la polémique Marulle-Politien, voir M. DANZI, «Novità su Michele Marullo e Pietro Bembo», *Rinascimento* 30 (1990), 205-233, part. 205-222.

[17] G.G. PONTANO, *I dialoghi*, ed. C. Privitera, Firenze 1943, 3-119. Pour une analyse des deux dialogues, voir F. TATEO, *Umanesimo etico di Giovanni Pontano*, Lecce 1972, 9-60. Pour l'évolution en sens classiciste du dialogue humaniste chez Pontano voir D. MARSH, *The Quattrocento Dialogue. Classical Tradition and Humanist Innovation*, Cambridge Mass.-London 1980, 100-116, 133-136.

[18] Voir G. FERRAÙ, *Pontano critico*, Messina 1983, 15-41.

Cortesi, il avait fait appel, contre le culte excessif pour Cicéron, à l'autorité de Quintilien [19].

Plus directe et effectivement plus efficace fut la prise de position de Sannazar. Politien, se fondant sur le témoignage de Martial, avait interprété de manière obscène le *passer* chanté par Catulle. Sannazar, qui s'était montré offensé par un manque de goût aussi évident, compose contre lui deux longues épigrammes dans un parfait style de Martial, les épigrammes 66 et 67 du livre I [20]. De la première composition, il vaut la peine de citer les premiers vers dans lesquels sont attribués sans aucun doute au poète florentin les plus grands défauts des plus stupides des « grammairiens » :

> *Ait nescio quis Pulitianus —*
> *Ni pulex magis sit vocandus qui*
> *Unus grammaticus, sed his minutis*
> *Vel longe inferior minutiorque est —*
> *Divinum sibi passerem Catulli*
> *Haudquaquam bene passerem sonare.*

> Un certain Politien, mais peut peut-être vaudrait-il mieux l'appeler puce, lui qui est un grammairien mais de loin plus obscur et inférieur que les grammairiens les plus obscurs, prétend que le divin moineau de Catulle signifie bien autre chose qu'un moineau.

Dans la seconde épigramme, où les accusations personnelles contre Politien sont encore plus virulentes, Sannazar défend la divinité de la poésie qui ne peut être contaminée par les *minutiæ* des grammairiens :

> *Haud fas quietas sedeis Deum*
> *Muscas subire pulicumque copias.*

> C'est sacrilège que les calmes séjours des dieux soient envahis par des nuées de mouches et de puces.

Selon Dionisotti [21], ces deux épigrammes de Sannazar devraient être datées des années 1492-1493. Peu après, en 1494, la carrière du poète-philologue allait se conclure en une fin de sombre tragédie. Vittore Branca nous a

---

[19] *Ridentur a Quintiliano qui se germanos Ciceronis putabant esse, quod his verbis periodum claudunt* : esse videatur. (*Prosatori latini*, op. cit., 902).

[20] *Actii Sannazarii... Opera latine scripta, ex secundis curis Jani Broukhusii. Accedunt... vitæ Sannazarianæ et notæ Petri Vlamingii*, Amsteledami, 1728, 218-221. L'édition hollandaise mérite d'être citée non seulement parce que c'est la seule édition « récente » non censurée des poésies latines de Sannazar, mais également en raison du commentaire très érudit. On y trouve, en effet, le renvoi au chap. 6 des *Miscellanea* de Politien où l'on lit l'interprétation incriminée ; Vlaming cite en outre, précisément pour repousser l'interprétation obs-

cène, toutes les épigrammes de Martial où il est question du moineau catullien : *Epigr.* I, 7 ; 109 ; VII, 13 ; X, 77.

[21] C. DIONISOTTI, « Appunti sulle rime del Sannazaro », *Giornale storico della letteratura italiana* 140 (1963), 182. Voir en outre BRANCA, *Poliziano, op. cit.*, 261, où il est fait référence à cinq épigrammes anonymes qui se lisent aux f° 13-25 du Riccardianus 971 : *In Pulicianum seu Culicianum et Miscellanium seu Muscellanium imperatorem* qui doivent, semble-t-il, être attribuées à Sannazar ; voir C. VECCE, « *Multiplex hic anguis*. Gli epigrammi di Sannazaro contro Poliziano », *Rinascimento*, 2ᵉ s., 30 (1990), 235-255.

donné une splendide description du climat de Florence, dans cette année fatale. Le passage de Charles VIII avait donné la coup de grâce au pouvoir, déjà faible, de Piero de' Medici. A la mort de Politien, qui avait été son maître, ses adversaires politiques et littéraires s'acharnèrent contre sa bibliothèque et contre ses écrits, qui furent dispersés — on pense au triste sort de la seconde *Centurie* des *Miscellanées* —, et contre sa mémoire, qui fut souillée par une légende infâme. Comme on l'avait dit jadis pour Lucrèce, pour Politien aussi on dit qu'il était mort (à quarante ans seulement) victime de la folie amoureuse, et pour comble de honte, on dit que l'objet de cette folie amoureuse aurait été un beau jouvenceau[22]. Selon Branca — et la chose est assez probable —, Marulle aussi aurait fait partie de la compagnie des pillards et dénigreurs. Certes, à relire, à la lumière des faits qui suivirent, les malédictions lancées contre Politien : *... I procul, miser, miser!/ I criminose, maximam in malam crucem!* on ne peut qu'éprouver un sentiment de désarroi[23].

La polémique anti-grammaticale et la divinité de la poésie dans l'Actius de Pontano

La polémique contre les grammairiens en général et plus particulièrement contre Valla qui constitue le fil conducteur de tous les dialogues pontaniens de sujet littéraire, avait à Naples des racines plutôt antiques. Valla était entré dans le cercle d'Alphonse d'Aragon dès 1435, quand Alphonse n'était encore qu'un prétendant au trône de Naples, contraint de s'appuyer sur le Concile de Bâle, pour combattre son rival, René d'Anjou, soutenu par le pape Eugène IV[24]. Suivant la cour itinérante d'Alphonse, Valla composa (entre 1435 et 1442) certains de ses pamphlets les plus polémiques et les plus célèbres : la première rédaction des *Elegantiæ* et de la *Dialectica*, la troisième rédaction du *De vero bono*, le *De libero arbitrio*, le *De professione religiosorum*, le *De falso credita et ementita Constantini donatione* et la *Collatio Novi Testamenti*[25]. Mais après l'entrée triomphale d'Alphonse à Naples, en février 1443, dans un climat politique et idéologique complètement changé, Valla se trouva exposé aux attaques, d'une part des religieux napolitains, qui en 1444 le soumirent à un véritable procès pour hérésie, et d'autre part des érudits du cercle qui, constitués en académie, donnèrent la direction à Beccadelli, son ancien adversaire depuis l'époque où tous deux étaient à l'université de Pavie[26]. Alphonse le Magnanime réussit à défendre Valla des attaques de l'in-

---

[22] Sur la mort de Politien et sur la dispersion de ses livres, voir BRANCA, *Poliziano, op. cit.*, 322-328.

[23] SANNAZAR, *Ep.* I, 67, v. 25-26 ; cette épigramme est éditée dans *Poeti latini del Quattrocento, op. cit.*, 222-225.

[24] Voir E. PONTIERI, *Alfonso il magnanimo, re di Napoli (1435-1458)*, Napoli 1975, 40-45.

[25] Pour les œuvres composées par Valla durant le séjour à la cour napolitaine et en particulier avant le procès de 1444, voir Laurentii VALLE *De professione religiosorum*, ed. M. Cortesi, Padova 1986, XVII.

[26] Voir G. ZIPPEL, «L'autodifesa di Lorenzo Valla per il processo dell'inquisizione

quisition ecclésiastique ; mais il n'obtint pas le même succès avec les érudits, lesquels, guidés par le Panormitain et par Facio, forcèrent Valla à quitter Naples dès 1447 ; un an après, en 1448, Pontano entrait dans le cercle dont il allait devenir le héros éponyme à la mort de son prédécesseur.

Mais même après son départ, les académiciens napolitains décrétèrent contre lui une véritable *damnatio memoriæ*[27]. Cette aversion peut être initialement attribuée à la jalousie pour la nette supériorité intellectuelle de Valla, à l'irritation causée par sa passion pour la dialectique, à son mauvais caractère. Mais ces raisons ne suffisent pas à justifier les attaques lancées contre Valla par Pontano dans les dialogues qu'il commença à publier en 1491, c'est-à-dire plus de trente ans après sa mort.

L'importance philosophique et littéraire des traités et des dialogues pontaniens — depuis *Charon*, écrit en 1469, mais publié en 1491, jusqu'au *De sermone*, auquel Pontano travailla jusqu'à sa mort (de 1499 à 1503) — a été mis pleinement en lumière pour la première fois par Francesco Tateo[28]. Ce savant a en outre le mérite d'avoir fourni une édition moderne des six trai-

napoletana (1444) », *Italia Medievale e Umanistica* 13 (1970), 59-94. Pour le milieu de Pavie dans le Quattrocento, voir A. CORBELLINI, « Note di vita cittadina e universitaria pavese del Quattrocento », *Bolletino della società pavese di storia patria* 30 (1930), 234-251. Voir également G. MANCINI, *Vita di Lorenzo Valla*, Firenze 1891 et S.L. CAMPOREALE, *Lorenzo Valla. Umanesimo e teologia*, Firenze 1972, 89-92. Pour la polémique contre Facio : CAMPOREALE, *Lorenzo Valla*, *op. cit.*, 311-328 ; et pour la polémique contre les deux humanistes : *Laurentii Valle Antidotum in Facium*, ed. M. Regoliosi, Padova 1981 et REGOLIOSI, « Lorenzo Valla, Antonio Panormita, Giacomo Curlo e l'emendazioni a Livio », *Italia Medioevale e Umnaistica* 24 (1981), 287-291.

[27] La *damnatio memoriæ* n'est attestée que par la disparition des manuscrits. On pense au sort de la *Collatio Novi Testamenti* (1443) redécouverte au début des années soixante dans une nouvelle rédaction, avec une introduction inconnue à Nicolas V — comme cela s'était passé pour la *Centuria secunda* des *Miscellanea* de Politien. Voir pour cet épisode A. MORISI, « A proposito di due redazioni della *Collatio Novi testamenti* di Lorenzo Valla », *Bullettino dell'Istituto Storico Italiano per il Medio Evo e Archivio Muratoriano* 78 (1967), 345 suiv. et L. VALLA, *Collatio Novi Testamenti. Redazione inedita*, ed. A. Perosa, Firenze 1970. Ce n'est certes pas un hasard

s'il n'existe qu'un seul manuscrit du *De professione reliogiosorum*.

Il existe un autre témoignage important de la haine des académiciens pontaniens contre Valla dans la lettre envoyée en 1480 par Antonio Galateo à Ermolao Barbaro. Nous en citerons seulement un passage parce qu'il semble s'adapter non seulement à Valla contre qui il est dirigé, mais aussi contre Politien : *Insurgunt in nos ex altera parte alterius factionis homines novitii atticissantes grammaticuli, qui sterilem illam repristinationem colunt quæ, adversus peripateticos sata, nondum coaluit, sed spinis tegitur* (A. DE FERARRIIS GALATEO, *Epistole*, ed. A. Altamura, Lecce 1959, 89-90). Une analyse de cette lettre se trouve dans TATEO, « Alle origini dell'umanesimo galateano », art. cit., 146-157.

[28] TATEO, *Umanesimo etico, op. cit.*; voir aussi PONTANO, *I trattati delle virtù sociali. De Liberalitate, De Beneficentia, De Magnificentia, De Splendore, De Convinentia*, ed. F. Tateo, Roma 1965 ; PONTANO, *De magnanimitate*, ed. F. Tateo, Firenze 1969. Les éditions de Tateo s'ajoutent à l'édition déjà citée de Privitera, qui contient les cinq dialogues (*Charon, Antonius, Actius, Ægidius, Asinus*), et à l'édition du traité *De sermone* : Thesaurus mundi, edd. S. Lupi, A. Risicato, Lugano 1954 ; nous reviendrons sur ce traité dans lequel, plus que dans tout autre texte pontanien, vertus éthiques et valeurs esthétiques fusionnent.

tés qu'il intitule «Des vertus sociales», et d'avoir, dès 1959, cherché à définir les lignes d'une théorie poétique pontanienne[29]. Les travaux philologiques et critiques de Tateo, et ceux de Liliana Monti Sabia[30] commencent
dans ces dernières années à donner leurs fruits, et pas seulement en Italie :
Alain Michel, dans sa vaste synthèse sur l'histoire de la rhétorique et de l'esthétique dans l'Europe occidentale, *La parole et la beauté*, concède une place importante à Pontano et à son académie[31].

Récemment, Ferraù dans son *Pontano critico*, a cherché de donner une
analyse lucide et systématique des racines historiques et philosophiques de
l'esthétique pontanienne. Selon le savant, à la base de la théorie du classicisme, élaborée par Pontano, surtout dans *Actius*, c'est en premier lieu le
refus systématique et raisonné de la leçon de Valla, mais surtout la reprise
des théories rhétoriques et esthétiques de Georges de Trébizonde, dont le
traité en cinq livres, bien que composé en 1433, eut son *editio princeps* en
1493, devenant de cette manière très actuel dans le débat culturel de la fin
du Quattrocento[32]. Au moment de la composition, le traité de rhétorique
de Trébizonde n'avait aucun dédicataire ; c'est pourquoi quand le docte
byzantin, pour fuir l'hostilité du cercle romain du cardinal Bessarion, vint
se réfugier à Naples en 1452, il put le dédier à Alphonse d'Aragon. A
Naples, Trébizonde demeura seulement trois ans et ce séjour, comme l'a
montré Monfasani, ne fut certes pas très important dans sa biographie intellectuelle[33]. Toutefois, à Naples précisément il trouva dans la personne de

---

[29] TATEO, «La poetica di Giovanni Pontano», *Filologia romanza* VI (1959), 277-370;
l'étude a été reprise (avec le titre, très significatif, «La *medietas* dell'arte e il sublime della
poesia») dans *Umanesimo etico, op. cit.*, 61-
132.

[30] PONTANO, *De immanitate*, ed. L. Monti
Sabia, Napoli 1970. Pour la datation des dialogues, voir l'important article de S. MONTI,
«Ricerche sulla cronologia dei dialoghi di
Pontano», *Annali della Facoltà di Lettere e
Filosofia dell'Università di Napoli* X (1962-63,
mais 1965), 247 suiv. Le travail philologique
et critique de Monti Sabia s'est toutefois
appliqué surtout à la poésie pontanienne,
depuis la riche anthologie des *Poeti latini del
Quattrocento, op. cit.*, 307-784 jusqu'à l'édition de la *Lyra* dans les *Rendiconti dell'Accademia di Lettere e Belle Arti di Napoli* 47
(1972), 1-70, du *De Tumulis*, Napoli 1974 et
des *Hendecasyllaborum libri*, ibid. 1978.

[31] A. MICHEL, *La parole et la beauté. Rhétorique et esthétique dans la tradition occidentale*,
Paris 1982, 190-197. Ce n'est pas un hasard si
un élève de A. Michel, M. Deramaix (voir
supra) a soutenu une thèse (Paris-Sorbonne)

en 1994 sur «Théologie et poétique : le *De
partu Virginis* de Jacques Sannazar dans l'histoire de l'humanisme napolitain». En Angleterre, Kidwell dont on a cité la biographie de
Marulle, a publié en 1991 une monographie
sur Pontano qui m'a été signalée par
M. Davies mais que je n'ai pas réussi à consulter.

[32] FERRAÙ, *Pontano critico, op. cit.*, 73-105.
Sur Georges de Trébizonde (Trapezunzio) et
son importance dans l'histoire de la rhétorique, une importante étape est représentée
par l'étude de J. MONFASANI, *George of Trebizond. A Biography and a Study of his Rhetoric
and Logic*, Leiden 1976 ; voir en outre
E. LOIACONO, «Giorgio da Trebisonda : la
tradizione retorica bizantina e l'idea di metodo», *Acta Conventus neolatini Bononiensis* (Bologna, 26 ago.-1 sett. 1979), ed.
R.J. Schoeck, New York 1985, 80-100 et
TATEO, «La *bella scrittura* del Bembo e l'*Er-
mogene* del Trapezunzio», *Umanesimo e
Rinascimento a Firenze e Venezia*, II, Firenze
1983, 717-732.

[33] Sur le séjour napolitain de Trébizonde,
voir MONFASANI, *George of Trebizond, op.*

Pontano un élève attentif et intelligent et dans l'académie pontanienne le milieu idéal pour que ses théories littéraires puissent finalement donner tous leurs fruits. Les lignes principales de l'esthétique de Trébizonde peuvent être grossièrement résumées en trois points :

– 1. Préférence absolue accordée à Cicéron, non seulement pour le style, mais aussi pour ses théories rhétoriques.

– 2. Obéissance aux principes méthodologiques de l'école péripatéticienne, tirés des traités rhétoriques d'Aristote, mais aussi de ceux jusque là ignorés en Occident, de Denys d'Halicarnasse et d'Hermogène de Tarse[34].

– 3. Refus intégral de la pensée de Platon, considéré comme le père des idées hérétiques et subversives de Georges Gémiste Pléthon et de ses élèves de l'académie florentine.

Cela suffisait pour enthousiasmer Pontano, qui durant toute sa vie restera fidèle aux idées politiques et morales d'Aristote[35]. Pour lui, le culte accordé dans la prose à Cicéron et dans la poésie à Virgile ne répond pas seulement à une profonde exigence de beauté et d'harmonie, mais aussi à la nécessité de prendre ses distances à l'égard de Valla qui avait commis le sacrilège de préférer Quintilien à Cicéron et Homère à Virgile[36]. Enfin, la critique lancée par Trébizonde contre les hérésies de Platon ennoblissait par des motivations philosophiques et religieuses l'irritation que tous les napolitains et en particulier Pontano ressentaient envers les florentins (Politien, avant tout, mais aussi Pic et Ficin), une irritation qui était tout autant esthétique que politique et sociale[37].

---

cit., 114-136. Trébizonde a dédié à Alphonse, entre autres ouvrages, les *Rhetoricorum libri V*, la traduction latine des *Rhetoricorum libri* d'Aristote et la traduction et le commentaire du *Centiloquium* du Pseudo-Ptolémée ; en ce qui concerne les œuvres dédiées au Magnanime, voir MONFASANI, *Collectanea Trapezuntiana. Texts, Documents and Bibliographies of George of Trebizond*, Binghamton-New York 1984, 89-100.

[34] Sur l'importance d'Hermogène dans la formation de la méthode rhétorique de Trébizonde, il est inutile d'insister ; signalons la récente traduction française de l'ensemble du corpus hermogénien : HERMOGÈNE, *L'art rhétorique* : Idea, trad. et intro. M. Patillon, préf. P. Laurens (pour la réception à la Renaissance), Paris 1997 ; pour le traité *De compositione verborum* de Denys d'Halicarnasse, qu'il introduisit dans l'Occident latin, voir MONFASANI, *George of Trebisond*, op. *cit.*, 284-285 et *ad indicem*.

[35] Outre l'aristotélisme, Pontano avait en commun avec Trébizonde un vif intérêt pour l'astronomie. Sur les œuvres astrologiques de Trébizonde, voir MONFASANI, *Collectanea*, op. *cit.*, 671-695. Sur cette affinité entre Pontano et Trébizonde, voir FERRAÙ, *Pontano critico*, op. *cit.*, 82-83 et 90-91. Sur les intérêts astrologiques de Pontano, voir en outre TATEO, *Astrologia e moralità in Giovanni Pontano*, Bari 1960 et M. DE NICHILO, *I poemi astrologici di Giovanni Pontano. Storia del testo*, Bari 1975, enfin la thèse récente de A. MIROUZE, *Un héritier de Ptolémée à la Renaissance. Imagination symbolique, astrologie et biographie intérieure dans l'œuvre de G. Pontano* (Paris IV, dact. 1998).

[36] La comparaison Cicéron-Quintilien et Virgile-Homère menée contre Valla se trouve dans l'*Antonius*, pour lequel on renvoie à FERRAÙ, *Pontano critico*, op. *cit*. 35 suiv.

[37] Sur le caractère aristocratique et « courtois » de la mentalité des académiciens pontaniens, voir M. SANTORO, *Tristano Caracciolo e la cultura napoletana della Rinascenza*, Napoli 1957 ; TATEO, *Umanesimo etico*, op. *cit.*, 136-142 suiv.

Mais l'importance de l'*Actius* ne consiste pas seulement dans la capacité de Pontano à présenter sous la forme la plus cohérente et la plus approfondie toute une série de suggestions qui lui venaient de sources externes ; ce dialogue représente aussi le fruit le plus profond de cinquante ans d'expériences poétiques et de réflexions théoriques personnelles ; on y retrouve en outre le bilan du travail commun de tous les poètes et écrivains qui faisaient partie de l'académie pontanienne. Et naturellement, à la première place, nous devons placer Sannazar, auquel le vieux Pontano semble confier dans l'*Actius* la direction et la gestion du patrimoine spirituel de l'Académie. Le titre complet du dialogue est *De numeris poeticis et de lege historiæ* ; comme l'a observé Tateo, on ne pouvait pas encore, à la fin du Quattrocento, composer un vrai traité de poétique. Mais si, du point de vue formel, le dialogue de Pontano se présente comme un traité de rhétorique ou de style, en substance celui-ci représente une anticipation extraordinaire de tous les traités *de arte poetica* qui (après la redécouverte officielle de la *Poétique* d'Aristote) rempliront les étagères des bibliothèques au siècle suivant [38]. A côté de la définition la plus complète et la plus minutieuse du culte absolu à accorder, pour la prose à Cicéron, et pour la poésie à Virgile — une définition qui naît certes de la polémique avec Valla, mais qui constitue l'un des piliers du classicisme du XVIᵉ siècle —, nous trouvons répétée dans le dialogue la défense systématique de l'*ars* contre l'*ingenium* et de l'*imitatio* contre l'*inventio*. Jusqu'ici le dialogue ne se détache pas substantiellement des idées exprimées par Cortesi dans la lettre à Politien et dans le *De hominibus doctis* [39]. Mais précisément à propos de l'imitation, Pontano, pour distinguer le poète de l'historien et de l'orateur, introduit deux idées qui me semblent riches d'avenir. En premier lieu il dit que le but spécifique du poète est celui de *dicere apposite ad admirationem* [40] ; pour ce faire, il doit aspirer à l'excellence : *Nihil autem nisi excellens admodum parit admirationem*. La règle pour obtenir l'excellence est simple : imiter, dans chaque genre, le modèle le plus parfait : *Videlicet quod ab optimo quoque, suo in genere quærenda est semper auctoritas* [41]. Ce sont les principes que Bembo énoncera dans sa lettre *De imitatione* (1512) et que Jules-César Scaliger illustrera largement dans la Bible du classicisme le plus mûr, les cinq livres de sa *Poetica* [42]. Mais à la fin

---

[38] Voir TATEO, *Umanesimo etico*, op. cit., 94-95. Sur la diffusion de la *Poétique* d'Aristote qui marque un tournant décisif dans l'histoire de l'esthétique de la Renaissance, voir BRANCA, *Poliziano*, op. cit., 13-16 et 31-34.

[39] Pauli CORTESII *De hominibus doctis*, op. cit., 45-46 où est souligné en particulier le rapport entre Cortesi et Pontano.

[40] *Actius*, op. cit., ed. C. Privitera, 146, lg. 11-13 et *ibid.* 231-232.

[41] *Actius*, op. cit., 231, lg. 24-27. Voici le texte du passage complet : *Quid, quod noster paulo ante Actius uno fuit ubique fere contentus Virgilio ? Videlicet, quod ab optimo quoque...* En somme, non seulement l'on suggère d'imiter le meilleur modèle pour chaque genre, mais l'on insiste aussi sur l'unicité du modèle même.

[42] Pour le *De imitatione* de Bembo et pour le cicéronianisme romain, voir DE CAPRIO, «Roma», art. cit., 427-431 ; en particulier le titre donné par De Caprio au paragraphe en question «La réduction du multiple» confir-

du dialogue, cette excellence aristocratique du style poétique devient grandeur et sublime :

> In quacunque ad dicendum suscepta materia atque in dicendi quoque genere, magnitudinem sublimitatemque ipsam poetæ esse propriam [43].

Nous trouvons en somme pour la première fois, dans le dialogue de Pontano, une intuition de l'idée du sublime, qui dans le seconde moitié du XVIe siècle seulement, après la publication du traité attribué à Denys Longin, occupera une place importante dans le débat esthétique et littéraire [44].

La définition classiciste du comique dans le De sermone et la polémique contre Martial

Le titre du *De sermone* auquel, comme nous y avons déjà fait allusion, Pontano se consacra dans les dernières années de sa vie, pourrait être traduit par celui du traité de la fin du XVIe siècle de Stefano Guazzo *De la civile conversation*. Cette interprétation — qui ne semble pas du tout arbitraire — nous permet de faire de ce traité la tête de file de tous les manuels de «bonnes manières» qui, à partir du *Cortegiano* de Baldassar Castiglione (1528) constituent le tissu connectif de la société courtisane et aristocratique de la pleine Renaissance européenne [45]. Il est clair que, de même que l'*Actius* n'est pas encore un traité d'esthétique, de la même façon le *De sermone* n'est pas encore un traité de *civilitas* : tous deux ferment une époque, celle de l'Humanisme latin du Quattrocento et en résument les caractéristiques et les limites : mais dans chacun d'eux l'on peut découvrir sans interprétation forcée, une anticipation de la problématique de la culture et de la société du siècle suivant.

Dans ce traité, Pontano transfère les thèmes littéraires et linguistiques dans le domaine des vertus éthiques et sociales, en instituant un parallélisme entre style littéraire et style de vie, qui deviendra un topos, à partir des

---

me la contiguïté idéologique entre Bembo et Pontano. Le traité de Jules-César Scaliger, sur lequel nous reviendrons, a été publié à Paris en 1561.

[43] *Actius, op. cit.*, 237, lg. 14-16.

[44] La première édition du traité *Sur le sublime* a paru en 1554 : *Dionysii Longini Liber de grandi sive sublimi orationis genere, nunc primum a Francisco Robortello in lucem editus*, Basileæ, per Ioannem Oporinum 1554. Sur la fortune du traité, voir B. WEINBERG, «Ps. Longinus Dionysius Cassius», *Catalogus Translationum et Commentariorum*, II, edd. P.-O. Kristeller, F.E. Cranz, Washington 1971, 193-198. Aussi E. COSTA, «Translations of Longinus *Peri hypsous* in Renaissance Italy», *Acta conventus neolatini Bononiensis*, ed. R.I. Schœck, New York 1985, 229-238.

[45] Pour le *De sermone*, voir E. WALSER, *Die Theorie des Witzes und der Novelle nach dem De sermone des J. Pontano*, Strasburgo 1908; S. LUPI, «Il *De sermone* di Giovanni Pontano», *Filologia romanza* II (1955), 390 suiv.; F. TATEO, «Il linguaggio *comico* nell'opera di G. Pontano», *Acta conventus neolatini Lovaniensis*, edd. I. Ijsewijn, E. Kessler, Leuven-München 1973, 647-657. Sur les rapports entre le *De sermone* et le *Cortigiano*, voir P. FLORIANI, *Esperienza e cultura in Bembo e Castiglione*, Roma 1976, 148-149.

Asolani de Bembo, durant tout le XVIᵉ siècle et au-delà[46]. De cette manière, il peut revenir à l'idéal aristotélicien de la *mediocritas,* qu'il avait abandonné, non sans regret, dans l'*Actius,* pour exalter l'excellence et le sublime du style poétique[47]. Encore une fois, nous trouvons, dans le *De sermone,* une critique contre Valla, ici finalement nommé explicitement : le portrait de Valla dessiné par Pontano est celui d'un *maledicus,* animé plus par le désir polémique d'écraser ses adversaires sous le poids de ses sophismes dialectiques, que par un amour sincère pour la vérité[48]. Mais le thème central du dialogue est la définition du mot d'esprit, de la « facétie », et des limites qu'un gentilhomme doit s'imposer dans une conversation raffinée ; pour définir cette mesure dans le comique, Pontano crée un néologisme, le terme *facetitas* dérivé, bien entendu, de l'adjectif *facetus.* Il est évident que le *facetus* de Pontano a le même rôle que le *uenustus* utilisé par Catulle pour définir la qualité essentielle des membres de son cercle poétique, ou du *gentile,* utilisé avec les mêmes intentions par des poètes du « dolce stil novo ». Pour tracer les limites qu'il ne faut pas outrepasser dans une conversation civile, même quand on veut être spirituel, Pontano consacre un chapitre du dialogue à Martial, maître indiscuté de l'épigramme polémique et badine[49]. Selon Pontano, on ne peut dans les facéties comme dans les épigrammes, suivre le modèle de Martial, parce que dans ses poésies on trouve des paroles *quæ non solum a faceto sint aliena, verum aut obscena illa admodum, aut maxime ampullosa et acida, quod quidem Hispanicum est*[50].

Le thème « Martial-épigramme » n'était certes pas de peu d'importance pour les humanistes[51] : il l'était d'autant plus pour Pontano qui, bien qu'ayant censuré son recueil juvénile d'épigrammes, le *Pruritus,* était resté un grand admirateur du Panormitain et était lui-même inventeur et maître

---

[46] Sur les *Asolani* de Bembo, publiés pour la première fois à venise en 1505, un an après l'*editio princeps* de l'*Arcadie* de Sannazar, outre DE CAPRIO, voir E. BONORA, « Il classicismo dal Bembo al Guarini », *Storia della letteratura italiana,* edd. E. Cecchi, N. Sapegno, t. IV Milano 1966, 156-172 et pour Castiglione, voir *ibidem,* 192-207.

[47] *Act.* 146, lg. 14-16 : *Quod nisi tanta illa moveret Aristotelis me maiestas, vel ausim abdicare a mediocritate poetam ; quæ tamen in hoc ipso quodam modo et requirenda est et laudanda.* Mais plus loin, comme le note Tateo (*Umanesimo etico, op. cit.,* 108-109), Pontano réussit à définir, même dans le style poétique, une certaine *mediocritas* (*Act.* 233, lg. 22-27).

[48] *De sermone, op. cit.,* edd. Lupi-Risicato, 29-30 ; le long passage est inséré dans le chap. I, 18 « De contentiosis ».

[49] *De sermone,* III, 18 : « De Valerii Martialis poetæ dictis ».

[50] Mais encore plus définitive est la condamnation de Martial dans la conclusion, 116, lg. 11-25, dont nous citerons seulement la dernière période : *A nobis autem, cum mediocritas parte in hac quæratur defugianturque extrema, alia dictorum tunc genera quærenda sunt tum species, quæ facetorum sint omnino propria.*

[51] Sur l'importance de l'épigramme dans la littérature de la Renaissance, il nous suffira de renvoyer à J. BURCKHARDT, *La civiltà del Rinascimento in Italia,* trad. ital. D. Valbusa, Firenze 1944⁴, 310-316 et surtout P. LAURENS, *L'abeille dans l'ambre, op. cit.,* 373-543. Sur la fortune de Martial au Quattrocento, voir F.-R. HAUSMANN, « Martial in Italien », *Studi medievali* 17 (1976), 173-218 et ID., « Valerius Martialis », *Catalogus transl. et comm.,* IV, edd. F.E. Cranz, P.-O. Kristeller, Washington 1980, 249-296.

du langage comique tant en poésie qu'en prose[52]. Du reste, le Panormitain n'avait pas été seulement un maître d'épigrammes, non certes châtiées, mais il avait véritablement étudié Martial, au point d'être considéré comme celui qui réintroduisit l'épigramme selon le style de Martial dans la littérature occidentale[53]. En prenant ses distances par rapport à Martial, Pontano s'éloigne donc de son ancien maître et fondateur de l'Académie; le Panormitain, à la fin du Quattrocento, est devenu un poète scandaleux qu'il convient de censurer, de la même façon que l'on avait censuré, sans aucun doute de manière plus sévère et systématique, la philologie, bien plus dangereuse, de Valla et de Politien.

La leçon de bon goût donnée par Pontano dans le *De sermone*, devait frapper entre autres Sannazar aussi; lequel dans ses épigrammes latines, continuera à imiter Martial, qu'il considère à juste titre comme le meilleur modèle dans ce genre littéraire; mais après la publication de l'Anthologie grecque en 1494[54], et dans le climat politique, culturel et religieux du début du XVIe siècle qui a changé, il essayera toujours plus de le libérer de tout excès de vulgarité, de virulence et de réalisme petit-bourgeois. Cet effort de censure classiciste (et moraliste), on peut l'observer dans son manuscrit autographe de travail, le Vaticanus latinus 3361 où les élégies et les épigrammes ont été, dans l'espace de quarante ans, plusieurs fois réécrites et corrigées, grâce à un infatigable labeur de raffinement stylistique[55]. Ce choix stylistique de Sannazar —qui s'éloigne en partie des suggestions les plus drastiques de Pontano— sera pleinement accueilli par Scaliger qui continue à considérer Martial comme le modèle le plus parfait pour les épigrammes, mais suggère de le libérer de la *fœditas* et du *fel*, en en conservant seulement le *sal* et l'*acetum*[56].

Mais la position de Sannazar, ses rapports avec le milieu humaniste romain et son rôle, encore plus important peut-être que celui de Pontano, dans la création d'un code stylistique exemplaire pour le classicisme européen, est trop complexe pour qu'on y fasse même seulement allusion. Par contre, il sera opportun de se demander (en conclusion de notre bref parcours) pour quel motif le classicisme a trouvé dans l'Académie pontanienne

[52] Pour l'œuvre poétique de Pontano, voir TATEO, *L'Umanesimo meridionale*, 5-48; voir aussi la sytnhèse rapide de MONTI SABIA *Poeti latini del Quattrocento*, 307-314. Sur l'humanisme pontanien et les problèmes liés avec ses choix linguistiques, voir TATEO, « L'umorismo di G. Pontano e l'ispirazione dell'*Asinus* », *Tradizione e realtà nell'Umanesimo italiano*, Bari 1967, 319-354 et ID., « Il linguaggio comico », *ibid.*, 647-657.

[53] Dans la récente édition de l'*Hermaphroditus*, Martial est, comme Ovide, l'auteur ancien le plus présent dans l'index des sources; Antonii PANHORMITÆ *Hermaphroditus*, ed. D. Coppini, I, Roma 1990, 164-165.

[54] Sur la redécouverte de l'*Anthologie* de Planude, appelée alors, en l'absence de la Palatine, *Anthologia Græca*, voir J. HUTTON, *The Greek Anthology in Italy to the Year 1800*, Ithaca-New York 1935, part. 35-37.

[55] Sur l'auto-censure classiciste et moralisante de Sannazar dans les *Epigrammi*, voir L. GUALDO ROSA, « A proposito degli epigrammi latini del Sannazaro », *Vichiana*, n.s., 4 (1975), 81-96.

[56] Julii Cæsaris SCALIGERI *Poetices libri III qui et Idea*, Parisii, apud Antonium Vincentium 1561, 170-172.

le lieu idéal pour atteindre sa pleine maturité, et pourquoi les trois poètes néo-latins les plus parfaits du XVᵉ siècle proviennent tous de cette académie, apparemment périphérique, par rapport aux plus célèbres centres de l'humanisme italien. Pour tenter de donner une réponse à ces questions, on devra reprendre en main le vieux livre de Gothein, dont l'analyse sociopolitique du milieu où se développa la Renaissance méridionale reste encore aujourd'hui tout à fait valide [57]. On trouve, en effet, à Naples, dans la seconde moitié du Quattrocento, une dynastie royale étrangère, dont les souverains ne réussiront jamais, durant les cinquante ans de leur règne, à établir des rapports étroits entre leur dynastie et les habitants du royaume. Ils créèrent autour d'eux un cercle d'intellectuels qui donnèrent naissance à l'une des premières académies italiennes ; mais ces intellectuels étaient soit des étrangers, comme les byzantins et les catalans, soit venaient de différentes régions d'Italie, comme Pontano qui était originaire d'Ombrie, ou Facio, qui venait de Gênes. Ceux qui venaient de Naples, ou des autres régions du royaume, étaient des aristocrates : membres de l'aristocratie citadine des « seggi », comme Sannazar, ou de l'aristocratie féodale, comme Andrea Matteo Acquaviva, duc d'Atri et beaucoup d'autres. Tateo lui aussi a souligné ce caractère « courtois et presque féodal » qui constitue la note dominante de l'Académie pontanienne [58]. On a vu comme l'antipathie à l'égard des florentins était alimentée entre autres par un mépris de nature sociale : Pontano, qui n'était pas un aristocrate, était en mesure de sourire de cette mentalité. C'est ainsi qu'au début de l'*Actius* il met ces paroles dans la bouche de Sannazar : *Scis enim nobilitas hæc nostra ab mercaturæ ipsius nomine quantopere abhorreat* [59]. C'est dans cette atmosphère raréfiée d'isolement aristocratique et courtisan que les humanistes napolitains ont contribué à élaborer cet idéal de classicisme qui devait triompher dans toute l'Europe du XVIᵉ siècle. Un classicisme dans lequel l'Humanisme, libre des dangers de l'enquête historico-philologique et de la vulgarité plébéienne de l'épigramme et de la satire, pouvait reprendre le beau rêve arcadien de Virgile et de Pétrarque, cette utopie du retour à l'âge d'or, qui devait avoir une grande fortune à la cour romaine de Jules II, de Léon X et de Clément VII [60], à la veille du sac de Rome :

---

[57] E. GOTHEIN, *Il Rinascimento dell'Italia meridionale, op. cit.* Voir surtout le chap. I « I baroni », le chap. II « I seggi della città di Napoli », le chap. III « La plebe » et le chap. IV « Elementi stranieri ». Mais le volume entier, bien que placé dans un contexte idéologique précis, mérite d'être étudié attentivement.

[58] TATEO, *Umanesimo etico, op. cit.,* 135-185 ; voir part. 150, où l'on parle de « révision dans le sens humaniste de la tradition de l'enseignement courtois ».

[59] *Actius*, 162, lg. 14-16.

[60] Voir J. O'MALLEY, « Fullfillment of the Christian Golden Age under pope Julius II. Text of a Discours of Giles of Viterbo, 1507 », *Traditio* 25 (1969), 265-338 ; cet article, comme celui de M. Deramaix déjà cité, démontre comment dans la Rome du premier XVIᵉ siècle, après la mort de Pontano, le vrai point de référence pour le classicisme romain était resté Sannazar. Il était apprécié pour sa chaude passion catholique, son platonisme diffus et ce « pétrarquisme politique » qui, comme le notait justement F. Gaeta dans l'introduction à son édition du *De maiestate* de

... Anime belle e di virtute amiche
Terranno il mondo, et poi vedrem lui farsi
Aureo tutto et pien de l'opre antiche [61].

Giunano Maio (Bologna 1956, XIX-XXVI), est beaucoup plus présent chez les académiciens mineurs, comme Maio, que chez le sage, réaliste et aristotélicien Pontano. Sur le sens idéologique du cicéronianisme dans la Rome du premier XVIe siècle, voir maintenant L. D'ASCIA, *Erasmo e l'umanesimo romano*, Firenze 1991, 139-149 et 179-189.

[61] PETRARCA, *Rer. vulg. fragm.*, 137, v. 12-14.

LE PROGRAMME DES *QUATUOR LIBRI AMORUM*
DE CONRAD CELTIS
ET LE FRONTISPICE D'ALBRECHT DÜRER

par ANNE VIDEAU

La « Préface et première partie du panégyrique de Maximilien, roi des Romains et César Auguste [1], pour les livres des *Amours* » introduit à un livre fascinant par sa richesse et ses ambitions, par son caractère unique, publié en 1502 à Nüremberg : véritablement œuvre de transition, il s'inscrit comme témoignage de l'entrée du Nord dans la modernité, en deçà de la Réforme et de ses effets. Le latin « Celtis » traduit l'allemand « Bickel », « burin du graveur » : or, le premier poète de l'Allemagne se trouve illustré par le plus grand graveur de son temps, voire de tous les temps. Sans anticiper sur l'interprétation du poème lui-même, élégiaque dans sa majeure partie, cette étude de la Préface et du frontispice d'Albrecht Dürer met en évidence les choix opérés dans les *Amours,* concernant les traits et les fonctions de l'inspiration antique, qu'il s'agisse de la dédicace, dans sa forme et dans son contenu, du rapport entre le dédicataire et le poète-dédicant ou enfin de la présentation de la matière et du genre du poème.

Une dédicace-recusatio

Dans la « Préface et première partie du panégyrique de Maximilien, roi des Romains et César Auguste, pour les livres des *Amours* », le poète Celtis dédicace à Maximilien Ier *Les Amours, quatre livres suivant les quatre contrées de la Germanie* [2], en double remerciement : d'abord (§ 1) au père de ce prin-

---

[1] La suite du panégyrique est placée en tête des livres des *Odes* et des *Cent épigrammes* (§ 56).

[2] *Conradi Celtis, Protucii, primi inter* Germanos imperatoriis manibus poete laureati, quatuor libri amorum secundum quatuor latera Germaniæ feliciter excipiunt, Norimbergæ 1502, in-4° : la Bibliothèque Natio-

ce, Frédéric III, de la main duquel il a reçu naguère, en 1487, à Nüremberg, la couronne et le laurier poétique, puis au prince lui-même, pour rendre grâces de la création d'un collège de poètes avec rémunération permanente (§ 3). Celtis s'y excuse d'abord de la disproportion entre « ses capacités et ses forces » : *Nec in meis hactenus facultatibus et ingenii uiribus erat* (§ 4), et le don du Prince, sa fortune, son bonheur, sa grandeur glorieuse : *Tuæ celsitudini, in tanta fortuna et felicitate et in humani generis fastigio... emines.* Sa dédicace prend ainsi l'allure d'une *recusatio* à l'antique et ses termes font écho de façon évidente à la formule horatienne de l'*Art poétique* :

> *Sumite materiam uestris qui scribitis æquam*
> *Viribus et uersate diu quid ferre recusent*
> *Quid ualeant humeri*[3].

En effet, le *topos*, élaboré à partir de Callimaque, traverse tous les genres autres qu'épiques au sens étroit de la Rome augustéenne, comme le montre la synthèse de référence de W. Wimmel, *Kallimachos in Rom*[4]. Dans les poèmes élégiaques de cette période, comme dans le préambule de Celtis[5], la négation amène à un genre moins grandiose que l'épopée, introduit dans des termes restrictifs : ici *saltem* (§ 5), « du moins », *nunc autem*, « mais en réalité » (§ 6). L'arrière-plan est constitué plus particulièrement par les élégies de Properce et d'Ovide où le locuteur-poète s'excuse de ne pas écrire d'épopée, alors que l'épopée est le seul genre qui convienne pour le Prince, Octave-Auguste. Sur ce fond, Celtis appelle ses livres *nugæ*, « babioles », et *ioci*, « jeux » ; *nugæ* à la manière de Catulle à l'ouverture de ses *Poèmes* :

> *Quoi dono lepidum nouum libellum*
> *Arida modo pumice expolitum*
> *Corneli tibi namque tu solebas*
> *Meas esse aliquid putare nugas...*[6],

nale de Paris possède deux exemplaires, le premier avec titre et figures gravées sur bois, le second avec figures coloriées. Edition allemande moderne : *Conradus Celtis Protucius (1459-1508), Quattuor Libri Amorum* : Bibliotheca scriptorum Medii recentisque Æuorum, repr. éd. Nüremberg, 1502, ed. Felicitas Pinter, Teubner 1934.

3 *A. P.* 37-40 : « Prenez, auteurs, sujet que vos forces/ égalent et songez longuement à ce que vos épaules/ savent porter... »

4 Wiesbaden 1960. Voir A. VIDEAU DE-LIBES, *Les « Tristes » et l'élégie romaine*, Paris 1991, « 1. L'impossible éloge du pouvoir », 410 suiv. : « La poésie de la période dite 'classique' est marqué par la présence d'Octave Auguste. Comme l'explique W. WIM-MEL dans son *Kallimachos in Rom*, un motif capital traverse celle qui n'est pas de l'épopée : la *recusatio*. Ce motif, hérité de Callimaque, à travers lequel s'exprime le refus de composer dans le genre épique, est explicitement lié à la louange du maître dans le premier recueil de l'exil ovidien comme c'est déjà le cas dans les *Géorgiques*, la *Satire* 2, 1 et l'*Epître* 2, 1 d'Horace, et dans les *élégies* 2, 1 ; 2, 10 ; 3, 1 et 3, 9 de Properce ».

5 § 4 : *nec... nec.*

6 *Poem.* 1, 1-4 : « A qui le donner ce charmant petit livre, nouveau,/ à peine poli par la ponce rêche ?/ A toi, Cornélius, car souvent tu pensais/ que mes babioles avaient du prix... »

ioci, comme Ovide désigne les « jeux », les « badinages » de l'*Art d'aimer* et de ses autres œuvres amoureuses, dans les *Tristes*[7] par exemple :

> [...] *Et istos*
> *Ut non laudandos sic tamen esse iocos.*

Le mot y renvoie à une matière amoureuse antithétique de la *grauitas* épique. La *tenuis doctrina*, « la mince science », dont se pare Celtis fait écho aux « doctes » poèmes que les néotériques composent, et, à leur suite, les poètes augustéens, à la manière savante et « ténue », c'est-à-dire « raffinée » aussi, de Callimaque[8]. D'une manière qui pourrait paraître contradictoire, Celtis les qualifie d'*incomptis* « sans apprêt », d'*illepidis*, « sans charme ». Il s'excuse d'offrir « les prémices d'un génie rude et grossier » (§ 1) en transposant par là la manière élégiaque du dénigrement auquel se livre le poète-locuteur des *Tristes* à l'égard de sa propre poésie. Il qualifie encore ses poèmes d'*ineptiæ*, c'est-à-dire d'« inconvenances », en un sens double : elles ne conviennent pas à l'Empereur dans sa grandeur, et parlant d'amour, elles ne conviendraient pas non plus aux mœurs[9]. Le préambule glisse ainsi vers une apologie du contenu des *Amours* dont Maximilien est désigné comme l'inspirateur, en attendant *maiora*, « de plus grandes choses », à l'instar de l'*Enéide* virgilienne ou de l'*Achilléide* de Stace, une *Maximilienéide*. Le Prince est celui qui « anime », c'est-à-dire qui donne du souffle à l'écrivain, *animus* : là encore, c'est Ovide le modèle implicite[10].

La dédicace pose donc à grands traits la relation entre le dédicataire et le donateur et en déduit le choix d'un genre, en référence à l'Antiquité, à l'époque augustéenne, et plus particulièrement à la poésie d'Ovide où se lit la relation entre un Prince au faîte de sa puissance, Auguste, et un poète qui s'illustre, entre autres, comme le « Virgile de l'élégie »[11].

L'axe de l'Elbe

Celtis introduit le contenu de l'ouvrage en commentant les termes de son titre. Le nombre des livres correspond, dit-il, aux « quatre côtés de la Germanie », à ses quatre contrées ou régions. Comme l'induit déjà le choix du mot *latera*, polysémique, l'auteur représente la Germanie *quasi corpore*, « comme un corps » (§ 6-7), dont il définit les limites (§ 6) et décrit les parties intérieures (*interiora*) en fonction d'un axe, *inclitum Albim fluuium* (§ 7), médian (*in medio quasi corpore imperii*), sorte d'épine dorsale de l'Empire. Par là, il célèbre un déplacement de l'axe du monde qui dépendrait d'« une heureuse conversion des astres », *felici conuersione siderum* (§ 7) : à Tacite,

---

[7] *Tr.* I, 9, 61-62 ; II, 238, 494 ; dérivés : *le, desinas ineptire...*
II, 354, III, 2, 6 ; V, 1, 20.
[8] Voir OVIDE, *Tr.* II, 327.
[9] Voir CATULLE, *Poèmes* 8 : *Miser Catul-*

[10] *Tr.* II, 561 *suiv.*
[11] OVIDE, *Rem.* 395-396.

dont il édite en 1500 la *Germanie,* il reprend à propos de l'Elbe, en l'inversant, la formule : *In Hermunduris Albis oritur flumen inclitum et notum olim nunc tantum auditur,* « un fleuve jadis illustre et connu, dont à peine aujourd'hui l'on entend parler »[12], qu'il glose : *Romanis incognitus* [...] *fluuius* (§ 7). De l'Elbe, il fait l'égal du Danube, du Rhin, du Rhône, du Tage, du Douro[13], du Tibre enfin. De fait, si le terme de *limes,* suggéré dans les *collimitiis* (§ 6), amène le souvenir de l'Empire romain antique, l'expression ovidienne *Invenies autem, inuenies* (item) (§ 8 ; § 9), reprise aux *Tristes, Inuenies uestri præconia nominis illic,* sert à l'édification du parallèle instauré par Celtis entre d'un côté Maximilien et Auguste, de l'autre Ovide et lui-même, entre l'Empire romain et le Grand Empire romain germanique. L'indication des *situs et positus* de la terre et du ciel germains (§ 8-9) compare explicitement Maximilien à César, conquérant et réformateur du calendrier, avec l'aide de l'égyptien Sosigène, dont Macrobe mentionne les ouvrages[14], puis à Hadrien[15], empereur de la cosmopolis, inlassable visiteur de son empire et solidificateur du *limes,* à Alfonse X de Castille et de Léon[16], dit le Sage ou le Savant, fils de Ferdinand III et de Béatrice de Souabe, astrologue, créateur de la prose castillane[17].

En même temps, la formule *anni descripta a nobis tempora,* « les époques de l'année que je décris », fait songer à l'*incipit* des *Fastes* d'Ovide qui dédicacent ce poème élégiaque, non plus à Auguste, décédé en 14, mais à Germanicus, auteur d'*Aratea*[18] : *Tempora cum causis Latium digesta per annum,* « les époques réparties au long de l'année ». Et de fait, les *Fastes* unissent l'évocation du temps latin dans ses cérémonies traditionnelles, la célébration des dieux et des actes héroïques de la cité, à un rythme cosmique, stellaire, de l'année. L'articulation que propose Celtis s'appuie donc aussi sur la tradition antique de l'élégie ovidienne qui intègre dans sa petite forme la célébration du Prince et de sa maison à travers le temps romanisé dont ils sont créateurs ou restaurateurs.

Celtis célèbre un « nouveau monde » qui est le déplacement du monde ancien, autour du pivot de l'Elbe « inconnu des Romains ». Dans les *Fastes,*

---

[12] *Albis,* Alf, Elf, Elve, Elbe, voir TACITE *German.* 41 ; voir E. RÜCKER, « Nürnberger Frühhumanisten und ihre Beschäftigung mit Geographie », *Humanisten und Naturwissenschaften,* edd. R. Schmitz, F. Krafft, 1980, 181-182 et G. HAMANN, « Kartographisches und wirkliches Weltbild in der Renaissancezeit », *Ibid.,* 155-180.

[13] POMPONIUS MELA III, 1 : *Durius,* en Galicie et Léon.

[14] *Saturn.* I, 16, 39.

[15] 76(-117-)138 ap. J.-C.

[16] 1221(-1252)-1284.

[17] Prose enrichie de néologismes innom-brables (latinismes, arabismes, voire hébraïsmes) et devenue langue officielle du royaume à la place du latin. Il est l'auteur d'œuvres d'histoire et de droit, d'astrologie, de jeux, d'études sur les pierres, sur la vertu du chiffre sept, auteur encore de poèmes en galaïco-portugais dont des *Cantigas de Nuestra Senora.*

[18] GERMANICUS, *Les Phénomènes d'Aratos* : C.U.F., ed. A. Le Bœuffle, Paris 1975. Sur ce Prologue, voir A. VIDEAU DELIBES, « Le Prologue des *Fastes,* Elégie et éloge », *Vita latina* 135 (1994), 28-38.

élégie, Ovide chante le temps romain de la maison augustéenne, dans les *Métamorphoses,* il chante un espace qui se constitue à partir de l'origine des temps pour l'Empire sous les astres romains. Celtis propose une autre configuration. Chez lui, l'astronomie *explique,* fonction des *Aïtia, Les Causes* ou *Les Origines* de Callimaque, modèle des *Fastes* ovidiens, la nature de l'espace et du temps, des êtres qui peuplent cet espace : « Les moments de l'année que je décris, leurs transformations en fonction des signes célestes des quatre points cardinaux, les tempéraments, les caractères tels que la nature les établit en fonction du ciel et de la terre qui sont les leurs » (§ 9) [19], « les âmes et les corps humains en fonction des quatre cercles des âges et, conformément à la tradition pythagoricienne, en fonction des hebdomades » [20], les *mirabilia* : « fleuves, montagnes, lacs, bois, marais, déserts, villes remarquables aussi, les sept métropoles et patries des doctes (défunts ou de ce monde, sans exhaustivité), les faits et gestes de tes prédécesseurs rois et empereurs (selon l'opportunité) (§ 10) ». Celtis rejoint là le propos d'Ovide dans les *Métamorphoses* aussi bien que dans les *Fastes,* et son énumération s'achève, comme dans les *recusationes* des poètes augustéens [21], par celle des conquêtes de Maximilien, dans la dimension épique : « et les guerres récentes », aux quatre

---

[19] *Anni descripta a nobis tempora et ex cardinalibus cæli signis mutationes eius et temperamenta et ut natura compartum est ingenia suum cælum et terram sequi*

[20] *Hebdomas,* « semaine », « le nombre sept », « sept jours », « retour du nombre sept critique pour les malades ». Voir GELLE *Noct. att.* III, 10, 1 : *M. Varro in primo libello qui inscribitur* Hebdomades *uel De Imaginibus septenarii numeri, quem Græcos hebdomada appellunt, uirtutes potestatesque multas uariasque dicit :* « Marcus Varron dans son premier livre, intitulé *Hebdomades* ou les *Images,* indique les vertus et les pouvoirs multiples et divers du chiffre sept que les Grecs appellent *hebdomas.* 'Ce nombre, dit-il, forme dans le ciel la Grande et la Petite Ourse, les *Vergiliæ* que les Grecs appellent *Pléiades.*' Ce nombre est aussi celui des astres que les uns appellent *erraticæ,* et Publius Nigidius Figulus *errones,* 'planètes'. Les cercles célestes, répartis tout le long de l'axe du monde sont sept également, ajoute-t-il ; les deux plus petits, voisins de l'extrémité de l'axe, s'appellent *poloï,* cercles polaires ; à cause de leur petitesse, on ne les représente pas sur la sphère armillaire. Le zodiaque ne manque pas d'obéir non plus à la loi du sept : le solstice d'été arrive quand le soleil entre dans le septième signe à partir du solstice d'hiver, et le solstice d'hiver a lieu quand le soleil passe au septième signe après le solstice d'été ; on compte également sept signes d'une équinoxe à l'autre. Le temps que les alcyons mettent à bâtir leur nid dans l'eau en hiver est aussi de sept jours. Varron cite encore la lune dont la révolution s'accomplit en quatre fois sept jours... Toujours selon Varron, le nombre sept étend son influence jusque sur la procréation des hommes... Les années les plus périlleuses pour la vie et les biens des hommes, que les Chaldéens appellent 'années climatériques', se produisent tous les sept ans. Influences diverses sur le corps humain... dont les pulsations des veines... les sept merveilles du monde, les sept sages, les chefs de Thèbes... »

[21] Voir VIDEAU DELIBES, « La geste interrompue », *Les « Tristes »,* op. cit. : « Nason s'interroge : 'Que n'ai-je plutôt tourmenté encore dans mes chants Troie qui tomba sous les armes argoliques ? Pourquoi ai-je tu Thèbes et les mutuelles blessures des deux frères et les sept portes, chacune assignée à son chef ? (*Tr.* 2, 317-20)'. » Le début de sa liste épique est à rapprocher de celle de PROPERCE 2, 1, 19-21 : « Les Titans..., l'Ossa posé contre l'Olympe pour que le Pélion soit route vers le ciel, ... l'ancienne Thè-

points cardinaux, au nord : *Brutenicum (bellum), Dacium* et *Suedicum*[22], au sud : *Venetum, Burgundum* et *Helveticum*, à l'est : *Pannonicum*, à l'ouest : *Sugambricum*[23], *Gallicum*.

Une apologie de l'amour

Celtis invite donc son dédicataire (§ 1 et § 6-10), à un périple à travers celle qu'il appelle « notre Germanie » « ou plutôt la tienne » (§ 6) : *Germaniæ nostræ immo tuæ quattuor latera.* Le don de sa terre à Maximilien a parfois des accents épiques explicites, de fait, à l'intérieur des *Amours,* sont par exemple insérés des passages en hexamètres dactyliques. Mais, comme l'annonce la dédicace qui parle de *ioci,* la description à la première personne de la Germanie passe par un regard amoureux : Celtis renoue avec cet aspect de l'élégie romaine. Et une bonne part de sa préface constitue une apologie de cette matière amoureuse. Apologie donc, comme le sont les *Tristes,* en particulier leur livre II, mais apologie dont les termes sont inversés par rapport à ceux d'Ovide puisqu'il s'agit de revendiquer la matière amoureuse dont précisément les *Tristes* sont la récusation autour de l'*Art d'aimer.*

Cette apologie est double : d'une part, il s'agit de défendre la poésie contre les détracteurs qui l'accusent de vanité. Et Maximilien comme son père, comme Alphonse X, est loué pour son goût et la protection qu'il

bes..., Pergame, gloire d'Homère... ». Les deux poètes définissent l'épopée par des sujets, *materia* : des actions, les lieux de combats et des personnages, les héros mythiques, les demi-dieux titans d'un côté, les frères ennemis Etéocle et Polynice de l'autre, *uiri* (PROP. *El.* 1, 7, 1-2). Des sujets mythiques, leur liste respective passe aux sujets plus proches dans le temps, pour nous plus « historiques » : « Xerxès et les deux mers réunies par son ordre et les débuts du règne de Rémus ou l'orgueil de Carthage la superbe et les menaces des Cimbres et les hauts faits de Marius » chez Properce (2, 1, 22-24). Ovide résume d'un distique la matière romaine ancienne : *Nec mihi bellatrix Roma negabat/ Et pius est patriæ facta referre labor* (*Tr.* 2, 321-22). Mais ce déroulement ne peut culminer qu'avec la geste augustéenne. Properce refuserait toute matière autre que les *bellaque resque* [...] *Cæsaris* (2, 1, 25) qu'il énumère dans la suite du poème (*ibid.* 27-34). Dans les *Tristes,* le catalogue des œuvres épiques s'achève ainsi : *Denique cum impleueris omnia Cæsar/ Pars mihi de multis una canenda fuit* (2, 323-24).

Le couronnement et la fin explicite et implicite de l'épopée sont la célébration du héros du siècle. Si écrire une épopée consiste à composer en général sur les *res gestæ regumque ducumque et tristia bella,* comme le veut Horace (*A. P.* 73-74), traitée par un contemporain, celle-ci doit être traversée par un fil directeur qui l'amène à Auguste. Nason l'exilé démontre l'orientation politique des *Métamorphoses,* œuvre augustéenne en ce que son terme est l'époque d'Auguste dont la destinée astrale est annoncée par ses deux derniers livres : *Pauca quibus prima surgens ab origine mundi/ In tua deduxi tempora Caesar opus* (*Tr.* 2, 559-60). Pour l'exilé, elle a un caractère laudatif : « Tu verras, dit-il à Auguste, la force du souffle que tu m'as donné, toi, et avec quel enthousiasme je te chante, toi, et les tiens. [...] Tu trouveras là la proclamation de votre renommée (*Tr.* 2, 561-62) ».

[22] Chez les Suèves, souche de la nation germanique, au nord de la Germanie, voir CÆS. *B. G.* 4, 1, 3 ; TAC. *Germ.* 38.

[23] *Sigambri* : voir CÆS. *B. G.* 4, 16, autour du Rhin, de la Sieg et de la Lippe.

étend sur les poètes, comme le restaurateur de la littérature : «Ô digne roi, toi qui, avec l'Empire romain, ainsi qu'un autre César Auguste restaure pour nous les arts et les lettres latines et grecques» (§ 13). D'autre part, il s'agit d'argumenter, de polémiquer, voire de vitupérer (en reprenant Cicéron, comme en les traitant de «grenouilles d'Egypte») contre les prédicateurs qui voient dans la poésie «la ruine de l'âme, la corruption et le ciment de toutes les turpitudes» (§ 11-12), qui «accusent les amoureux de ce savoir supérieur et divin, ainsi que les écrivains, d'être des docteurs de vices et des maîtres ès toutes turpitudes», pour qui «il n'y aurait rien de plus infâme ni de plus étranger à notre religion chrétienne que de lire ou d'écouter des poètes», «ennemis invétérés des arts libéraux des Romains et des Grecs».

Celtis argumente dans une perspective éducative. Il place son espoir dans les talents naissants des jeunes gens, en «laissant le temps au temps» de faire évoluer les mentalités par l'étude de la philosophie et de l'éloquence solides. Il défend donc un point de vue nouveau sur l'amour «le plus doux, le plus naturel, le plus puissant des sentiments humains». Il distingue (§ 17) de «l'amour déshonnête et immonde, répandu chez les bêtes brutes et chez tous les animaux (plus féroce chez l'homme aux dispositions mauvaises)», l'*honestus amor* qui est «le moteur des expérimentations diverses et innombrables dans l'ordre de l'invention, de la mise en œuvre et du génie» auquel «la nature nous incite et nous appelle». La référence au *Banquet* de Platon est sensible : Celtis a été au contact, en 1486-87, de Marsile Ficin à Florence, de Pomponio Læto [24] à Rome. Sa perspective est naturaliste en même temps que platonicienne, avec une dimension hédoniste et cosmique qui paraît épicurienne puisque «l'amour noble fait que le ciel, la terre et tous les éléments de la nature par une sorte de sympathie et d'accord tacite désirent se mêler, s'unir, se marier».

Celtis insiste sur la difficulté de les discerner l'un de l'autre — ainsi dans l'exemple allégorique du suc que l'abeille prend à la fleur et du venin qu'y prendrait l'araignée (§ 36) — et il renvoie d'abord à deux œuvres comme le lieu par excellence de leur déploiement et de leur intrication, curieusement alliées par leur titre aussi, les *Métamorphoses* d'Apulée en prose et celles d'Ovide en poésie : «Sur le pouvoir et la faiblesse de chacun de ces deux amours, je ne connais rien de plus remarquable en tous les temps que le récit éclatant de Lucius Apulée [25] et que les quinze livres d'Ovide sur les métamorphoses». C'est par l'exemple des écrivains que, comme Ovide dans les *Tristes*, il légitime son assertion : il les interprète [26].

Il appelle «amour» le principe de vie : «feu, eau, vapeur, air des anciens philosophes, dieu excellent et très haut pour nous qui a modelé l'homme de terre et de limon...» (§ 21), qui fait que de «l'amour divin du créateur pour

---

[24] 1425-1497, disciple de Lorenzo Valla.

[25] Celtis édite le *De Mundo* d'APULÉE en 1497.

[26] § 26-27 : «Si je voulais interpréter tous les récits de Lucius et d'Ovide en fonction de l'affect d'amour et de la nature de nos esprits... [une lunaison, ni une année n'y suffiraient]».

la création à venir le monde est né, et que de lui le ciel, la terre et tous les membres de l'univers mêlés indistictement dans le chaos ont été séparés et associés et liés par un pacte et un lien d'harmonie ». « Dans l'homme, qui est la partie la plus importante d'une œuvre si grande, Dieu a voulu que la part d'amour fût plus grande », d'où « l'empire de l'amour » qui amène les innombrables métamorphoses (§ 22). La référence à Aristote : « L'union du ciel et de la terre en un mutuel amour est si forte que les poètes ont imaginé les noces de dieux et de déesses, qu'Aristote appelle vertus actives et passives » (§ 29) lui permet d'interpréter par l'allégorie la poésie, et par ce biais de la valoriser. « Ainsi, Aristote écrit qu'il se trouve parmi ces vertus une attraction secrète (désir secret), *occultus appetitus* = ὁρμή, dont il a fait le troisième principe de la nature sous le nom de *priuatio* » (§ 31), source des propos sur l'amour, plaisanteries salaces, récits, chants, instruments, danses de tous ordres, jeux des yeux et de la tête, « incitations et semences d'amour, qui permettent l'union des esprits et des âmes ». L'évocation du *Cantique des cantiques,* d'Esther, Ruth, Judith, David et Salomon, complétant la leçon de l'Antiquité, vient en outre contrecarrer les paroles des prêtres qui prêchent aussi pour les autres la chasteté qu'ils s'imposent, à l'instar de saint Jérôme dans son *Contre Jovinien,* prêchant pour le célibat [27].

Celtis puise donc dans les deux traditions, l'antique d'abord, celle d'un poète et d'un « romancier » platonicien, relus à la lumière de la philosophie d'Aristote, puis la biblique, pour poser l'amour, divin, comme principe naturel et universel. La vertu de son livre serait donc, par l'exemple, de « détourner les jeunes gens des ruses des mauvaises femmes et de leurs charmes dangereux, de leur apprendre à se méfier du commerce et de l'habitude des courtisanes », « source des pires calamités, malheurs, perte du sens et de la raison, peines et crimes, en manière diverse et quasi infinie » (§ 42), « d'apprendre à vivre dans les limites de la mesure et de la tempérance ». Sa dernière réponse porte sur les « passages obscènes, peu pudiques et honnêtes, mais piquants et excitants qui feraient du tort et monteraient à la tête des jeunes gens » (§ 45). A ce point de la démonstration, il requiert un nouveau double appui.

Il en appelle d'abord à Hrosvita de Gandersheim, *nostra poeta Saxonica,* dans la préface à ces pièces où « elle se propose de détourner les chrétiens de la lecture néfaste de Térence en le concurrençant sur son propre terrain » [28] : les *Opera Roswithæ, illustris Virginis et monialis Germanæ, Gente saxonica ortæ, nuper a Conradi Celte inuenta,* sont éditées par lui en 1501, après sa redécouverte à Ratisbonne. Puis il se réfère au livre de Job et à celui de la *Sagesse* où, disent Job et Salomon, s'« ils ne parlent pas toujours par leur propre bouche mais parfois par celles des méchants (*stulti*), ils le font à dessein et délibérément pour que l'homme avisé connaisse les paroles et les

---

[27] 393.

[28] M. GOULLET, « A propos des *Drames* de Hrosvita de Gandersheim : Histoire de leur réception en France », *Le Moyen Age, Revue d'histoire et de philosophie* 98 (1992), 251-261, part. 251.

pensées et du sot et du sage ». Enfin, il invite à lire dans ses *Amours* « les passages tirés de Platon, Pythagore, les péripatéticiens, Epicure, dont Sénèque partout dans ses ouvrages loue et cite la morale parfaite » et il conclut sur *dulcius arriderent seria mixta iocis,* « pour que le sérieux, mêlé aux badinages, ait le sourire de la douceur », reprenant le précepte poétique horatien, *miscere utile dulci*[29], déjà introduit dans le *De natura rerum* par Lucrèce.

Il appuie donc son double choix de la poésie, et de la poésie élégiaque, en fusionnant les traditions, de la poésie et la prose romaines de fiction, de la philosophie grecque et latine, de la Bible et de la poésie allemande qu'il a redécouverte.

Pour une maîtrise symbolique de la Germanie

Celtis invite, avons-nous dit, son dédicataire (§ 1), (§ 6-10), à un périple à travers celle qu'il appelle « notre Germanie » « ou plutôt la tienne » (§ 6) : *Germaniæ nostræ immo tuæ quattuor latera.* La dualité des possessifs inscrit dans la Préface-éloge l'ambivalence du poème : composé à la première personne et tourné vers l'éloge dans un don à celui qui est à l'origine de l'objet loué[30]. Le poème est donc typiquement une parole élégiaque, parole d'un « je » pour un « tu ». Il est donné comme le fruit de « dix années de veilles », *hanc nostram decennalem lucubrationem* (§ 49)[31], d'« un voyage de dix années », *decennali peregrinatione* (§ 1) ; c'est-à-dire comme le journal concomitant au voyage d'un personnage dont le regard a vu puis la main transcrit. Mais ce voyage est mythique par le nombre qui y préside, il rappelle les dix années de la conquête de Troie par les Grecs ou du voyage odysséen, poèmes épiques, fondateurs de la Grèce et de sa littérature. Et son « je »

---

[29] *A. P.* 333-334 ; 343-344 : *Aut prodesse uolunt aut delectare pœtæ/ aut simul et iucunda et idonea dicere uitæ* [...]/ *Omne tulit punctum qui miscuit utile dulci/ lectorem delectando pariterque monendo* : « Etre utiles ou plaire, voilà ce que désirent les poètes/ ou bien dire des choses agréables en même temps qu'adaptées à la vie./ Il réunit tous les suffrages celui qui mêle l'utile à l'agréable/ en charmant le lecteur et l'instruisant en même temps ».

[30] La rectification est analogue à la dualité existant entre l'*incipit* des *Métamorphoses* (I, 1-4) : *In noua fert animus mutatas dicere formas/ corpora Di cœptis nam uos mutastis et illas/ adspirate meis primaque ab origine mundi/ ad mea perpetuum deducite tempora carmen* : « Mon cœur m'emporte à dire les

métamorphoses en corps/ nouveaux. Dieux, vous aussi les avez métamorphosés, inspirez donc/ mon entreprise et depuis les premières origines du monde/ *jusqu'à mon temps* dévidez un chant ininterrompu ». Et la reprise de ce même préambule dans les *Tristes* (II, 559-560) : *Pauca quibus prima surgens ab origine mundi/ in tua deduxi tempora Cæsar opus* : « Ce peu où, m'élevant depuis les origines du/ monde,/ j'ai dévidé mon œuvre, ô César, *jusqu'à ton temps* ». La formule des *Métamorphoses* met au premier plan le poète écrivant, tandis que celle des *Tristes* rectifie en plaçant le siècle sous le patronage d'Auguste. Chez Celtis, *nostræ* inclut le poète dans la communauté des hommes de ce pays qu'il veut louer.

[31] *Lucubratio* : cicéronien.

est un « nous », par les quatre âges qu'il traverse, il est un résumé typique de la vie humaine et de ses humeurs.

Celtis demande à Maximilien de «porter son regard sur notre Germanie » : *intuebere* (§ 49). Dans son petit livre excellent sur *Les raisons du paysage*[32], Augustin Berque évoque le rituel impérial japonais du *kunimi*, du « regarder le pays ». C'est un rituel d'ascension sur une montagne d'où l'empereur découvre ses possessions, et en prend possession : «Si être le maître donne effectivement droit de regard, inversement, regarder procure symboliquement la maîtrise »[33]. Le poète allemand découvre à Maximilien ses possessions, il en dessine les frontières : au § 49, frontières militaires, «Combien notre Germanie a pu s'étendre en territoires, jusqu'aux limites de l'Italie, la Gaule, la Pannonie, la Dacie et la Sarmatie» et au § 53, linguistiques : « les limites et les bornes de la langue de sa patrie », ainsi que l'épine dorsale et il la parcourt systématiquement. De ces *Amours*, il parle comme d'une *parua tabula* (§ 51). S'il s'agit bien de la tablette sur laquelle compose l'écrivain élégiaque, «petite» et modeste comme tout ce qui est élégiaque, il s'agit aussi, et les termes de peinture et de dessin, *depictam* (§ 49) et *depicta et figurata* [...] *animos et corpora* le confirment, de la «carte», miniature de même genre. Après César et Auguste, il cite en exemple au monarque l'empereur Hadrien. Or, dans sa villa de Tibur-Tivoli, celui-ci a fait construire la « réduction du monde », «comme représentation du territoire qui dispense de le parcourir». Berque écrit : «Plus le territoire est étendu, plus il est difficile de le voir dans son ensemble», les jardins de Tivoli permettent ce regard totalisant. De même, la carte est une représentation du territoire par laquelle peut se faire «l'appropriation symbolique». Celtis réduit pour Maximilien l'Empire et il en trace les lignes et les couleurs. On sait sa redécouverte contemporaine de la carte des routes de l'Empire romain, avec ses villes principales (copie du XIIIe siècle), offerte par lui à Conrad Peutinger. Le poète refait donc pour le nouvel Empire romain une carte... qu'il met en rapport avec le ciel et les Enfers : de même que les jardins de Tivoli ont un accès vers le monde souterrain et deviennent ainsi «le pivot entre le monde des vivants et des morts»[34], de même la descente du héros dans les mines de sel de Silésie — une exploration dont Albert le Grand lui donne le modèle —, sorte de *nékuia*, comme le poète l'écrit, inscrit la Germanie aussi dans l'axe vertical. En les offrant à l'Empereur, restaurateur des lettres latines, il fait des *Amours* un « adjuvant symbolique du regard impérial sur le paysage », il confirme sa prise de possession, mais il sollicite aussi sa protection. *Tueor*, c'est à la fois regarder et protéger : quand Ovide fait l'éloge d'Auguste dans les *Tristes*, il loue sa *tutela*, son regard protecteur qui s'étend sur tous : *De te pendentem* [...] *circumspicis orbem* comme celui de Jupiter, son équivalent olympien[35].

---

32 Paris 1995.
33 *Op. cit.*, 46. Sur le regard, voir M. MIL-NER, *On est prié de fermer les yeux*, Paris 1991.

34 A. BERQUE, *op. cit.* 50.
35 *Deos cælumque simul sublime tuen[s]*, Tr. II, 215. VIDEAU DELIBES, *Les « Tristes » d'Ovide et la tradition élégiaque romaine*,

Dans l'apothéose de César, les *Métamorphoses* en font un œil qui veille sur le forum romain. Quand l'extension du monde romain s'affirme, Lucain place Néron divinisé dans l'*oculus* du monde, au seul lieu d'où il puisse tout entier l'embrasser [36].

Celtis conclut sa Préface (§ 52-54) comme il l'a commencée, sur une *recusatio* élégiaque où il oppose les voyageurs du monde extérieur, des pays de l'Europe et des territoires extra-européens, au voyage d'*ego* : « que d'autres..., moi ». Il oppose à une énumération arbitraire, hétéroclite, de pays le regard du « Germain fervent de philosophie » dans l'œil duquel convergent les lignes du monde qu'il parcourt. Autour d'Ego est recentré l'espace nouveau : pour utiliser les termes de Berque, il est le « médium » à travers qui se fait « le rapetissement des choses dans l'image... le vecteur de cette maîtrise ».

Préface et frontispice

Quelle adéquation la gravure d'Albrecht Dürer présente-t-elle avec cette préface ? Le nombre 4, celui des quatre livres annoncés, préside, de fait, à sa composition. Il y a quatre livres comme *Philo–sophia* embrasse, dans le temps et dans l'espace, tous les aspects du cosmos gouvernés par le chiffre quatre. Centrée, en perspective dans une couronne de feuillages placée au premier plan, elle trône, livres dans la main droite, sceptre dans la gauche, sur une cathèdre dont les bras sont ornés de signes grecs, déchiffrables, sur le montant de droite : Πρῶτα θεὸν τίμα, « Premièrement honore Dieu », sur le montant de droite : « A tous attribuer ce qui revient justement » : πᾶσιν δίκαια νέμειν [37]. Un obélisque, la *scala artium*, à la base duquel se lit le chiffre de Dürer, D entre les jambages du A, monte de ses pieds et pointe sur son sein, *pectus*, centre de la gravure et point de convergence des lignes du regard. L'inscription verticale est grecque. On déchiffre, en transcription, Φ *Philosophia*, Γρα *Grammatikè*, Λο *Logikè*, Ρηθ *Rhétorikè*, Αρ *Arithmètikè*, Γη *Géométrikè*, Ασ *Astronomia*, Μ *Mousikè*, Θ *Théologia*.

La couronne qui magnifie *Philosophia* est ornée de quatre médaillons. Au-dessus du dossier, contre le rebord supérieur de la gravure, un premier médaillon contient la vignette d'un personnage tonsuré et barbu tenant une sphère, représentation décryptée par l'inscription circulaire : EGIPCIORUM SACERDOTES ET CHALDEI, « les prêtres des Egyptiens et les Chaldéens ».

Paris 1991, 248 suiv.

[36] P. ARNAUD, « Le *Proœmium* de la *Pharsale*, l'apothéose de Néron », *Revue des Etudes latines* 65 (1987).

[37] Voir R. KLIBANSKY, E. PANOFSKY, F. SAXL, *Saturne et la Mélancolie*, Paris 1994 (London 1964). La quatrième partie concerne Dürer et son chapitre premier s'intitule

« La mélancolie chez Conrad Celtes, La gravure de Dürer pour les *Quattuor Libri amorum*, de Celtes. La doctrine des tempéraments dans les écrits de Dürer ». D. WUTTKE, « Dürer und Celtis », *The Journal of Medieval and Renaissance Studies* 10 (1980), 73-129.

Il s'agit, dit la vignette, de Ptolémée tenant le monde. A droite et à gauche, contre les bords de la gravure, deux vignettes similaires ; la quatrième, touchant le rebord inférieur, supporte l'obélisque. Dans le médaillon de droite : « La philosophie des Grecs », GRECORUM PHILOSOPHIA, incarnée par Platon (*Pla–to*, à droite et à gauche du personnage), qui porte barbe et toque noires. Dans le médaillon du bas, LATINORUM POETÆ ET RHETORES, « les poètes et les rhéteurs des Latins », le personnage, en toge et portant couronne de laurier, sorte de *Janus bifrons*, à la fois *Cicero* et *Virgilius*, noms indiqués dans la vignette à sa gauche et à sa droite [38]. Dans le médaillon de gauche, *Albertus*, avec une chappe noire du Moyen Age entourant le cou et descendant sur l'épaule, coques des deux côtés de la tête, surplis, doigt gauche levé, Albert dit le Grand (1193-1280), né à Lauingen en Souabe, « géant du XIIIᵉ siècle » en sciences naturelles, philosophie et théologie [39].

Le bandeau qui surmonte la gravure explique le sens et la relation des quatre médaillons. En son centre se lit cette inscription :

> *Sophiam me Greci vocant Latini Sapienciam*
> *Egipci & Chaldei me inuenere Greci scripsere*
> *Latini transtulere Germani ampliavere.*

> Les Grecs m'appellent *Sophia*, les Latins *Sapiencia* (sagesse),
> Les Egyptiens et les Chaldéens m'ont inventée, les Grecs écrite,
> Les Latins transmise [40], les Allemands amplifiée [41].

La nomination de Philosophie, « Sagesse », par l'Antiquité gréco-latine, est suivie d'un abrégé de son histoire. Elle subsume les quatre époques de la pensée humaine, depuis l'Orient, à son origine, évoqué dans le médaillon du haut, la religion, astronomie, astrologie et magie des Egyptiens et mages de Chaldée, en passant par la Grèce, le sud, à la philosophie écrite de Platon for-

---

[38] Celtis commente Cicéron dans une *Epitomè in utramque Ciceronis rhetoricam*, éditée à Ingolstadt. Il enseigne Virgile et Horace dans la même ville.

[39] Il suffit de parcourir l'article de H. WEBER dans l'*Encyclopedia Universalis* pour avoir une idée de l'ampleur du personnage : il séjourne plusieurs années en Italie du Nord (Venise, Padoue) pour y étudier les lettres et probablement la médecine. Entré dans l'ordre des Prêcheurs, il étudie puis enseigne à partir de 1228 la théologie à Cologne, puis en Saxe, à Strasbourg, à Paris vers 1240 ou 1242. Maître de l'Université de Paris dès 1245, il a pour disciple Thomas d'Aquin. Fonde en 1248 l'Ecole supérieure de théologie de Cologne... A découvert les ouvrages grecs et arabes nouvellement traduits et défend vainement ces philosophies contre les théolo-

giens de l'Université de Paris. Sciences naturelles : condense les apports des Anciens, enquête pour le premier traité de sexologie du Moyen Age. Interroge fauconniers et baleiniers pour son *Des Animaux*, dix-neuf livres de données antiques et sept de données nouvelles, première description de la faune de l'Europe du Nord, d'où, chez Celtis, la description des urus. Le traité *Des Végétaux*, recense plus de quatre cent espèces. Pour rédiger son *Des Minéraux*, Albert descend dans les mines de Saxe, ce qui est repris chez Celtis. En cosmologie, il synthétise et clarifie les commentaires grecs et arabes d'Aristote (*Du ciel et du monde, Météorologiques*). Philosophie : paraphrases des textes aristotéliciens, étudiés à travers les Arabes. Théologie...

[40] et/ou traduite.

[41] et/ou exaltée.

malisant Socrate (médaillon de droite), et à Rome, l'ouest, Virgile et Cicéron, poètes premiers et maîtres de l'éloquence (médaillon du bas), jusqu'à l'Allemagne (médaillon de droite), le nord, à sa fin contemporaine, lieu de la synthèse d'Albert, véritable *Sapientia*, comme celle de Platon, en face d'elle, son véritable vis-à-vis, *Philosophia*, dans une coïncidence des opposés. Le regard, se conformant à l'ordre macro-chronologique (l'histoire du monde) donné par le poème (l'écrit), suit ces époques dans la représentation iconographique selon la micro-progression des aiguilles d'un cercle clos.

Le bandeau du bas répond par quatre vers à celui du haut.

> *Quicquid habet Cœlum quid Terra quid Ær & æquor*
> *Quicquid in humanis rebus & esse potest*
> *Et deus in toto quicquid facit igneus orbe*
> *Philosophia meo pectore cuncta gero.*

> Tout ce que le Ciel contient, et la Terre, et l'Air, et l'eau,
> Tout ce qui peut, de réalités humaines, exister
> Et tout ce qu'un dieu igné crée par l'univers entier,
> Tout cela, moi, *Philosophia,* je le porte en mon sein.

Somme de l'histoire et de la pensée humaine à travers les temps, *Philosophia* se veut aussi somme universelle, résumé du cosmos désigné par les quatre éléments, somme de la création humaine et divine. Au centre de l'image, elle est la totalisation du temps et du cosmos, qui gravitent autour d'elle.

Le cercle fermé et orienté que suit le regard dans la succession des médaillons est matérialisé sur la gravure par l'enchaînement de quatre arcs de feuillages différents entre lesquels s'intercalent les vignettes. Dans les angles, délimités par ces rinceaux, se placent les représentations des vents des quatre points cardinaux. Dans le coin haut droit, un visage enfantin, de profil, aux cheveux longs et fous, souffle des fleurs. Au-dessus, dans le bandeau, à la place correspondante, horizontalement, est indiqué son nom, *Zephir,* le vent d'Est, allégorie métonymique de l'Occident où naît la lumière du soleil ; dans le coin gauche, le vent d'Ouest, *Eurus,* de trois-quarts, avec le même type de chevelure, a les sourcils rabaissés et les yeux renfoncés, des rides marquées au départ du nez ; il semble cracher des nuées noires. De la disposition spatiale cartographique des points cardinaux ne subsistent que les face à face est-ouest, coins haut droite et gauche, et nord-sud, coins bas, gauche et droite, le premier seul étant calqué sur l'orientation de la rose des vents : dans le coin bas de droite, la tête du vent, aux cheveux courts, est surmontée de hachures. L'inscription, à la verticale, mais lisible horizontalement, le désigne comme *Auster,* le vent du sud. Son pendant, *Boreas,* le vent du nord, est chauve sur tout le dessus du crâne et porte barbe longue, il souffle des glaçons qui se prennent à l'arc de feuillage face à lui, probablement du chêne. Par voie de conséquence, les hachures au-dessus d'Auster ne représentent-elles pas le tremblement de la chaleur qu'il exhale, ou l'eau ? Contrairement à la disposition des médaillons traçant le cercle temporel du savoir humain (l'heure du temps intellectuel humain), celle des vents dans les triangles angulaires ne dessine donc pas littéralement l'orbe terrestre. Elle se lit comme deux antithèses, dans l'espace du haut et dans celui du bas.

Au couple antithétique est-ouest, de droite à gauche, répond antithétiquement le couple antithétique nord-sud, de gauche à droite.

Outre leur signification spatiale, les visages des vents ont une signification temporelle. Ils figurent, conventionnellement aussi, l'année, par le cycle des saisons, Zéphir et ses fleurs le printemps, Auster et ses chaleurs l'été, Eurus et ses nuées poussées vers la guirlande de pampres l'automne, Borée et ses glaces l'hiver. De ce point de vue, on peut lire : couple antithétique des saisons intermédiaires en haut, couple antithétique des saisons pôles en bas. Mais si l'on se conforme mentalement à l'ordre des saisons, la lecture ne se fait plus horizontalement mais verticalement, du coin droit haut au coin droit bas, puis, symétriquement, du coin gauche haut au coin gauche bas. A ce moment, au couple antithétique de la belle saison, du début de l'année, à droite, s'oppose le couple antithétique, à gauche, de la mauvaise saison, de la fin de l'année.

A la rose des vents, figuration graphique de l'orbe terrestre et de l'année de la terre et de l'homme, aux quatre vents, allégories métonymiques des quatre points cardinaux et synecdoque des saisons, correspondent les quatre éléments complémentaires constitutifs du cosmos. A Zéphir, la légèreté de l'Air (*Ær*), à Auster, l'Eau (*Aqua*), à Eurus, le Feu (*Ignis*), et à Borée, la Terre (*Terra*), sa pesanteur. La lecture antithétique des couples passe alors d'un angle à l'autre, en diagonale : de l'angle supérieur droit à l'angle inférieur gauche, Air et Terre aux qualités opposées, du coin haut gauche au coin bas droit, Feu et Eau qui se combattent dans la matière.

En sorte que le regard et la pensée ont quadrillé l'espace gravé, autour, circulairement et en carré, vertical ou horizontal, et à travers, en triangle, losange des rinceaux de feuilles, *Philosophia*. A la représentation du microcosme de la terre, espace et temps annuel, se superpose donc celle du grand cosmos.

Le troisième terme inscrit dans chaque angle des bandeaux conduit à un troisième monde, celui de l'homme, du corps humain dans sa relation avec le caractère. Aux quatre points cardinaux, aux quatre saisons de la terre, aux quatre éléments du cosmos correspondent les quatre humeurs constitutives des quatre tempéraments humains, selon la théorie héritée *mutatis mutandis* de la physiologie grecque du IVe siècle.

A Zéphir et Air, le sang : *Sanguineus*, à Auster et Eau, le tempérament flegmatique : *Flegmaticus*, à Borée et Terre : *Melancolicus*, la bile noire ou la mélancolie, à Eurus et Feu : *Colericus*, la bile jaune. Les visages des vents invitent en outre à une lecture métaphorique des saisons comme saisons de la vie de l'homme. Ainsi Zéphir, souffle fleuri du printemps (air léger), est enfant ; Auster, Eau et chaleur de l'été, est adolescent ; Eurus, Feu et souffle de l'automne, est maturité, de l'homme comme des fruits ; Borée, vent glacé de l'hiver, est la vieillesse. La gravure laisse supposer que Celtis aura fait correspondre, dans ses quatre livres, à chaque âge de la vie de son personnage une accentuation de son tempérament en fonction des quatre humeurs : à l'enfance, la pléthore, la sensualité, l'activité, l'amabilité du sanguin, Air en mouvement ; à l'adolescence la pâleur, la mollesse, l'obésité, décelables sur

le visage d'Auster, l'apathie, Eau dormante du flegmatique ou lymphatique ;
à la maturité, l'opiniâtreté, la musculature, le teint bistre du colérique ou bi-
lieux, la vigueur rageuse du Feu ; à la vieillesse l'émotivité, la dépression, la
débilité physique de l'atrabilaire ou mélancolique, l'immobilité de Terre,
métonymie de la mort. Le colérique s'oppose au flegmatique, le sanguin au
mélancolique. Dans les *Amours*, ces tempéraments se révèlent au contact de
quatre femmes dénommées Hasilina, Elsula, Ursula et Barbara. La vie du
héros, avec ses quatre époques, est un périple enchaîné logiquement, selon
la représentation cartographique de la terre, dans le sens est-sud-ouest-nord.
Le microcosme qu'il parcourt ainsi, abrégé de l'*orbis terrarum*, est l'Empire
Romain d'Allemagne, de Cracovie à l'est à Regensburg au sud puis Mayence à l'ouest et Lübeck au nord.

Le hiératisme de ce frontispice frappe immédiatement par rapport à la
variété stylistique, la variété de tons de la Préface, à la mobilité et au foisonnement de ses renvois à d'autres textes. Pour reprendre une formule
d'Alain Michel, il conserve une *rigidita romane* pour faire le portrait de la
perfection. Il abstrait des lignes philosophiques humanistes sans illustrer le
mouvement narratif du poème, sa dimension épique : le voyage aux quatre
coins de l'Allemagne, ni sa dimension élégiaque : l'amour et ses péripéties et
l'adresse au Prince, ce qu'il a de plus transitoire et de plus circonstanciel. Les
vignettes représentent les phares de la sagesse trient parmi les noms de la
Préface et emblématisent : Ptolémée [42], dont Celtis édita une *Géographie* en
1497, incarne le savoir cosmologique ; on se gardera toutefois d'oublier qu'il
vécut au temps de cet Hadrien que Celtis propose comme modèle à Maximilien ; Platon efface Aristote, mais il est présent dans la Préface derrière
Apulée, voire, pour Celtis, derrière Ovide ; pour la latinité, en fonction
d'une interprétation univoque de son rôle, transmission et rhétorique, deux
auteurs classiques (Virgile, Cicéron), sont mis en avant, alors que la Préface
est portée, explicitement et implicitement, par l'œuvre complexe d'Ovide,
des *Fastes* aux *Tristes* en passant par les *Métamorphoses* ; pour l'Allemagne, le
modèle du poète, Hrosvita, laisse place au philosophe Albert (d'ailleurs pa-
tronyme du graveur).

Ainsi le frontispice ne constitue pas un doublet, mais un complément in-
terprétatif qui offre une grille systématique. Il place au premier plan l'élément
apologétique : la Sagesse, mais non la sagesse humaine de Celtis, qui conçoit
la nécessité du temps dans la révolution des mœurs, une sagesse *sub specie æter-
nitatis*, même si elle inclut des étapes de l'humanité. Sa rigueur, en dépit de sa
conformité à l'interprétation philosophique de Celtis, est dénuée de la gaieté,
du caractère polymorphe, de la modestie et du réalisme du poème.

Le choix, dans la Préface, de la forme de la *recusatio*, la filiation élégiaque
et ovidienne, signifient qu'il ne s'agit pas de louer une conquête territoriale
pour elle-même, mais ce qu'elle procure, dans la paix, par l'échange et la
jouissance des biens et des arts. Dans l'ordre du savoir et de l'écriture, elle

___

[42] 87-150.

revendique à la fois légèreté, raffinement, érudition, mais aussi le sentiment d'une « grossièreté », conscience d'être en deçà des Anciens. La présence de l'Ego-médium humanise l'éloge des lieux et des choses. C'est bien une ambivalence de son œuvre que Celtis suggère ; est-ce « notre » Germanie ou « la tienne », celle de l'entière Humanité accomplie dans cet espace particulier qui s'incarnerait en « Celtis », ou celle du Prince conquérant ?

Planche : Albrecht Dürer, « La Philosophie » (1502)

MODELES PLAUTINIENS DANS LA LYRIQUE AMOUREUSE LATINE DE LA RENAISSANCE : DE MARULLE A KASPAR VON BARTH

par PIERRE LAURENS

C'est un lieu commun de la philologie classique que la mise en relation des thèmes et du *sermo amatorius* de la comédie — j'entends la comédie grecque moyenne et nouvelle et la comédie latine son héritière — avec ceux de la poésie personnelle d'inspiration amoureuse de Catulle à Ovide : au point que la référence à la comédie est un des arguments obligés de la problématique des origines de l'élégie latine.

Je ne sache pas pourtant que les spécialistes de la Renaissance latine aient tenté de déceler dans la production lyrique de cette époque des traces d'une influence de la comédie. C'est à combler partiellement cette lacune que s'appliquera modestement cet exposé dont l'ambition est incitative, plutôt qu'exhaustive, et où, à la manière d'un minéralogiste, je m'efforcerai de mettre au jour une mince, mais authentique veine d'imitation plautinienne, que l'on peut suivre sur plus d'un siècle, de Michele Marullo à Kaspar von Barth, et qui s'approfondit et s'enrichit à mesure de plusieurs nuances, puisque l'on va du simple emprunt thématique à l'assimilation en profondeur d'une pratique stylistique. Par suite, j'ai espoir que cette étude vienne soutenir les efforts faits au cours des dernières années pour enrichir l'histoire de la fortune de Plaute à la Renaissance.

Dans son grand article des *Poeti e scrittori del pieno e del tardo Rinascimento* [1], qui dans l'immédiat après-guerre relançait vigoureusement les études marulliennes, Benedetto Croce cite du poète l'*épigramme* I, 16, esquisse d'un palmarès des genres poétiques de la latinité classique :

---

[1] B. CROCE, *Poeti e scrittori del pieno e del tardo Rinascimento,* Bari 1945, II, 269-380. Voir *Ibid.,* II, 125 suiv. : « Una polemica in offesa e difesa di Terenzio ».

Amor Tibullo, Mars tibi, Maro, debet,
Terentio soccus leuis [2]...

L'hommage non équivoque rendu à Térence et le silence sur Plaute impliquent-ils la condamnation de ce dernier? c'était l'opinion de Croce, qui se bornait en cela à suivre l'interprétation des hommes de la Renaissance : puisque d'un côté Pietro Crinito [3] ou Giambattista Giraldi [4], dans le débat qui oppose Plaute à Térence, arguent de l'autorité de Marulle, et précisément de cette épigramme, pour enrôler le poète *in difesa di Terenzio*; et qu'inversement, et pour la même raison, Francesco Florido, ardent défenseur de Plaute, dans son *In M. Plauti calumniatores Apologia* [5], s'en prend violemment au jugement de Marulle, qualifié d'*arrogantissimus, impudentissimus, uentosus quo nemo uentosior*, et encore de *græculus* qui, avec une *scurrilis et fatua temeritas*, ose s'avancer *in alienam prouinciam* et prononcer des décrets *de Romanis poetis*.

On ne peut s'empêcher de penser que des deux côtés l'argument de départ est bien mince. Pourtant il risque d'avoir offusqué durablement le jugement de la critique, restée toujours curieusement aveugle devant les traces nombreuses et profondes d'une influence de Plaute sur son prétendu détracteur.

On a souvent opposé, en dernier lieu Walter Ludwig [6], deux des styles les plus originaux de la Renaissance : Giovanni Gioviano Pontano et Marulle. D'un côté, quant à l'esprit, l'orgie sensuelle des *uersus molliculi*, de l'autre les *carmina casta* [7], dont la note dominante est une tendresse pudique. Pour la forme, deux interprétations diamétralement opposées du vers hendécasyllabe : chez Pontano, vers dansant, au service d'un lyrisme de mouvement; chez Marulle, instrument de délicats équilibres numériques. J'entends montrer que l'examen des sources confirme largement une telle opposition : dans le *Parthenopeus* ou *Baiæ*, la Muse catullienne règne sans partage, parfois aiguisée par le souvenir de Martial; elle n'est pas absente chez Marulle, mais n'intervient qu'au sein d'un très subtil dosage où la présence de Plaute est sans doute le fait dominant.

---

[2] Sur l'interprétation de cette épigramme on opposera les vues de Ch. HARRAUER, « Welche waren die besten lateinischen Dichter (Marullus, *Epigr.* I, 16)? », *Wiener humanistische Blätter*, 34 (1992), 73-78 et celles de D. COPPINI, « Da *dummodo non castum* a *nimium castus liber* : osservazioni sull'epigramma latino nel Quattrocento », ici-même, 185-208.

[3] P. CRINITO, *De honesta disciplina*, Bâle 1532.

[4] G.B. GIRALDI, *De' romanzi, delle comedie e delle tragedie*, 1554, proclamant l'excellence de Térence, contre le jugement de Volcatius qui lui préférait Plaute : « Il medesimo disse nei suoi epigrammi Marullo a' tempi dei nostri padroi uomo greco e giudicioso al pari di chiunque mai scrisse nelle lingue latina », cité par CROCE, *Poeti e scrittori*, op. cit., 305.

[5] Fr. Floridi in *M. Actii Plauti aliorumque Latinæ linguæ calumniatores Apologia*, Bâle 1540.

[6] « The catullan style in neo-latin poetry », *Latin poetry and the classical tradition. Essays in medieval and Renaissance literature*, edd. P. Godman, O. Murray, Oxford 1990, 183-197.

[7] Voir sur cette dominante de la poésie marullienne, COPPINI, « Da dummodo », art. cit.

Soit le délicieux « Bonjour » (*Epigr.* I, 2) :

> *Salue, nequitiæ meæ, Neæra,*
> *Mi passercule, mi albe turturille,*
> *Meum mel, mea suauitas, meum cor,*
> *Meum suauiolum, mei lepores :*
> *Tene uiuere ego queam relicta ?*
> *Tene ego sine regna, te sine aurum*
> *Aut messes Arabum uelim beatas ?*
> *O peream potius ipse, regna et aurum !*

La signature catullienne est indéniable, à travers le calque du premier vers du *Passer*. Mais le bonjour est le mot qui normalement ouvre le dialogue ou la lettre amoureuse dans la comédie (par exemple *Men.* v. 182 : *Anime mei, Menæchme, salue*). Quant aux appellations de tendresse qui accompagnent la salutation, on sait qu'elles reviennent, les mêmes, en kyrielles aussi, dans la *Casina* (v. 134 : *Meus pullus passer, mea columba*), l'*Asinaria* (v. 693 : *Columbulam, hirundinem, passerculum pusillum*) les *Bacchides* (v. 22 : *Cor meum, meum mel, suauitudo*), le *Pœnulus* (v. 365 suiv. : *Mea uoluptas, mea delicia, mea amœnitas, / Meus ocellus, meum labellum, mea salus, / Meum sauium, meum mel, meum cor* — et pour rire : *Mea colustra, meus molliculus caseus*).

Il n'est pas jusqu'à la protestation passionnée et à la *ualedictio* adressée à l'or et aux royaumes qui ne soient d'ascendance plautinienne, *Curc.* v. 177 :

> *Sibi sua habeant regna reges, sibi diuitias diuites.*

On sait la fortune du petit poème de Marulle à la Renaissance : il inspire à Ronsard, dans la *Nouvelle continuation des Amours*, une première chanson, encore très proche du modèle (v. 1 « Bonjour mon cœur, bonjour, ma douce vie », v. 7-8 « Mon doux plaisir, ma douce tourterelle, / Mon passereau, ma gente tourterelle »), puis une deuxième, où la louange s'organise par couples de termes, tantôt redondants, tantôt antithétiques :

> v. 7 *Toute ma Grâce et ma Charite*
> v. 12 *Toute mon mal, toute mon bien*
> v. 15 *Toute ma joie et ma langueur*
> v. 9 (var. 60-67) *Toute mon tout, toute mon rien*
> v. 13 (var. 78-87) *Toute fiel, toute ma sucrée*

Puis, Marulle, à travers Ronsard, *i.e.* Plaute à travers Marulle à travers Ronsard, est à la source d'une des plus exquises réussites de la *Pancharis* de Jean Bonnefons, poète lié au cercle de la Pléiade :

> *Salue meum mel atque amaritudo,*
> *Otiumque meum negotiumque,*
> *Meus Phosphorus Hesperusque, salue !*
> *Salue luxque mea et meæ tenebræ,*
> *Salue, errorque meus meusque portus.*
> *Salue, spesque mea et mei pauores.*
> *Salue, nilque meum meumque totum.*
> *Sed quid pluribus ? O ter ampliusque,*
> *Tota Pancharis Acharisque, salue !*

De façon systématique cette fois, la trame syntaxique la plus simple, héritée de Plaute, sert à mettre en valeur la préciosité savante des antithèses, traduction stylistique des sentiments contradictoires qui déchirent l'amant : un enrichissement psychologique résulte de ce raffinement ; mais je relève que le principe formel de ce raffinement lui-même est déjà comme inscrit dans la scène du *Pœnulus* déjà citée, car le jeu entre l'esclave et le maître se prolonge et, à la suite d'une objection, s'inverse plaisamment (v. 392-394) :

Obsecro te, uoluptas huius atque odium meum,
Huius amica, mea inimica et maleuola,
Oculus huius, lippitudo mea, mel huius, fel meum, etc.

Revenons à Marulle pour établir plus fermement la récurrence du modèle plautinien. L'*épigramme* I, 28 est construite, selon un schéma très caractéristique du poète, en diptyque :

Rogas quæ mea uita sit, Neæra ?
Qualem scilicet ipsa das amanti est :
Infelix, misera, inquies, molesta,
Aut si triste magis potest quid esse.
Hæc est, quam mihi das, Neæra, uita.
Qui — dicis — comites ? Dolor, Querelæ,
Lamentatio, Lacrimæ perennes,
Langor, Anxietas, Amaritudo,
Aut si triste magis potest quid esse.
Hos tu das comites, Neæra, uitæ.

Structure subtile en miroir, où par deux fois s'enchaînent une question, une réponse énumérative, un renchérissement hyperbolique, un résumé-reprise. La première énumération est faite d'adjectifs alternativement allitérants, la deuxième d'abstractions personnifiées, liées aussi par l'allitération. Nul doute que le poème ne doive partie de son charme mélancolique à ce cortège d'allégories légères, qui feraient penser à l'art d'un Charles d'Orléans... si l'idée et la forme de ce poème, comme du précédent, n'étaient empruntées à Plaute : c'est le jeune homme du *Mercator* qui s'écrie (v. 869 suiv.) :

– Cherchez un autre compagnon. Car j'ai là des compagnons qui me tiennent et ne me lâchent plus.
– Quels sont-ils ?
– Le Souci, le Malheur, le Chagrin, les Pleurs, les Gémissements.

Ajoutons que cette psychologie par figures n'est pas isolée chez le poète comique. Déjà dans la même pièce on peut lire (v. 19 suiv.) : « C'est la faute d'Amour : tant de défauts l'accompagnent : Présomption, Chagrin, Elégance raffinée... » (v. 24 suiv.) : « L'amour traîne après lui tout un cortège dont je n'ai pas parlé : l'Insomnie, le Tourment, l'Egarement, la Terreur et la Fuite, l'Ineptie avec la Sottise, sans compter avec l'Aveuglement, l'Irréflexion »[8]. Il y a mieux : puisque dans le passage qui précède notre premiè-

---

[8]   Voir OVIDE, *Amores*, I, 2, 35 : *Blanditiæ* cortège de *Cupido triumphans*. *comites tibi erunt Errorque Furorque,* dans le

re citation les abstractions s'organisent (préfigurant le schéma de Marulle) en deux volets symétriques (v. 844 suiv.) :

> J'ai trouvé chez nous ce que je me tuais à chercher ailleurs : j'y ai rencontré de bons compagnons : la Vie, l'Amitié, la Patrie, la Joie, les Jeux, les Ris...
>
> Par cette trouvaille, j'ai exterminé dix épouvantables fléaux : Colère, Inimitié, Chagrin, Exil, Détresse, Abandon, Folie...

Allons plus loin et montrons que Marulle doit encore à Plaute partie de sa casuistique amoureuse, et par exemple l'expression des paradoxes par lesquels le jeune homme exprime son tourment. *Ep.* I, 17 :

> *Iactor, dispereo, trahor huc miser atque huc,*
> *Ipse ego iam quis sim nescio, aut ubi sim...*

Sainati, qui cite ce poème comme les précédents — mais tout son chapitre sur Marulle est de ce point de vue à récrire —, échoue une fois de plus à déceler la source plautinienne : il se borne à alléguer le fameux *odi et amo* et le *excrucior* de Catulle alors que le modèle est offert par ce passage de *Mostellaria* v. 212 suiv. :

> *Feror, differor, distrahor, diripior,*
> *Ita nubilam mentem animi habeo,*
> *Ubi sum, ibi non sum,*
> *Ubi non sum, ibi est animus,*

qui combine déjà les deux motifs de l'aliénation et de l'écartèlement.

Comme ailleurs il échoue à suivre le développement d'une autre figure hardie du poète comique : il s'agit de cette déclaration de l'adolescent dans le *Mercator* :

> Quel incendie l'amour a déchaîné dans ma poitrine ! si je n'avais pour le protéger les larmes de mes yeux, ma tête, je crois, ne serait qu'un brasier !

Comme à son habitude, Marulle part de la proposition de Plaute — les larmes adoucissent le feu amoureux —, mais il l'enrichit de sa réciproque — le feu, à son tour, asséchant les larmes, sauve l'amant de la dissolution : symétrie qui structure l'épigramme et, peut-on dire, la constitue (*Ep.* I, 13) :

> *Sic me, blanda, tui, Neæra, ocelli,*
> *Sic candentia colla, sic patens frons,*
> *Sic pares minio genæ perurunt,*
> *Ex quo uisa mihi et simul cupita es,*
> *Vt, ni me lacrimæ rigent perennes,*
> *Totus in tenues eam fauillas.*
> *Sic rursum lacrimæ rigant perennes,*
> *Ex quo uisa mihi et simul cupita es,*
> *Vt, ni, blanda, tui, Neæra, ocelli,*
> *Ni candentia colla, ni patens frons,*
> *Ni pares minio genæ perurarant,*
> *Totus in riguos eam liquores.*
> *O uitam miseram et cito caducam !*

Par là même, la pensée a gagné en sérieux : ce qui n'était chez Plaute qu'une métaphore audacieuse devient réflexion sur la condition de l'amant, lieu d'affrontement mais aussi d'équilibre fragile des contraires. Même s'il procède en partie du jeu verbal, même si l'artifice rhétorique est sensible, le paradoxe a valeur psychologique : c'est Plaute interprété à la lumière de Pétrarque :

> *Amor... vuol che due contrari mi distempre...*

Encore une fois, c'est à travers l'interprétation marullienne que le paradoxe de Plaute a séduit les esprits de la Renaissance : un poète comme Sannazar (*Ep.* II, 27) :

> *Miraris, liquidum cur non dissoluer in amnem,*
> *Cum nunquam siccas cogor habere genas ?*
> *Miror ego, in tenues potius non isse fauillas,*
> *Assiduæ carpant quum mea corda faces.*
> *Scilicet, ut misero possim superesse dolori,*
> *Sic lacrimis flammas temperat acer Amor,*

mais aussi bien Pietro Bembo dans les *Asolani,* que je donne dans la traduction de Jean Martin (Paris 1545, I, 1, 29) :

> Je vous assure, Mesdemoiselles, que mon propre dire m'étonne et semble estrange à merveilles, ce néanmoins il est vrai, et vouldrais bien qu'il ne le fust pas, car je serais maintenant hors d'une infinité de peines, au meilleu desquelles me treuve ensevely, pource qu'Amour a jeté mon cœur en une ardeur si cuisante qu'il fallait que je mourusse, ains interposa la cruauté de la dame pour laquelle je bruslais, et fit en sorte que je tombay en un lac de pleurs, où mon cœur se baignant recevait médecine à esteindre la flamme. Et eust ce pleur par soy tellement affaibly les ligatures de ma vie, que le cœur eust pu estre suffoqué, si que fusse mort, mais il reprint vigueur par l'aspreté du feu qu'il sentait, en sorte que le pleur se dessécha, qui fust l'occasion de prolonger ma vie... :

> > *L'eau qui distille et sort de mes deux yeux*
> > *Garde l'ardeur qu'elle ne me defface,*
> > *Et le feu fait que ce pleur ennuyeux*
> > *Mon cœur ne noie, ains le sèche et efface.*
> > *Ce que l'un des maux fait,*
> > *L'autre soudain reffait...*

On conclura à la présence significative de Plaute dans les épigrammes de Marulle, qui doit au poète latin à la fois des motifs d'inspiration et, cela mérite d'être souligné, un ton, *blandus, lepidus,* propre, on va le voir, selon Pontano, au *sermo amatorius* des adolescents de Plaute, et qui n'est pas étranger à cette douceur que Ronsard, contre l'avis de Jules-César Scaliger[9], regarde comme constitutive de l'écriture de notre poète.

---

[9] *Poetices libri VII,* Lyon 1561, Faks. Neu-   1987, 297 : *Marullus, totus durus.*
dr., ed. A. Buck, Stuttgart-Bad Cannstatt

Cette présence massive de Plaute dans un recueil de vers amoureux à la fin du XVᵉ siècle, une fois décelée, doit-elle surprendre ? On sait le renouveau d'intérêt qui a suivi la découverte par Nicolas de Cues du codex Ursinianus, apporté à Rome en 1429, et révélant les douze dernières pièces du comœdiographe. Plusieurs travaux remarquables, de Cesare Questa [10], de Rita Cappelletto [11], renouvelant l'étude fondatrice de F. Ritschl [12] ont montré comment le travail accompli par une première génération d'humanistes (Poggio, Niccolò Niccolì) aboutit au cours de la deuxième moitié du siècle à l'édition *princeps* (Merula, Venise 1472), base des éditions de 1490, 1495, 1497.

Marulle, dont les deux premiers livres d'épigrammes paraissent à Rome en 1489, a certainement eu entre les mains l'édition de Merula. De plus, il est à Naples l'ami de Pontano, qui depuis 1458 possède son propre manuscrit, analysé par Rita Cappelletto déjà citée : c'est l'actuel Barberinus lat. 146, copieusement annoté par l'humaniste, notamment en marge des passages érotiques (f° 84v° : *erotikôs* = *Cas.* v. 216 suiv. ; f° 219r° : *De uenere* = *Pseud.* v. 1257 suiv. ; f° 272v° : *Amoris artes* = *Trin.* v. 296 suiv. ; f° 277r° : *Amor qualis sit* = *Trin.* v. 666 suiv.). A peine un peu plus tard, Mario Equicola, dont la Bibliothèque de Naples possède un incunable de Plaute, lui aussi copieusement annoté [13], accordera au poète comique une profonde connaissance du cœur et de ses mystères : il cite dans le *De amore* le passage de la *Mostellaria* utilisé par Marulle :

> L'amant se plaint en Plaute qu'il n'est pas là où il est et là où il n'est pas il est : l'homme vraiment amoureux vit hors la loi de nature, ores en grande et extrême liesse, ores en grande tristesse, *comme nous pouvons apprendre des poètes comiques, lesquels, comme en un miroir représentent notre vie* [14].

On a reconnu, élargie à Plaute, l'image utilisée à propos de Térence par Cicéron et par Donat.

Il n'est pas sans intérêt de relever que Pontano, à une époque où il a déjà composé le *Pruritus* et où il vient de publier le *Liber Parthenopeus* — les *Hendécasyllabes* seront composés entre 1489 et 1501 —, annote avec soin les passages amoureux de la comédie.

Pourtant l'intérêt de Pontano, comme celui d'un Politien, est ailleurs : s'adressant moins aux thèmes de la comédie et à la peinture des amours (Horace, *Ep.* II, 1, 170 suiv. : *Aspice Plautus, quo pacto partes tutetur amantis ephebi...*) qu'à la qualité unique de la langue du poète, à cette *elegantia* admi-

---

[10] C. QUESTA, *Per la storia del testo di Plauto nell'Umanesimo*, I : *La recensio di Poggio Bracciolini*, Roma 1968.

[11] R. CAPPELLETTO, « Congetture di Niccolò Niccolì al testo delle dodici comedie di Plauto », *Rivista di Filologia I.C.*, CL (1977), 43-56 ; ID., « Un *Plauto* autografo del Pontano (e l'*Itala recensio*) », *M.D.*, 1985, 209-236 ; ID., « La *lectura Plauti* del Pontano », *Ludus*

Philologiæ, II, Urbino 1988.

[12] F. RITSCHL, *Ueber die Kritik des Plautus* : *Opuscula philologica*, II, Leipzig 1868.

[13] Voir V. FERA, « Tra Poliziano e Beroaldo : l'ultimo scritto filologico di Giorgio Merula », *Studi umanistici* II (1991), 11 note 1.

[14] *Les six livres de Mario Equicola, de la Nature d'amour, tant humain que divin*, mis en français par G. Chappuys, Paris 1584, 214-215.

rée par une longue tradition qui remonte à Ælius Stilo. Cette attention à la langue est exaspérée au seuil de l'époque moderne par la corruption des manuscrits, les innombrables et souvent insolubles problèmes d'établissement du texte, la place concédée aux corrections, conjectures, restitutions opérées avec l'appui de toute la tradition grammaticale : Varron, Festus, Nonius, Priscien, Vélius Longus.

Politien et Pontano incarnent à des titres divers cette approche philologique ou linguistique. Liée à sa réhabilitation de Perse, de Stace et des archaïsants, le goût de Politien pour Plaute vient nourrir, on le sait, une esthétique de la *docta uarietas*. Non seulement maint article des *Miscellanea* est consacré au poète comique, mais la fameuse préface de la première centurie elle-même est de saveur plautinienne autant que gellienne, émaillée de ces mots rares (*fastidii expultrix, lectionis irritatrix*) qui ont valu à son auteur, comme à Ermolao Barbaro, le qualificatif de *ferruminator*.

Surtout on a noté avant nous [15], dans la ravissante Ode *In puellam* le nombre inusité de mots plautiniens, rares dans la langue amoureuse : *lusitans, perplexabilem, primulum, suauitudine, amœnitatibus, lubentia, mel meum, corculum,...* « che fanno pensare al travolgente impeto, ma qui filtrato da una sottile coscienza filologica, di certi passi plautini ».

Parmi eux, le participe *sororiantes* (*jumellement bourgeonnant*), serti comme un bijou, pierre précieuse arrachée à la gangue de l'inventaire lexicographique, objet précisément d'un article de la deuxième *Centurie* [16]. Dans cet article, Politien part d'un passage de Pline XXXI, qualifiant de *sororiantes* les jeunes seins qui commencent à gonfler : *Mammas Plinius uocat sororiantes eas quæ iam tumescunt*. Du moins c'est sa lecture, alors que dans les manuscrits en circulation et ceux corrigés par les érudits on lit le banal *rigentes* (*durs, durcis*). Au contraire, un codex très ancien, *uetustissimus*, de la bibliothèque de Saint-Marc donne : *sororientes,* et un autre, moins ancien, *sorientes* : soit la leçon exacte et la trace de la leçon exacte.

... A moins, poursuit-il, qu'on ne préfère *sororiantes*, car, dans l'épitomé de Festus vu à la Vaticane et copié de sa main [17] on lit :

> *Sororiare mammæ dicuntur puellarum cum primum tumescunt, ut fraterculare puerorum. Plautus : Tunc papillæ primulum fraterculabant, illud uolui dicere : sororiabant.*

Puis il ajoute :

> *Nos quoque olim in amatorio lusu qui Puella inscribitur eo uocabulo sic usus sum :*
>> *Nam quæ tibi papillulæ*
>> *Stant floridæ et protuberant*
>> *Sororiantes primulum*
>> *Ceu mala punica arduæ.*

[15] E. BIGI, *La cultura del Poliziano e altri studi umanistici*, Pisa 1967, 138 suiv.
[16] A. POLIZIANO, *Miscellaneorum centuria secunda*, edd. V. Branca, M. Pastore Stocchi, Firenze 1978, 38-39 (article 25).
[17] Voir P. DE NOHLAC, « Le *Festus* d'Ange Politien », *Revue de Philologie, de Littérature et d'Histoire anciennes*, n.s., IX (1886), 145 suiv.

Ainsi le lecteur de Plaute appréciera-t-il dans le poème de Politien, malheureusement unique en son genre, le chatoiement de l'érudite nouveauté,

> *erudita quadam nouaque uocum diuersarum uarietate uoluptatem (percipiet).*

Le *De sermone* de Pontano offre, du vocabulaire plautinien, deux autres approches, complémentaires de celle de Politien. D'abord, à travers la caractérisation des diverses nuances du *sermo* : des exemples de Plaute (*Pœn.* v. 417-20 et *Cist.* v. 1-7) servent à illustrer les idées du *sermo blandus* — qui, aux valeurs de *delectatio* et de *iucunditas* ajoute l'*utilitas*, puisqu'il s'agit de gagner les faveurs de l'objet aimé [18] — et celle du *lepidus,* qui séduit par sa délicatesse, *qui suauitate dicendi teneritudine quadam delectat* [19]. Toutefois la considération la plus intéressante concerne la *uerborum nouitas* qui est chez le poète comique une inépuisable source de plaisir : *Iucundissima sane effictio nominum.* C'est que la comédie est le champ par excellence où l'innovation est le fait normal, liée qu'elle est à l'inventivité de la langue parlée.

Des études de Leo Spitzer [20] et de Francesco Tateo [21] ont montré quel brillant parti Pontano écrivain a tiré pour son compte de ces réflexions théoriques, aboutissant dans certains de ses dialogues à la création d'un *sermo latinus* capable de concurrencer le vulgaire grâce à la vivacité de l'innovation lexicale. Le plus remarquable dans le cas de Pontano est que cette veine d'invention verbale qui donne sa saveur à maint dialogue — la description de la *belua* dans l'*Antonius* [22] — *Nouis cuius uocibus nouus furor exprimendus est*) est beaucoup moins sensible dans la poésie amoureuse, exception faite des diminutifs et des hypocoristiques. Pour voir l'invention verbale véritablement à l'œuvre dans la poésie amoureuse latine il faut attendre un autre siècle et une autre génération de poètes, celle des Melissus, Taubmann, Kaspar von Barth, le plus audacieux de tous, auquel j'en viens maintenant.

Entre la fin du XVᵉ siècle et la fin du XVIᵉ l'intérêt pour le théâtre de Plaute n'a pas faibli, mais il s'est déplacé, de l'Italie vers le Nord, France, Allemagne et Pays Bas.

Stimulée par l'édition de Lambin, rééditée par Lipse (1576), la critique plautinienne compose à la fin du siècle la meilleure part des grands volumes de commentaires ; celui de Lipse (*Antiquarum lectionum commentarius,*

---

[18] *De Sermone,* 16 : *Eorum uero qui blandi dicuntur, etsi eadem uidetur esse materia, finis tamen ubique non est idem ; nec sola delectatio ac iucunditas quæritur, uerum potius utilitas, quale illud est (= Pœn.* v. 417-420) : *alibi iræ delinitio,... alibi illectio ad turpem uoluptatem atque in appetitiones proprias. Non pectinem eburneum Plautus nec caseum molliculum non monedulam prætermisit inter blandienda. Atque illa quidem amantium sunt, non faceto-*rum hominum...

[19] *Ibid.,* 10.

[20] L. SPITZER, « Zu Pontans Latinität », *Römische Forschungen* 63 (1951), 60-71.

[21] F. TATEO, « Il languaggio comico nell'opera di Giovanni Pontano », *Interrogativi dell'Umanesimo,* II : *Etica, estetica, teatro, Onoranze a Niccolo Copernico,* Firenze 1976, 155-165.

[22] PONTANO, *Dialoge,* München 1957, 57.

Plauti præcipue, Anvers, Plantin 1575), de Jan Dousa père (*Centurionatus,
siue Plautinarum explicationum libri IV, in quibus, præter Plautum multa
ueterum scriptorum loca, poetarum in primis, uarie corrigantur, illustrantur,
explicantur, Anvers,* Plantin 1587), etc. Au début du XVIIᵉ siècle, c'est elle qui
nourrit l'œuvre éditoriale et philologique de Taubmann, de Joachim Philipp Wängler (Pareus), de Janus Grüter, de Daniel Heinsius. Même ceux
qui, dans le débat sans cesse renaissant, donnent la palme à Térence ont
néanmoins Plaute pour livre de chevet, comme Heinsius : *Plautus, quem
diligimus, quem amamus, quem sæpe magis Terentio in manibus habemus* [23].

Kaspar von Barth [24], comme ceux que je viens de nommer, est tout
d'abord un prodigieux érudit. Ses *Aduersariorum libri X* [25] fourmillent de
précieuses leçons, intéressant tous les secteurs de la latinité, chrétienne comme profane : parmi les profanes, Plaute est des mieux représentés, bien que,
pour des raisons morales, Barth soit justement l'un de ceux qui préfèrent
Térence.

Les *Aduersaria* de Barth, dans leur érudit foisonnement, sont une œuvre
fort sévère : la rupture n'en est que plus éclatante avec la liberté des compositions poétiques (*Amabilium, Amphitheatrum Gratiarum* [26]), de mètre et
d'inspiration anacréontique, placées sous le patronage d'une pléiade d'auteurs légers : Catulle, puis Pontano, Politien, J.-C. Scaliger (auteur d'*Ana-
creontea*), Jean Second, Dousa, Melissus, Baudius, Taubmann, Heinsius [27].

Plaute ne figure pas et n'a aucune raison de figurer dans cette constella-
tion poétique réduite aux lyriques. La marque plautinienne n'en est que
plus signifiante, affectant en profondeur tant le contenu et la structure du
poème que le travail sur la matière linguistique.

Un première remarque nous permettra d'établir un lien entre Barth et
les poètes du siècle précédent : il s'agit du mot *sororiantes*, qui revient plusieurs fois dans son œuvre poétique, tantôt seul (X, 13, p. 113 : *Papillulas
Neæræ / uidi sororiantes*), tantôt associé à l'adverbe *primulum* (*Geminillæ
papillæ... primulum sororiantes*), ce qui équivaut à une double référence, à
Plaute, *Friuolaria*, cité par Festus, et à Politien, admiré par Barth qui cite
dans ses *Aduersaria* le poème *Ad puellam* ; le mot apparaît notamment dans
un poème qui déjà associe au moins trois des traits les plus représentatifs de
l'écriture barthienne (*Amphit.* VIII, 21, 92) :

[23] D. HEINSIUS, *Dissertatio*-préface à son
édition de Térence, Amsterdam 1618, *pagina
ultima.* Cet aveu d'un des meilleurs partisans
de Térence devrait aider à nuancer les conclusions d'un bon livre récent évoquant toutefois un peu vite la «sfortuna» de Plaute en
Allemagne et aux Pays-Bas avant Lessing.

[24] Voir J. HOFFMEISTER, *Kaspar von Barth*,
1931.

[25] *Gasp. Barthii Aduersariorum libri LX,
quibus ex uniuersa antiquitatis serie omnis*
*generis... auctorum plus quinquagenta millibus
loci obscuri, dubii, maculati, illustrantur,
constituuntur, emendantur...*, Francofurti
1624, 1 tome en 2 vol. in-fol., LXIV-3082 p.

[26] *C. Barthii Amabilium libri IV, Anacreonte modimperante decantati,* Hanovriæ
1612 ; *Tarræi Hebii (C. Barthii) Amphitheatrum Gratiarum libris XV Anacreonte
modimperante constitutum,* Hanovriæ 1613.

[27] *Amphitheatrum, op. cit.*, I, 7, 5.

> *Papillulas Nearæ*
> *Rotundigemmicanteis,*
> *Albouifulguranteis,*
> *Heri inaudii uocanteis :*
> *Date mi uirum, ô parenteis,*
> *Viden' sororianteis,*
> *Manumque postulanteis,*
> *Maturipommicanteis,*
> *Se mutuo osculanteis,*
> *Suaue uitulanteis,*
> *Et dulce lactitanteis,*
> *Hinc inde saltitantes,*
> *Dormire deneganteis,*
> *Soles repullulanteis,*
> *Lepore et uberanteis*
> *Lasciuia papillas ?*

On remarque ici :

1. l'auto-engendrement du texte à partir de la réitération d'une même structure morphologique et phonique dont le modèle est offert par le participe *sororiantes*,

2. sur ce paradigme, la forte densité de mots rares, dont plusieurs sont d'origine plautinienne : *osculor* (*Merc.* v. 575, *As.* v. 892), *uitulor* (*Persa* v. 854, Festus), *lacto, -ito* (caresser, séduire, leurrer : *Cist.* v. 217),

3. la création et la mise en valeur de formations inédites : *rotundigemmicanteis*, *albouifulguranteis*, deux réussites presque intraduisibles, à moins de risquer, pour la première, ce néologisme : « qui s'arrondibourgeonnent » et pour la deuxième, qui unit l'idée de rondeur et de galbe (l'œuf) à celle de blancheur et d'éclat, ces autres approximations : « qui s'embouledeneigent » ou « qui s'amandedoucent » ou « qui pierre-de-lunent ». En tous cas, avec *maturipomicanteis*, une série de composés par lesquels le poète nouveau, passant outre aux avertissements de Quintilien sur les génies comparés des langues grecque et latine, renoue hardiment avec la virtuosité créatrice de l'ancienne langue comique.

On retrouvera souvent ce procédé d'expansion inventive à partir de formations peu usitées : par exemple, sur les adverbes et hapax plautiniens *radicitus*, mis en vedette par Festus — « *radicitus*, immo uero plautinotato uerbo *exradicitus* » [28] —, mais aussi *oculitus* —fragment de la *Cornicula* cité par Nonius qui l'insère déjà dans une série : « *oculitus ut animitus, medullitus :* Plautus » —, Barth récrit le poème des baisers de Catulle en l'enrichissant d'une série aberrante d'adverbes dérivés en -*tus* :

> *Centum millia suctitus,*
> *Mille millia linguitus*
> *Centum millia dentitus,*

---

[28] Voir R. MARACHE, *Mots nouveaux et* Paris 1952, 75 ; également 67 et 208. *mots archaïques chez Fronton et Aulu-Gelle,*

et puis *ocellitus, naritus, labritus, frontitus, mentitus, collitus, papillitus...*
avant de conclure, contre les grammairiens qui dénonceraient ces formes
barbares :

> *Fugit uos*
> *Quam sit grammaticus bonus Cupido!*

On notera que ces effets d'homéotéleutie, qui affectent tantôt un seul
mot comme ici, tantôt un syntagme, comme dans l'exemple suivant : *Coa-
gulum leporum, retinaculum iocorum* etc. (*Amabilium libri*, II, 23, p. 55), sur
un modèle plautinien encore, sont appelés naturellement par le procédé de
la liste ou inventaire, représenté dans le quatrième texte cité. Grâce à la liste, le procédé d'indexation du collectionneur érudit, dont témoigne dans les
Aduersaria la prodigieuse liste d'adjectifs en *-osus*, patiemment recueillis
chez les auteurs les plus divers de la latinité et mis en centon, pour prouver
contre les mauvais grammairiens l'inépuisable variété de la langue, rejoint
le procédé de dénombrement du philosophe dont un exemple assez prodigieux est offert à la même époque par le *De compositione imaginum* de Gior-
dano Bruno, entièrement bâti sur le schème énumératif, et dont il me suffira de citer dans le chapitre des *Imagines Veneris* le passage relatif aux jeux de
l'Amour (*Cum illa ludit Amor*) :

> *Lasciue sæuus, occulte fragrans, placide socialis, socialiter dulcis, falla-
> citer audax, ardenter arridens, secrete uigens, occulte iungens, potenter
> nectens, profunde uulnerans, arcte stringens, iubens timere omnia, cogens
> audere omnia... Ibi laqueorum tensio, pectorum constrictio, cordium
> fatigatio, ignium eiaculatio, ossium accensio, ultio medullarum... ibi
> quisque sauciatur, turbatur, uincitur, capitur, rapitur, torretur, uritur,
> attenuatur, excoquitur, incineratur, resoluitur* [29]*...*

L'analogie de structure entre ce texte et les compositions de Barth est si
frappante qu'il est impossible d'écarter l'hypothèse d'une influence sur le
poète de la philosophie encyclopédique contemporaine et des Arts de
mémoire. Mais on n'oubliera pas que l'inventaire est déjà une des caractéristiques du discours de Plaute, qui l'emprunte peut-être à la comédie
moyenne (ex. : Philemon, *fr.* 92 K), marquée elle-même par l'influence de la
philosophie hellénistique [30] : telles sont ces listes, récurrentes chez le comique, de noms abstraits caractérisant les émotions ou les jeux de l'amour :
catalogue des *uitia amoris* dans le *Mercator* v. 18 suiv. et dans *Eunuque* v. 59
suiv., des *artes amoris* dans le *Trinumnus* v. 235 suiv., des ébats amoureux,
mores et consuetudines Amoris dans la lettre du *Pseudolus* v. 64 suiv. :

> *Nunc nostri amores, mores, consuetudines,*
> *Compressiones artæ amantum corporum,*

[29] Jord. BRUNO Nol. *De imaginum, signo-
rum et idearum compositione*, Frankfurt,
Wechel 1591, II, 13, 6. On relira de semblables listes dans le *De Amore* de A. NIFO :
volonté, dans le philosophie de cette époque de procéder à un recensement exhaustif des
comportements humains ?

[30] K. PRESTON, «Studies in the Diction of
the *Sermo amatorius*», *R.C.* 1916, 3 suiv. et
PRESCOTT, *Class. Phil.*, IV, 11 suiv.

Teneris labellis molles morsiunculæ,
‹Nostrorum orgiorum... iunculæ›
Papillarum horridularum oppressiunculæ...

On remarquera d'abord à propos de ce texte que la comédie, bien plus librement que l'élégie ou le poème lyrique, beaucoup plus discrets, ne craint pas d'évoquer avec précision les étreintes et les attouchements physiques de l'amour —seul l'épithalame est en mesure de lui disputer la palme sur ce point. Or l'on voit que Barth lui-même n'est pas loin d'y réduire le principal de l'amour.

En second lieu, nous sommes avec ce passage du *Pseudolus* en présence d'un des lieux les plus discutés de la comédie. Le second vers a été commenté par Juste Lipse dans ses *Antiquarum lectionum*, 132 (*Plauti Pseudolus emendatur*) : à la leçon *corporum* du second vers, il préfère *comparum : optime Vaticani «amantum comparum» : compares sunt suzugoi ut in Catullo : columbo compar*. Aucun des éditeurs modernes ne mentionne cette leçon du Vaticanus, retenue par Lipse. En revanche, on adopte sans le citer, toujours au deuxième vers, sa deuxième suggestion : *artæ, non arte*.

Lipse ne pouvait pas connaître le quatrième vers, omis par les Palatini. C'est justement ce vers, transmis mutilé dans le Palimpseste ambrosien. qui a excité l'ingéniosité des modernes, suggérant d'abord la conjecture de Lorenz : «nostrorum orgiorum *palpitatiunculæ*», mot qui s'inscrit aisément dans la série homéotéleutique. Mais, comme l'observe Aurora Lopez dans un article d'*Emerita*[31], le schéma métrique (le sénaire iambique) exige alors la réduction de *nostrorum* en *nostrum*, ce qui amène à subordonner le sûr au conjoncturel ; de plus, les mots *palpitare, palpitatio* ne figurent pas dans le Lexique plautinien dressé par le même auteur et resté à ce jour inédit. En effet on y relève seulement six verbes exprimant une relation de type tactile : *attingere, attrectare, contrectare, expalpare, palpare, tangere* et parmi les substantifs d'action, seulement *tactio* et *palpatio*. Le savant espagnol en conclut qu'on est ramené à deux possibilités «solidement étayées» : *tactiunculæ*, écarté ici par la métrique, et *palpatiunculæ*, solution très proche de celle de Lorenz, qui lui paraît la seule logiquement possible.

Comme on s'en doute peut-être, je n'ai résumé l'argumentation d'Aurora Lopez que pour contester une apparence de rigueur et de logique qui, pour mieux aboutir à une solution unique, ne craint pas de restreindre abusivement la liberté du poète. De quel droit, s'agissant d'un des auteurs les plus inventifs, l'asservir aux limites d'un lexique considéré d'emblée comme exhaustif ? L'opposé et aussi la meilleure réfutation de cette méthode craintive nous serait offerts, s'il était besoin, par un poème du troisième livre de l'*Amphitheatrum Gratiarum* (III, 16, v. 15-77) :

O blanduli Lepores,
Ioci, Cupidi, Suctus,
Suauissimorum o omne

---

[31] A. PACINA PEREZ, A. LOPEZ, «Plauto, *Pseud.* 67b », *Emerita* 43 (1975), 245-248.

Genus suauiorum,
Cachinnuli petaces,
Arrisuli impetraces,
Et mille Ludiorum
Iuuenculorum choreæ,
Sine nomine absque lege,
Numero modoque turba
Placentiuncularum,
Lubentiuncularum,
Vexatiuncularum,
Digititritiuncularum,
Pedespressiuncularum,
Tatiuulsiuncularum,
Contentiuncularum,
Rixatiuncularum,
Tractatiuncularum,
Repulsiuncularum,
Subreptiuncularum,
Astutiuncularum,
Coactiuncularum,
Concessiuncularum,
Repetiuncularum,
Pugnatiuncularum,
Vincentiuncularum,
Subiectiuncularum,
Euasiuncularum,
Repressiuncularum,
Retinentiuncularum,
Assertiuncularum,
Compressiuncularum,
Amplexiuncularum,
Religatiuncularum,
Vigilantiuncularum,
Stertentiuncularum,
Simulatiuncularum,
Deceptiuncularum,
Irrisiuncularum,
Repensiuncularum,
Patientiuncularum,
Potentiuncularum
Resolutiuncularum,
Cubatiuncularum,
Halatiuncularum,
Defessiuncularum,
Surgentiuncularum,
Nolentiuncularum,
Volentiuncularum,
Iteratiuncularum,
Aratiuncularum,
Rigatiuncularum,

> *Adactiuncularum,*
> *Liquentiuncularum,*
> *Oppletiuncularum,*
> *Attractiuncularum,*
> *Exhaustiuncularum,*
> *Petulantiuncularum,*
> *Prurientiuncularum,*
> *Negatiuncularum,*
> *Confessiuncularum,*
> *Nonpossiuncularum,*
> *Remoratiuncularum,*
> *Refectiuncularum,*
> *Agressiuncularum,*
> *Repatratiuncularum*
> *Genus omne : quid necesse est*
> *Vocabulis notari*
> *Notata nemini unquam ?*
> *Genus omne, singulæque*
> *Valete Amoris arteis,*
> *Arteis Leporis, arteis*
> *Charitum, Ioci, Diones,*
> *Valete ad unicam omneis*
> *Et singuli ualete.*

On a reconnu d'emblée, aux troisième et quatrième vers du poème, la signature plautinienne :

> *Suauissimorum o omne*
> *Genus suauiorum,*

avec la figure étymologique dérivée de *Pseud.*, v. 61 et *Bacch.*, v. 116, 120 : *suauisaviatio.*

Egalement claire est la *sphragis* du poème : au terme d'une énumération des plaisirs amoureux, Barth leur donne congé en ces termes :

> *Valete, Amoris arteis,*
> *Arteis leporis, arteis*
> *Charitum...*
> *Valete ad unicum omneis,*

référence expresse au vers du *Trinumnus* v. 236 suiv. : *Omnium primum artes Amoris eloquar.*

Entre les deux, se place l'étourdissante liste, expansion vertigineuse, déclinée au génitif pluriel, du modèle offert par les trois vers homéotéleuthes du *Pseudolus*. Cette liste elle-même, sur cinquante-huit diminutifs, n'en offre qu'un qui soit textuellement repris de la comédie : *aratiuncularum* (*Truc.* v. 148), mais elle s'ouvre sur deux mots, *placentiunculæ, lubentiunculæ* (mini-plaisirs, mini-désirs), dont le premier est un élargissement d'un mot d'Apulée (*Placentia*) et le second d'un mot de Plaute (*Lubentia* : *Pseud.* v. 396, *Asin.* v. 268, *Stich.* v. 276 suiv.), de Gelle (15, 2, 7) et de Politien (*In puellam*), sur un modèle lui-même typiquement plautinien (*Trin.*

encore, v. 974 : *occasiuncula* ; *Capt.* v. 192 : *ratiuncula* ; *Stich.* v. 225 suiv. : *adsentatiunculas, perieratiunculas*, etc.) [32].

Suit l'enchaînement ou l'entassement des mots de même formation destinés à suggérer l'orgie sensuelle : subordonnée à une ambition exhaustive et programmatique, l'expérience amoureuse y est plus que jamais réduite aux joutes aimables de deux corps, à la stratégie du désir inspirant la logique anarchique d'actions-réactions successives ou antithétiques. Le véritable enjeu est ailleurs que dans ce paganisme triomphant : il est dans la fête du langage, exploit stylistique autant et plus qu'exploit amoureux, mimant victorieusement ce dernier, dont il suggère éventuellement la monotonie derrière l'inépuisable variété des figures.

Il me reste, si j'ai pu, à travers Barth, suggérer l'idée de la persistance ou de la résurgence spectaculaire du modèle plautinien, à tenter de définir la fonction exacte de ce modèle. Une première réponse ne peut manquer de mettre en lumière le rôle libérateur de Plaute en matière de langage : encouragement décisif à une époque où, pour citer Joseph Ijsewijn, « as never before the resources of the latin language were exploited by linguistic virtuosi » [33]. Il paraît légitime à cet égard de mettre en rapport la nouvelle liberté de la langue poétique avec la contestation de plus en plus forte, qui, après Juste Lipse, se développe dans la prose contemporaine, notamment sous la plume d'Henri Estienne, avec la caution de Plaute, contre le style cicéronien [34].

Mais je voudrais risquer une hypothèse plus pointue : que le recours au modèle plautinien a été un des moyens utilisés par le poète moderne pour tenter de donner un équivalent latin à l'inimitable grâce anacréontique.

On ne saurait oublier en effet que la poésie de Barth, comme de Taubmann, Melissus et quelques autres, représente un des plus brillants efforts pour acclimater en latin la poésie anacréontique révélée en 1554 par l'édition d'Henri Estienne, aussitôt saluée par les vers enthousiastes de Ronsard. Or, toute tentative de naturalisation du poète grec ne pouvait manquer de réveiller un point sensible de la conscience linguistique latine : c'est la question évoquée dans un fameux chapitre d'Aulu Gelle, à partir, déjà, d'une récitation de poèmes de Sappho et d'Anacréon, de la douceur comparée des compositions grecques et latines.

Au seuil de la Renaissance, une des plus lucides formulations d'un sentiment d'infériorité des latins se trouve dans les *Miscellanées* de Politien : commentant la traduction par Ovide (*Fast.* I, v. 357-8) d'une épigramme de l'*Anthologie grecque*, Politien relève que le latin a traduit aussi littéralement que possible : *quam potuit ad unguem* ; cependant, il a échoué à rendre, que dis-je ? à approcher fût-ce de loin la « grâce transmarine » de l'original : non certes par manque d'habileté, mais par la faute de la langue latine, et non

[32] MARACHE, *Mots nouveaux, op. cit.*, 89.
[33] J. IJSEWIJN, *Companion to neo-latin studies*, Amsterdam 1977, 125.
[34] Voir sur ce point la thèse de C. MOU-CHEL, *Cicéron et Sénèque dans la rhétorique de la Renaissance*, Marburg 1990, notamment 180, 195-197, 214.

pas tant parce qu'elle manque de mots, mais parce qu'elle laisse peu de place au jeu verbal.

Il serait intéressant de suivre à travers le siècle le cheminement d'un topos étroitement lié à ce qu'on peut appeler le sentiment de la langue, mais il nous suffira ici de rappeler la position de Barth lui-même. Dans sa postface aux quatre livres des *Amabilia*, Barth, après avoir évoqué le charme du mètre anacréontique (*quod subrepat auribus et memoriam suauitatis in iis relinquat)*, qualité qu'il partage avec le glyconique, en vient aux mérites de la langue grecque elle-même, à ce « je ne sais quel charme » qui la rend inimitable notamment chez ses poètes légers : *inimitabili quadam linguæ uenustate proprias suæ gentis Charites conciliantes*, « se conciliant par je ne sais charme inimitable de la langue les Grâces qui sont l'apanage de leur nation ». Par contraste — c'est le *topos* —, il est amené lui aussi à relever une déficience de la langue latine, mais ajoute qu'on n'en peut pas juger équitablement, étant donné la perte d'une grande partie du patrimoine. Surtout, il observe que du moins certains des poètes latins modernes ont su relever le défi : *Recentiores tamen nonnulli ne possimus de festiuitate Anacreontis Latini desperare fecerunt.* Enfin, d'une telle réussite il révèle l'un des secrets :

> *Ne timeant audaciæ notam incurrere, dum pro explicanda dulcedine sermonis res ueterum imitantes noua interdum sibi fingere permittant uocabula* [35].

> Et qu'on ne craigne pas le reproche de hardiesse quand, pour les besoins de la douceur, en reprenant les thèmes des Anciens, l'on s'autorise à inventer des vocables inédits.

Il est remarquable que sur ce problème de la création verbale Henri Estienne, dans la préface de son *Thesauros tès hellenikès glossès* (1572) [36] n'exprime pas un autre avis : « J'ai remarqué, dit-il, en composant ce trésor, que la langue latine, quoique de beaucoup moins riche que la grecque, l'est cependant bien plus qu'on ne le croit ». Il cite le jugement de Quintilien sur l'injustice des Romains à l'égard d'eux-mêmes, cause de la pauvreté relative du *sermo patrius,* mais ajoute : « Ce que Fabius dit en général des latins ne s'applique pas tant aux plus anciens Latins qu'à leurs successeurs ». Suit un développement sur le bonheur de la vieille langue en matière de créations lexicales et surtout de mots composés : richesse aurorale que les modernes ont le devoir de se réapproprier. Que de cette liberté créatrice liée à la vitalité naturelle de la langue Plaute soit l'un des meilleurs garants, c'est la thèse d'un autre opuscule d'Henri Estienne, le *De Plauti latinitate*, où il est traité notamment (280) *de multis et loquendi generibus et uocibus lepidissime a Plauto confectis.* Avec ce mot *lepidissime* nous voilà revenus — mais l'avons-nous quitté ? — à l'éloge de Plaute par Ælius Stilo (Quintilien, *Inst. Or.* X, 99), éloge paraphrasé par Politien dans son prologue à une représentation des *Ménechmes* [37] : « Si les Muses (grecques) voulaient parler latin, elles n'em-

---

[35] *Amabilium*, 146-148, « Ad lectorem ».
[36] *De H. Stephani ad lectorem Epistola*, 16.
[37] Prélude, v. 33-34 : *Latine uellent etiam si Musæ loqui,/ Nullis usuras nisi Plautinis uerbis.*

ploieraient pas d'autres mots que ceux de Plaute ». Je dirais plutôt, afin de rendre compte d'une imitation à la fois moins littérale et plus intime, qu'elles reprendraient à Plaute, pour parler comme Gelle, les « habitudes de son génie et de sa langue, *mores ingenii atque linguæ huius* » ou comme dit Cicéron dans la lettre des *Familiares* à Servius Clodius, gendre d'Ælius Stilo, sa *consuetudo loquendi* [38].

Enfin, que cette libération de la langue ait trouvé son champ d'application privilégié dans la poésie amoureuse légère ne devrait pas surprendre : l'invention lexicale, le jeu de « lalangue », comme on a dit, n'étant que la projection de l'inépuisable et poétique fantaisie érotique, comme on le voit encore aujourd'hui dans une des plus belles pages d'Henri Pichette, auteur d'un grand poème-opéra intitulé *Epiphanies,* créé au T.N.P. par Gérard Philippe et dont on nous accordera d'enchaîner, sans les analyser, quelques versets en guise de conclusion ludique :

> Laisse-moi te dire : j'ai besoin de me sentir voyagée comme une femme. Depuis des jours et des nuits, tu me révèles. Depuis des nuits et des jours, je me préparais à la noce parfaite. Je suis libre avec ton corps. Je t'aime au fil de mes ongles, je te dessine. Le cœur te lave. Je t'endimanche. Je te filtre dans mes lèvres. Tu te ramasses entre mes membres. Je m'évase. Je te déchaîne
> Je t'imprime
> je te savoure te rame
> *je te précède*
> je te vertige
> *et tu me recommences*
> je t'innerve te musique
> *te gamme te greffe*
> te mouve
> *te luge*
> te hanche te harpe te herse te larme
> *te mire t'infuse te cytise te valve*
> te balise te losange te pilône te spirale te corymbe
> *t'hirondelle te reptile t'anémone te pouliche te cigale te nageoire*
> te calcaire te pulpe te golfe te disque
> *te langue te lune te givre*
> te chaise te table te lucarne te môle
> *te meule*
> te havre te cèdre
> *te rose te rouge te jaune te mauve te laine te lyre te guêpe*
> te trène
> *te corolle*
> te résine
> *te margelle*
> te savane
> *te panthère*

---

[38] CICÉRON, *Fam.* IX, 16, 4 : voir GELLE, I, 7, 17 ; VI, 17, 4 ; XII, 15, 1.

te goyave
te salive
te scaphandre
te navire te nomade
t'arque-en-ciel
te neige
te marécage
te luzule
te nacelle
te luciole te chèvrefeuille
te diphtongue
te syllabe
te sisymbre te gingembre t'amande te chatte
t'émeraude
t'ardoise
te fruite
te liège
te loutre
te phalène
te pervenche
te septembre octobre novembre décembre et le temps qu'il faudra.
    – « Bravo, voilà comment on écrit l'histoire, n'est-ce pas, mes tour-
tereaux ? » [39].

---

[39] H. PICHETTE, *Les Epiphanies* : N.R.F. Poésie, Paris 1969, 56-59.

BIBLIOGRAPHIE

CRITIQUE

Generalia

Vittore BRANCA, *La sapienza civile. Studi sull'Umanesimo a Venezia* : Biblioteca di «Lettere italiane», Studi e Testi L, Florence, Leo S. Olschki 1998, 316 pages.

Si les études générales sur l'humanisme vénitien se sont multipliées au cours des dernières décennies, rares sont les travaux mettant en lumière la place et le rôle d'Ermolao Barbaro. Outre les articles de Vittore Branca éclairant certains aspects de l'œuvre philologique accomplie par l'humaniste, nous disposions de l'étude de Pio Paschini, *Tre illustri prelati del Rinascimento : Ermolao Barbaro, Adriano Castellesi, Giovanni Grimani*, Roma, Lateranum 1957, qui resitue le personnage dans une perspective politico-historique, mais ne permet pas de mesurer la diversité et la richesse des travaux conduits par l'humaniste.

L'ouvrage réunit des articles, publiés ou non, rédigés par Branca entre 1955 et 1995. En introduction, Branca présente lui aussi le personnage de Barbaro dans le contexte vénitien de l'époque, afin de montrer, plus généralement, dans quelles circonstances s'est développé le courant humaniste à Venise. Selon lui, les choix politiques de la Sérénissime l'orientant davantage vers le continent européen que vers la mer et l'Orient, Venise se trouve en contact, au milieu du XVᵉ siècle, avec les cités qui abritent déjà quelques grands humanistes.

Dans une première partie, Branca revient sur quelques éléments du préhumanisme vénitien en se référant à deux textes inédits : une lettre adressée à Gidinno da Sommacampagna par l'un de ses détracteurs, dans laquelle sont exposés les termes d'une dispute entre penseurs de diverses obédiences philosophico-religieuses, ainsi qu'une présentation d'un manuscrit vénitien d'Esope en langue vulgaire, daté du Trecento. Dans sa troisième étude préliminaire, il trace le portrait de Domenico Caro-

nelli, marchand originaire de Conegliano, qui transcrivit des manuscrits de Boccace, notamment une partie du *Décaméron* dans les années 1390.

Dans la deuxième partie, qui correspond véritablement au titre général de l'ouvrage, Branca décrit brièvement, dans le premier chapitre, le contexte politique et religieux de l'époque, avant d'aborder de façon détaillée et passionnante, dans le deuxième chapitre intitulé «Ermolao Barbaro e il suo circolo tra azione civile, fede religiosa, entusiasmo filologico, presperimentalismo scientifico», le milieu intellectuel vénitien qui gravitait autour d'Ermolao Barbaro et la diversité des centres d'intérêt de ces humanistes. Ainsi Barbaro s'illustre-t-il par ses compétences dans le domaine scientifique, utilisant, en précurseur, la méthode expérimentale. Il faut signaler que les *Castigationes plinianæ* bénéficient de cette érudition scientifique puisque Barbaro, pour amender le texte de Pline, instaure une confrontation entre la science grecque et la science latine. Il partageait d'ailleurs cet intérêt avec Valla dont la vaste connaissance des textes scientifiques et l'activité de traducteur trouvent un aboutissement dans la composition de l'encyclopédie *De expentendis et fugiendis rebus*, publiée en 1501. Philologue, scientifique, Ermolao Barbaro se fait aussi moraliste et épistémologiste : il considère que le savoir doit tendre à la vertu et à la connaissance de Dieu, et réconcilie les études scientifiques et les sciences humaines. Branca a enquêté sur les rapports de Barbaro avec les milieux intellectuels de l'époque et montre comment il sut s'entourer d'humanistes de renom puisqu'il comptait parmi ses amis et correspondants réguliers Théodore Gaza qui lui apprit le grec, Pomponio Leto et Georges Mérule qui furent ses maîtres, Giorgio Valla et son «héritier» Pietro Bembo. Son nom est cité dans toute l'Europe humaniste, puisque Lefèvre d'Etaples, Guillaume

Budé et Erasme vantent la vertu, l'érudition et le génie de Barbaro. En Italie, les appréciations de Politien, Alde Manuce et Ficin en font presque une figure mythique.

Branca présente avec beaucoup d'acuité les travaux philologiques de Barbaro. Soucieux de soustraire l'Antiquité gréco-latine aux scories avec lesquelles elle lui était parvenue, il fonde sa méthode sur l'étude critique et comparée des manuscrits, sur l'identification des sources implicites et explicites et sur l'examen linguistique des différents états du texte et des témoignages parallèles. Il ne s'autorise une correction que lorsqu'il observe un consensus entre les auteurs. Cette méthode formalisée et systématisée dans les *Castigationes Plinianæ*, sera considérée comme une charte fondatrice de la philologie dans toute l'Europe. Apparaît conjointement l'idée que philologie et érudition sont nécessairement liées et même strictement complémentaires.

Branca conclut ce deuxième chapitre sur les répercussions qu'eurent sur la peinture de l'époque le développement de l'Humanisme et l'apparition de ses figures les plus marquantes. La peinture vénitienne tend alors à exprimer sur les traits de penseurs et d'hommes de lettres la solennité et la gravité de certaines scènes. Branca se réfère aux toiles de Bellini ou Carpaccio pour montrer que les représentations des grands personnages de l'époque cèdent la place à celles d'humanistes comme Politien, Barbaro ou Donato dans des lieux aussi prestigieux que la salle du Grand Conseil au palais des Doges. Il examine plus particulièrement un épisode de la *Storia di Sant'Orsola* où se détache, lumineux et expressif, le visage d'Ermolao Barbaro, représentant du nouveau savoir.

Dans le troisième chapitre, sous le titre « la *respublica litteraria* », Branca évalue brièvement l'héritage qu'a transmis Barbaro à Bembo. Si celui-ci fit

fructifier les leçons de philologie et de rhétorique dispensées par Barbaro et Politien, s'il acquit la conviction, commune à ses deux maîtres, qu'il fallait inventer un nouvel humanisme, pluridisciplinaire et encyclopédique, fondé sur les textes grecs, il sut également faire sienne la notion de « sapienza civile », cette synthèse entre les arts, les lettres et la vie en société. L'humaniste participe à la vie de la cité et à l'organisation sociale.

Dans le quatrième chapitre, sous le titre « postille barbariane », sont présentées diverses études de Branca, rédigées entre 1963 et 1985, centrées sur certains aspects de l'œuvre de Barbaro : la fortune de Barbaro en France à la Renaissance, l'utilisation de la langue vulgaire par l'humaniste dans sa correspondance, l'œuvre poétique de Barbaro — dont il ne faisait que très peu de cas — et ses rapports avec la cour aragonaise, sa fidélité au dogme chrétien d'après ses lettres à Georges Mérule, et enfin, l'iconographie de Barbaro après sa représentation par Carpaccio.

Dans le cinquième chapitre, Caterina Griffante procède à une mise à jour bibliographique destinée à compléter le chapitre sur « Ermolao Barbaro e il suo circolo », rédigé en 1980.

Dans la troisième partie, intitulée « Umanesimo *da mar* », Branca présente deux brèves études très proches chronologiquement (l'une est datée de 1977, l'autre de 1978) : la première, qui s'attache au rôle de Lauro Quirini dans le commerce des livres entre Candie et Venise, fait apparaître la figure marquante du cardinal Bessarion, la seconde, qui traite des rapports entre Gerolamo Gradi, humaniste de Raguse, avec Baldassar Castiglione, repose sur l'édition et le commentaire d'une lettre autographe inédite de ce dernier.

Dans la quatrième et dernière partie, sous le titre « Sulla scia dell'Umanesimo veneziano frà autunno del Rinascimento e Barocco », sont réunies trois études.

La première, orientée vers l'histoire de l'art, «Due solitudini in un carteggio. Tiziano e Filippo II», établit les rapports entre le peintre et les rois d'Espagne (Charles Quint et Philippe II) à travers leur correspondance.

Dans l'article suivant, «Barocco villanesco tra Bologna e Venezia», Branca examine le nouveau ton et les nouvelles inflexions qu'imprima à l'œuvre de Giulio Cesare Croce, l'auteur de *Bertoldo*, son séjour à Venise dans les premières années du Seicento.

Enfin, dans une dernière étude datée de 1992, «Galileo fra Petrarca e l'Umanesimo veneziano», Branca s'appuie sur la découverte d'un volume du *Canzoniere* de Pétrarque, annoté par Galilée dans la première décennie du XVIIᵉ siècle. Branca montre que Galilée connaissait à la perfection les œuvres de Pétrarque, de l'Arioste, qu'il annota également, et du Tasse, les citant non seulement dans ses lettres mais également dans ses ouvrages scientifiques. Branca conclut en montrant que Galilée était imprégné de la théorie remise à jour par Ermolao Barbaro un siècle auparavant grâce à la redécouverte et aux commentaires de la *Poétique* d'Aristote : ce sont les concepts d'*ars filia naturæ* et d'*imitatio naturæ* qui fondent l'analyse philologique et linguistique de Galilée.

Ce recueil d'articles, savamment et habilement articulé autour de la figure d'Ermolao Barbaro, éclaire sous de multiples angles la richesse et la diversité de la contribution apportée par l'humaniste au développement et au perfectionnement des disciplines et des savoirs de la Renaissance, tout en nous livrant le portrait d'un érudit impliqué dans le fonctionnement politico-religieux de sa cité, représentant, en cela, de la «sapienza civile».

Anne Raffarin

René HOVEN, *Lexique de la prose latine de la Renaissance*, Leiden-New York-Köln, E.J. Brill 1994, XXXII + 427 pages.

Les congrès internationaux de la «Societas Internationalis Studiis Neolatinis Prouehendis» (I.A.N.L.S.) ayant déploré l'absence de tout dictionnaire néo-latin, R. Hoven, qui collabore à l'édition internationale des œuvres d'Érasme, a voulu fournir aux chercheurs toujours plus nombreux qui étudient le néo-latin, à défaut d'un véritable dictionnaire, un lexique de la prose latine humaniste.

Un dictionnaire du latin humaniste qui prétendrait couvrir dans l'espace et dans le temps tout le domaine néo-latin ne pourrait être réalisé que par une équipe internationale disposant de moyens considérables et garantis pendant plusieurs dizaines d'années : qu'on songe à la lenteur avec laquelle avance, depuis 1900, le *Thesaurus Linguæ Latinæ*! Avec beaucoup de modestie, mais aussi de compétence, R. Hoven, de l'université de Liège, a voulu mettre à la disposition de la communauté scientifique les fruits d'une longue fréquentation de quelque cent cinquante prosateurs néo-latins, de Pétrarque à Juste Lipse (mort en 1606), d'Italie, mais aussi de toute l'Europe occidentale et centrale, couvrant une grande diversité de genres, de la littérature aux sciences, sans oublier le droit, la philosophie, la théologie... Les dépouillements, bien sûr, ne sont pas complets pour tous les auteurs cités.

Ce lexique latin-français se présente comme un complément au Gaffiot : les mots du latin antique employés dans leur sens classique n'y figurent pas. Au total, on compte huit mille cinq cent cinquante notices, dont sept mille cent mots non signalés par Gaffiot. Environ mille quatre cent cinquante mots sont précédés d'une croix (†) : il s'agit de termes qui figurent au Gaffiot, mais sont employés dans un sens différent. Chaque notice présente les variantes orthographiques du mot, ses significations

illustrées chacune par une à trois références et éventuellement une brève citation ; parfois des remarques sur son origine et sa formation, voire les
jugements portés sur ce mot par certains humanistes ainsi que des renvois à
des ouvrages ou articles modernes. Une
acception rencontrée plus de trois fois
est accompagnée d'un « etc. » ; si elle a
été rencontrée plus de dix fois chez au
moins cinq auteurs, elle est accompagnée d'un « fréq. ». Trois astérisques
marquent que le mot appartient au latin
classique (jusque deux cents) ; deux, au
latin tardif (IIIᵉ-VIᵉ siècle) ; un seul, au latin médiéval. Cet unique astérisque se
rencontre près de mille six cents fois, ce
qui montre la dette (parfois malgré
eux !) des humanistes à l'égard du latin
médiéval. En appendice (p. 389-427), on
trouve les listes des mots d'origine non-
latine (souvent grecque), les diminutifs,
les mots classés par leurs suffixes ou ter-
minaisons.

Comme il a été dit plus haut, un tel
ouvrage ne saurait prétendre à l'exhaustivité et l'on pourra regretter l'absence
des poètes ou des prosateurs du XVIIᵉ,
voire du XVIIIᵉ siècle, le caractère in-
complet du dépouillement de certains
auteurs (Bruni, Landino...), l'absence
des lexicographes latins humanistes ou
de tel auteur : je dirais Alberti, Biondo,
E.S. Piccolomini... Un autre que moi serait plus sensible à d'autres absences.
Mais il fallait bien un commencement
et celui-ci, œuvre d'un seul homme, ne
pouvait être que limité et R. Hoven,
toujours au travail, a engrangé de nombreux compléments. Puissent les ami-
cales pressions de ses collègues et amis
l'inciter à nous donner bientôt une deuxième édition augmentée de son si précieux instrument de travail. Mais, tel
qu'il est, son lexique rendra d'immenses
services à tous les néo-latinistes, même à
ceux qui travaillent sur les poètes.

Jean-Louis Charlet

Die Allegorese des antiken Mythos :

Wolfenbütteler Forschungen, Band 75,
edd. H.J. Horn, H. Walter, Wiesbaden
1997, 448 pages.

Le soixante-quinzième volume des
« Wolfenbütteler Forschungen » rassemble les vingt communications présentées lors du 31ᵉ Wolfenbütteler
Symposion tenu à l'automne 1992. Il
s'agissait d'un colloque pluridisciplinaire dont plusieurs communications ne
concernent pas directement l'Humanisme mais l'Antiquité : la position
d'Aristote sur l'allégorie du mythe classique (H.J. Horn), le mythe d'Énée
(G. Binder), Lucrèce (C. Neumeister),
Fulgence (G. Huber-Rebenich) et, dans
le domaine de l'histoire de l'art, la signification du groupe Mars-Vénus
conservé au Musée National Romain
(H. Knell) ; ou le Moyen Âge : les
commentaires des XIᵉ et XIIᵉ siècles
(F. Rädle), le mythe d'Actéon dans des
textes latins du XIIIᵉ siècle (E. Könsgen)
et les allégories de la négation dans la
mystique médiévale (A. Ghisalberti).
Deux contributions concernent la réception du mythe au XVIIᵉ siècle : dans
les drames féminins de D.C. von Lo-
henstein (allégorie de Vénus : S. Colvin)
et chez S. von Birken (H. Laufhütte).

Deux contributions proposent une
réflexion théorique sur le concept d'allégorie. A. Grilli se livre à une très fine
étude étymologique et sémantique des
termes « allégorie » et « symbole ».
W. Bernard refuse d'analyser en termes
de contenu la distinction entre allégorie
stoïcienne et allégorie néoplatonicienne
et propose un autre type de distinction,
entre « allégorèse substitutive » et « allégorèse dihaérétique ».

Dans le domaine préhumaniste et humaniste, les études portent aussi bien
sur le néo-latin : l'interprétation des
mythes gréco-latins chez Boccace (H.D.
Jocelyn) ; les définitions d'*allegoria, fabula* et *mythos* dans la lexicographie latine humaniste de Tortelli à Robert
Estienne (J.-L. Charlet) que sur les litté-

ratures vernaculaires : le mythe de Narcisse et de Pygmalion chez Pontus de Tyard (H. Marek). A. Moss s'est intéressée à la valeur rhétorique de l'allégorie au XVIᵉ siècle en confrontant la théorie de Melanchthon à la pratique de Ronsard. B. Guthmüller s'interroge sur la signification des mythes aux alentours de 1500 (surtout en Italie), en s'appuyant principalement sur la réception des *Métamorphoses* d'Ovide (avec l'*Ovidius moralizatus*), mais aussi de la *Genealogia deorum gentilium* de Boccace.

Une part importante est consacrée à l'histoire de l'art du XVIᵉ au XVIIIᵉ siècle, avec de nombreuses illustrations : le symbole des colonnes d'Hercule de l'Antiquité à Charles Quint (avec la devise *Non plus ultra* adaptée du «Plus oultre» bourguignon) et dans l'art des XVIᵉ, XVIIᵉ et XVIIIᵉ siècles, par H. Walter (treize planches) ; la représentation allégorique des mythes tirés des *Métamorphoses* d'Ovide dans la peinture et l'emblématique des XVIᵉ et XVIIᵉ siècles, par F. Cappelletti (onze illustrations) ; Vénus, Vulcain et Mars dans la culture vénitienne du XVIᵉ siècle, par Cl. Cieri Via (trente et une illustrations).

Quelques jours de colloque ne pouvaient épuiser un tel sujet. Mais tous ceux qui s'intéressent à l'Humanisme trouveront dans ce volume, outre des études ponctuelles très variées par leur contenu et par leur méthodologie, des considérations théoriques propres à nourrir une réflexion sur le mythe antique et sa réception. Les éditeurs ont eu la bonne idée d'en faciliter la consultation par un index des noms propres cités : dix-sept pages, ce qui donne une idée de la richesse du volume.

J.-L. C.

Poliziano nel suo tempo : Atti del VI° Convegno Internazionale (Chianciano-Montepulciano 18-21 juil. 1994), edd. L. Secchi Tarugi, F. Cesari, Firenze 1996, 494 pages.

Pour commémorer le cinquième centenaire de la mort d'Ange Politien, l'Istituto Francesco Petrarca présidé par L. Secchi Tarugi a organisé un colloque à Chianciano et Montepulciano en juillet 1994. Ce volume, précédé de la reproduction (avec de nombreuses coquilles) du compte rendu par P.-O. Kristeller, président d'honneur du centre, de l'édition de la seconde centurie des *Miscellanea*, constitue les actes du colloque. Deux communications concernent moins Politien que le contexte artistique et culturel de l'époque. T.N. Howe met en parallèle la querelle littéraire sur l'*imitatio* qui oppose Politien et Paolo Cortesi, Gianfrancesco Pico et Pietro Bembo, avec la définition d'une esthétique architecturale par Bramante puis par Raphaël et son école. I. Rowland verse au dossier de ladite querelle sur l'*imitatio* la contribution inédite de Tommaso Fedra Inghirami, ami et contemporain de Cortesi et Pico, dont la figure occupe l'intervalle qui sépare la Florence de Politien de la Rome de Léon X. Les trente et une autres contributions abordent à peu près tous les aspects de la personnalité et de l'œuvre de Politien.

Une seule communication porte spécifiquement sur un point biographique : L. Buratti discute l'identification de la maison natale d'Angelo à Montepulciano. La biographie critique d'Angelo Cini de' Ambrogini dit Politien reste à écrire. A. Lovato dégage à travers l'œuvre de Politien les goûts musicaux du poète, notamment pour le chant accompagné, ce qui correspond aux tendances musicales du Quattrocento italien. Et c'est aux relations entre Laurent le Magnifique, Politien et Alberti dans le domaine architectural qu'est consacrée l'étude de L. Patetta. K. Eisenbichler situe les quatre sermons écrits pour la Confraternité de Saint-Jean l'Évangéliste —qu'il date de 1490— dans leur contexte religieux, social et politique.

Au plan philosophique, L. Sozzi a

montré l'apport de Politien au débat humaniste (de Manetti à Rabelais) sur la « dignité de l'homme » : pour Politien, celle-ci réside aussi et surtout dans la douceur. Méditant sur la conception du temps chez Politien, B. Lavillate montre, au delà d'un simple *carpe diem,* la quête d'un temps suspendu. J.-M. Mandosio montre que, dès sa jeunesse, Politien s'est intéressé à la classification des arts et des sciences, qu'il a conduit une réflexion personnelle sur ce point dans les *Silves* avant de développer dans le *Panepistemon* un ambitieux projet d'encyclopédie qui accorde à la philologie une place privilégiée.

Après U. von Wilamowitz-Mœllendorff, J. Irmscher dresse le portrait de Politien comme helléniste, depuis ses études avec Callistos et Chalcondylas et sa tentative pour compléter la traduction grecque de l'*Iliade* commencée par Carlo Marsuppini jusqu'à ses épigrammes grecques (en dialecte ionique, mais aussi dorique), ses traductions de Moschos, Plutarque, Épictète et quelques autres, ses travaux philologiques et ses études aristotéliciennes à la fin de sa vie — ce point aurait mérité d'être un peu plus développé.

L'œuvre poétique italienne de Politien a été explorée par E. Bigi pour les *Stanze,* dont l'inspiration est décidément beaucoup plus néoplatonicienne que politique; par A. Musumeci, qui propose une très fine analyse stylistique des *Rispetti*; par B. Guthmüller et F. Doglio pour la *Fabula di Orfeo.* Le premier replace cette œuvre théâtrale dans la tradition des fêtes de cour; le second a rapporté son expérience de la mise en scène de la pièce en prélude à la projection de la version représentée à Viterbe en 1984.

En ce qui concerne la poétique, G. Velli a tenté, en s'appuyant surtout, mais non exclusivement, sur les *Stanze,* d'analyser le processus de création poétique chez Politien à partir de sa double mémoire culturelle, antique et « volga-

re ». G. Ponte, en s'intéressant particulièrement aux *Silves,* a ajouté au concept de *docta uarietas* celui de *grauitas neruosa,* qui vient de Leonardo Bruni et de Georges de Trébizonde. F. Mariani Zini a étudié la tension entre modernité et antiquité aussi bien dans la poésie que dans la méthode philologique de Politien.

Trois communications concernent les poésies latines. Pour P. Viti, l'éloge de Laurent le Magnifique à travers des *épigrammes* (16, 17, 27, 34 et 36) et deux *élégies* (1 et 8). Pour A. Bettinzoli, l'exercice d'interprétation stylistique de l'œuvre virgilienne, et en particulier de l'*Appendix,* auquel se livre Politien dans son sommaire de la silve *Manto.* Pour ma part, j'ai étudié le style hymnique de Politien dans le poème à la Vierge, « O Virgo prudentissima », dont la facture métrique n'est pas classique, mais dont l'inspiration religieuse, orientée par la spiritualité des Servites, retrouve en partie le style de l'hymne ambrosienne.

Quant à la communication de H. Heinze, par son parallèle entre les *Stanze* et *Ambra,* elle montre le lien entre la production latine et la production toscane de Politien. R. Bessi, en reprenant en partie une étude plus ancienne, a analysé sur des exemples précis (*Stanze, Rispetto* 36) comment les cultures gréco-latine et volgare se fondent dans les poèmes italiens de Politien.

Aux études philologiques se rattachent l'enquête de H. Walter à propos du fameux *Regius antiquus* de Pline sur lequel a travaillé Politien et celle de C.M. Pyle qui confronte la philologie historique de Politien à son intérêt pour les « mechanical arts », pour conclure que sa méthode philologique est analogue à certaines formes de méthode scientifique. De façon analogue, M. Koortbojian montre comment Politien intègre à la philologie les témoignages archéologiques (épigraphie, numismatique...) et compare sa méthode à celle d'Alberti : la philologie, comme l'archéologie, est une science des ruines. Dans une perspective plus philosophique, S. Benassi montre comment chez Politien la philologie se fait recherche herméneutique qui vise à reconstruire le sens historique de la culture. Mais je m'arrêterais un peu sur l'importante contribution de S.I. Camporeale. À propos de la fameuse discussion théologique tenue le 30 juin 1489 à Florence au palais Médicis sous la présidence de Laurent le Magnifique sur le problème du mal, cet élève d'E. Garin a bien montré comment, à la suite de Lorenzo Valla (*Collatio Noui Testamenti*, puis *Adnotationes in Nouum Testamentum*), et en précurseur d'Érasme, Politien a transféré la critique textuelle de la littérature classique, fondée sur l'enseignement de Quintilien, à la littérature biblique. Alors que les deux principaux adversaires, le dominicain Niccolò de' Mirabili et le franciscain Giorgio Benigno, (soutenu par Ficin et Pic) plaçaient ce débat métaphysique et ontologique dans la tradition scolastique, Politien, lui aussi du côté de Benigno, l'amena par la philologie à la «teologia umanistica» (grammatologie de l'Écriture) : il se fonda sur deux textes de l'Ancien Testament, *Amos* 3, 6 et surtout *Isaïe* 45, 7, seul passage biblique qui présente Dieu comme *créant* le mal, dont il dégagea le sens à partir de la *ueritas hebraica* —le terme hébreu employé par Isaïe est exactement le même qu'en *Genèse* 1, 1 suiv.

L'influence et la réception de Politien ont fait l'objet de quatre études ponctuelles : les rapports entre Politien et Pulci (M. Davie) ; l'imitation du Prologue aux *Ménechmes* de Plaute par Giorgio Merula (P. Ariatta), la réception de Politien en France au XVIᵉ siècle, et plus précisément de sa silve *Rusticus* par Nicolas Bérault (P. Galand-Hallyn) ; enfin G. Bossi a esquissé un panorama de Politien dans la critique italienne au XIXᵉ et au XXᵉ siècle.

Ce beau volume est indispensable non seulement aux spécialistes de Politien, mais à tous ceux qui s'intéressent à l'humanisme florentin dans la seconde moitié du Quattrocento.

J.-L. C.

XVᵉ siècle

Michel MARULLE, *Hymnes naturels* : Travaux d'Humanisme et Renaissance CCXCVI, édition critique par Jacques Chomarat, Genève, Droz 1995, 299 pages.

Michele MARULLO TARCANIOTA, *Inni naturali con testo a fronte*, ed. Donatella Coppini, Firenze, Casa editrice Le Lettere, 1995, 274 pages.

Christine HARRAUER, *Kosmos und Mythos. Die Welttgotthymnen und die mythologischen Hymnen des Michael Marullus (Text, Übersetzung und Kommentar)* : Wiener Studien, Beiheft 21. Arbeiten zur Antiken Religionsgeschichte 4, Wien, Verlag der österreichischen Akademie der Wissenschaften, 1994, 451 pages.

Succédant de près à l'importante contribution de Walter Ludwig (*Antike Götter und christlicher Glaube : Die H. N. von Marullus*, Hamburg 1992), qui elle-même s'inscrivait à la suite de l'étude palmaire de Francesco Tateo («La poesia religiosa di M. Marullo», *Tradizione e realtà nell'Umanesimo italiano*, Bari 1967, 129-219), voici que trois éditions parues simultanément et accompagnées de leur traduction, française, italienne et allemande (la dernière partielle) mettent à la portée des lecteurs une des œuvres poétiques latines les plus mystérieuses et aussi des plus fascinantes du dernier Quattrocento.

Comme on pouvait s'y attendre, les trois ouvrages prennent pour base l'excellente édition de A. Perosa —la mention «édition critique» pour le livre du regretté Jacques Chomarat résulte très probablement d'un malentendu —, quitte à s'écarter en de rares cas des choix du premier éditeur, la modification la plus éclatante en ce domaine étant due à Christine Harrauer, qui en I, 2, 10 refuse la leçon de Perosa, admise par Chomarat et Donatella Coppini, *tirannicum solum* dont l'interprétation était loin d'être claire (Chomarat : Capri, résidence de Tibère ; Coppini : Syracuse, « a più riprese, tirannicamente governata »), pour lire *tyrrhenium solum*, triplement justifié par Stace, *Silves* II, 2 (*Est inter notos Sirenum nomine muros Saxaque* Tyrrhenæ *templis onerata* Mineruæ *Celsa... uilla*), III, 2, 23 (*Prima salutauit Capreas et margine dextro Sparsit* Tyrrhenæ Mæotica uina Mineruæ) et V, 3, 23 suiv. (*e uertice Surrentino...* Tyrhenni *speculatrix uirgo* profundi) : le lieu concerné est dès lors l'Athenaion dressé sur le promontoire de Sorrente (aujourd'hui Capo Ateneo) et mentionné par Ovide, *Mét.* 15, 709, Pline, *N. H.* 3, 62 et Strabon 1, 22 et 5, 247. De même il semble acquis qu'en I, 1, 51, contre la ponctuation de Perosa admise par Chomarat (*unigenam sancto prolem complexus amore Æterno æternam et perfectam, labe carente* : « Tu embrasses ton enfant unique d'un amour saint et éternel, car il est lui-même éternel, parfait et sans tache »), mais qui exigerait pour être lisible la correction *labe carentem*, suggérée d'ailleurs par Perosa, on doive, avec Coppini et Harrauer, supprimer la virgule du second vers et lire (Coppini), en interprétant la construction en chiasme : « la tua unigenita prole in santo amore abbracciando, eterna e senza macchia, lei eterna e perfetta ».

On ne ménagera pas les louanges aux trois traductions qui, dans chacune des trois langues, rapprochent du lecteur un texte regardé depuis toujours comme extrêmement difficile. Pour dire un mot de la version française, qui me touche de plus près, je n'exprimerai que de rares désaccords. Par exemple en I, 1, 43 je ne reconnais pas dans l'expression « insoucieux de maîtresse et de bomban-

ce » (*securi dominæ et dapis*) les mets fallacieux de l'enchanteresse Circé dont le *moly* (v. 42) seul a pouvoir de préserver les justes. En I, 5, 22-23 (*cælestiaque ægris diuidis*), à la place de : « Tu *distribues* aux malheureux les biens célestes », traduction calquée sur celle des *Poeti Latini del Quattrocento*, p. 981, je préférerais comprendre comme Coppini : *le cose celeste dalle terreni separi*, l'Eternité constituant pour les platoniciens une limite nette entre la nature et l'hyperouranique. En I, 2, 62 l'assertion *Cælumque patrem... Curis caducis subiicis* ne peut signifier : « Tu le *soumets* (le ciel) à des soucis périssables », mais tout au contraire : « Tu le *substitues* » ; et en I, 6, 6 : *Euoe date cymbalum*, il est peu vraisemblable que *date* ait pour complément *Euoe* : « Euohé ! donne-le moi, cymbales ».

Naturellement, chacune des trois traductions est accompagnée de notes et précédée d'une introduction. S'adressant à un public d'étudiants et de spécialistes de l'Humanisme intéressés notamment par la postérité française de Marulle — que l'on pense aux *Hymnes* de Ronsard —, la présentation choisie par Chomarat, volontairement didactique, écourte l'introduction, limite à dessein l'importance des notes et sacrifie l'érudition et l'exposé exhaustif des sources à l'élucidation des difficultés de traduction ou d'interprétation ; tout en se proposant elle aussi comme un commode outil de travail, l'édition de Coppini est dotée d'un plus riche et plus savant appareil de notes, son introduction est brillante. Le commentaire prend largement le dessus chez Christine Harrauer, dont les quatre cent cinquante pages concernent seulement les neuf *Hymnes* qui justifient le sous-titre de son livre, conçu comme une véritable étude, *Die Weltgotthymnen und die mythologischen Hymnen*. Si bien qu'en jouant de ces trois récentes contributions, le lecteur de Marulle dispose désormais de l'outillage le plus perfectionné pour une approche de détail aussi bien que pour une évaluation d'ensemble de l'œuvre marullienne.

Dans le détail s'affirme plus que jamais la forte intertextualité de l'œuvre. Ainsi du *motto* initial (*Ab Ioue principium : Iouis est quodcumque mouemus*), entièrement saturé de mémoire littéraire, le rappel, relevé depuis longtemps, de Virg. *Egl.* 3, 60 (*Ab Ioue principium, Musæ : Iouis sunt omnia plena*) qui lui-même traduit le premier vers des *Phénomènes* d'Aratos (d'après Macrobe, *Comment.* I, 17, 14?) et de Théocrite XVII, et qui à la même époque passe sans modification dans l'*Urania* de Pontano (I, 634), se complique-t-il à la fois d'un écho d'Ovide, cité par Coppini (*Mét.* X, 148 suiv. : *A Ioue, Musa parens... carmina nostra moue*) et de Lucain, IX, 580 (*Iupiter est quodcumque uides, quodcumque moueris*), vers cité dans la lettre de Ficin, *De diuino furore* (Coppini) et combiné avec l'hémistiche virgilien dans l'*Heptaplus* de Pic (Coppini, Harrauer), probablement sur la suggestion de Servius : *Iouis omnia plena : Lucanus «Iuppiter est* etc. (Harrauer).

L'interprétation elle-même, tout en s'appuyant sur les travaux précédents au premier rang desquels figurent les deux ouvrages, de Tateo et de Ludwig, nommés plus haut, et en revenant nécessairement sur les point névralgiques des *Hymnes* (ainsi, dès le premier hymne, la double allusion à la *Genèse* et au dogme de la Trinité) met chaque fois l'accent, avec des nuances différentes, sur la «concordance», désormais admise, entre néoplatonisme et christianisme. Elle diffère cependant par l'accent que les trois auteurs ont choisi de placer différemment.

C'est ainsi que la «présentation» des *Hymnes* par J. Chomarat n'est pas séparable de son article intitulé «L'interprétation des *H. N.* de Marulle», paru dans la *Revue des Etudes Latines* en 1988. L'apport essentiel de cette contribution résidait déjà dans l'observation que la plupart des divinités célébrées dans les *Hymnes*, Bacchus, Jupiter, Pallas, Amour, Pan, etc. sont différents noms d'un dieu unique, Apollon ou le Soleil, comme l'enseigne Macrobe, *Saturnales*, I, XVII-XIX : le Soleil étant l'image du Dieu suprême pour des païens comme Platon, ou Julien, mais aussi pour des chrétiens comme Denys, Valla, Ficin, Pic de la Mirandole : le polythéisme se réduirait ainsi à un monothéisme solaire.

D. Coppini quant à elle a le mérite de mettre l'accent sur le pessimisme Marullien : aux envolées des Hymnes initiaux et notamment de l'*Hymne à l'Eternité*, admiré par J.-C. Scaliger, elle oppose avec une sensibilité très juste les notes désabusées de l'Hymne final à la Terre. La matrice lucrétienne de ces pages avait été soulignée avant elle [voir C.F. Goffis, «Il sincretismo lucreziano-platonico negli *Hymni Naturales* del Marullo», *Belfagor* XXIV (1969), 386-417 ; G. Boccuto, «L'influsso di Lucrezio negli *Inni Naturali* di Michele Marullo», *Rivista di cultura classica e medioevale* XXVI, 1-3 (1984), 120 suiv.], mais en faisant de cette tonalité sombre l'une des couleurs dominantes de l'œuvre, mieux : un élément essentiel de la structuration du livre, elle donne à cette vue une force et une pertinence qu'on ne saurait oublier.

Enfin, d'emblée le propos de C. Harrauer s'annonçait comme innovant par rapport aux approches traditionnelles des *Hymnes*, focalisées autour des poèmes «cosmologiques». Sans minimiser la contribution du jeune savant autrichien dans ce domaine — on appréciera notamment les rapprochements opérés avec l'œuvre de Pontano —, on mettra particulièrement en avant les chapitres consacrés à Jupiter Fulgerator, Junon, Oceanus, Vénus-Mars et à la Terre, où, pour la première fois à notre connaissance, est mise en lumière la visée morale de l'œuvre et, comme le dit très bien le titre de cette troisième grande Partie, la capacité de Marulle à être non pas simplement un *mythographos*, mais un *mythopoios*, un *créateur* de mythes selon la définition de Théon : «Mythos esti logos pseudès eikonizon aléthéian» : en d'autres termes et au sens où l'entendent un Ficin ou un Pic de la Mirandole, lecteurs des *Hymnes* de Proclus : le dernier sans doute des grands poètes théologiens.

Pierre Laurens

Angelo POLIZIANO, *Silvæ* : Istituto Nazionale di Studi sul Rinascimento, Studi e Testi, XXXIX, ed. Francesco Bausi, Firenze, Olschki 1997, LIV-401 pages.

Les *Silves* d'Ange Politien trouvent enfin, avec cet ouvrage de F. Bausi, l'édition de référence qu'elles méritaient depuis longtemps. Bausi, dans une riche introduction qui s'appuie sur la critique la plus récente, fait le point sur l'originalité et l'importance de la poésie «expérimentale» que constituent les *Silves*. Ces quatre *prælectiones*, *Manto* (prélude à un cours sur Virgile), *Rusticus* (introduction aux poèmes géorgiques d'Hésiode et de Virgile), *Ambra* (présentation de l'œuvre d'Homère), *Nutricia* (présentation de la poésie assortie d'un catalogue des poètes depuis les temps mythiques) furent (à l'exception de la silve *Nutricia*, composée en 1486, mais éditée seulement en 1491) publiées par leur auteur dans les jours qui suivirent leur lecture inaugurale, respectivement en 1482, 1483 et 1485 ; ces textes représentent une tentative, tout à fait exceptionnelle dans l'histoire de la littérature, pour concilier création poétique, pédagogie et philologie. Elles marquent aussi, dans la carrière même de Politien, un tournant évident : l'humaniste, tout fraîchement nommé professeur de rhétorique et de poétique au Studio de Florence, inaugure avec ces poèmes un enseignement résolument «moderne», orienté, à l'instar

de celui de ses collègues vénitiens ou romains, par exemple, vers des préoccupations philologiques, qui le démarquent ostensiblement de l'exégèse néoplatonicienne pratiquée jusqu'alors, sous l'influence de Marsile Ficin, par des humanistes comme Cristoforo Landino. Les *Silves* ont été préparées par les commentaires des romains Niccolò Perotti et Domizio Calderini sur les *Silvæ* de Stace et sont étroitement liées au commentaire de Politien lui-même sur cet ouvrage — peut-être F. Bausi aurait-il pu insister un peu plus sur ce point dans son introduction ; elles s'insèrent dans la tradition de la poésie épidictique et plus précisément du panégyrique, ce dont témoigne, par exemple, la préface en distiques élégiaques que Politien adjoint, à la manière de Claudien et de Sidoine Apollinaire, à la silve *Manto*. Bausi souligne la valeur métapoétique de cette préface (comme de l'ensemble de ces poèmes nourris de poésie et consacrés à la poésie), qui met en scène Achille enfant, subjugué par le chant d'Orphée et pris du désir impérieux de l'imiter ; pour Bausi, cette anecdote symbolique place d'emblée les *Silves* sous le double signe de l'improvisation enthousiaste et de l'imitation-création ; cet enthousiasme, comme le détaille ensuite Bausi en quelques pages très denses (appuyées sur ses propres travaux, ainsi que sur ceux d'Attilio Bettinzoli et de l'auteur de ses lignes), diffère du *furor* platonicien en ce qu'il repose sur une *docta varietas* liée à l'immense érudition que Politien ne cesse de perfectionner ; on observe à cet égard une évolution au fil des quatre *Silves*, qui attestent une connaissance (de mieux en mieux maîtrisée) des textes rares et difficiles, souvent de langue grecque. Cette incroyable érudition est mise en œuvre dans une écriture de la contamination dont la virtuosité, à la fois «spontanée» et ostentatoire, a rarement été égalée ; cette écriture —rappelons-le— est ici très proche du processus de l'improvisation rhétorique, fondé sur l'innutrition, que décrit Quintilien au livre X de l'*Institution Oratoire*, texte bien connu de Politien — sur ce point, on se reportera aussi aux analyses de J. Lecointe, dans *L'Idéal et la différence* (Genève, Droz 1993). Politien, comme le rappelle Bausi à la suite de M. Martelli, procède selon la technique de l'«unité littéraire», découpant les référents (*realia* ou sujets mythologiques, par exemple) en thèmes autour desquels il agglomère systématiquement d'innombrables strates intertextuelles; de cette somme se dégage alors l'«idée» du motif représenté. La littérature devient ainsi «strumento privilegiato di conoscenza e al tempo stesso di interpretazione e organizzazione razionale della realtà» (p. XIX). La poésie apparaît, du même coup, indissociable de la philologie qui la ressuscite — dans les *Miscellanea*, clefs indispensables de maints passages des *Silves*, Politien a fait son emblème du mythe d'Esculape remembrant Hippolyte —, tandis que sur le plan pédagogique, l'écriture par «unités littéraires» facilite évidemment apprentissage et mémorisation, suscite l'émulation. Les *Nutricia*, dont Bausi analyse finement un subtil réseau interne unissant Callimaque, Ennius et Ovide, illustrent plus particulièrement cette fusion entre création poétique, critique littéraire et perspective didactique. Bausi revient ensuite sur les *Silves* de Stace, montrant en quoi Politien s'éloigne malgré tout de son modèle : ses propres *Silves* sont plus longues, ne relèvent pas des mêmes espèces épidictiques, s'avèrent plus proches finalement du panégyrique tardif; en outre, pour l'éditeur — mais je crois que sur ce point on pourrait discuter — l'unité fondamentale des poèmes de Politien diffère de la composition désordonnée et improvisée du recueil de Stace.

A l'introduction littéraire fait suite une présentation de l'édition, qui se signale par son soin et sa clarté, et se fonde sur les incunables publiés du vivant et sous le contrôle de Politien —la mince tradition manuscrite dépend entièrement des éditions imprimées; presque toutes les éditions modernes qui ont suivi celles de I. Del Lungo (1867, 1925) se sont appuyées sur le texte (souvent peu sûr) que le savant italien avait procuré; dans ma propre édition (Les Classiques de l'Humanisme, Paris 1987, avec trad. française), je m'étais contentée de reproduire en fac-similé la *princeps* de chaque silve en la confrontant sur certains points au texte de Del Lungo. Bausi est le premier à comparer, pour chacune des trois premières *Silves*, la *princeps* et les éditions suivantes, jusqu'à l'édition aldine (comprise) des *Opera omnia* de 1498. Les variantes relevées (*Manto* : 8; *Rusticus* : 4; *Ambra* : 4) semblent bien dues à Politien lui-même, qui a corrigé çà et là une erreur de prosodie ou voulu rendre plus dense encore son intertexte. Bausi étudie ensuite les corrections manuscrites qui apparaissent sur de nombreux exemplaires de l'*editio princeps* de chaque silve et annoncent le texte amendé des éditions suivantes, puis il examine les rares variantes de la silve *Nutricia* dans l'édition aldine de 1498. On trouve ensuite quelques remarques sur des particularités graphiques, notamment la graphie *ad / adque* qui suit la prescription de Quintilien, I, 7, 5 —notons au passage que, comme Petreio, Bérauld relèvera, à ce propos, dans son commentaire à *Rusticus* de 1513 (éd. *ca* 1519) le souci du détail dont faisait preuve Politien —, ainsi que sur l'importance des *marginalia* des *Nutricia*, vraisemblablement dues aux préoccupations pédagogiques de Politien lui-même.

Le texte des *Silves* est accompagné de notes particulièrement riches, qui exploitent avec précision et patience les commentaires antérieurs, humanistes (Bérauld, Murmelling, Brassicanus (Köl), Francisco Sanchez, Petreio) et modernes (surtout Del Lungo et Klecker), et tiennent également grand compte des commentaires et notes de cours de Politien lui-même — plusieurs de ces documents restés inédits ont bénéficié d'éditions critiques ces dernières années. Bien que l'élucidation des sources soit prioritaire, on trouvera également, pour les passages plus particulièrement remarquables sur le plan de la poétique, tous les renvois voulus aux études littéraires les plus récentes. On appréciera, en fin de volume, une belle traduction «semi-rythmique», qui suit de très près le texte de Politien, respectant ses tournures sophistiquées et son lexique recherché jusqu'à l'ésotérisme. L'ouvrage se clôt sur trois *indices* (sources, manuscrits, noms) indispensables. Voici mise à la disposition du spécialiste une œuvre-clef, presque unique en son genre dans sa difficulté et son élégance mêmes. Que Francesco Bausi en soit ici chaleureusement remercié.

Perrine Galand-Hallyn

XVI⁰ siècle

Agostino Nifo, *Sobre la Belleza y el Amor* : coleccion de Bolsillo, traduction, introduction et notes de Francisco Socas, Sevilla, Université de Sevilla, 1990, 477 pages.

Il est à signaler un ouvrage qui trop longtemps a échappé à notre attention, la traduction espagnole du *De Pulchro et Amore* (écrit en 1529), *Sobre la Belleza y el Amor* d'Agostino Nifo par les soins de Francisco Socas.

Quand on sait à quel point cet humaniste brillant et original, tant célébré au XVIᵉ siècle en Italie, est tombé dans l'oubli à notre époque, voire dans le mépris entre le XIXᵉ et le XXᵉ siècle — en raison, pour les uns, de l'aspect jugé licencieux de certains de ses ouvrages, pour les autres, au contraire, d'un certain manque d'audace, notamment dans la controverse sur l'immortalité de l'âme qui l'opposa, en 1518, aux courageuses thèses d'un autre remarquable aristoté-

licien, Pietro Pomponazzi —, on ne peut que se réjouir d'une telle entreprise qui permettra au lecteur espagnol d'accéder enfin à la pensée d'Agostino Nifo, tout comme Simone Pernet-Beau et Paul Larivaille, à l'université de Paris X-Nanterre, en 1987, avaient, grâce à leur traduction, porté à notre connaissance un autre ouvrage de Nifo, le *De regnandi peritia*, longtemps considéré à tort comme un simple plagiat du *Prince* de Machiavel.

Ainsi, Francisco Socas propose une traduction intégrale, sur trois cent vingt-huit pages, de ce long traité divisé en deux livres, traitant respectivement du beau et de l'amour, mais qui forment bien depuis sa première édition un même ouvrage. Il est cependant regrettable pour le lecteur avisé que ne soit pas donné, en regard de la traduction espagnole, le texte latin de l'édition de 1549 à Lyon par Beringos fratres, utilisée par le traducteur. Certaines corrections sont tout de même apportées au texte latin et signalées avant la traduction pages 47 et 48 : outre les rectifications portant sur les noms propres, trois concernent le *De Pulchro* et vingt-cinq portent sur le *De Amore*. D'autres corrections, dont nous ne donnerons pas de liste exhaustive, auraient dû être faites : ainsi aux chapitres XVII et XXVII du *De Amore*, le texte est difficilement compréhensible si on ne lit pas *finem* au lieu de *fidem*, et la traduction ne peut qu'en être affectée. Nous nous contenterons ici de rendre compte des corrections proposées par Francisco Socas, et elles ne sont pas toutes convaincantes si on se reporte précisément au texte latin de l'édition de 1549 : *chapitre XXI, p. 120, lg. 18 : il ne paraît pas nécessaire de modifier le *ut* de l'édition latine par un *aut*. En effet, ce passage se construit autour de deux *aut* bien présents, chacun induisant respectivement un développement sur les objets de l'amour humain, en-dessous de la nature humaine (objets inanimés, artificiels ou naturels) et au-dessus de la nature humaine (Dieu, les anges). On trouve à l'intérieur du premier développement un certains nombre de distinctions introduites par *aut, vel*, ou un *ut* exemplaire. *Chapitre XXXVI, p. 138, lg. 12 : remplacer *solet* par *solent* se conçoit mais ne s'impose pas. *Chapitre XLII, p. 147, lg. 28 : *acuti* est corrigé en *a cuti*, on aurait préféré *a cute*. *Chapitre XLV, p. 165 —il est indiqué p. 162, mais c'est une erreur—, lg. 5 : il n'est pas nécessaire, et même il est étonnant, de remplacer *quando* par *quanto*. *Chapitre LIX —il est indiqué XLIX, mais il s'agit là encore d'une erreur, le numéro de page, lui, est juste—, p. 167, lg. 11 : remplacer *tactu* par *tractu* non seulement ne s'impose pas, mais casse le sens, s'agissant du parcours de la semence, de sa progression : *iactu, vel tactu aut transmissione in amatam.* *Chapitre LXV, p. 190, lg. 7 : *existimant* dans une conditionnelle est transformé en *existimabunt*. Vu le contexte du passage, qui est au style indirect, nous proposerions plutôt *existiment*. *Chapitre LXV, p. 190, lg. 27 : l'auteur propose de remplacer *eum* par *eam*, mais le texte latin propose bien *eam*. *Chapitre LXX-VIII, p. 217, lg. 4 : rien n'impose la modification de *obiectatio* en *obtrectatio*.

En revanche, le travail d'élucidation des références des auteurs abondamment cités et évoqués par Nifo a été fait de façon quasi systématique, même si on peut noter parfois quelques flottements. Par exemple, au chapitre XVI, chapitre dense et riche de références, les renvois, très difficilement identifiables, il est vrai, à saint Augustin sont passés sous silence. Les notes du chapitre XLVII semblent aussi insuffisantes. On peut remarquer quelques autres omissions du même genre, mais elles restent minoritaires dans ce texte foisonnant de références parfois obscures. Le plus dommageable reste l'absence de liens entre le *De Pulchro et Amore* et les autres traités d'amour qui connurent au XVIe siècle, à la suite du *Commentaire sur*

le *Banquet de Platon* de Marsile Ficin, une diffusion exceptionnelle, tels ceux de Léon Hébreu, Equicola, parfois cité explicitement par Nifo, Bembo, et bien d'autres encore.

En effet, ce manque se ressent dès l'étude préliminaire, des pages 1 à 44, qui précède la traduction du texte de Nifo. Lorsque, à partir de la page 20, l'auteur se propose de présenter plus précisément le *De Pulchro et Amore*, le lecteur ne peut qu'être surpris, après trois pages sur l'importance du thème de l'amour, considéré comme un problème et une question éternels pour chacun de nous (p. 20, 21, 22), de lire que le lien du traité de Nifo avec la littérature du genre ne va pas être montré (« Nostros no vamos a trazar aqui la génesis del libro ni vamos a indagar en sus fuentes y en las multiples relaciones que guarda con la literatura del género », p. 23). Ainsi, le traité de Bembo (*Les Azolains*, 1505) est écarté sous prétexte que ses thèses et son style sont trop différents de ceux de Nifo. De même, on ne pourrait parler des *Dialogues* (1535) de Léon Hébreu puisqu'ils ont été publiés après l'ouvrage de Nifo, même si le manuscrit circulait auparavant ! Ces raisons restent, pour le moins, peu convaincantes. Restent donc deux paragraphes, l'un consacré au traité de Ficin, l'autre à Equicola, bien trop rapides et généraux pour être de véritables études, même d'ensemble. La courte mise en relation de Ficin et de Nifo apparaît même confuse, voire parfaitement vaine. Ainsi, la suite de la présentation du *De Pulchro et Amore* reste descriptive et les « considérations » (p. 34 à 46) qui terminent cette étude préliminaire mêlent quelques remarques intéressantes —qui demeurent à l'état de simples énoncés un peu vagues—, par exemple sur l'utilisation de Platon et d'Aristote par Nifo, à des passages assez flous, laissant l'impression d'un survol rapide. Il est évident que l'absence de relations entre le texte et son contexte, historique, littéraire et philosophique, n'a pas permis à l'auteur de voir, entre autres, l'importance de l'utilisation des autorités médicales (Galien, Avicenne) dans certains chapitres présentant des thèses physiologiques qui peuvent sembler aujourd'hui à la fois ennuyeuses et fantaisistes, mais c'étaient des questions scolastiques dont on débattait encore au XVIe siècle et qui sont lourdes de conséquences sur la vision et le rôle de la femme. Sur ce point en particulier, l'auteur s'en tient aux passages explicites et convenus où Nifo semble se démarquer de l'opinion masculine courante, tout en remarquant que paradoxalement tout au long du texte, le philosophe s'efforce souvent sur les questions amoureuses de prendre aussi en considération le point de vue féminin. La lecture du traité d'Equicola aurait pu éclairer cette perspective, mais plus encore la lecture du *De re aulica* (1534) de Nifo, très rapidement évacué page 18, donc bien avant que ne soit sommairement abordée la question des femmes, comme une simple imitation du *Courtisan* de Castiglione, ce qui ne saurait être le cas.

La bibliographie témoigne de ces lacunes, aussi bien sur les traités d'amour du XVIe siècle, que sur des ouvrages ou des articles plus récents; on songe plus précisément aux abondantes études de E.P. Mahoney dont on ne trouve ici que deux articles de 1966 et 1976. Mais il reste étonnant que s'agissant de la rapide biographie de Nifo qui ouvre l'étude préliminaire, l'auteur reproduise les informations souvent fausses, même sur le lieu et l'année de naissance du philosophe, d'auteurs datés tels que Bayle et son *Dictionnaire historique et critique*, alors que se trouve dans cette même bibliographie une des recherches les plus fournies qui aient été faites sur Nifo, celle de Pasquale Tuozzi (« A. Nifo e le sue operi », *Atti e Memorie. Academia delle Scienze, Lettere e delle Arti di Padova*, 1903-1904, 63-86) qui apporte un certain

nombre de rectifications, ou, du moins, porte un doute sur bien des affirmations de Bayle. Cette étude aurait dû permettre à Francisco Socas de modifier certaines informations parfois, et d'autres fois d'exprimer quelques incertitudes. Par exemple, le *De regnandi peritia* (1523) est encore (p. 18) considéré comme un vulgaire plagiat de Machiavel, alors que Tuozzi met en lumière dès 1903 cette erreur d'appréciation. Même si certains arguments peuvent se discuter, cependant, on aurait aimé, pour une présentation plus juste et plus exacte, que cette source, citée dans la bibliographie, soit exploitée.

Sans doute, l'intention et l'ambition de Francisco Socas étaient-elles moins d'élaborer une édition et une étude complètes du *De Pulchro et Amore* de Nifo, que de sortir enfin de l'oubli, et on ne peut que s'en réjouir, l'ouvrage d'un philosophe original, des plus célèbres au XVIe siècle, dédié à Jeanne d'Aragon, figure féminine marquante de son temps.

Laurence Boulègue

Marc-Antoine de MURET, *La tragédie de Iulius Cæsar*, présentation et traduction par Pierre Blanchard, Thonon les Bains, 1995, 161 pages.

Voici un joli petit livre *arida modo pumice expolitum* publié il y a moins de trois ans par les éditions Alidades à Thonon les Bains. En cent soixante et une pages Pierre Blanchard nous propose du *Iulius Cæsar* de Muret, dont la première impression connue est celle de 1552, une édition, une traduction et un commentaire thématique, précédés d'une étude biographique. Saluons avec sympathie la nouveauté de cette entreprise qui vise à faire connaître un texte presque oublié, d'autant plus injustement qu'il appartient à l'archéologie du genre et qu'il est riche de résonances multiples. La bibliographie reflète la grande variété des sujets abordés. Il n'y manque guère que la mention des deux premiers éditeurs modernes de la tragédie de Muret, Collischonn (1886, *Anhang* II, p. 75), et J. Foster (1974, pièces annexes de l'édition du *Jules César* de J. Grévin), dont P. Blanchard n'ignore d'ailleurs pas les noms. Notons que l'intitulé « postérité théâtrale du *Iulius Cæsar* » ne saurait s'appliquer qu'au seul *Jules César* de Grévin, les autres tragédies illustrant la fortune du thème. On pourra consulter sur ce point l'article d'E. Dutertre, « A propos de quelques tragédies de la mort de César », *Littératures classiques* 1992. La filmographie présentée à la fin de la bibliographie, concession inutile à la modernité, nous éloigne encore plus du sujet de l'ouvrage.

Dans les onze pages que M. Blanchard consacre aux circonstances de la composition et de la publication il examine sur de nouveaux frais la délicate question de la chronologie. Les conclusions qu'il en tire vont bien au-delà d'une simple datation d'éléments biographiques connus. C'est sur la date de composition que P. Blanchard fait preuve de la plus grande originalité : on sait que Muret rendit plusieurs fois visite à Jules-César Scaliger, son maître très vénéré, entre 1544 et 1546 ; pourtant aucun des poèmes qu'il lui présenta en hommage ne comporte d'allusion à la tragédie ; P. Blanchard, au contraire de R. Trinquet (1965), interprète ce silence comme la preuve que la tragédie fut bien composée pendant cette période et s'appuyant sur l'homonymie, sur le caractère même de Scaliger, fier de porter le prénom de Jules César, il affirme :

1. que le monologue de César au premier acte vise en réalité Scaliger lui-même qu'il glorifie ainsi de façon métaphorique,

2. que la logique de l'assimilation suggérant la mort de l'humaniste a entraîné la gêne et donc le silence de Muret.

Thèse piquante, mais déconcertante : il est difficile d'admettre que Muret ait pu dans le même temps souhaiter rendre hommage à Scaliger avec le personnage de César et vouloir lui dissimuler cet éloge déguisé. P. Blanchard s'en rend bien compte, car il appelle à son secours la psychanalyse, science, comme on sait, des inconséquences de l'âme : Scaliger serait le père que Muret à travers le personnage de César chercherait à tuer ; Muret ne se prénomme-t-il pas lui-même Marc-Antoine comme le lieutenant de César, le fils spirituel du dictateur ?

Mais le principal est ailleurs. Curieusement le commentaire précède le texte latin et la traduction. Sans doute parce qu'il ne s'agit pas de l'annotation d'un texte foisonnant d'allusions, mais d'une réflexion synthétique sur les idées qui le traversent ; d'où les riches développements sur la signification politique de la pièce, véhicule d'« idées qui allaient enflammer l'opinion », mise en œuvre dramatique de l'opposition entre principe autocratique et principe démocratique. L'outrance des thèses exposées respectivement par César et par Brutus relève, selon P. Blanchard, de l'allégorie : le monologue qui ouvre la pièce serait « une prosopopée de la vanité et de l'absolutisme » — ce qui cadre mal, soit dit en passant, avec la thèse de la glorification de Scaliger. En tout cas le *Iulius Cæsar* ne peut être considéré comme une exaltation du régicide.

Du point de vue de la technique théâtrale la pièce apparaît comme l'archétype de la tragédie régulière, au sens que lui donne Aristote revu par Scaliger, avec cinq actes et déjà l'amorce d'un découpage en scènes. P. Blanchard montre avec beaucoup de pénétration comment cette tragédie aboutit à une perversion des fameuses règles. L'unité d'action, par exemple, est tellement malmenée qu'il n'est pas exagéré de parler de tragédie sans drame. Mais le *Iulius Cæsar* est aussi une œuvre poétique : *furor* et *dolor* se combinent à *terror* et à *splendor,* pour susciter des images baroques qui associent le rouge du sang, la nuit de la mort et l'or de la gloire. Quant au motif de l'apothéose de César, il est judicieusement relié à la fortune du thème de la métamorphose en astre à la Renaissance.

Au terme de son étude le commentateur conclut alors : «Plus qu'un texte dramatique... cette pièce apparaît comme un poème répondant à ses lois propres et qui aurait emprunté la forme fixe de la tragédie...» C'est un «poème tragique» dont le «mérite unique, plus que d'avoir fixé les règles d'une dramaturgie est d'avoir dessiné d'un trait net l'épure d'un mythe».

Voilà donc de vigoureuses et pertinentes analyses, dans les limites d'un commentaire structural ou thématique, tel que P. Blanchard l'a voulu. Mais dans une publication de ce type il y aurait place aussi, disons-le sans ambages, pour une étude philologique précise. Celle-ci nous permettrait notamment de déterminer les intentions propres du dramaturge à travers sa fidélité aux grands textes de la tragédie latine : le César de Muret s'inspire, on le sait, du personnage d'Hercule dans l'*Hercules furens* de Sénèque ; il n'est pas absurde de penser que Muret contribue ainsi à sa manière à alimenter l'idéologie politique que véhiculent les milieux littéraires et les célébrations officielles : le roi François 1er y est exalté comme une réincarnation du héros grec et de ses vertus, notamment à travers le mythe bien connu de l'Hercule gaulois.

La traduction qui nous est ensuite proposée adopte la technique du vers blanc de douze syllabes ; les chœurs sont rendus par des combinaisons d'alexandrins et d'octosyllabes ou d'hexasyllabes. Le modèle avoué, c'est celui de la tragédie classique dont P. Blanchard a émaillé parfois la couleur de termes rares et de constructions archaïsantes. Un tel parti pris entraîne évidemment des manques ou au contraire des ajouts et on ne saurait tous les reprocher à

P. Blanchard. Globalement réussie, la traduction mériterait cependant encore quelques coups de lime : que signifie «Ce serait s'abaisser qu'ailleurs en chercher d'autres (= des titres)» traduction de *quisquis nouos / Aliunde titulos quærit, is iam detrahit* (v. 11-12) ; nous comprenons, quant à nous : «Chercher à obtenir ailleurs de nouveaux titres, c'est désormais vouloir les lui enlever», ce qui revient à dire que César les possède tous. Pourquoi supposer que le décompte des conquêtes de César ne pourrait se faire que par un tour du monde («Parcourez l'univers» = *Percurrito omnes*, v. 14)? Le sens est évidemment métaphorique. *Viuam ociosus?* (v. 41) ne signifie pas «vivrai-je en repos?», mais «vivrai-je retiré de la vie publique?». Voici, d'autre part, une traduction contestable :

Mihi multa uates dira minitantur quidem,
Suadentque amicis ut meum stipem latus.
(v. 45-46)
Les devins, il est vrai, me parlent de présages
Menaçants, donnant à mes amis le conseil
De me faire au plus près un rempart de leur
|corps.

N'y a-t-il pas plus de vraisemblance et de naturel à considérer que *mihi* est le complément commun de *minitantur* et de *suadent*, ce qui permettrait de restituer à *stipem* le complément *amicis* qui lui ferait autrement défaut? *Belli terrificus detonuit fragor* (v. 89) est rendu fautivement par «Le fracas terrible de la guerre s'est tu». *Virtute dempta* (... *suoque cæteros casu monet, /Virtute dempta, ne quid æternum putent*, v. 473) ne signifie pas «sa valeur abattue» mais «à l'exception de la vertu».

Enfin, pour clore ici ces brèves remarques, signalons quelques coquilles, trop peu nombreuses pour déparer l'ensemble : horaciens (p. 51), compatit (p. 52), delui (p. 54) ce constants retours (p. 62), ocurrence (p. 64, 74), ces amis (= ses, p. 92, v. 26), Feierdrich (= Friedrich, p. 154), *terreo* (= *maneo*, v. 35), *spolio* (= *solio*, v. 90), *probo* (= *probro*,

v. 217), *canta* (= *cauta*, v. 233), *strennis* (= *strenuis*, v. 464).

Ces réserves ne doivent pas nous masquer l'intérêt de ce petit ouvrage; il nous révèle un texte oublié et dédaigné qui appartient à l'histoire de la tragédie classique et qui par les problèmes qu'il pose constitue une utile propédeutique à la connaissance des chefs-d'œuvre du XVIIᵉ siècle. Nous possédons désormais avec l'ouvrage de P. Blanchard les éléments sûrs d'une réhabilitation du *Iulius Cæsar.*

Henri Lamarque

TABLE DES MATIÈRES

LES CAHIERS DE L'HUMANISME

SÉRIE

Sommaire du n° 1 à paraître

Actes du Colloque
La poétique de Jean Second et son influence au XVIe siècle

organisé par Jean Balsamo et Perrine Galand-Hallyn
à Paris, les 6-7 février 1998
(Ecole Normale Supérieure, boulevard Jourdan)

Collection

« SCIENCE ET HUMANISME »

dirigée par Isabelle Pantin et Alain-Ph. Segonds
sous le patronage de l'Association Guillaume Budé

ACHEVÉ D'IMPRIMER
EN JANVIER 2000
SUR LES PRESSES
DE
L'IMPRIMERIE F. PAILLART
À ABBEVILLE

DÉPÔT LÉGAL : 1er TRIMESTRE 2000
N° D'IMP. 11032